高速铁路岗位培训教材

高速铁路
通信网管岗位
（数据通信/图像通信）

铁道部劳动和卫生司
铁 道 部 运 输 局

中国铁道出版社有限公司
CHINA RAILWAY PUBLISHING HOUSE CO., LTD.

内 容 简 介

本书为铁道部规划的高速铁路岗位培训教材之一，是根据《高速铁路通信网管岗位培训规范》编写的。全书共七章，内容包括理论知识和实作技能两大类。理论知识主要内容为：安全知识、专业知识、相关知识；实作技能主要内容为：基本技能和专业技能，包括：数据通信系统的维护管理，综合视频监控系统的维护管理，会议电视系统的维护管理等专业技能知识。

本书适用于对高速铁路通信网管岗位（数据通信/图像通信）岗前资格性培训和岗位适应性培训，可作为高速铁路职工岗位培训教材，也可供高速铁路通信网管人员和运用管理人员学习，对各类职业院校相关师生学习也有重要的参考价值。

本书内容如有不符最新规章标准之处，以最新规章标准为准。

图书在版编目（CIP）数据

高速铁路通信网管岗位．数据通信/图像通信/铁道部劳动和卫生司，铁道部运输局编．—北京：中国铁道出版社，2012.11（2021.4 重印）
高速铁路岗位培训教材
ISBN 978-7-113-15283-3

Ⅰ.①高…　Ⅱ.①铁…　②铁…　Ⅲ.①高速铁路-数据通信-通信网-岗位培训-教材　②高速铁路-图像通信-数字通信网-岗位培训-教材
Ⅳ.①U238　②U285.5

中国版本图书馆 CIP 数据核字（2012）第 211563 号

书　　名： 高速铁路岗位培训教材 **高速铁路通信网管岗位（数据通信/图像通信）**
作　　者： 铁道部劳动和卫生司　铁道部运输局

策划编辑： 武亚雯
责任编辑： 崔忠文　李慧君　　**电话：**（021）73146　　**电子信箱：** dianwu@vip.sina.com
编辑助理： 亢嘉豪
封面设计： 崔丽芳
责任校对： 张玉华
责任印制： 高春晓

出版发行： 中国铁道出版社有限公司（100054，北京市西城区右安门西街 8 号）
网　　址： http://www.tdpress.com
印　　刷： 国铁印务有限公司
版　　次： 2012 年 11 月第 1 版　2021 年 4 月第 3 次印刷
开　　本： 787 mm×1092 mm　1/16　**印张：** 16　**字数：** 402 千
书　　号： ISBN 978-7-113-15283-3
定　　价： 69.00 元

前言

在科学发展观的指导下，我国高速铁路建设取得重要成果。目前，中国已成为世界上高速铁路营业里程最多、运营速度最高、在建高速铁路规模最大的国家。培养和造就一支适应高速铁路发展的高素质人才队伍，是强化安全风险管理基础、确保高速铁路运营安全的战略任务。

为严格落实高速铁路主要行车工种岗位准入制度，满足相关人员岗位培训需要，铁道部决定按照高速铁路主要行车工种岗位标准和培训规范，结合铁路现代化发展的实际，组织开发高速铁路岗位培训教材。教材建设是职业教育培训工作的重要组成部分，是提高教育培训质量的关键。加快高速铁路岗位培训教材建设，已成为加强和改进高速铁路职工教育培训工作的当务之急。

本套教材由铁道部劳动和卫生司、运输局共同组织，集中相关铁路局、部分铁路高职院校和职工培训基地的专家、工程技术人员、任课教师编写及审定，多方合作，共同完成，涵盖了高速铁路基础设施维护（工务、供电、通信、信号）13个岗位。教材充分体现了近几年来高速铁路新技术、新设备的大量运用及其发展趋势，侧重体现了与既有线相关技术的区别，填补了高速铁路基础设施维护岗位培训教材的空白。教材按照高速铁路岗位培训规范编写，涵盖了培训规范的各个能力项，适用于高速铁路主要行车工种岗前资格性培训和岗位适应性培训，便于现场模块化教学及职工自学。

Preface

本书为《高速铁路通信网管岗位(数据通信/图像通信)》培训教材。全书共分七章,内容包括理论知识和实作技能。理论知识主要内容为:安全知识、专业知识、相关知识;实作技能主要内容为:基本技能和专业技能,包括:数据通信系统的维护管理,综合视频监控系统的维护管理,会议电视系统的维护管理等专业技能知识。为便于教学和使用,书中各章节都配有思考题和复习题,书末并附有高速铁路通信网管岗位(数据通信/图像通信)技能实训设备配置标准建议表。

本书由段静、王虎生主编并统稿,参加编写人员有邓鸣、邢建峰、窦馨、王永峰、曹逸斐、张自强、吴童、叶晓迪、黄明、程磊。其中,段静参与编写第一章、第二章、第三章、第四章、第五章、第六章;王虎生参与编写第二章、第三章、第七章;邓鸣参与编写第二章、第五章;邢建峰参与编写第二章、第六章;王永峰参与编写第二章、第五章;窦馨、曹逸斐参与编写第五章;张自强参与编写第四章;吴童、叶晓迪参与编写第二章;黄明、程磊参与编写第七章。

本书由铁道部劳动和卫生司、运输局统一组织审定。主要审定人员有:姜永富、闫永利、任启军、卢燕飞、尹毅、任天德、杨春燕、武亚雯。本书在编写、审定过程中,还得到马芳、姜永富、闫永利、段锐、杨万军、李伟、侯红军、熊东升等许多同仁的大力支持和帮助,在此一并表示感谢。

编　者

2012 年 6 月

目录

理论知识

实作技能

Contents

LiLun ZhiShi

理论知识

第一章　安 全 知 识

高速铁路的发展对促进我国社会经济发展、方便人民群众出行起到了积极作用。高速铁路列车运行速度快、密度大，必须保证高速铁路和客运列车的行车安全。本章将结合有关规章制度和通信专业特点，重点讲述劳动安全、电气化作业安全和施工安全的基本知识。有关行车安全的内容，纳入施工安全中一并讲述。

第一节　劳 动 安 全

本节将从高速铁路通信岗位从业人员基本素质、法律法规的相关要求出发，结合通信网管岗位实际情况，讲述劳动安全防护措施等基本安全知识。

一、高速铁路通信相关岗位从业人员的基本素质要求

高速铁路通信岗位目前包括高速铁路通信综合维修岗位、动车组车载通信设备维修岗位和高速铁路通信网管岗位。对应的岗位标准分别适用于从事高速铁路现场通信设备维修、车载通信设备维修、通信网络管理及调度所(中心)通信设备维修的人员。以下为高速铁路通信网管岗位标准中规定的基本素质要求，其他岗位的基本素质要求参见相关文件。

1. 文化程度：大专毕业。

2. 专业要求：通信或相关专业，或经 1 年专业培训合格。

3. 职业资格：铁路通信工高级工职业资格。

4. 工作经历：从事高铁通信设备维护不少于 1 年，或从事铁路干线通信设备维护不少于 2 年。

5. 身体要求：身体健康，动作协调，心理素质好，无职业禁忌症，听力及辨色力正常，双眼矫正视力不低于 5.0，能胜任本岗位工作。

6. 职业道德：遵章守纪、爱岗敬业、服从指挥、团结协作。

二、《铁路运输安全保护条例》的有关规定

1. 铁路运输企业应当加强铁路运输安全管理，建立、健全安全生产管理制度，设置安全管理机构，保证铁路运输安全所必需的资金投入。

铁路运输工作人员应当坚守岗位，按程序实行标准作业，尽职尽责，保证运输安全。

2. 铁路运输企业的安全生产管理人员应当对铁路线路进行经常性巡查和维护。对巡查中发现的安全问题，应当立即处理；不能处理的，应当及时报告本企业有关负责人。巡查及处理情况应当留存记录。

3. 铁路运输企业应当建立、健全并严格执行铁路运输的设施、设备的安全管理和检查防护的规章制度，加强对铁路运输的设施、设备的检测和维修，对不符合安全要求的应当及时更换，确保铁路运输设施、设备性能完好和安全运行。

在法定假日和传统节日等铁路运输高峰期间,铁路运输企业应当加强铁路运输安全检查,确保运输安全。

4. 铁路运输企业应当加强对从业人员的安全教育和培训。铁路运输企业的从业人员应当严格按照国家规定的操作规程,使用、管理铁路运输的设施、设备。

三、劳动保护的相关规定

《中华人民共和国劳动法》对劳动保护提出了统一要求,各省、直辖市分别制定了劳动保护条例。

(一)劳动保护的定义

劳动保护,就是劳动者在生产劳动过程中的安全与健康的保护,由劳动保护科学管理、安全技术和职业卫生3个部分组成。

(二)劳动保护教育培训

用人单位对劳动者必须进行劳动保护教育培训,提高劳动保护意识,掌握必要的劳动保护知识。对从事特种作业的劳动者,必须进行专业安全技术培训,并经劳动行政部门考核,取得特种作业操作证后,方可上岗作业。

(三)劳动者的健康检查

用人单位对劳动者应当实行定期健康检查制度,建立健全劳动者健康档案,其中:

(1)对依法招用并签订劳动合同的劳动者必须进行就业前健康检查。

(2)对从事职业危害作业的劳动者必须进行定期健康监护检查。

(3)对确诊患有职业病的劳动者必须及时予以治疗、康复,不宜继续从事原工作的应当调换岗位,妥善安置。

(4)不得安排患有职业禁忌症的劳动者从事该职业的劳动。不得安排女职工和未成年人从事国家禁忌的劳动。

(四)劳动者的权利和义务

劳动者在劳动过程中必须遵守国家和省有关劳动保护法律、法规、规章及有关技术标准、规程和行业规范,遵守劳动纪律和劳动保护管理制度,执行岗位职责和安全操作规程。

劳动者依法享受劳动保护,参加劳动保护教育培训;对管理人员违章指挥或强令冒险作业,有权拒绝执行;对危害生命安全和身体健康以及违反劳动保护法律、法规规定的行为,有权提出批评、检举和控告。

四、劳动安全防护控制措施

1. 所有高铁从业人员必须经专门安全教育培训,并经考试合格后,方准上岗。学徒工、实习人员参加作业前,必须签订师徒合同,严格落实人身安全互控措施,严禁师徒分离,不得单独顶岗作业。

2. 从业人员上岗前必须充分休息好,严禁班前、班中饮酒。严禁脱岗、串岗、私自替班或换班。

3. 生产作业班组于班前,必须结合天气情况、作业处所、环境条件的变化和工作重点任务,对人身安全关键环节进行安全预想,并制定人身安全防护措施。作业人员要认真落实有关技术作业安全要求,自觉地实施安全自控和互控,杜绝人身伤亡事故的发生。

4. 工区应备有急救药箱，所有工作人员应掌握预防作业伤害、触电和外伤处理知识。

5. 从业人员上线作业时必须精力集中、严守两纪，认真执行安全检查确认制度和呼唤应答制度，不准打闹、玩笑、阅读书报、接打手机和做与本岗工作无关的事情。

6. 各单位必须按规定为从业人员配发符合国家标准或行业标准的劳动防护用品和工具，并教育从业人员正确佩戴、使用。

7. 从业人员上岗前必须按规定穿戴劳动防护服装和携带必要的人身安全防护用品。禁止穿凉鞋、高跟鞋、塑料底鞋和带钉子的鞋上岗作业，未穿戴劳动防护服装和携带人身安全防护用品的不准上岗作业。

8. 如遇高速铁路通信设备故障或其他非正常情况必须上线作业时，现场维护单位必须设专人防护，严禁通信人员单人上线作业。

思考题

1. 简述高铁维护岗位的基本素质要求。
2. 简述劳动保护的含义。
3. 简述劳动安全防护控制措施的内容。

第二节 电气化作业安全

本节将主要讲述高速铁路电气化区段通信作业安全的相关内容和安全用电基本知识。

一、通信作业人身安全规定

1. 为防止电气化铁路区段人身伤害和行车事故的发生，确保人员的生命安全和运输安全，凡在电气化铁路作业的职工都必须执行国家相关的法律法规和铁道部《电气化铁路有关人员电气安全规则》等规定。各单位要认真组织职工学习，并考试合格后方准上道作业。

2. 在电气化铁路上，接触网的各导线及其相连部件，通常均带有高压电，因此禁止直接或间接地(通过任何物件，如棒条、导线、水流等)与上述设备接触(接触网特殊带电作业除外)。

3. 当接触网的绝缘不良时，在其支柱、支撑结构及其金属结构上，在回流线与钢轨连接点上都有可能出现高电压，因此，平常应避免与上述部件接触，当接触网绝缘损坏时，禁止与之接触。

4. 接触网在未确认无电以前，应一律按有电处理。

5. 对非电化区段的有关人员临时进入电化区段工作时，应由分配工作单位的负责人向有关人员传达电化区段安全注意事项。

6. 为保证人身安全，除专业人员按规定作业外，任何人员所携带的物件(包括长杆、导线等)与接触网设备的带电部分需保持 2 m 以上的距离，与回流线有 1 m 以上距离。

乘坐轨道作业车时，严禁将长大料具高举挥动。作业人员拿有长大物体通过电气化铁路时，必须使其保持水平状态通过。

7. 在距离接触网带电部分不足 2 m 的处所进行作业时，接触网必须断电，并按以下要求办理：

(1)通信维护单位向电力调度员提出接触网停电申请书,申请书中要明确施工地点、所需时间、开始时间及作业特点。

(2)经电力调度员许可停电施工命令批准,并有接触网工区指定的接触网工安设可靠的临时接地线后,通信人员方可开始施工作业。作业时应有接触网工区人员在场监护,在有关电气安全方面,通信作业人员必须听从接触网工的指导。

(3)通信作业结束,所有作业人员都已在安全地点后,通知接触网工区监护人员。接触网工在确认所有通信作业人员都已在安全地点后,方可拆除临时接地线,并通知电力调度员施工已完成。在拆除临时接地线之后,严禁通信作业人员再行施工。

8. 当接触网停电并接地以前,禁止登上机车车辆顶部进行任何作业或翻越车顶通过线路。严禁在有电区攀爬车顶进行车载无线通信设备天线的检修作业。

9. 禁止攀登接触网支柱及在接触网支柱上搭挂衣物,或在支柱旁休息。禁止在变压器下、支柱、铁塔下避雨。在雷雨天气巡视设备时,不准靠近避雷针、避雷器。雨天作业时,必须远离接触网支柱、接地线、回流线等设备。

10. 严禁在接触网上搭挂绳索等物,一旦发现接触网上挂有线头等物,不准接触;当发现接触网导线断落时要远离 10 m 以外,并将该处加以防护,立即通知有关部门派人处理。

11. 在电气化区段,通过铁路平交道口的汽车等运输工具装载的货物高度不得超过 4.2 m,装载高度超过 2 m 的货物上严禁坐人。

12. 用水或一般灭火器浇灭离接触网带电部分不足 4 m 的燃着物体时,接触网必须断电;距接触网超过 4 m 的燃着物体时可不停电,但必须使水流不向接触网方向喷射或流淌。若用沙土灭火时,距接触网在 2 m 以上时可不停电。

13. 接触网附近,严禁抛、甩绳索和导线。

14. 进入牵引变电所、AT 所、分区所和电力变配电室检修通信设备,应按照规定的路线行走,严禁进入无关区域、严禁触碰电力设备,必要时应在供电人员监护下进行通信设备检修作业。

二、用电安全

安全电压是指对人体不会引起生命危险的电压,它是根据人体电阻确定的,人体电阻一般在 800 Ω～1 MΩ 之间,流经人体不致发生生命危险的电流一般不会超过 50 mA,按照欧姆定律可推知人体安全电压应小于 40 V。我国规定 36 V 以下为安全电压,在某些特殊场合规定 12 V 以下为安全电压。

低压指对地电压在 250 V 及以下,如 380/220 V 三相四线制居民生活用电线路、直流 220/110 V 电源等。高压指对地电压在 250 V 以上,如 10 kV 电力线路、25 kV 接触网线路等。

跨步电压是指电气设备或电力系统一相发生接地短路时,电流从接地处四散流出,在地面上形成不同的电位分布,人走近短路点时,两脚之间的电位差。当跨步电压达到 40 V 以上时,将使人有触电危险,特别是人被跨步电压击倒后加大了人体的触电电压,从而造成意外和死亡。发现有跨步电压危险时,应单足或并双足跳离危险区,亦可沿半径垂直方向小步慢慢退出。

发生高压接地故障时,在切断电源前,任何人与接地点的距离,室内不得小于 4 m,室外不得小于 8 m,接触网断线接地不得小于 10 m。必须进入上述范围作业时,作业人员要穿绝缘靴。实践证明，穿着绝缘靴是防护跨步电压的一种有效措施。

安全用电的原则是不接触低压带电体，不靠近高压带电体。常用的安全用电措施有：

1. 火线必须进开关。火线进开关后，当开关处于分断状态时，用电器上就不带电，不但利于维修而且可减少触电机会。

2. 合理选择照明电压。一般工厂和家庭的照明灯具多采用悬挂式，人体接触机会较少，可选用 220 V 电压供电；工人接触机会较多的机床照明灯则应选 36 V 供电，决不允许采用 220 V灯具做机床照明；在潮湿、有导电灰尘、有腐蚀性气体的情况下，则应选用 24 V、12 V，甚至 6 V 电压来供照明灯具使用。

3. 合理选择导线和熔丝。导线通过电流时，不允许发热，所以导线的额定电流应比实际输电的电流要大些。而熔丝是做保护用的，要求电路发生短路时能迅速熔断，所以不能选额定电流很大的熔丝来保护小电流电路。但也不能用额定电流小的熔丝来保护大电流电路，因为这会使电路无法正常工作。

4. 电气设备要有一定的绝缘电阻。电气设备的金属外壳和导电线圈间必须要有一定的绝缘电阻，否则当人触及正在工作的电气设备的金属外壳就会触电。一般电气设备在出厂前，都测量过它们的绝缘电阻，以确保使用者的安全。但是在使用电气设备的过程中，应注意保护绝缘材料，预防绝缘材料受伤和老化。

5. 电气设备的安装要正确。电气设备要根据安装说明进行安装，不可马虎从事。带电部分应有防护罩，高压带电体更应有效加以防护，使一般人无法靠近高压带电体。必要时应加装联锁装置以防触电。

6. 采用各种保护用具。保护用具是保证工作人员安全操作的工具，主要有绝缘手套、鞋，绝缘钳、棒、垫等。干燥的木质桌凳、玻璃、橡皮等也可充做保护用具。

7. 电气设备的保护接地和保护接零。正常情况下电气设备的金属外壳是不带电的，但在绝缘损坏而漏电时，外壳就会带电。为保证人触及漏电设备的金属外壳时不会触电，通常都会采用保护接地或保护接零的安全措施。保护接地就是将电气设备在正常情况下不带电的金属外壳或构架，与大地之间作良好的金属连接。保护接零就是将电气设备在正常情况下不带电的金属外壳或构架，与供电系统中的零线连接。

8. 通信设备的电容、电感等具有蓄能能力，在检修前应将相关端子短路，消除残留电量。

9. 其他安全用电常识有：

(1)任何电气设备在未确认无电以前，应一律认为有电，不要随便接触电气设备。

(2)不盲目信赖开关或控制装置，只有拔下用电器的插头才是最安全的。

(3)不损伤电线，也不乱拉电线。若发现电线、插头、插座有损坏，必须及时更换。

(4)拆开的或断裂的裸露的带电接头，必须及时用绝缘物包好并放置到人体不易触碰到的地方。

(5)尽量避免带电操作，手湿时更应避免带电操作；在做必要的带电操作时，应尽量用一只手工作，另一只手可放在口袋中或背后。同时要有人监护。

(6)当有数人进行电工作业时，应于接通电源前通知他人。

(7)不要依赖绝缘来防范触电，因为绝缘代替不了小心。

(8)在带电设备周围严禁使用钢皮尺、钢卷尺进行测量工作。

思考题

1. 简述电气化区段作业人身安全的措施。
2. 我国规定的安全电压是什么?
3. 简述跨步电压的含义。
4. 简述常用的安全用电措施。
5. 其他安全用电常识有哪些?

第三节 施工安全

本节将重点讲述铁路交通事故、行车设备故障管理以及高速铁路施工安全管理的有关规定。此外,电务基本安全制度以及施工防护等相关基本知识也纳入本节。

一、电务基本安全制度

电务工作人员必须认真执行“三不动”、“三不离”、“三不放过”和“三级施工安全措施”四项基本安全制度。

1. 三不动:未登记联系好不动;对设备性能、状态不清楚不动;正在使用中的设备不动。

2. 三不离:工作完了,不彻底试验良好不离;影响正常使用的设备缺点未修好前不离;发现设备有异状时,未查清原因不离。

3. 三不放过:事故原因分析不清不放过;没有防范措施不放过;事故责任者和职工没有受到教育不放过。

4. 电路纪律十不准:

(1)不准任意中断电路或业务;

(2)不准任意加、甩、倒换设备;

(3)不准任意变更电路;

(4)不准任意配置、修改数据;

(5)不准任意切断告警;

(6)不准借故推迟故障处理时间和隐瞒谎报故障;

(7)不准泄漏用户信息;

(8)不准泄露系统口令;

(9)不准在系统上进行与维护无关的操作;

(10)不准关闭业务联络电话。

5. 三级施工安全措施:通信(电务)段、车间、工区三级组织的施工均应制定施工安全措施。安全措施的基本内容应包括:施工前的准备措施,施工中的单项作业措施、安全卡控措施及安全防护措施,施工后的检查试验措施,以及应急处置措施等。

6. 通信系统的信息安全与数据保密要求:

(1)通信系统安全防护系统采用的防火墙、入侵检测、漏洞扫描、安全审计、病毒防治、Web信息防篡改、物理安全等技术应能够保证应用系统的安全。

(2)系统管理人员应保证系统相关信息和数据的保密,不应将信息和数据透露给与系统管理不相干的人员,也不应将高级别的保密信息和数据透露给管理级别低的人员。

(3)作为网管使用的计算机不得兼做他用,严禁在网管计算机上进行与工作系统无关的操作,严禁在网管计算机上安装、运行与本系统无关的软件,严禁在网管计算机上使用未经专业杀毒软件严格处理过的U盘、光盘、磁盘等存储介质。

二、事故及故障的处理程序

1. 对影响行车的设备故障,通信维修人员应将确认的故障现象以及故障原因、处理情况登记在《行车设备检查登记簿》内,作为原始记录备查。

2. 当发生通信故障或事故时,应按险情等级和影响程度及时启动应急预案。故障处理人员应严格按故障处理程序处理,查明原因,排除故障,尽快恢复使用。

3. 当发生与通信设备有关联的铁路交通事故时,通信人员应会同车站值班员记录设备状态,保护事故现场,不得擅自动用设备(或按照上级指示封存设备),并立即报告通信(电务)段调度;同时做好执行应急通信保障准备工作,根据上级命令及时出动。

三、铁路交通事故定义及事故等级划分

铁路机车车辆在运行过程中与行人、机动车、非机动车、牲畜及其他障碍物相撞,或者铁路机车车辆发生冲突、脱轨、火灾、爆炸等影响铁路正常行车的情况,均构成铁路交通事故(以下简称事故)。

根据事故造成的人员伤亡、直接经济损失、列车脱轨辆数、中断铁路行车时间等情形,事故等级分为特别重大事故、重大事故、较大事故和一般事故。

1. 有下列情形之一的,为特别重大事故:

(1)造成30人以上死亡,或者100人以上重伤(包括急性工业中毒,下同),或者1亿元以上直接经济损失的。

(2)繁忙干线客运列车脱轨18辆以上并中断铁路行车48 h以上的。

(3)繁忙干线货运列车脱轨60辆以上并中断铁路行车48 h以上的。

2. 有下列情形之一的,为重大事故:

(1)造成10人以上30人以下死亡,或者50人以上100人以下重伤,或者5 000万元以上1亿元以下直接经济损失的。

(2)客运列车脱轨18辆以上的。

(3)货运列车脱轨60辆以上的。

(4)客运列车脱轨2辆以上18辆以下,并中断繁忙干线铁路行车24 h以上或者中断其他线路铁路行车48 h以上的。

(5)货运列车脱轨6辆以上60辆以下,并中断繁忙干线铁路行车24 h以上或者中断其他线路铁路行车48 h以上的。

3. 有下列情形之一的,为较大事故:

(1)造成3人以上10人以下死亡,或者10人以上50人以下重伤,或者1 000万元以上5 000万元以下直接经济损失的。

(2)客运列车脱轨2辆以上18辆以下的。

(3)货运列车脱轨6辆以上60辆以下的。

(4)中断繁忙干线铁路行车6 h以上的。

(5)中断其他线路铁路行车10 h以上的。

4. 造成3人以下死亡，或者10人以下重伤，或者1 000万元以下直接经济损失的，为一般事故。

除前款规定外，按照国务院授权，铁道部又将一般事故做了细化分类，一般事故分为A(A1～A4)、B(B1～B4)、C(C1～C25)、D(D1～D21)4类。例如：

C13：列车运行中碰撞轻型车辆、小车、施工机械、机具、防护栅栏等设备设施或路料、坍体、落石。

C24：无调度命令施工，超范围施工，超范围维修作业。

D9：施工、检修、清扫设备耽误列车。

D21：行车设备故障耽误本列客运列车1 h以上，或耽误本列货运列车2 h以上；固定设备故障延时影响正常行车2 h以上(仅指正线)。

四、设备故障和障碍

因违反作业标准、操作规程及养护维修不当或设计制造质量缺陷、自然灾害等原因，造成铁路通信、行车设备损坏，影响正常行车，危及行车安全，均构成设备故障。未影响正常行车的，列通信障碍。

五、事故及故障报告与调查处理

(一)通信设备故障、事故报告

(1)设备故障发生后，各级电务人员应逐级上报。通信工区立即向车间和通信(电务)段调度报告；通信(电务)段调度应及时向铁路局(公司)电务调度报告。

(2)属于人为破坏、设备被盗造成的故障，报告公安部门处理。

(3)对可能与电务有关的一般C类以上事故，须及时将事故概况上报至主管部门。

(二)通信设备故障、事故的调查处理

(1)铁道部、铁路安全监督管理办公室(简称安全监管办)的安全监察部门负责铁路交通事故调查处理的日常工作。铁道部、安全监管办派驻各地的安全监察机构，分别承担铁道部、安全监管办指定的事故调查处理工作。

(2)铁道部、铁路局专业部门是行车设备的主管部门，负责组织设备故障的调查处理。

(3)事故调查处理的原则和方法是：坚持以事实为依据，以法律、法规、规章为准绳，认真调查分析，查明原因，认定损失，定性定责，追究责任，总结教训，提出整改措施。

六、事故(故障)的责任划分

事故(故障)分为责任事故和非责任事故。

事故(故障)责任分为全部责任、主要责任、重要责任、次要责任和同等责任。

1. 因设备管理不善造成的事故(故障)，定设备管理单位责任。

2. 因产品质量不良造成事故(故障)，属设计、制造、采购、检修等单位责任的，定相关单位责任；应采用经行政许可或强制认证的产品而采用其他产品的，追究采用单位责任；采购不合格或不达标产品的，追究采购单位责任。

3. 自然灾害原因导致的事故(故障)，因防范措施不到位，定责任事故；确属不可抗力原因导致的事故；定非责任事故(故障)。

4. 营业线施工中发生责任事故(故障)，属工程建设、设计、监理、施工等原因造成的，定上述相关单位责任；同时追究设备管理单位责任。

已经竣工验收的设备，因质量问题发生责任事故(故障)，确属工程建设、设计、施工、监理等单位责任的，定上述相关单位责任；属设备管理不善的，定设备管理单位责任。

5. 涉嫌人为破坏造成的事故(故障)，在公安机关确认前，定发生单位责任事故(故障)；经公安机关确认属人为破坏原因造成的，定发生单位非责任事故(故障)。

6. 因临时租(借)用其他单位的设备设施、人员，发生事故(故障)，定使用单位责任。产权单位委托其他单位维修设备设施，因维修质量不良造成事故(故障)，定维修单位责任；产权单位管理不善的，追究其同等责任。

7. 凡经铁道部批准或铁路运输企业批准并报铁道部核备后的技术革新项目、科研项目在运营线上试验时，在限定的试验期限内确因试验项目本身原因发生事故(故障)，不定责任事故(故障)；但由于违反操作规程以及其他人为因素造成的事故(故障)，定责任事故(故障)。

8. 事故(故障)发生后，因发生单位未如实提供情况，导致不能查明事故(故障)原因和判定责任的，定发生单位责任。

9. 事故(故障)涉及两个以上单位管理的相关设备，设备质量均未超过临修或技术限度时，按事故(故障)因果关系进行推断，确定责任单位。

特别需要指出的是，事故(故障)责任的确定，并非仅凭维护单位的说明，要按规定履行事故(故障)外转手续，并取得外转单位的书面认可。

七、高速铁路通信施工作业的相关规定

(一)施工组织原则

严格执行“施工不行车、行车不施工”的施工组织原则。高速铁路除室内设备巡视、线下设备巡检之外的所有通信设备维护和施工作业必须在综合天窗内进行，全部由铁路局审批，纳入月度施工计划。应急处理故障和非正常情况下的上道作业需按规定审批同意后方可进行。

(二)施工登记销记

施工(维修)作业，施工联络员应于施工前规定的时间在高铁调度台(车站)运统46(施工)上登记。按照以下程序办理。

1. 施工要点

不需接触网停电配合的施工，调度所电务(通信)联络员要与列车调度员加强联系，在得到列车调度员发布的施工调度命令后，立即将命令号、命令内容等事项通知现场施工负责人，现场负责人核对无误后，方可组织现场开始施工。

需接触网停电配合的施工，调度所电务(通信)联络员要与列车调度员和供电调度员(或调度所供电联络员)加强联系，必须同时得到列车调度员的施工命令和供电调度员(或调度所供电联络员)已停电的书面通知，方可通知现场施工负责人开始施工。

2. 施工销点

不需接触网停电配合的施工，调度所电务(通信)联络员在得到施工现场负责人施工完成的报告后，在调度所《行车设备施工登记簿》上登记，注明开通时间。

需接触网停电配合的施工，调度所电务(通信)联络员在得到施工现场负责人施工完成的

报告后,除按上述规定登记外,还应立即通知供电调度员(或调度所供电联络员),并书面签认。

(三)高铁施工作业安全控制措施

高速铁路上道维修、检查、测试和施工作业都必须安排在天窗时间内进行。没有命令不准上道。

(1)天窗时间以外,严禁任何人员上道。

(2)未经允许,严禁进入高铁防护栅栏内。

(3)高铁通信所用工具、材料、仪表,照明灯具、通信工具均要进行编号,粘贴反光标志,建立台账,实行统一管理。

(4)对已经批准的上道施工(维修)作业,应做到:

① 严格按照批准的范围、项目、时间和程序作业,相关人员、工器具仪表等必须良好、到位。

② 驻站联络员应与室外专职防护员保持通讯畅通,及时掌握施工作业情况,一旦遇到通讯联络中断或联络困难、通话不清时,严禁盲目销点,必须待通讯联络恢复后,得到现场施工负责人确认作业结束,并已回到安全地带后,方可销点。

③ 施工及配合施工应切实加强施工作业前、中、后的联系,加强施工现场监控;上道前,施工负责人应清点作业人员、作业机具及材料数量;施工结束,施工负责人必须清点人员和机具,确定人员、机具及材料全部撤到防护栅栏外或随作业车辆返回库线,方可通知销点。

④ 各级人员必须严格执行安全规定,现场人员必须服从现场防护员的统一指挥。

(四)高铁设备上道抢修规定

遇设备发生故障需上道检查抢修等特殊情况,必须申请故障处理的临时天窗,在得到本线封锁调度命令和确认邻线临时限速(最高运行速度小于或等于 160 km/h)设置成功后,方可上道作业,并执行以下规定:

(1)按照规定设置防护,防护员必须携带 GSM-R 手持台,所有作业人员在前往作业地点和返回途中,必须按照预先规定的路线行走,严禁在道心及枕木头上行走,行走不得侵入限界。

(2)作业人员首先须根据作业内容将防护用品、用具佩戴齐全;驻站联络员必须掌握列车运行动态,并及时准确告知现场防护员。未采取人身安全防护措施或措施不到位的,禁止盲目冒险处理故障。

(3)现场通信应急抢修人员需上道进行作业时,驻站联络员必须向段调度汇报所在疏散口位置(作业通道口)和作业范围(包括行走路线)。段调度及时与驻调度所联络员联系,办理上道有关手续。驻站联络员必须确认本线封锁和邻线 160 km/h 限速后,方可通知现场作业人员上道作业。

(4)现场通信人员接到上道通知后,应设好防护,作业过程中现场防护人员应随时与驻站联络员保持联系,在接到邻线来车,本线下道通知时,按规定及时下道避车。

(5)现场人员应在本线一侧安全距离(距钢轨头部外侧距离不小于 3 m)避车,禁止分散多处或跨线避车,严禁在双线线间站立避车。

(6)驻站联络员必须每 3 min 与现场防护员通话,随时掌握现场作业情况,一旦联络中断,现场防护员应立即呼叫作业人员停止作业,按上述要求下道避车。

(7)应急处理故障,遇有能见度不足 200 m 的大雾、暴风雨(雪)、雷电密集、扬沙等恶劣天气必须作业时,应采取特殊、有效的安全防护措施,并对故障发生区间进行全线封锁。

(8)现场防护人员应站在便于瞭望和通知作业人员的安全地点,在瞭望距离不足 2 000 m 的曲线地段,应增设中间防护员,加强联络。

(9)作业人员在下道避车前,必须将设备门、盖固定牢固,并加强监护。

(10)故障修复后,应在处理人员全部上到抢修作业轨道车或到达疏散口外时方能销记解除邻线临时限速和作业线路的封锁。

八、高铁通信施工作业防护有关规定

(一)防护员的设置

(1)驻所防护员、驻站防护员、现场防护员、远端防护员、中间联络员统称防护员。驻站防护员佩戴胸牌(卡),现场防护员、中间联络员按规定着装、佩带标识。

(2)高速铁路区段施工(作业)除按规定设置驻所联络员外,还应同时设置现场防护员,必要时(或按铁路局规定)设置驻站联络员,根据作业情况选择设置远端防护员、中间联络员。

(3)在下列情况下,现场必须设专人防护:

① 在站(场)内进行设备检修或施工时。

② 在区间上道进行设备检修或施工时。

③ 电务(通信)段、铁路局等上级组织在上述地点进行设备检查时。

④ 铁路局、通信(电务)段认为有必要设专人防护时。

在恶劣天气、作业繁忙站场作业时应根据情况增设防护人员。

(二)防护员作业纪律

(1)必须持证上岗。

(2)必须按标准着装,穿带有国际警告色的防护坎肩,左臂佩戴“防护员”臂章,左胸佩戴防护员上岗合格证,携带 GSM-R 手持台或对讲机以及防护喇叭。

(3)防护时必须做到“四不准”:不准擅自离岗;不准与他人闲谈;不准以蹲、坐、卧姿进行防护;不准参与作业或做与防护工作无关的事情。

(4)必须先于作业人员上岗,滞后于作业人员离岗。防护员需要临时离岗时,必须先停止所有被防护人员的作业,或由具有防护员资格的人员代替防护。

(5)工作时禁止戴有色眼镜,禁止班前饮酒。班前要休息好,班中集中精力,振作精神,禁止防护时坐、卧、打盹。

(6)现场防护员必须做到:选择防护位置适当,认真立岗瞭望列车,站内注意倾听车站广播,与驻站(所)防护员保持通信联系,及时向作业人员发出来车下道避车的正确指示。

(7)驻站(所)防护员必须做到“五勤”:勤看操作台显示,勤听值班员对话,看不懂、听不清要勤问,勤向现场防护员传达列车运行情况,勤与现场防护员复诵、核对通话内容。要坚守岗位,精神集中,随时掌握、监视列车运行及调车作业情况,按照规定时机及时通知现场防护员,并做到语言简练,呼唤应答。值台时严禁与车站值班员闲谈。

思考题

1. 电务基本安全制度的内容有哪些?
2. 事故(故障)的应急处理程序是什么?

3. 铁路交通事故和铁路行车设备故障的定义是什么?
4. 铁路交通事故的等级如何划分?
5. 防护员设置的原则及防护员作业纪律是什么?

复 习 题

1. 简述在距离接触网带电部分不足 2 m 的处所进行作业时的安全规定。
2. 简述电务基本安全制度中"三不动"、"三不离"、"三不放过"的内容。
3. 简述电路纪律"十不准"的内容。
4. 简述通信系统的信息安全与数据保密要求。
5. 简述防护员的作业纪律。
6. 简述防止跨步电压造成危害的方法。
7. 简述事故(故障)的调查处理原则。
8. 简述事故(故障)的责任界定原则。
9. 简述高速铁路的施工组织原则和施工安全控制措施。

第二章　专业知识

高速铁路通信网管岗位(数据通信/图像通信)主要负责数据通信系统、综合视频监控系统、会议电视系统的维护管理,要求从业人员必须掌握该岗位要求的专业知识。本章主要介绍了技术规章、数据通信系统、综合视频监控系统、会议电视系统、通信电源、传输系统等内容。

第一节　技术规章

本节重点讲述铁路技术规章体系,规章条文内容可从铁道部办公网下载。由于技术规章实行动态管理,且部分规章还在修订完善当中,受篇幅等所限,本节未列出相关技术规章的主要条款。在教学和学习中,应结合岗位需要对主要规章进行系统的学习。

一、铁路技术规章制度概述

铁路技术规章制度(以下简称技术规章),是铁路技术设备(固定设备和移动设备)完成施工或制造且交付运营后,涉及行车组织(包括行车安全措施、非正常行车及故障应急处理办法等)和信号显示及技术设备的运用、管理、维修等方面的规章制度。

技术规章不包括以下规章制度文件:

(1)铁路建设的勘察、设计、施工、验收,铁路产品的设计、制造、准入等。

(2)铁路机构设置和人员资质、考核、培训等。

(3)铁路交通事故及突发事件的应急预案、调查处理、处罚及赔偿等。

(4)技术标准(包括标准性技术文件),以及行政许可、行政管理类的规章制度等。

二、技术规章的分类及相互关系

铁路技术规章分为铁道部、铁路局和站段3个层面。铁道部、铁路局技术规章分为基本技术规章和专业技术规章,专业技术规章分为专业系统技术规章(以下简称系统规章)、专业单项技术规章(以下简称单项规章)和专业临时技术规章(以下简称临时规章)。站段技术规章不分类。

(1)基本技术规章是铁路技术规章体系的核心。在专业技术规章范围内,比较综合的技术规章为系统规章,比较单一的技术规章为单项规章;针对技术管理某一方面急需解决的突出问题,在规定时间内、特定条件下制定的技术规章为临时规章。

(2)下级技术规章必须服从上级技术规章,同一层面专业技术规章必须服从基本技术规章,专业技术规章之间必须协调一致。

(3)铁道部基本技术规章是《铁路技术管理规程》(以下简称《技规》),以及对《技规》的补充、修改。铁路局基本技术规章是《行车组织规则》(以下简称《行规》),以及对《行规》的补充、修改。

(4)铁路技术管理基本要求及需要在全路统一的技术管理规定等,由铁道部技术规章规定。

(5)铁道部未做规定且需要在铁路局范围内统一的技术管理要求,根据本局技术设备具体情况对铁道部技术规章的补充、细化,由铁路局技术规章规定。涉及跨局行车组织等内容,应与相关铁路局进行协调。

(6)站段技术规章是将上级技术规章转化为本单位具体操作的规章制度。

三、技术规章的目录及编号管理

技术规章管理实行铁道部、铁路局和站段逐级负责,按归口管理和专业负责相结合的方式,形成职责分明、相互协调的管理体制。

铁道部、铁路局和相关站段应明确管理机构和职责,各级归口部门和专业部门应指定专人负责技术规章管理工作。并由归口部门负责技术规章统一编号和目录管理。

凡属于技术规章管理范围的文件须纳入各层面技术规章目录(以下简称《目录》),实行目录管理。未纳入《目录》的,不作为技术管理的依据。

铁道部、铁路局技术规章经主管领导签发后,由归口部门统一进行技术规章编号。站段是否进行技术规章编号由铁路局规定。技术规章编号由技术规章代号、专业代号、顺序代号、发布年号等组成。

以 TG/DW 107—2010《铁路有线通信维护暂行规则》为例:

(1)TG 为铁道部技术规章代号,T 代表铁道部,G 代表技术规章;对全路各铁路局也规定了相应的技术规章代号,如上海局 SHG,北京局 BJG。

(2)DW 为专业代号,代表电务专业,类似的有车务 CW;基本技术规章因其涉及多个专业,故不设专业代号。

(3)107 为顺序代号,由类别代号+顺序号组成。

类别代号用 1 位阿拉伯数字表示。0——基本技术规章,1——系统规章,2——单项规章,3——临时规章。

顺序号在类别代号后按技术规章发布时间顺序编排。顺序号的位数根据技术规章的数量确定。

(4)2010 为发布年号,用 4 位阿拉伯数字表示。技术规章修订重新发布时,技术规章编号沿用原技术规章的编号,仅更改发布年号。特殊情况修订当年印发的技术规章重新发布时,发布年号后增加 1 个大写英文字母(A、B……,分别表示第 1 次修订、第 2 次修订……)。

在顺序代号和发布年号之间,必要时可增加修改代号,修改代号为选择项。对现行技术规章的部分内容修改、补充时,技术规章编号沿用被修改技术规章的编号,只在其编号中增加修改代号。在顺序代号后用 1 个大写英文字母表示(A、B……,分别表示第 1 次修改、第 2 次修改……),按文件发布时间顺序编排。例如:《铁路营业线施工及安全管理办法》技术规章编号为 TG/QT 101—2008,《铁路营业线施工安全管理补充办法》技术规章编号为 TG/QT 101A—2010。

四、应了解和掌握的主要技术规章

(一)基本技术规章

铁道部《铁路技术管理规程》、铁路局《行车组织规则》。

(二)专业技术规章

分为专业系统规章、专业单项规章和临时规章 3 类。

(1)专业系统规章。包括铁路通信维护规则(简称维规)、应急通信管理办法等,维规是指导通信维护工作的基础和核心,通信专业维护工作必须遵循维规的相关规定。

(2)专业单项规章。包括《动车组列车调度命令无线传送和CTC区段无线列调使用管理办法》、《铁路行车语音记录装置使用管理办法》等。

(3)临时规章。如《关于旅客列车广播设备使用管理的补充规定》等。

按照《铁路技术规章制度管理办法》相关规定,铁道部、铁路局每年都要公布现行有效的规章目录,同时在铁路办公信息系统网上建立技术规章管理信息系统,公布技术规章目录及电子文件文本。高铁通信有关人员可根据岗位选择学习。

五、技术规章学习和运用中需要把握的要点

1. 技术规章具有特定范围内的权威性,下一层级技术规章不得简化、删节上一层级规章的实质性内容或降低标准,更不得与其抵触、违背;在执行过程中,不得简化、丢漏内容或降低标准。

2. 技术规章具有特定范围内的普适性,现行有效的规章不仅适用于通信专业,也适用于其他专业;同样,其他专业的规章与通信有关的部分,也适用于通信专业。

3. 技术规章实行动态管理,要及时了解新近发布的技术规章和既有规章条款变化情况,及时转发、执行新的规章或修订后的条款。

4. 在技术规章执行的过程中,发现与既有规章或其他专业规章有矛盾时,应及时向规章制定部门反映。

思考题

1. 简述铁路技术规章的定义。
2. 简述铁道部、铁路局技术规章具体分类。
3. 简述所在铁路局现行有效的《行规》中与通信相关的内容。

第二节　数据通信系统

随着高铁建设的发展,铁路数据网承载越来越多的业务,主要通过MPLS VPN方式承载铁路综合视频监测系统、GSM-R GPRS业务、会议电视系统、动力与环境监控系统、旅客服务信息等系统。铁路数据网系统作为铁路综合信息的承载平台,发挥着愈加重要的作用。

一、数据通信系统的基本概念

(一)数据通信系统的定义

数据通信是计算机网络技术的发展在通信领域中产生的一个分支。简单地说,数据通信就是数字计算机或其他数字终端之间的通信,是计算机与计算机或计算机与其他数据终端之间存储、处理、传输和交换信息的一种通信技术。实现这种通信的系统是数据通信系统。

(二)数据通信的技术指标

在数据通信中,有4个重要的指标,它们是数据传输速率、数据传输带宽(也称"信道容量")、传输时延和误码率。

1. 数据传输速率

数据传输速率是指单位时间内传输的信息量,可用“比特率”或“波特率”来表示。

(1)比特率

比特率是每秒钟传输二进制信息的位数,单位为“位/秒”,通常记作 bit/s。主要单位有:kbit/s, Mbit/s, Gbit/s。数据传输速率的计算公式如下:

$$S=1/T\log_2 N \quad (\text{bit/s})$$

式中 T——1 个数字脉冲信号的宽度(全宽码)或重复周期(归零码),单位为 s;

N——1 个码元所取的离散值个数,通常 $N=2K$(K 为二进制信息的位数)。当 $N=2$ 时,数据传输速率的公式就可简化为:$S=1/T$,表示数据传输速率等于码元脉冲的重复频率。

(2)波特率

波特率也称码元速率、调制速率,或者信号传输速率,是指每秒传输的码元(符号)数,单位为波特,记作 Baud。若每个码元所含的信息量为 1 bit,则波特率等于比特率。计算公式如下:

$$B=1/T \quad (\text{Baud})$$

式中 T——一个信号码元的宽度,单位为 s。

在计算机中,一个符号的含义为高低电平,分别代表逻辑“1”和逻辑“0”,所以每个符号所含的信息量刚好为 1 bit,因此在计算机通信中,常将“比特率”称为“波特率”,即:

$$1\ \text{Baud}=1\ \text{bit/s}$$

例如:电传打字机最快传输率为每秒 10 个字符,每个字符包含 11 个二进制位,则数据传输率为:11 bit/字符×10 个字符/s=110 bit/s=110 Baud。

还有一种表示数据传输速率的方法就是“位时间”(T_d),它是指传送一个二进制位所需时间,用 T_d 表示。计算公式如下:

$$T_d=1/\text{波特率}=1/B$$

2. 数据传输带宽

简单地说,带宽(Bandwidth)是指每秒可传输的最大比特数,也就是一个信道的最大数据传输速率,单位也为“位/秒”(bit/s)。高带宽则意味着系统的高处理能力。不过,传输带宽与数据传输速率是有区别的,前者表示信道的最大数据传输速率,是信道传输数据能力的极限,而后者是实际的数据传输速率,像公路上的最大限速与汽车实际速度的关系一样。带宽本来是指某个信号具有的频带宽度,其单位是 Hz(或 kHz,MHz),过去的通信主干线路都是用来传送模拟信号(即连续变化的信号),带宽表示线路允许通过的信号频带范围。但是,当通信线路用来传送数字信号时,传送数字信号的速率即数据率就应当成为数字信道的最重要指标,不过习惯上仍延续使用“带宽”来作为“数据率”的同义语。

从信息论的观点来看,各种信道可概括为两大类:离散信道和连续信道。所谓离散信道就是输入与输出信号都是取值离散的时间函数;而连续信道是指输入和输出信号都是取值连续的。可以看出,前者就是广义信道中的编码信道,后者则是调制信道。

网络或链路的带宽的单位是“比特每秒”(bit/s),常用的单位 kbit/s,Mbit/s,Gbit/s,Tbit/s。如果在网络中某一个点上观察数字信号流随时间的变化,那么,信号在时间轴上的宽度就随着带宽的增大而变窄。例如,当信号为 1 和 0 相间的脉冲时,在带宽为 1 Mbit/s 的链路上,每一比特在时间轴上的宽度为 1 μs,但在带宽为 4 Mbit/s 的链路上,每一比特在时间轴上的宽度就减小到原来的四分之一,即只有 0.25 μs。

3. 传输时延

传输时延就是信息从网络的一端传送到另一端所需的时间。

时延＝发送时延＋传播时延＋处理时延

(1)发送时延是节点在发送数据时使数据块从节点进入到传输所需要的时间，也就是从数据块的第一比特开始发送算起，到最后一比特发送完毕所需的时间，又称为传输时延。

发送时延(以 s 为单位)＝数据块长度(以 bit 为单位)/信道带宽(以 bit/s 为单位)。

(2)传播时延是电磁波在信道中需要传播一定距离所需的时间。

传播时延(以 s 为单位)＝信道长度(以 km 为单位)/电磁波在信道上的传播速率(以 bit/s 为单位)。

(3)处理时延是数据在交换节点为存储转发而进行一些必要的数据处理所需的时间。在节点缓存队列中分组队列所经历的时延是处理时延中的重要组成部分。处理时延的长短取决于当时的通信量，但当网络的通信量很大时，还会产生队列溢出，这相当于处理时延为无穷大。有时可用排队时延作为处理时延。

在总时延中，究竟哪种时延占主导地位，必须具体分析。

如一个长度为 100 MB 数据块在带宽为 1 Mbit/s 信道上，用光纤传送到 1 000 km 和1 km远的目的计算机所需时间是多少呢？ 1 MB＝2^{20} Byte＝$2^{20}\times 8$ bit，则 100 MB 数据块长度为$100\times 2^{20}\times 8$ bit；1 Mbit /s＝10^6 bit/s，则信道带宽为 10^6 bit/s。发送时延＝数据块长度/信道带宽＝838.9 s。1 000 km 的传播时延＝1 000(km)/200 000(光纤信道的传播速率)＝0.005 s＝5 ms，而 1 km的传播时延会减小到原来的千分之一。由于 ms(毫秒)级时间相对于 838.9 s 来说非常小，几乎可以忽略，所以在这种情况下，总时延的数值基本上是由发送时延来决定的。

又如在带宽分别是 1 Mbit/s 和 1 Gbit/s 的情况下，用同样的方法可以计算出光纤传送一字节(1 Byte)的数据到 1 000 km 远的目的计算机上所需的时间。在 1 Mbit/s 的信道上，发送时延＝8(1 Byte 的数据块长度)/10^6(信道带宽，因为 1 Mbit/s＝10^6 bit/s)＝8 μs，传播时延仍为上面的 5 ms，此时在 5.008 ms 的总时延中传播时延反而占了主要位置。即使将信道的带宽提高到 1 Gbit/s，也只是在发送时延微秒级的基础上减少(发送时延＝8/10^9＝0.000 8 μs)，因为此时的传播时延级数达到了 ms，所以尽管发送时延有了大幅降低，但总时延仍不会有太多减少。可见，在此情况下，总时延的数值是由传播时延决定的。

基于上述计算，可以得出以上发送时延和传播时延在总时延中哪个占主导决定作用还要结合具体数据通信过程中传输的数据长度和带宽综合考虑。经常听到的诸如“在高速链路(或高带宽链路)上，比特流传输速度更快”和“光纤信道的传输速率高”之类的说法都是错误的。因为对于高速网络链路，提高的仅仅是数据的发送速率，而不是比特流在链路上的传播速率。也就是说，提高链路带宽只是减少了数据的发送时延，至于传播时延还要通过信道传输速率和传输距离而定。同时光纤信道的发送数据的速率可以很高，而光纤信道的传播速率实际比铜线的传播速率还略低些。

数据的发送速率的单位是每秒发送多少比特，是指某个点或某个端口上的发送速率；而传播速率的单位是每秒传播多少距离，是指传输线路上比特的传播速率。

(4)IP 包传输时延变化

IP 包传输时延变化是指 IP 包平均传输时延上限与 IP 包传输时延最小值的差值。

4. 误码率

误码率(P_e)是指二进制数据位传输时出错的概率。它是衡量数据通信系统在正常工作情况下的传输可靠性的指标。在计算机网络中,一般要求误码率(IP包丢失率)低于10^{-3},若误码率达不到这个指标,可通过差错控制方法检错和纠错。

误码率计算公式为:

$$P_e = N_e / N$$

式中 N_e——其中出错的位数;

N——传输的数据总位数。

(三)数据通信系统的基本模型

数据通信系统包括3个基本组成部分:数据终端设备(DTE,Data Terminal Equipment)、数据电路端接设备(DCE,Data Circuit-terminating Equipment)和通信信道。如图2-1所示。

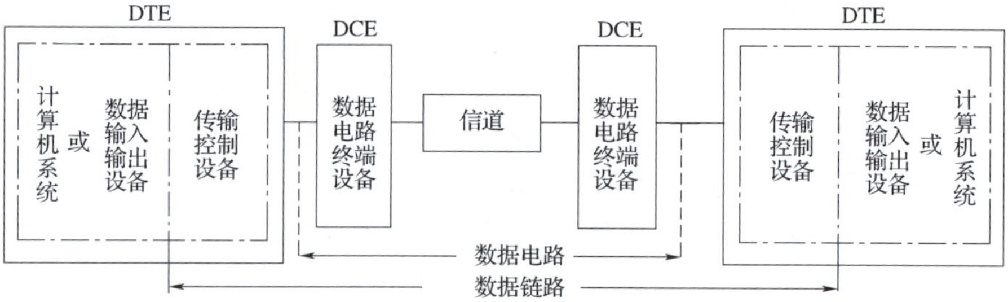

图2-1 数据通信系统模型图

(四)数据通信的特点

1. 数据通信是实现计算机和计算机之间以及人和计算机之间的通信。

2. 数据通信中,信息量具有突发性,并且不同业务通信持续时间的差异性也较大。

3. 数据通信的"用户"所采用的计算机和终端等设备多种多样,它们在通信速率、编码格式、同步方式和通信规程等方面都有很大的差别。

4. 数据通信的数据传输速率要求高,要求接续和传输响应快。

二、数据通信系统的体系结构

(一)数据通信系统的基本结构

任何一个通信系统都可以看作是由发送设备、传输信道和接收设备3大部分组成的。我们把产生和发送信息的一端称为信源,把接收信息的一端称为信宿,把信源传送到信宿的通信线路称为信道。

在实际通信系统中,难免受到外界电磁波等噪声源的干扰影响。因此,数据通信系统的基本结构如图2-2所示。

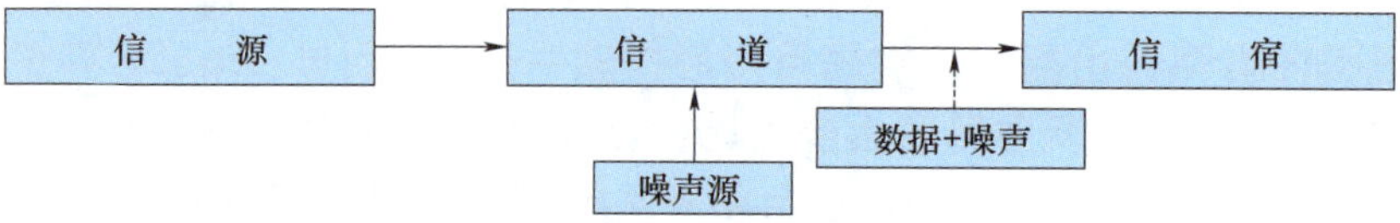

图2-2 数据通信系统基本结构图

1. 信源

信源就是发送信号的一端,它包括以下两个必需部分。

(1)源站:产生要传输的数据的计算机或服务器等设备。

(2)发送器:对要传送的数据进行编码的设备,如调制解调器等。常见的网卡中也包括收发器组件和功能。

2. 信道

信道是指网络通信的信号通道,如双绞线通道、同轴电缆通道、光纤通道或者无线电波通道等,当然还包括线路上的交换机和路由器等设备。

3. 信宿

信宿就是接收发送端所发送的信号的一端,它包括以下两个必需部分。

(1)目的站:从接收器获取从发送端发送的信息的计算机或服务器等。

(2)接收器:接收从发送端发来的信息,并把它们转换为能被目的站设备识别和处理的信息。它也可以是调制解调器之类的设备,不过此时它的功能当然就不再是调制,而是解调了。常见的网卡中也包括接收器组件和功能。

4. 数据通信的基本过程

数据从发送端出发到数据被接收端接收的整个过程称为数据通信过程。每次通信又包含两个子过程:数据传输和通信控制。通信控制是为了保证数据传输而进行的各种辅助操作。数据通信基本过程一般被分为 5 个阶段,每个阶段包括一组功能操作。

(1)第一阶段:建立通信线路,用户将要通信的对方地址告诉通信控制处理机,相当于用户拿起电话进行拨号。

(2)第二阶段:若对方同意通信,建立数据传输链路,通信双方建立同步联系,是双方设备处于正确的收发状态。相当于对方电话铃响,并拿起电话。

(3)第三阶段:传输数据以及必要的通信控制信号。类似于通话双方进行对话。

(4)第四阶段:数据传输结束,通信双方通过控制信息确认此次通信结束,相当于对话双方说再见。

(5)第五阶段:通知通信控制处理机,通信结束并切断数据连接的物理通道,相当于对话双方挂起电话。

(二)数据通信中常见的网络拓扑结构

拓扑结构定义了组织网络设备的方法。常见的网络拓扑结构如图 2-3 所示。

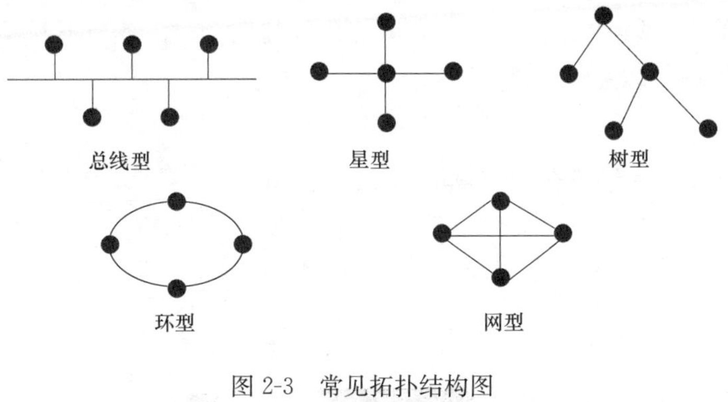

图 2-3　常见拓扑结构图

在总线型拓扑中,网络中的所有设备都连接到一个线性的网络介质上,这个线性的网络介质称为总线。当一个节点在总线拓扑网络上传送数据时,数据会向所有节点传送。每一个设备检查经过它的数据,如果数据不是发给它的,则该设备丢弃数据;如果数据是发向它的,则接收数据并将数据交给上层协议处理。典型的总线型拓扑具有简单的线路布局,该布局使用较短的网络介质,相应地,所需要的线缆花费也较低。缺点是很难进行故障诊断和故障隔离,一旦总线出现故障,就会导致整个网络故障;而且 LAN 中每一个设备都会向所有设备发送数据,消耗了大量带宽,大大影响了网络性能。

星型拓扑结构有一个中心控制点。当使用星型拓扑时,连接到局域网上的设备间的通信是通过与集线器或交换机的点到点的连线进行的。星型拓扑易于设计和安装,网络介质直接从中心的集线器或交换机处连接到工作站所在区域;星型拓扑易于维护,网络介质的布局使得网络易于修改,并且更容易对发生的问题进行诊断。在局域网构建中,大量采用了星型拓扑结构。当然,星型拓扑也有缺点,一旦中心控制点设备出现了问题,容易发生单点故障;每一段网络介质只能连接一个设备,导致网络介质数量增多,局域网安装成本相应提升。

树型结构(也称为星型总线拓扑结构)是从总线型和星型结构演变来的。网络中的结点设备都连接到一个中央设备(如集线器)上,但并不是所有的结点都直接连接到中央设备,大多数的结点首先连接到一个次级设备,次级设备再与中央设备连接。

环型拓扑结构是各个网络节点通过环接口连在一条首尾相接的闭合环型通信线路中,每个节点设备只能与它相邻的一个或两个节点设备直接通信。如果要与网络中的其他节点通信,数据需要依次经过两个通信节点之间的每个设备。环型网络既可以是单向的也可以是双向的。单向环型网络的数据绕着环向一个方向发送,数据所到达的环中的每个设备都将数据接收经再生放大后将其转发出去,直到数据到达目标节点为止。双向环型网络中的数据能在两个方向上进行传输,因此设备可以和两个邻近节点直接通信。如果一个方向的环中断了,数据还可以在相反的方向在环中传输,最后到达其目标节点。

网状拓扑结构是指将各网络结点与通信线路连接成不规则的形状,每个节点至少与其他两个节点相连,或者说每个节点至少有两条链路与其他节点相连,大型互联网一般都采用这种结构。

这些拓扑结构是逻辑结构,和实际的物理设备的构型没有必然的关系,如逻辑总线型和环型拓扑结构通常表现为星型的物理网络组织。

三、网络传输介质

数据传输介质是网络中连接收发双方的物理通路,是数据通信中实际传送信息的载体。网络中的传输介质分为两大项:有线传输介质与无线传输介质。有线传输介质常见的有同轴电缆、双绞线、光纤,无线传输介质常见的有微波、卫星等。

(一)同轴电缆

同轴电缆是局域网中最早使用而且应用十分广泛的传输介质,可以通过专用的中同轴电缆(俗称粗缆)或小同轴电缆(俗称细缆)来组网,并广泛应用于局域网中。同轴电缆由内导体、绝缘层、屏蔽层及外部保护层组成,其结构如图 2-4 所示。

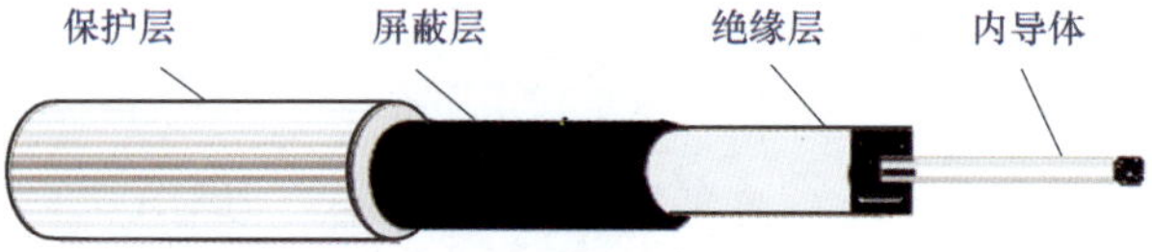

图 2-4　同轴电缆结构图

同轴电缆的最大优点是抗干扰性强,而且支持多点连接。缺点是物理可靠性不好,所以现在基本上已被双绞线所替代。

（二）双 绞 线

双绞线(Twisted Pair,TP)是最常用的一种传输介质，它由两条具有绝缘保护层的铜导线相互绞合而成。把两条铜导线按一定的密度绞合在一起，可增强双绞线的抗电磁干扰能力。一对双绞线形成一条通信链路。在双绞线中可传输模拟信号和数字信号。双绞线通常有非屏蔽式和屏蔽式两种。

1. 非屏蔽双绞线(UTP)

把一对或多对双绞线组合在一起，并用塑料套装，组成双绞线电缆。这种采用塑料套装的双绞线电缆称为非屏蔽双绞线(Unshielded Twisted Pair,UTP)，用于计算机网络中的UTP不同于其他类型的双绞线，其阻抗为100 Ω，线缆外径大约4.3 mm。通常使用一种称之为RJ-45的8针连接器，与UTP连接构成UTP电缆。常用的UTP有3类、4类、5类和超5类等形式。如图2-5所示为5类非屏蔽双绞线。

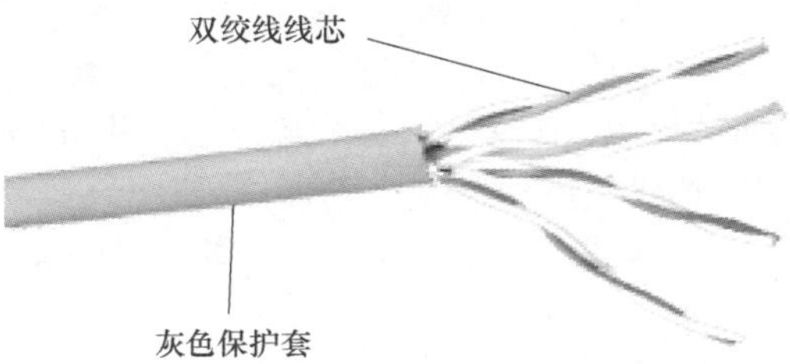

图2-5 非屏蔽双绞线结构图

UTP具有成本低、重量轻、尺寸小、易弯曲、易安装、阻燃性好、适于结构化综合布线等优点，因此，在一般的局域网建设中被普遍采用。但它也存在传输时有电磁辐射、容易被窃听的缺点，所以，在少数信息保密级别要求高的场合，还须采取一些辅助屏蔽措施。

2. 屏蔽双绞线(STP)

采用铝箔套管或铜丝编织层套装双绞线就构成了屏蔽式双绞线(Shielded Twisted Pair,STP)。STP常用的有3类和5类两种形式，有150 Ω阻抗和200 Ω阻抗两种规格。屏蔽式双绞线具有抗电磁干扰能力强、传输质量高等优点，但它也存在接地要求高、安装复杂、弯曲半径大、成本高的缺点，尤其是如果安装不规范，实际效果会更差。屏蔽双绞线抗电磁辐射的能力很强，适合于在工业环境和其他有严重电磁辐射干扰或无线电辐射干扰的场合布放。另外，屏蔽双绞线的外屏蔽层有效地屏蔽了线缆本身对外界的辐射。在军事、情报、使馆，以及审计署、财政部这样的政府部门，都可以使用屏蔽双绞线来有效地防止外界对线路数据的电磁侦听。对于线路周围有敏感仪器的场合，屏蔽双绞线可以避免对它们的干扰。然而，屏蔽双绞线的端接需要可靠地接地。不然，反而会引入更严重的噪声。这是因为屏蔽双绞线的屏蔽层此时就会像天线一样去感应所有周围的电磁信号。因此，屏蔽式双绞线的实际应用并不普遍。

（三）光 纤

光纤是光导纤维(Fiber Optics)的简称，采用光导纤维作为传输介质，是网络传输介质领域中发展最快、性能最好、应用前途最广泛的一种。光纤分为单模(8.3/125 μm)和多模(50/125 μm,62.5/125 μm)两种。

1. 光传输理论

分析光在光纤中传输的理论一般有两种：射线理论和模式理论。

(1)射线理论

射线理论是把光看作射线，引用几何光学中反射和折射原理解释光在光纤中传播的物理现象。

(2)模式理论

模式理论则把光波当作电磁波,把光纤看作光波导,用电磁场分布的模式来解释光在光纤中的传播现象。这种理论相同于微波波导理论,但光纤属于介质波导,与金属波导管有区别。模式理论比较复杂,一般用射线理论来解释光在光纤中的传输。

2. 光波在纤芯中的传输

光纤的纤芯用来传导光波,包层有较低的折射率。当光线从高折射率的介质射向低折射率的介质时,其折射角将大于入射角。因此,如果折射角足够大,就会出现全反射,光线碰到包层时就会折射回纤芯,这个过程不断重复,光线就会沿着光纤传输下去,如图 2-6 所示。光纤就是利用这一原理传输信息的。

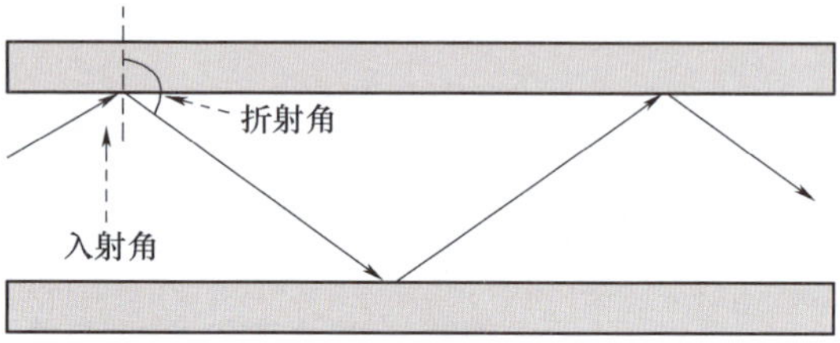

图 2-6 光纤折射图

3. 单模光纤和多模光纤

光纤中,只要射入光纤的光线的入射角大于某一临界角度,就可以产生全反射,因此可存在许多角度入射的光线在一条光纤中传输,这种光纤称为多模光纤。但若光纤的直径减小到只能传输一种模式的光波,则光纤就像一个波导一样,可使得光线一直向前传播,而不会有多次反射,这样的光纤称为单模光纤。单模光纤在色散、效率及传输距离等方面都要优于多模光纤。

如图 2-7 所示是光在多模光纤和单模光纤中的传输示意图,表 2-1 列出了两者的特征对比。

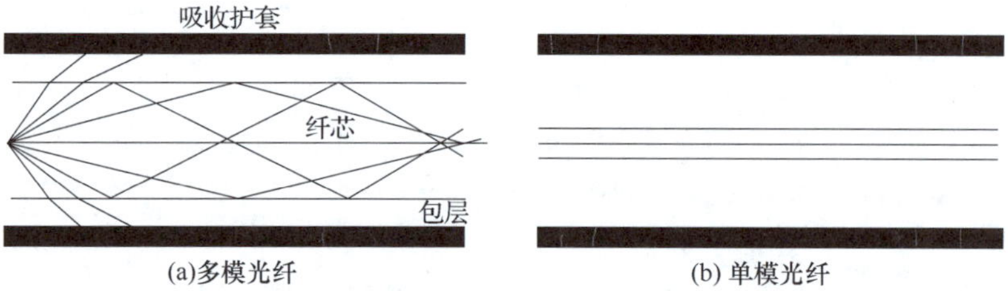

图 2-7 光纤示意图

表 2-1 单模光纤和多模光纤特性对比表

单模光纤	多模光纤
用于高速率,长距离	用于低速率,短距离
成本高	成本低
窄芯线,需要激光源	宽芯线,聚光好
耗损极小,效率高	耗损大,效率低

4. 光纤的优缺点

光纤有很多优点:频带宽、传输速率高、传输距离远、抗冲击和电磁干扰性能好、数据保密性好、损耗和误码率低、体积小和重量轻等。但它也存在连接和分支困难、工艺和技术要求高、需配备光/电转换设备、单向传输等缺点。由于光纤是单向传输的,要实现双向传输就需要两根光纤或一根光纤上有两个频段。因为光纤本身脆弱,易断裂,直接与外界接触易于产生接触伤痕,甚至被折断。因此在实际通信线路中,一般都是把多根光纤组合在一起形成不同结构形式的光缆。如图 2-8 所示为四芯光缆组合后的剖面图。

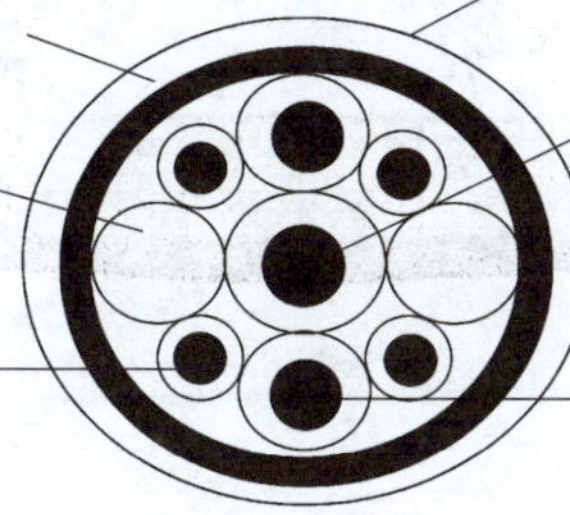

图 2-8 四芯光缆剖面图

(四)有线传输介质应用标准

有线传输介质应用标准归纳见表 2-2。

表 2-2 有线传输介质应用标准表

名 称	传输介质	最大段长度	每段节点数
10Base5	粗同轴电缆	500 m	100
10Base2	细同轴电缆	185 m	30
10Base-T	UTP	100 m	1 024
10Base-F	光纤	2 000 m	1 024
100Base-T4	UTP	100 m	
100Base-TX	UTP	100 m	
100Base-FX	光纤	2 000 m	
1000Base-SX	光纤	550 m	
1000Base-LX	光纤	5 000 m	
1000Base-CX	STP	25 m	
1000Base-T	UTP	100 m	

名称栏中前面的 10、100、1000 分别代表运行速率，中间的 Base 指传输的信号是基带方式。

(五)微波通信

微波在空间主要是直线传播，并且能穿透电离层进入宇宙空间，其传播距离受到限制且与天线的高度有关，一般只有 50 km 左右，长途通信时必须建立多个中继站，中继站把前一站发来的信号经过放大后再发往下一站，类似于“接力”，所以又把微波通信称为数字微波接力通信。如果中继站采用 100 m 高的天线塔，则接力距离可增大到 100 km，如图 2-9 所示。

(六)卫星通信

卫星通信具有通信距离远、费用与通信距离无关、覆盖面积大、不受地理条件的限制、通信信道带宽宽、可进行多址通信与移动通信等优点，因此它在最近的三十多年里获得了迅速的发展，并成为现代主要的通信手段之一。卫星通信是利用位于 3.6×10^4 km 高空的人造地球卫星作为太空无人值守的微波中继站的一种特殊形式的微波接力通信。卫星通信能克服地面微波通信的距离限制，最大特点是通信距离远，且通信费用与距离无关。卫星通信的组成如图 2-10 所示。

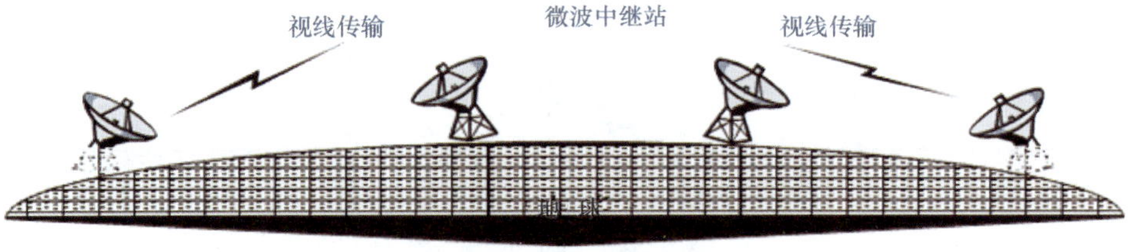

图 2-9 微波通信示意图

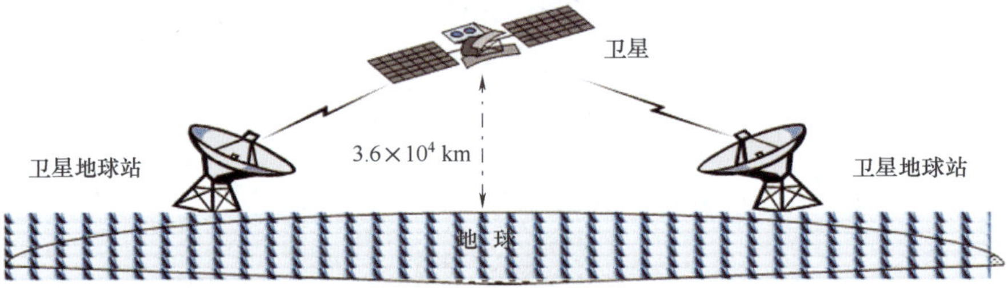

图 2-10 卫星通信示意图

20 世纪 80 年代末发展了称为“甚小口径终端”(VSAT)的新一代数字卫星通信系统,90 年代广泛应用于远程计算机网络中,如各国的大使馆与国内之间的通信都是通过 VSAT 来通信的。VSAT 网通常由 1 个卫星转发器、1 个大型主站和大量的 VSAT 小站组成,能单双向传输数据、语音、图像、视频等多媒体综合业务。VSAT 网的基本组成如图 2-11 所示。

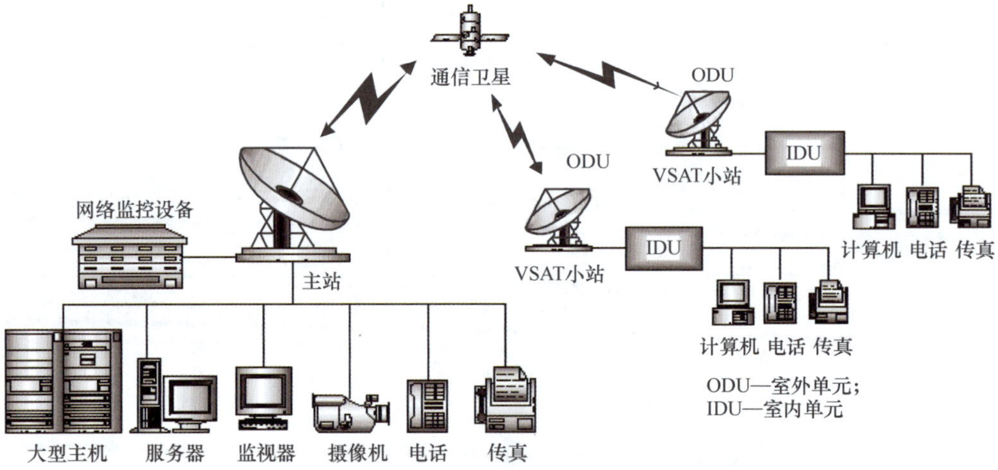

图 2-11 VSAT 网基本组成图

(七)传输介质的信道带宽

在计算机网络中,根据传输介质的信道带宽可分为基带、频带和宽带。局域网中主要采用基带和频带传输,有线电视和无线局域网中主要采用宽带传输。

1. 基带传输:基带传输是指数字脉冲信号在传输介质上保持数据波形按原样进行传输。

2. 频带传输:频带传输是指把数字信号调制成模拟信号后再发送和传输,到达接收端再把音频信号解调成原来的数字信号。

3. 宽带传输:宽带传输指比音频更宽的频带,若是采用 75 Ω 的 CATV 同轴电缆或光纤作传输介质,带宽为 300 MHz。

(八)常见传输介质的特性比较

以上介绍了双绞线、同轴电缆、光纤、微波、卫星通信 5 种介质,其区别见表 2-3。

表 2-3 传输介质区别表

传输介质	带宽	速率/工作频带	性能	传输距离	成本	应用
双绞线	宽带 基带	≤1 Gbit/s	较好	模拟:10 km 数字:500 m	低	模拟/数字信号传输
50 Ω 同轴电缆	基带	10 Mbit/s	较好	<3 km	低	基带数字信号
75 Ω 同轴电缆	宽带	≤450 MHz	较好	100 km	中	模拟、数据、音频
光 纤	宽带	49 Gbit/s	很好	2 km 以上	高	高
微 波	宽带	4~6 GHz	好	几百公里	中等	中等
卫 星	宽带	1~10 GHz	很好	18 000 km	高	高

四、OSI 参考模型

OSI 参考模型(OSI/RM)的全称是开放系统互联参考模型(Open System Interconnection Reference Model,OSI/RM),它是由国际标准化组织 ISO 提出的一个网络系统互联模型。它是网络技术的基础,也是分析、评判各种网络技术的依据。

OSI 参考模型结构如图 2-12 所示。

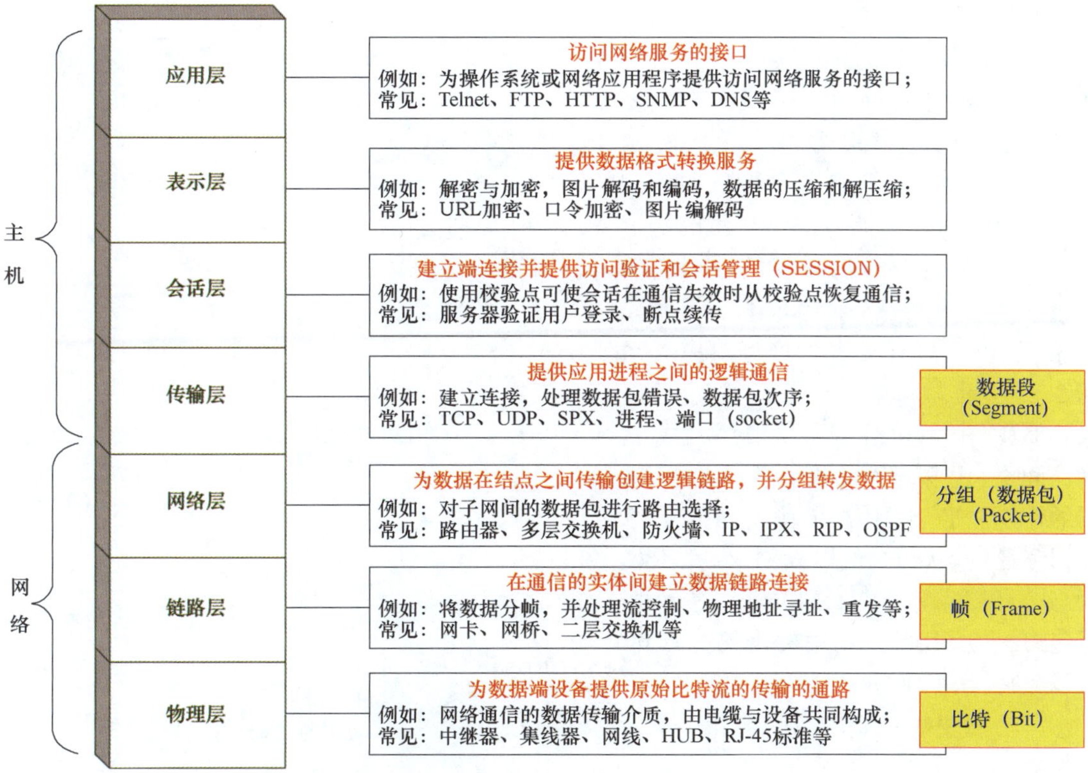

图 2-12 OSI 参考模型结构图

模型把网络通信的工作分为 7 层。1～4 层被认为是低层,这些层与数据移动密切相关。5～7 层是高层,包含应用程序级的数据。每一层负责一项具体的工作,然后把数据传送到下一层。由低到高具体分为:物理层、数据链路层、网络层、传输层、会话层、表示层和应用层。

第 7 层应用层——直接对应用程序提供服务,应用程序可以变化,但要包括电子消息传输。

第 6 层表示层——格式化数据,以便为应用程序提供通用接口,可以包括加密服务。

第 5 层会话层——在两个节点之间建立端连接。此服务包括建立连接以全双工或以半双工的方式进行设置,尽管可以在第 4 层中处理双工方式。

第 4 层传输层——常规数据递送,面向连接或无连接。包括全双工或半双工、流控制和错误恢复服务。

第 3 层网络层——本层通过寻址来建立两个节点之间的连接,包括通过互联网络来路由和中继数据。

第 2 层数据链路层——在此层将数据分帧,并处理流控制。本层指定拓扑结构并提供硬件寻址。

第 1 层物理层——原始比特流的传输。

电子信号传输和硬件接口数据发送时,从第 7 层传到第 1 层,接收方则相反。

五、TCP/IP 协议

从协议分层模型方面来讲,TCP/IP 由 4 个层次组成:网络层、互联层、传输层、应用层。

TCP/IP 协议并不完全符合 OSI 的 7 层参考模型。OSI 是传统的开放式系统互联参考模型,是一种通信协议的 7 层抽象的参考模型,其中每一层执行某一特定任务。该模型的目的是使各种硬件在相同的层次上相互通信。而 TCP/IP 通信协议采用 4 层的层级结构,每一层都呼叫它的下一层所提供的网络来完成自己的需求。TCP/IP 协议与 OSI 参考模型对应关系如图 2-13 所示。

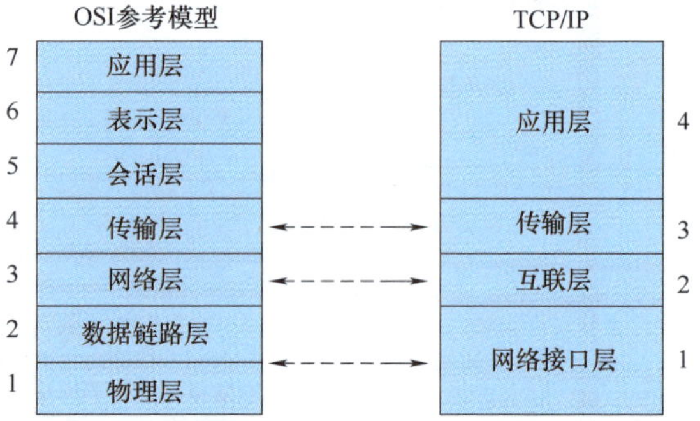

图 2-13 TCP/IP 协议与 OSI 参考模型对应关系图

TCP/IP 协议的网络接口层构成子网访问层,主要为网络设备提供数据通路的作用。TCP/IP 对传输子网的支持是很广泛的,从传统的以太网、令牌环网到当今的 ATM、SDH、SONET 等无所不包,几乎所有可以利用的网络介质都可以支持 TCP/IP。

(一)TCP/IP 协议基础

TCP/IP 协议结构如图 2-14 所示。

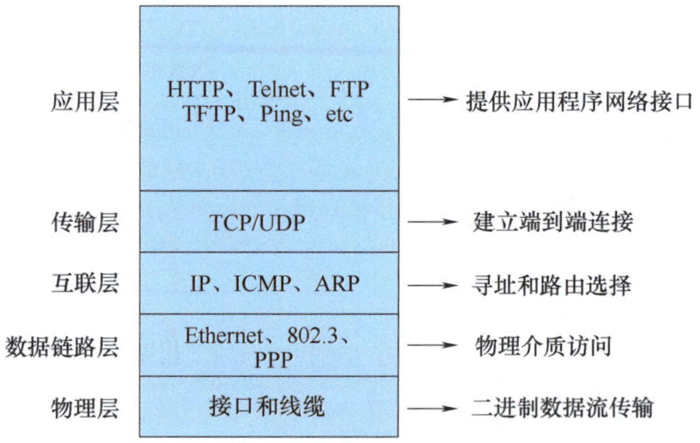

图 2-14 TCP/IP 协议结构图

物理层和数据链路层(统称网络接口层,又称链路层)涉及在通信信道上传输的原始比特流，它实现传输数据所需要的机械、电气、功能性及过程等手段，提供检错、纠错、同步等措施，使之对互联层显现一条无错线路；并且进行流量调控。

互联层（又称网络层）检查网络拓扑，以决定传输报文的最佳路由，执行数据转发。其关键问题是确定数据包从源端到目的端如何选择路由。互联层的主要协议有 IP、ICMP（Internet Control Message Protocol，互联网控制报文协议）、ARP（Address Resolution Protocol，地址解析协议）等。

传输层的基本功能是为两台主机间的应用程序提供端到端的通信。传输层从应用层接受数据，并且在必要的时候把它分成较小的单元，传递给互联层，并确保到达对方的各段信息正确无误。传输层的主要协议有 TCP、UDP（User Datagraph Protocol，用户数据报协议）。

应用层负责处理特定的应用程序细节。应用层显示接收到的信息，把用户的数据发送到低层，为应用软件提供网络接口。应用层包含大量常用的应用程序，例如 HTTP（HyperText Transfer Protocol，文本传输协议）、Telnet（远程登录）、FTP（File Transfer Protocol）等。

（二）数据链路层协议

数据链路层协议的主要应用协议是 PPP 协议，主要由链路控制协议（LCP）、网络控制协议族（NCPs）和用于网络安全方面的验证协议族（PAP 和 CHAP）组成，支持点到点的连接。

（三）网络层协议

1. IP 协议

全球 INTERNET 网的广泛应用使 IP 协议深入人心。IP 协议以其简单、有效、开放性成为事实上的工业标准。IP 协议使异种网互联方便可行，尤其值得一提的是它对下层通信技术的巨大包容性。

（1）IP 协议简介

作为通信子网的最高层，提供无连接的数据报传输机制，IP 协议是点到点的，核心问题是寻径；它向上层提供统一的 IP 数据报，使得各种物理帧的差异性对上层协议不复存在。

（2）IP 报文格式

IP 报文格式如下：

0 15 16 31

<table>
<tr><td>版本</td><td>报文长度</td><td>服务类型</td><td colspan="2">总长度</td></tr>
<tr><td colspan="3">标识符</td><td>标志</td><td>片偏移</td></tr>
<tr><td colspan="2">生存时间</td><td>协议</td><td colspan="2">报头校验和</td></tr>
<tr><td colspan="5">源 IP 地址</td></tr>
<tr><td colspan="5">目的 IP 地址</td></tr>
<tr><td colspan="5">IP 选项</td></tr>
</table>

20 Byte

普通的 IP 头部长度为 20 Byte，不包含 IP 选项字段。

版本号（Version）字段标明了 IP 协议的版本号，目前的协议版本号为 4。下一代 IP 协议的版本号为 6。

报文长度指 IP 包头部长度，占 4 位。8 位的服务类型（ToS，Type of Service）字段包括一个 3 位的优先权字段（CoS，Class of Service），4 位 ToS 字段和 1 位未用位。4 位 ToS 分别代表最小时延、最大吞吐量、最高可靠性和最小费用。

总长度(Total Length)是整个 IP 数据报长度,包括数据部分。

标识符(Identification)字段唯一地标识主机发送的每一份数据报。通常每发送一份报文它的值就会加 1。

生存时间(TTL,Time to Live)字段设置了数据包可以经过的路由器数目。一旦经过一个路由器,TTL 值就会减 1,当该字段值为 0 时,数据包将被丢弃。

协议字段确定在数据包内传送的上层协议,和端口号类似,IP 协议用协议号区分上层协议。TCP 协议的协议号为 6,UDP 协议的协议号为 17。

报头校验和(Head Checksum)字段计算 IP 头部的校验和,检查报文头部的完整性。

源 IP 地址和目的 IP 地址字段标识数据包的源端设备和目的端设备。

2. ICMP 协议

ICMP(Internet Control Message Protocol,网际控制消息协议)定义了网络层控制和传递消息的功能。

(1)ICMP 协议简介

ICMP 协议是一种主机与路由器传达控制与差错信息的协议;它传递差错、控制、查询报文等信息;ICMP 报文通常被 IP 层或更高层协议(TCP 或 UDP)使用。

(2)ICMP 报文类型

① 差错报文:信宿不可达;超时;参数出错。

② 控制报文:拥塞控制与源抑制;路径控制与重定向报文。

③ 请求/应答报文:回显请求/应答;时戳请求/应答;地址掩码请求/应答。

3. ARP 协议

ARP(Address Resolution Protocol,地址解析协议)是一种广播协议,主机通过它可以动态地发现对应于一个 IP 地址的 MAC 层地址。

假定主机 A 需要知道主机 B 的 MAC 地址,主机 A 发送称为 ARP 请求的以太网数据帧给网段上的每一台主机,这个过程称为广播。发送的 ARP 请求报文中,带有自己的 IP 地址到 MAC 地址的映射,同时还带有需要解析的目的主机的 IP 地址。目的主机 B 收到请求报文后,将其中的主机 A 的 IP 地址与 MAC 地址的映射存到自己的 ARP 高速缓存中,并把自己的 IP 地址到 MAC 地址的映射作为响应发回主机 A。主机 A 收到 ARP 应答,就得到了主机 B 的 MAC 地址,同时,主机 A 缓存主机 B 的 IP 地址到 MAC 地址映射。

(四)传输层协议

1. UDP(User Datagram Protocol,用户数据报协议)

UDP 是一个简单的面向数据报的传输层协议:进程的每个输出操作都正好产生一个 UDP 数据报,并组装成一份待发送的 IP 数据报。UDP 不提供可靠性:它把应用程序传给 IP 层的数据发送出去,但是并不保证它们能到达目的地。

(1)UDP 数据报封装

UDP 数据报封装如图 2-15 所示。

(2)UDP 特点

① 无连接

② 面向数据报

UDP 报文没有可靠性保证和顺序保证字段,流量控制字段等,可靠性较差。当然,使用传

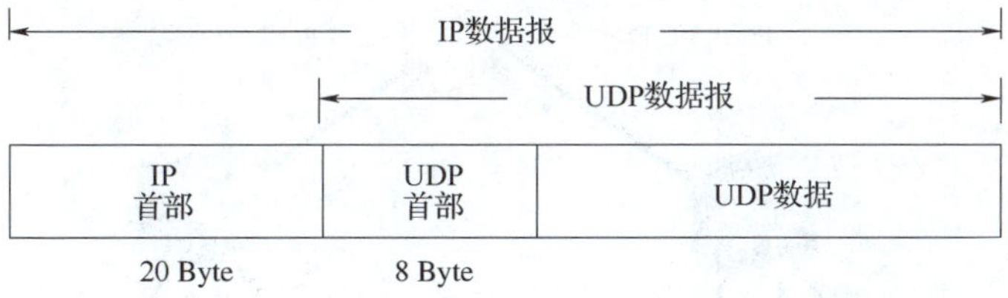

图 2-15 UDP 数据报封装

输层 UDP 服务的应用程序也有优势。正因为 UDP 协议控制选项较少，在数据传输过程中，延迟较小，数据传输效率较高，适合于对可靠性要求并不高的应用程序，或者可以保障可靠性的应用程序，如 DNS、TFTP、SNMP 等；UDP 协议也可以用于传输链路可靠的网络。

2. TCP(Transfer Control Protocol，传输控制协议)

TCP 是一种基于连接、面向字节流的协议，它通过以下过程来保证端到端数据通信的可靠性：

(1)TCP 实体把应用程序划分为合适的数据块，加上 TCP 报文头，生成数据段。

(2)当 TCP 实体发出数据段后，立即启动计时器，如果源设备在计时器清零后仍然没有收到目的设备的确认报文，重发数据段。

(3)当对端 TCP 实体收到数据后，发回一个确认。

(4)TCP 包含一个端到端的校验和字段，检测数据传输过程的任何变化。如果目的设备收到的数据校验和计算结果有误，TCP 将丢弃数据段，源设备在前面所述的计时器清零后重发数据段。

(5)由于 TCP 数据承载在 IP 数据包内，而 IP 提供了无连接的、不可靠的服务，数据包有可能会失序。TCP 提供了重新排序机制，目的设备将收到的数据重新排序，交给应用程序。

六、虚拟局域网(VLAN)

(一)VLAN 概念

虚拟局域网(VLAN，Virtual Local Area Network)逻辑上把网络资源和网络用户按照一定的原则进行划分，把一个物理上实际的网络划分成多个小的逻辑的网络。这些小的逻辑的网络形成各自的广播域，也就是虚拟局域网 VLAN。图 2-16 中都使用一个中心交换机，但是左右各属于不同的 VLAN，形成各自的广播域，广播报文不能跨越各自广播域传送。

(二)VLAN 的产生原因——广播风暴

传统的局域网使用的是 HUB，HUB 只有一根总线，一根总线就是一个冲突域。所以传统的局域网是一个扁平的网络，一个局域网属于同一个冲突域。任何一台主机发出的报文都会被同一冲突域中的所有其他机器接收到。后来，组网时使用网桥(二层交换机)代替集线器(HUB)，每个端口可以看成是一根单独的总线，冲突域缩小到每个端口，使得网络发送单播报文的效率大大提高，极大地提高了二层网络的性能。假如一台主机发出广播报文，设备仍然可以接收到该广播信息，我们通常把广播报文所能传输的范围称之为广播域，网桥在传递广播报文的时候依然要将广播报文复制多份，发送到网络的各个角落。随着网络规模的扩大，网络中的广播报文越来越多，广播报文占用的网络资源越来越多，严重影响网络性能，这就是所谓的广播风暴的问题。

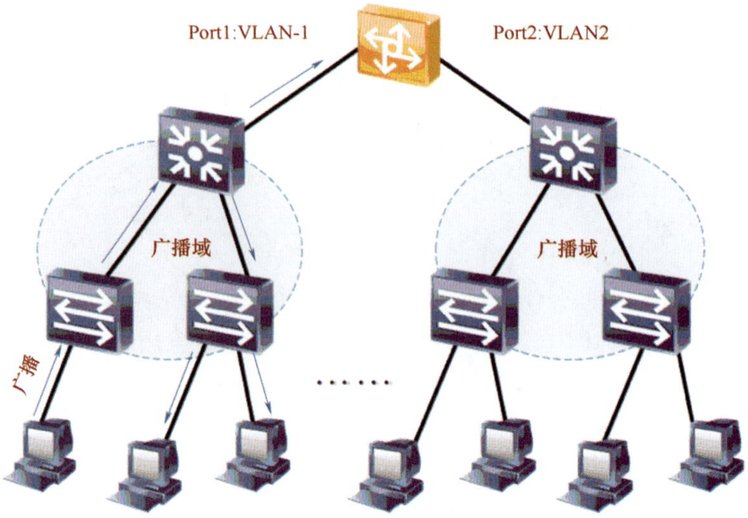

图 2-16 VLAN 示意图

(三)VLAN 的优点

1. 隔离广播域,抑制广播报文。
2. 减少移动和改变的代价。
3. 创建虚拟工作组,超越传统网络的工作方式。
4. 增强通信的安全性。
5. 增强网络的健壮性。

七、IP 地址

(一)IP 地址简介

网际协议(IP)的规范是在 1982 年由 RFC791 建立的。这些规范的部分内容规定了 IP 地址的结构。这个结构为每个主机和路由器接口提供了 32 位 2 进制逻辑地址。其中包括网络部分与主机部分。

为方便书写及记忆,一个 IP 地址通常采用 0～255 之内的 4 个十进制数表示,数之间用句点分开。这些十进制数中的每一个都代表 32 位地址的其中 8 位,即所谓的 8 位位组,称为点分表示法。

1. IP 地址分类

按照原来的定义,IP 寻址标准并没有提供地址类,为了便于管理后来加入了地址类的定义。地址类的实现将地址空间分解为数量有限的特大型网络(A 类),数量较多的中等网络(B 类)和数量非常多的小型网络(C 类)。另外,还定义了特殊的地址类,包括 D 类(用于多点传送)和 E 类,通常指试验或研究类。如图 2-17 所示。

A 类地址:8 位分配给网络地址,24 位分配给主机地址。如果第 1 个 8 位位组中的最高位是 0,则地址是 A 类地址。这对应于 0～127 的可能的 8 位位组。在这些地址中,0 和 127 具有保留功能,所以实际的范围是 1～126。A 类中仅仅有 126 个网络可以使用。因为仅仅为网络地址保留了 8 位,第 1 位必须是 0。然而,主机数字可以有 24 位,所以每个网络可以有 16 777 214个主机。

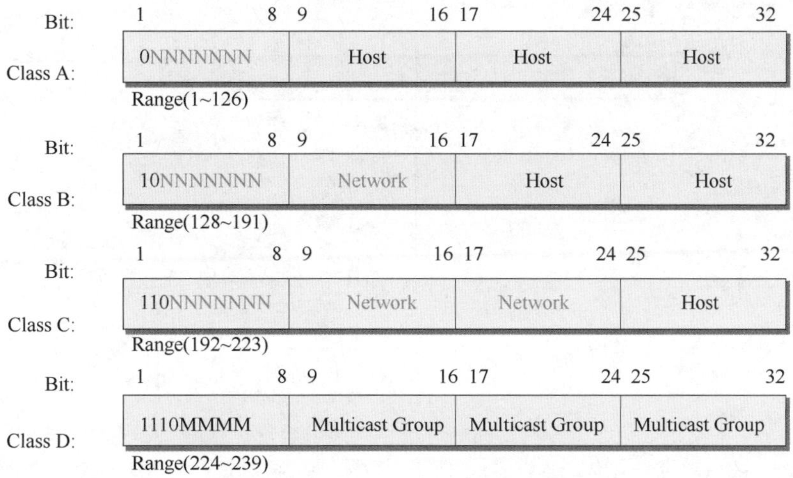

图 2-17　IP 地址分类示意图

B 类地址：为网络地址分配了 16 位，为主机地址分配了 16 位，一个 B 类地址可以用第 1 个 8 位位组的头两位为 10 来识别。这对应的值从 128～191。既然头两位已经预先定义，则实际上为网络地址留下了 14 位，所以可能的组合产生了 16 384 个网络，而每个网络包含 65 534个主机。

C 类地址：为网络地址分了 24 位，为主机地址留下了 8 位。C 类地址的前 8 位位组的头 3 位为 110，这对应的十进制数从 192～223。在 C 类地址中，仅仅最后的 8 位位组用于主机地址，这限制了每个网络最多仅仅能有 254 个主机。既然网络编号有 21 位可以使用(3 位已经预先设置为 110)，则共有 2 097 152 个可能的网络。

D 类地址：以 1110 开始。这代表的 8 位位组从 224～239。这些地址并不用于标准的 IP 地址。相反，D 类地址指一组主机，它们作为多点传送小组的成员而注册。多点传送小组和电子邮件分配列表类似。正如你可以使用分配列表名单来将一个消息发布给一群人一样，也可以通过多点传送地址将数据发送给一些主机。多点传送需要特殊的路由配置，在默认情况下，它不会转发。

E 类地址：如果第 1 个 8 位位组的前 4 位都设置为 1111，则地址是一个 E 类地址。这些地址的范围为 240～254，这类地址并不用于传统的 IP 地址。这个地址类有时候用于实验室或研究。(实验地址图中未显示。)

我们大部分讨论的重点是 A 类、B 类和 C 类，因为它们是用于常规 IP 寻址类别。

2. 保留的 IP 地址

IP 地址用于唯一的标识一台网络设备，但并不是每一个 IP 地址都是可用的，一些特殊的 IP 地址被用于各种各样的用途，不能用于标识网络设备。

(1)对于主机部分全为“0”的 IP 地址，称为网络地址，网络地址用来标识一个网段。例如，A 类地址 1.0.0.0，私有地址 10.0.0.0，192.168.1.0 等。

(2)全“1”的 IP 地址 255.255.255.255，也是广播地址，但 255.255.255.255 代表所有主机，用于向网络的所有节点发送数据包。这样的广播不能被路由器转发。

3. 可用主机地址数量计算

每一个网段会有一些 IP 地址不能用作主机 IP 地址。下面来计算一下可用的 IP 地址。

如图 2-18 所示。

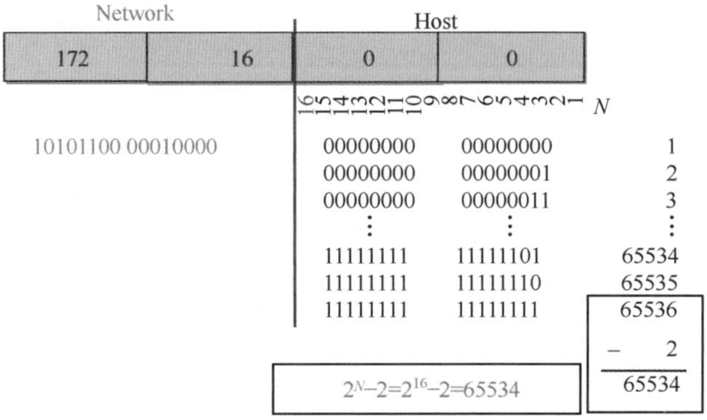

图 2-18 可用主机地址数量计算图

例如 B 类网段 172.16.0.0 有 16 个主机位，因此有 2^{16} 个 IP 地址，去掉一个网络地址 172.16.0.0，一个广播地址 172.16.255.255 不能用作标识主机，那么共有($2^{16}-2$)个可用地址。C 类网段 192.168.1.0 有 8 个主机位，共有 $2^8=256$ 个 IP 地址，去掉一个网络地址 192.168.1.0，一个广播地址 192.168.1.255，共有 254 个可用主机地址。可以这样计算每一个网段可用主机地址：假定这个网段的主机部分位数为 n，那么可用的主机地址个数为(2^n-2)个。

网络层设备(例如路由器等)使用网络地址来代表本网段内的主机，大大减少了路由器的路由表条目。

(二)带子网划分的编址

1. 没有子网的编址

对于没有子网的 IP 地址组织，外部将该组织看作单一网络，不需要知道内部结构。

例如，所有到地址 172.16.×.×的路由被认为同一方向，不考虑地址的第 3 和第 4 个 8 位分组，这种方案的好处是减少路由表的项目。但这种方案没法区分一个大的网络内不同的子网网段，这使网络内所有主机都能收到在该大的网络内的广播，会降低网络的性能，另外也不利于管理。例如，一个 B 类网可容纳 65 000 个主机在网络内。但是没有任何一个单位能够同时管理这么多主机。这就需要一种方法将这种网络分为不同的网段。按照各个子网段进行管理。通常主机位可以被细分为子网位与主机位。

2. 带子网的编址

图 2-19 中子网位占用了整个第 3 段的 8 位，一个 B 类网络被划分成了 256 个子网，每个子网可容纳的主机数量为 254。

划分出了不同的子网，即划分出了不同的逻辑网络。这些不同网络之间的通信通过路由器来完成，也就是说将原来一个大的广播域划分成了多个小的广播域。

网络设备使用子网掩码确定哪些部分为网络位，哪些部分为子网位，哪些部分为主机位。网络设备根据自身配置的 IP 地址与子网掩码，可以识别出一个 IP 数据包的目的地址是否与自己处在同一子网或处在同一主类网络，但处于不同子网或处于不同的主类网络。

3. 子网掩码

子网掩码定义了构成 IP 地址的 32 位中的多少位用于网络位，或者网络及其相关子网位。

(三)地址计算示例

对给定 IP 地址和子网掩码要求计算该 IP 地址所处的子网网络地址，子网的广播地址及

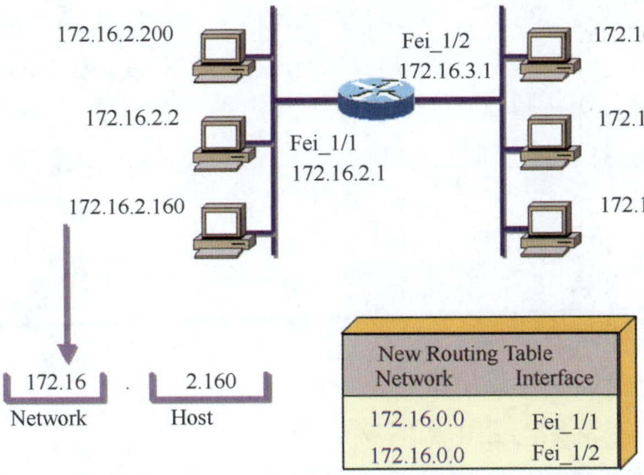

图 2-19　子网计算示意图

可用 IP 地址范围。

1. 首先将 IP 地址转换为二进制表示。

2. 然后将子网掩码也转换成二进制表示。

3. 在子网掩码的 1 与 0 之间划一条竖线，竖线左边即为网络位（包括子网位），竖线右边为主机位。

4. 将主机位全部置 0，网络位照写就是子网的网络地址。

5. 将主机位全部置 1，网络位照写就是子网的广播地址。

6. 介于子网的网络地址与子网的广播地址之间的即为子网内可用 IP 地址范围。

7. 然后将前 3 段网络地址写全。

8. 转换成十进制表示形式。

9. 最后将计算结果按照主机地址（Host）、子网掩码（Mask）、网络地址（Mask）、广播地址（Broadcast）、可用地址第 1 个（First）、可用地址最后 1 个（Last）顺序列出。如图 2-20 所示。

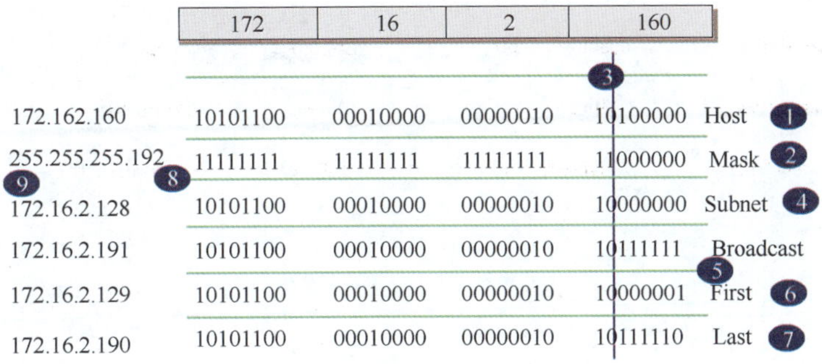

图 2-20　地址计算示例图

八、路由协议

（一）路由及路由表

1. 什么是路由

IP 网络中的路由是指导 IP 报文发送的路径信息。

在数据网中进行路由选择要使用路由器，路由器只是根据所收到的数据报头的目的地址选择一个合适的路径(通过某一个网络),将数据包传送到下一个路由器,路径上最后的路由器负责将数据包送交目的主机。数据包在网络上的传输就像体育运动中的接力赛一样,每一个路由器只负责自己本站数据包通过最优的路径转发,通过多个路由器一站一站地接力将数据包通过最优最佳路径转发到目的地,当然有时候由于实施一些路由策略,数据包通过的路径并不一定是最佳路由。

根据路由的目的地不同,可以划分为:

(1)子网路由:目的地为子网。

(2)主机路由:目的地为主机。

根据目的地与该路由器是否直接相连,又可分为:

(1)直接路由:目的地所在网络与路由器直接相连。

(2)间接路由:目的地所在网络与路由器不是直接相连。

2. 通过路由表进行选路

路由器转发数据包的关键是路由表。每个路由器中都保存着一张路由表,表中每条路由项都指明数据包到某子网或某主机应通过路由器的哪个物理端口发送,然后就可到达该路径的下一个路由器,或者不再经过别的路由器而传送到直接相连的网络中的目的主机。如图 2-21 所示为路由器中维护的路由表示例。

- [Quidway] display ip routing
- Routing Tables:

Destination/Mask	proto	pref	Metric	Nexthop	Interface
0.0.0.0/0	Static	60	0	120.0.0.2	Serial0
8.0.0.0/8	RIP	100	3	120.0.0.2	Serial0
9.0.0.0/8	OSPF	10	50	20.0.0.2	Ethernet0
9.1.0.0/1	RIP	100	4	120.0.0.2	Serial0
11.0.0.0/8	Static	60	0	120.0.0.2	Serial0
20.0.0.0/8	Direct	0	0	20.0.0.1	Ethernet0
20.0.0.1/32	Direct	0	0	127.0.0.1	LoopBack0
……					

图 2-21　路由表示意图

路由表中包含了下列关键项:

(1)目的地址(Destination):用来标识 IP 包的目的地址或目的网络。

(2)网络掩码(Mask):与目的地址一起来标识目的主机或路由器所在的网段的地址。将目的地址和网络掩码“逻辑与”后可得到目的主机或路由器所在网段的地址。

(3)输出接口(Interface):说明 IP 包将从该路由器哪个接口转发。

(4)下一跳 IP 地址(Nexthop):说明 IP 包所经由的下一个路由器的接口地址。

3. 路由表中路由的来源

在路由表中有一个 Protocol 字段:指明路由的来源,即路由是如何生成的。路由的来源主要有 3 种。

(1)链路层协议发现的路由(Direct)

开销小,配置简单,无需人工维护,只能发现本接口所属网段拓扑的路由。

(2)手工配置的静态路由(Static)

静态路由是一种特殊的路由,它由管理员手工配置而成。通过静态路由的配置可建立一个互通的网络,但这种配置问题在于:当一个网络故障发生后,静态路由不会自动修正,必须有管理员的介入。静态路由无开销,配置简单,适合简单拓扑结构的网络。

(3)动态路由协议发现的路由(RIP、OSPF 等)

当网络拓扑结构十分复杂时,手工配置静态路由工作量大而且容易出现错误,这时就可用动态路由协议,让其自动发现和修改路由,无需人工维护,但动态路由协议开销大,配置复杂。

4. 路由优先级

到相同的目的地,不同的路由协议(包括静态路由)可能会发现不同的路由,但并非这些路由都是最优的。事实上,在某一时刻,到某一目的地的当前路由仅能由唯一的路由协议来决定。这样,各路由协议(包括静态路由)都被赋予了一个优先级,这样,当存在多个路由信息源时,具有较高优先级(数值越小表明优先级越高)的路由协议发现的路由将成为最优路由,并被加入路由表中。

不同厂家的路由器对于各种路由协议优先级的规定各不相同。华为路由器的缺省优先级如表 2-4 所示(数值 5 越小,代表优先级越高)。其中 0 表示直接连接的路由,255 表示任何来自不可信源端的路由。

除了直接路由(DIRECT)外,各动态路由协议的优先级都可根据用户需求,手工进行配置。另外,每条静态路由的优先级也可以根据需要进行手动配置。

表 2-4 路由器的缺省优先级表

路由协议或路由种类	相应路由的优先级
DIRECT	0
OSPF	10
STATIC	60
RIP	100
IBGP	130
OSPFASE	150
EBGP	170
UNKNOWN	255

5. 路由的花费

路由的花费(metric)标识出了到达这条路由所指的目的地址的代价,通常路由的花费值会受到线路延迟、带宽、线路占有率、线路可信度、跳数、最大传输单元等因素的影响,不同的动态路由协议会选择其中的一种或几种因素来计算花费值(如 RIP 用跳数来计算花费值)。该花费值只在同一种路由协议内有比较意义,不同的路由协议之间的路由花费值没有可比性,也不存在换算关系。静态路由的花费值为 0。

6. 静态路由

在组网结构比较简单的网络中,只需配置静态路由就可以使路由器正常工作,仔细设置和使用静态路由可以改进网络的性能,并可为重要的应用保证带宽。

还有一种静态路由类型称为接口静态路由,它用于表示那些直接连接到路由器接口上的目的网络。接口静态路由优先级是 0,这意味着它是直接连接网络的路由。

静态路由还有如下的属性。

(1)可达路由:正常的路由都属于这种情况,即 IP 报文按照目的地标示的路由被送往下一跳,这是静态路由的一般用法。

(2)目的地不可达的路由:当到某一目的地的静态路由具有"reject"属性时,任何去往该目的地的 IP 报文都将被丢弃,并且通过 ICMP 消息通知源主机目的地不可达。

(3)目的地为黑洞的路由:当到某一目的地的静态路由具有“blackhole”属性时,任何去往该目的地的 IP 报文都将被丢弃。同“reject”的区别是不向源主机发送任何消息。

7. 缺省路由

缺省路由也是一种静态路由。简单地说,缺省路由就是在没有找到匹配的路由表入口项时才使用的路由。即只有当没有合适的路由时,缺省路由才被使用。在路由表中,缺省路由以到网络 0.0.0.0(掩码为 0.0.0.0)的路由形式出现。可通过命令 display ip route 的输出看它是否被设置。如果报文的目的地址不能与路由表的任何入口项相匹配,那么该报文将选取缺省路由。如果没有缺省路由且报文的目的地址不在路由表中,那么该报文被丢弃的同时,将返回源端一个 ICMP 报文指出该目的地址或网络不可达。

缺省路由在网络中是非常有用的。在一个包含上百个路由器的典型网络中,选择动态路由协议可能耗费较大量的带宽资源,使用缺省路由意味着采用适当带宽的链路来替代高带宽的链路以满足大量用户通信的需求。缺省路由并不一定都是手工配置的静态路由,有时也可以由动态路由协议产生。如 OSPF 路由协议配置了 Stub 区域的路由器会动态产生一条缺省路由。

8. 路由自环

路由自环是指某个报文从一台路由器发出,经过几次转发之后又回到初始的路由器。原因是其中部分路由器的路由表出现错误。产生的原因可能是配置静态路由有误,或者是动态路由协议错误地计算路由(虽然这种情况发生的几率很小)。当产生路由自环时,报文会在几个路由器之间循环转发,极大地浪费了网络资源,因此应该尽量避免“路由自环”的产生。

(二)常见动态路由协议

1. 动态路由协议原理

(1)基本原理

① 每台路由器将自己已知的路由相关信息发给相邻的路由器,由于大家都这样做,最终每台路由器都会收到网络中所有的路由信息,然后运行某种算法,计算出最终的路由(实际上需要计算的是该条路由的下一跳和花费)。

② 每种路由协议都有自己的语言(相应的路由协议报文),如果两台路由器都实现了某种路由协议并已经启动该协议,则具备了相互之间通信的基础。

③ 一台新加入的路由器应该主动把自己介绍给网段内的其他路由器。通过发送广播报文或发送给指定的路由器邻居来做到这一点。

④ 为了能够观察到某台路由器突然失败(路由器本身故障或连接线路中断)这种异常情况,规定两台路由器之间的协议报文应该周期性地发送。

(2)自治系统(AS)

① 一个 AS 是一组共享相似的路由策略并在单一管理域中运行的路由器的集合。

② 一个 AS 可以是一些运行单个 IGP(内部网关协议)协议的路由器集合,也可以是一些运行不同路由选择协议但都属于同一个组织机构的路由器集合。不管是哪种情况,外部世界都将整个 AS 看作是一个实体。

③ 每个自治系统都有一个唯一的自治系统编号,这个编号是由因特网授权的管理机构 IANA 分配的。它的基本思想就是希望通过不同的编号来区分不同的自治系统。这通过采用路由协议和自治系统编号,路由器就可以确定彼此间的路径和路由信息的交换方法。

④ 自治系统的编号范围是1～65535,其中1～64511是注册的因特网编号,64512～65535是专用网络编号。

(3)动态路由协议的分类

① 按照工作区域划分

路由协议可以分为IGP和EGP。

a. IGP(Interior Gateway Protocols,内部网关协议):在同一个自治系统内交换路由信息,RIP和IS-IS都属于IGP。IGP的主要目的是发现和计算自治域内的路由信息。

b. EGP(Exterior Gateway Protocols,外部网关协议):用于连接不同的自治系统,在不同的自治系统之间交换路由信息,主要使用路由策略和路由过滤等控制路由信息在自治域间的传播,应用的一个实例是BGP。

② 按照路由的寻径算法和交换路由信息的方式划分

路由协议可以分为距离矢量协议(Distant-Vector)和链路状态协议。距离矢量协议包括RIP和BGP,链路状态协议包括OSPF、IS-IS。

a. 距离矢量路由协议的优点:配置简单,占用较少的内存和CPU处理时间。缺点:扩展性较差,如RIP最大跳数不能超过16跳。

b. 链路状态协议使用增量更新的机制,只有当链路的状态发生了变化时才发送路由更新信息,这种方式节省了相邻路由器之间的链路带宽。部分更新只包含改变了的链路状态信息,而不是整个的路由表。

(4)动态路由协议之间的互操作

① 每种路由协议只能发布和学习自己协议已知的路由,自己已知的路由是指在某个接口上运行了该种路由协议,或者在路由表中的本路由协议发现的路由。

② 如果需要知道其他的路由,需要进行引入(import-route)操作最经常使用的是引入静态路由和直接路由。有时也需要引入其他动态路由协议的路由。引入路由的含义是指:在本路由器的路由表中查询,如果发现要引入的路由(如static),则作为自己已知的路由发布出去。

(5)动态衡量路由协议的一些性能指标

① 正确性:能够正确找到最优的路由,且无自环。

② 快收敛:当网络的拓扑结构发生变化之后,能够迅速在自治系统中作相应的路由改变。

③ 低开销:协议自身的开销(内存、CPU、网络带宽)最小。

④ 安全性:协议自身不易受攻击,有安全机制。

⑤ 普适性:适应各种拓扑结构和规模的网络。

2. RIP协议

RIP是Routing Information Protocol(路由信息协议)的简称。它是一种相对简单的动态路由协议,但在实际使用中有着广泛的应用。RIP通过UDP交换路由信息,每隔30 s向外发送一次更新报文。如果路由器经过180 s没有收到来自对端的路由更新报文,则将所有来自此路由器的路由信息标志为不可达,若在其后120 s内仍未收到更新报文,就将该条路由从路由表中删除。

RIP使用跳数(Hop Count)来衡量到达目的网络的距离,称为路由权(Routing Metric)。在RIP中,路由器到与它直接相连网络的跳数为0,通过一个路由器可达的网络的跳数为1,其余依此类推。为限制收敛时间,RIP规定metric取值0～15之间的整数,大于或等于16的跳数被定义为无穷大,即目的网络或主机不可达。

为提高性能,防止产生路由环路,RIP 支持水平分割(Split Horizon)与路由中毒(Poison Reverse),并在路由中毒时采用触发更新(Triggered Update)。另外,RIP 协议还允许引入其他路由协议所得到的路由。

RIP 包括 RIP-1 和 RIP-2 两个版本,RIP-1 不支持变长子网掩码(VLSM),RIP-2 支持变长子网掩码(VLSM),同时 RIP-2 支持明文认证和 MD5 密文认证。

3. OSPF 协议

(1)OSPF 协议原理

OSPF(Open Shortest Path First,开放最短路由优先协议)是一个基于链路状态的自治系统内部路由协议。在 IP 网络上,它通过收集和传递自治系统的链路状态来动态地发现并传播路由。OSPF 协议具有如下特点:

① 适应范围:OSPF 支持各种规模的网络,最多可支持几百台路由器。

② 快速收敛:如果网络的拓扑结构发生变化,OSPF 立即发送更新报文,使这一变化在自治系统中同步。

③ 无自环:由于 OSPF 通过收集到的链路状态用最短路径树算法计算路由,故从算法本身保证了不会生成自环路由。

④ 子网掩码:由于 OSPF 在描述路由时携带网段的掩码信息,所以 OSPF 协议不受自然掩码的限制,对 VLSM 提供很好的支持。

⑤ 区域划分:OSPF 协议允许自治系统的网络被划分成区域来管理,区域间传送的路由信息被进一步抽象,从而减少了占用网络的带宽。

⑥ 等值路由:OSPF 支持到同一目的地址的多条等值路由。

⑦ 路由分级:OSPF 使用 4 类不同的路由,按优先顺序来说分别是:区域内路由、区域间路由、第一类外部路由、第二类外部路由。

⑧ 支持验证:支持基于接口的报文验证以保证路由计算的安全性。

⑨ 组播发送:OSPF 在有组播发送能力的链路层上以组播地址发送协议报文,既达到了广播的作用,又最大限度地减少了对其他网络设备的干扰。

(2)OSPF 基本概念

① Router ID:OSPF 协议使用一个被称为 Router ID 的 32 位无符号整数来唯一标识一台路由器。基于这个目的,每一台运行 OSPF 的路由器都需要一个 Router ID。这个 Router ID 一般需要手工配置,一般将其配置为该路由器的某个接口的 IP 地址。由于 IP 地址是唯一的,所以这样就很容易保证 Router ID 的唯一性。

② 协议号:OSPF 协议用 IP 报文直接封装协议报文,协议号是 89。

(3)链路状态

OSPF 协议计算路由是以本路由器周边网络的拓扑结构为基础的。每台路由器将自己周边的网络拓扑描述出来,传递给其他所有的路由器。

4. BGP 协议

(1)基本概念

① 外部路由协议,用来在 AS 之间传递路由信息。

② 是一种增强的距离矢量路由协议。

③ 为路由附带属性信息。

④ 支持 CIDR(无类域间选路)。

⑤ 丰富的路由过滤和路由策略。

(2)BGP 的两种邻居

BGP 在路由器上以两种方式运行:IBGP(Internal BGP),EBGP(External BGP)。

如果两个交换 BGP 报文的对等体属于同一个自治系统,那么这两个对等体就是 IBGP 对等体(Internal BGP)。

如果两个交换 BGP 报文的对等体属于不同的自治系统,那么这两个对等体就是 EBGP 对等体(External BGP)。

(3)BGP 路由通告原则

① 多条路径时,只选最优的给自己使用。

② 只把自己使用的路由通告给相邻体。

③ 从 EBGP 获得的路由会向它所有 BGP 相邻体通告(包括 EBGP 和 IBGP)。

④ 从 IBGP 获得的路由不向它的 IBGP 相邻体通告。

⑤ 从 IBGP 获得的路由是否通告给它的 EBGP 相邻体要依 IGP 和 BGP 同步的情况来决定。

⑥ 连接建立后,BGP Speaker 将把自己所有的 BGP 路由通告给新相邻体。

(4)如何成为 BGP 路由

BGP 路由协议是运行在自治系统之间的路由协议,它的主要工作是在自治系统之间传递路由信息,而不是去发现和计算路由信息。发现和计算路由信息的任务由 IGP(如 RIP、OSPF)路由协议来完成。BGP 的路由信息需要通过配置命令的方式注入 BGP 中。

按照注入的方式可分为 3 类。

① 纯动态注入:路由器将通过 IGP 路由协议动态获得的路由信息直接注入 BGP 中去。纯动态注入方式没有对路由信息做任何过滤和选择,它会把路由器获得的所有 IGP 路由信息都引入 BGP 系统中。

② 半动态注入:路由器有选择性的将 IGP 发现的动态路由信息注入 BGP 系统中去。它和纯动态注入的区别在于不是将 IGP 发现的所有路由信息注入 BGP 中去。

③ 静态注入:路由器将静态配置的某条路由注入 BGP 系统中。

(5)报文种类

BGP 有 4 种类型的报文,分别为 OPEN、UPDATE、NOTIFICATION 和 KEEPALIVE。

① BGP 对等体间通过发送 OPEN 报文来交换各自的版本、自治系统号、保持时间、BGP 标识符等信息,进行协商。

② UPDATE 报文携带的是路由更新信息,其中包括撤销路由信息和可达路由信息及其路径属性。

③ 当 BGP 检测到差错(连接中断、协商出错、报文差错等)时,发送 NOTIFICATION 报文,关闭同对等体的连接。

④ KEEPALIVE 报文在 BGP 对等体间周期地发送,以确保连接保持有效。

⑤ OPEN 报文主要用于建立邻居(BGP 对等体)关系,它是 BGP 路由器之间的初始握手消息,应该发生在任何通告消息之前。其他在收到 OPEN 消息之后,即以 KEEPALIVE 消息作为响应。一旦握手成功,则这些 BGP 邻居就可以进行 UPDATE(更新)、KEEPALIVE(保持激活)以及 NOTIFICATION(通知)等消息的交换操作。

(6)BGP 路由属性

① 路由属性分类

路由属性被分为以下几类。

a. 必遵属性:在路由更新数据报文中必须存在的路由属性,这种属性域在 BGP 路由信息中有着不可替代的作用,如果缺少必遵属性,路由信息就会出错。

b. 可选属性:它是可选的,不一定存在于路由更新数据报文中,根据需要来设置。

c. 过渡属性:具有 AS 间可传递性的属性就是过渡属性,过渡属性的域值可以被传递到其他 AS 中去并继续起作用。

d. 非过渡属性:只在本地起作用,出了自治系统,域值就恢复成缺省值。

② 常见 BGP 路由属性

a. Origin 起点属性:定义路径信息的来源,标记一条路由是怎样成为 BGP 路由的,如 IGP、EGP、Incomplete 等。

b. As-Path AS 路径属性:是路由经过的 AS 的序列,即列出在到达所通告的网络之前所经过的 AS 的清单。BGP 发言者将自己的 AS 前置到接收到的 AS 路径的头部,它可以防止路由循环,并用于路由的过滤和选择。

c. Nexthop 下一跳属性:包含到达更新消息所列网络的下一跳边界路由器的 IP 地址。BGP 的下一跳与 IGP 有所不同,它可以是通告此路由的对等体的地址,如 EBGP,这同 IGP 是相同的。而在其他情况下,BGP 使用第三方的下一跳,如 IBGP 对从 EBGP 对等体获得的下一跳不加改变的在自治系统内传递;在多路访问媒体上,BGP 以路由的实际来源为下一跳,即使它不是 BGP 对等体。

d. MED(Multi-Exit-Discriminators)属性:当某个 AS 有多个入口时,可以用 MED 属性来帮助其外部的邻居路由器选择一个较好的入口路径。一条路由的 MED 值越小,其优先级越高。

e. Local-Preference 本地优先属性:本地优先属性用于在自治系统内优选到达某一个目的地的路由,反映了 BGP 发言人对每个外部路由的偏好程度。本地优先属性值越大,路由的优选程度就越高。

f. Community 团体属性:团体属性标识了一组具有相同特征的路由信息,与它所在的 IP 子网和自治系统无关。公认的团体属性值有:NO-EXPORT、NO-ADVERTISE、LOCAL-AS 和 NTERNET。

5. IS-IS 协议

(1)IS-IS 协议基础

IS-IS(Intermediate System-to-Intermediate System,中间系统到中间系统)是一种基于 OSI 域内的路由选择协议,Intermediate System 是 OSI 中 Router 的叫法。IS-IS 可以用作 IGP(Interior Gateway Protocol,内部网关协议)以支持纯 IP 环境、纯 OSI 环境和多协议环境。IS-IS 是一种链路状态协议,基于 SPF 算法,以寻找到目标的最佳路径,由于 SPF 算法本身的优势,IS-IS 协议天生具有抵抗路由环路的能力。

(2)L1 和 L2 的基本概念

路由系统分为两层:Level 1 和 Level 2。同一区域内的路由器交换信息的节点组成 1 层(L1),区域内的所有 L1 路由器知道整个区域的拓扑结构,负责区域内的数据交换;区域之间通过 L2 路由器相连接,各个区域的边缘路由器组成骨干网,是 2 层(L2),L2 负责区域间的数据交换对于一个要送往另一个区域的数据报,不管它的目的区域到底在哪。

(3)IS-IS 的基本工作原理

如图 2-22 所示。

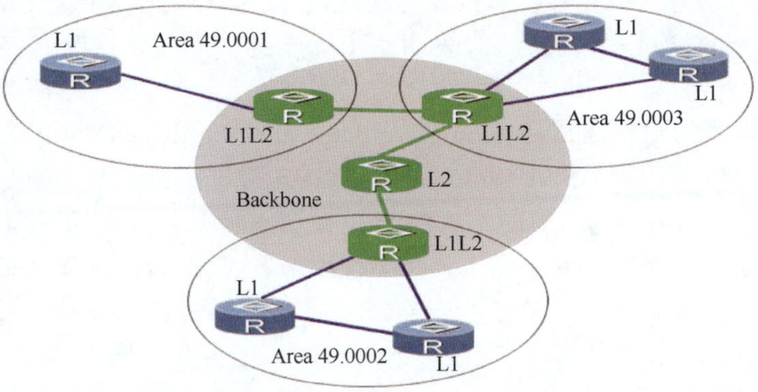

图 2-22 IS-IS 工作原理示意图

L1 路由器:接收来自其他系统的报文,如果报文的目的地址在本区域内,就直接将报文转发到目的系统;如果报文的目的地址在本区域外,则将报文转交给离自己最近的一个 L1L2 路由器。

① 仅拥有同一区域中的路由器。

② 拥有自己区域中的信息。

③ 观察 L1LSP,寻找"最近"的 L1L2 路由器。

④ 安装一条通向"最近"L1L2 路由器的缺省路径。

L2 路由器:接收来自 L1 路由器的报文,并按照目的地址将报文转交给其他区域的 L2 路由器。接收来自其他区域的 L2 路由器的报文,并按照目的地址将报文转发。

① 可能拥有其他区域中的邻居。

② 拥有关于 L2 拓扑的信息。

③ 拥有关于什么 L1 目标可以到达,以及如何通过 L2 拓扑到达它的信息。

④ L2 路由于其通常也执行 L1 路由,因此通常称可以执行 L1 路由的 L2 路由器为 L1L2 路由器。

⑤ 骨干区 L2 必须是连续的。

L1/L2 路由器:完成它所在的区域和骨干之间的路由信息的交换,既承担 L1 的职责也承担 L2 的职责。

(4)报文分类

① 链路状态数据单元(Link State PDU)

用来在区域中传播链路状态记录。分为两种:Level 1 Link State PDU 和 Level 2 Link State PDU,处在层次 1 的路由器产生 L1 LSP,处于层次 2 的路由器产生 L2 LSP,LSP 只会泛洪到自己的所属层次。1 层 LSP 中包含它都有什么邻居,它的接口都处在什么网段中等信息,只用于本地区域。2 层 LSP 中包含它都有什么邻居,通过它都能够到达什么网段等信息,即包含 IS-IS 里所有可到达前缀的信息。链路状态报文,含有一个路由器的所有信息,包括邻接、所连接的 IP 前缀、OSI 终端系统、区域地址等。

② HELLO 报文(IIH PDU)

用于维护邻接。问候包发送到组播 MAC 层地址,来确定其他系统是否在运行 IS-IS。在 IS-IS 里有三种问候包:一种是点对点接口的,一种是对 Level 1 路由器的,另一种是对 Level 2

路由器的。发送到 Level 1 路由器和 Level 2 路由器的问候给定了不同组播地址。所以,Level 1 路由器连接到与 Level 2 路由器驻留的地方,但看不到 Level 2 的问候,反过来也是一样。当链路初始化时或从近邻接收到问候包时,发送问候包,此时初始化邻接。在从近邻接收到问候的基础上,路由器把问候包发送回近邻,表明路由器看到了问候。这时,就建立了双向联系。这就是邻接的在线状态(up state)。

③ 全时序协议数据单元(CSNP:Complete Sequence Numbers Protocol Data Unit)

CSNP 分为两种:Level 1 CSNP 和 Level 2 CSNP。用于广播链路上的 LSPDB 同步。DIS 在广播接口上每 10 s 发送一次 CSNP。CSNP 包含了本地数据库里所有 LSP 的完整列表。正如前面所提到,CSNP 用于数据库同步。在串行线路上,只在第一次邻接时发送 CSNP。

④ 部分时序协议数据单元(PSNP:Partial Sequence Number Protocol Data Unit)

PSNP 分为两种:Level 1 PSNP 和 Level 2 PSNP。用于非广播链路时,类似于 p2p 链路上的 ACK,响应 LSP 报文。在广播链路上,PSNP 用于数据库同步。当路由器从近邻接收到 CSNP 时,注意到 CSNP 丢失了部分数据库,路由器发送 PSNP 请求新的 LSP。

(5)节点识别

① 系统 ID:唯一标识自治系统内的一个 IS,总共为 6 Byte,可以使用 MAC 地址或由 IP 地址转化得到。

② 伪节点 ID:伪节点 ID 只有在广播子网或者 NBMA 上才有,它的值是伪节点在 DIS 上对应接口的接口 ID,DIS 的伪节点 ID 不为 0。

③ LSP Number:由于一个 IS 中的链路状态信息太多从而导致在一个链路状态的报文中不能装下,这些信息只能装在多个报文中。IS 给每一个分片分配一个 LSP Number 号。

④ 链路状态报文 ID:LSPID=System ID+Pseudo node ID+LSP Number

举例说明:

0001.0002.0003.*00*-<u>00</u>

粗体字:系统 ID

斜体字:伪节点 ID

下划线:LSP Number

(6)IS-IS 与 OSPF 比较

① 相同点

a. IS-IS 和 OSPF 是链路状态路由协议的两个最典型的代表,都采用 SPF 算法来计算路由;由于具有快速收敛、无环路等特点,IS-IS 和 OSPF 都能很好地支持大型网络,但从全球的部署来看,采用 OSPF 的还是占了多数,而 IS-IS 在近几年开始得到比较多的应用。

b. IS-IS 和 OSPF 一样采用 HELLO 协议来维护邻居关系,但 IS-IS 的 HELLO 协议与 OSPF 具体实现上有所不同。

c. IS-IS 和 OSPF 都采用分层路由的概念,都有骨干区域,为网络规划提供了比较灵活而且实际的设计方案。

d. 为了控制链路状态数据库的规模和复杂度,IS-IS 和 OSPF 在广播网络上都选举 DR 来担任数据库同步的主要角色,但在细节处理上还是有较大的差别。

e. 对协议报文的验证能力是所有高级路由协议所必须具备的功能,IS-IS 对于协议报文的验证处理是有些特别的,它按照 Level 和 PDU 类型来处理。

f. IS-IS 和 OSPF 对路由开销的度量(metric)都采用了接口可配置的 cost,能够比较正确地反映网络的实际情况。

g. 在支持大型网络的时候，触发更新的 Update 方式比周期性广播方式要节约大量的协议报文所产生带宽消耗。

h. 对于每个 LSP(LSA)都有一个计时器相关联，正常情况下在一定时间内(较长时间)会更新重新计时，如果在规定时间内没有收到新的更新，将从数据库中清除该 LSP(LSA)，不再用做路由计算用。

i. 对于边缘区域中的路由器，一是通过区域划分，二是通过设置区域类型来减少对路由器资源的需求。IS-IS 可以将区域中的路由器设置为 level 1only 类型，OSPF 可以将整个区域设置为 stub 来减少数据库的大小，同时保证正确路由。

② 不同点

a. IS-IS 最初是为 ISO 的标准协议，为 CLNS(Connect Less Network Service 无连接网络服务)设计的，后来增加了对 IP 的支持；而 OSPF 一开始就是 IETF 为 IP 网络设计的；由于 IS-IS 历史上是为 CLNS 路由而制定的，发展比较缓慢，对于 IP 的支持很多地方需要改进，虽然已经提出了 draft，但大部分还没有形成 RFC，CNLP(Connectless Network Protocol，无连接网络协议)和 IP 双环境使用的优势并不明显，是一个不是很成熟的协议；OSPF 是专门为 IP 设计的，更适合 IP 的路由，发展成熟，标准化程度高，支持厂商多，使用多，缺点暴露多，改进也多。

b. IS-IS 协议直接在链路层上运行，报文直接封装在链路层报文中，支持 CLNS、IP 等多种协议；OSPF 报文封装在 IP 中，只支持 IP 协议。

c. IS-IS 协议中整个路由器只能全部属于一个区域，区域边界位于两个路由器之间，路由器的 LSDB 按 Level 来维护；而 OSPF 按接口来分，一个路由器可以属于多个区域，为每个区域维护一个 LSDB 数据库。

d. OSPF 通过特殊的区域 ID Area0 区来定义骨干区，而 IS-IS 是通过连续的 L2 路由器来组成骨干区。

e. IS-IS 的采用的 HELLO 协议比较简单，OSPF 比较复杂；而且 IS-IS 检查比较宽松，邻居之间的 Hello 和 Dead 等间隔不一定必须一样，不像 OSPF 要求必须一致才能形成邻居关系。

f. IS-IS 的 LSP 生存时间是从 15 min(可配置)往下计算到 0 来清除旧的 LSP，而 OSPF 是从 0 往最大值涨到 60 min(周期不可配置)来清除更新旧的 LSA 的。

g. IS-IS 协议的 DR 选举比较简单，而且是抢占式可预见的，优先级最高的是 DR，优先级别为 0 的也可能成为 DR；为了保证变动比较小，OSPF 协议 DR 选举机制比较复杂并不可预见，优先级最高的不一定是 DR，优先级为 0 的不可能成为 DR，并且有 BDR 的概念，DR 失败，BDR 立即承担 DR 的职责，而 IS-IS 没有 BDR，DR 失败，重新选举 DR。

h. IS-IS 不支持 P-2-MP 类型的网络，并且 NBMA 网络都只能设置为子接口模拟成 P2P 来运行；OSPF 可以很好地支持以下各种网络类型：Broadcast，NBMA，P-2-P，P-2-MP。

i. 标准的 IS-IS 接口 cost 取值为：0～63，对链路层区分不够，并且一个网络的 metric 达到 1 024就认为不可达；而 OSPF 接口 cost 取值范围为：0～1 024，一个网络的 metric 达到65 535 才认为不可达。

九、铁路数据通信网技术规范

铁路数据通信网是基于 IP 技术的铁路综合数据通信网络，主要通过 MPLS VPN 方式承载了铁路综合视频监测系统、GSM-R GPRS 业务、会议电视系统、动环监控系统、旅客信息服务等系统。

铁路数据通信网，由骨干网络和区域网络(铁道部区域网络及各铁路局区域网络)构成。针对不同的业务系统对数据网安全性、实时性要求，按服务质量(QoS)分级提供服务；铁路数据通信网是一个多域的网络，实施分域管理。结构如图 2-23 所示。

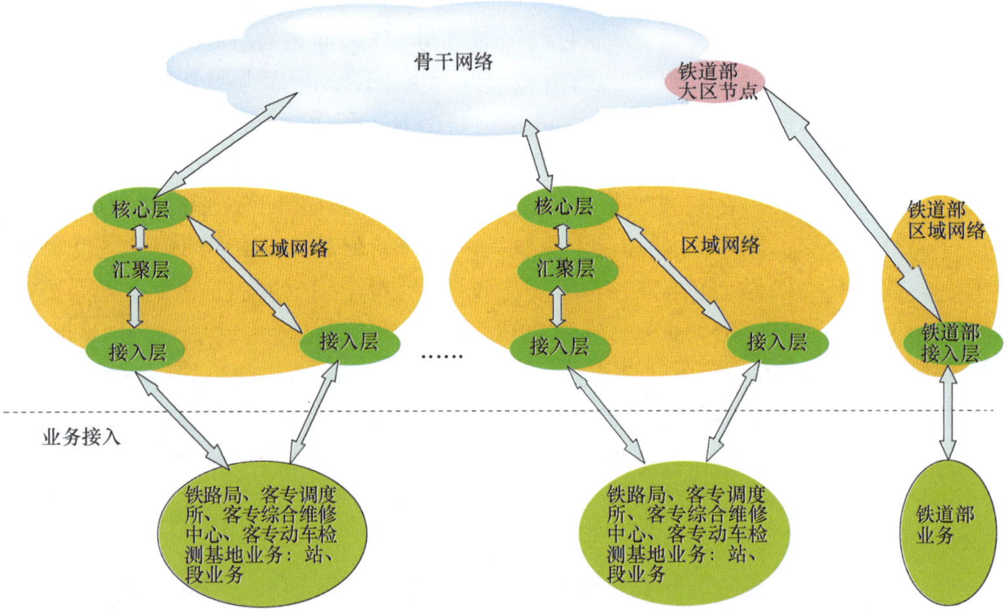

图 2-23 铁路数据通信网网络结构示意图

(一)数据网编号规则

1. 路由设备名称及编号规则

数据网中路由设备名称按骨干网络和区域网络两层结构分层编号，编号均采用 A-B*mm*-C*nn*-D 格式。

例：骨干网络铁道部节点路由设备名称为 TN-TDB-CR01-7609(或 NE80E)；骨干网络北京节点路由器设备名称为 TN-BJ-CR01-7609(或 NE80E)。

例：区域网络北京节点核心路由器名称为 BJ-BJ-CR01-7609(或 NE80E)；区域网络北京铁路局丰台工务段接入路由器名称为 BJ-FTGWD-AR01-7606(或 NE20E)。

2. 路由设备端口命名规则

为便于维护管理，对数据网路由设备端口名称进行统一编号，其命名规则为："To-"+"与之互联的路由设备名称编号及其端口号"。其中：

"To"表示方向，即"到……"。"-"间隔符，为中划线。

设备端口编号格式：

(1)当有子卡位号时，端口号格式为"端口类型"+"槽位/子卡位号/端口号"。

(2)当没有子卡位号时，端口号格式为"端口类型"+"槽位/端口号"。

注：端口类型用 GE、FE、POS、CPOS 等表示，其中 POS 及 CPOS 端口需注明带宽。

例：某台路由设备的一端口通过 GE 接口与骨干网络北京节点路由器(TN-BJ-CR01-7609)的 1/0/1 端口互联，则该台路由设备该端口名称为 To-TN-BJ-CR01-7609-GE1/

0/1。

例:某台路由设备一端口通过 CPOS 155 Mbit/s 接口与北京局区域网络核心路由器(BJ-BJ-CR01-7609)的 2/1 端口互联,则该路由设备该端口名称为 To-BJ-BJ-CR01-7609-CPOS155M2/1。

3. 业务系统接入设备名称及编号规则

业务系统接入设备(以下简称 CE)指业务系统与数据网直连的路由设备。其设备名称及编号采用 A-B*mm*-C*n*-D 格式。其中:A、B、D 项编号规则同数据网路由设备编号,C 项用"CE"表示,"*n*"表示该业务系统在同一地点设置接入设备的数量,其编号从"1"开始顺排。

(二)数据网路由规范

1. 数据网路由协议

数据网为多自治域网络结构,使用私有自治域号(AS),AS 号码采用全路统一分配。其中骨干网络及铁道部区域网络构成一个自治域,各铁路局区域网络构成独立自治域。

数据网路由协议分为:AS 域内路由协议、AS 域间路由协议、业务系统接入路由协议(即 PE 与 CE 间路由协议)。其中:

(1)AS 域内设备路由采用 IS-IS 协议;并采用 MP-IBGP 协议部署全网 MPLSL3 VPN 业务,承载 VPN 内的用户路由。

(2)AS 域间采用 MP-EBGP 协议。

(3)MPLS 采用 LDP 协议作为标签分发协议。

(4)PE 与 CE 之间通过静态路由或 EBGP 协议交换路由信息。当本地业务系统采用单归接入方式(即本地业务系统作为整体与一台 PE 设备相连)接入数据网 PE 设备时,采用静态路由;当本地业务系统采用双归方式(即本地业务系统作为整体与两台 PE 设备相连)接入数据网 PE 设备时,采用 EBGP 协议。

2. 数据网路由策略

(1)设备路由策略

① 骨干网络各大区节点间应优选节点间直连链路,次选节点间迂回链路。

② 区域网络间流量通过骨干网络转接。

注意:当数据网骨干网络未建成前,区域网络核心节点与规划的骨干网络节点所在地的区域网络核心节点实现互联,区域网络间应优选直连链路,次选经由其他区域网络间的迂回链路。

区域网络内应优选节点间直连链路,次选同层节点间迂回链路,再选经上层节点迂回链路。

在考虑网络结构前提下,应充分考虑设备间链路带宽;链路开销相同的路由应使用流量均衡策略。

(2)用户路由策略

① 数据网使用 MP-IBGP 协议承载用户路由,各业务系统(不含数据网网管系统)均使用 MPLS VPN 方式接入。

② 在同一 AS 域内,设置一级路由反射器(RR)和一级 VPN 路由反射器(VRR)。域内各路由器的用户路由策略应一致,即域内各路由器属于同一路由反射器簇(RR/VRR Cluster),RR/VRR Server 和 RR/VRR Client 之间不做路由过滤和控制。

③ AS 域间除满足流量控制策略需要外,原则上不做路由控制与过滤。

3. 协议中主要参数设置

(1)IS-IS 协议

① 数据网内 IS-IS 协议采用扁平化结构(Level-2、单 Area)。

② NSAP 地址格式为:AA. 00B1B2. ××××. ××××. ××××. 00。其中含义规定如下:

AA=49 为固定值,表示该地址段为私有网络地址。

“00B1B2”表示该路由设备所属的区域。其中:“00”为固定值,“B1B2”值为该路由设备归属自治域(AS)号码的后两位。

“××××. ××××. ××××”用来表示区域内的路由设备,由该路由设备的 loopback 地址转化得到。

例:一路由设备 loopback 地址为 10. 13. 2. 1,填充 0 后变为 010. 013. 002. 001,再转化为 0100. 1300. 2001,则“××××. ××××. ××××”值为 0100. 1300. 2001。

“00”是 NSAP 地址的后两位,用固定值“00”表示。

例:在北京局区域网络内(AS 域号为 65101),某台 loopback 地址为 10. 13. 2. 1 的路由设备,其 IS-IS 协议中的 NSAP 地址为:49. 0001. 0100. 1300. 2001. 00。

(2)BGP 协议

① 协议主要参数设置

团体属性(Community 属性):

Community 名称格式为 Net_Service_Comm。其中,Net 为本端路由设备所属 AS 域号,Service 取用业务系统名称简写。

例:北京局管内 GPRS 业务的 Community 属性名称格式为 65101_GPRS_Comm。

本地优先属性(Local-Preference 属性):

Local-Preference 属性值统一设置为 100。

MED(Multiexit discriminator)属性:MED 属性值统一设置为 100。

AS-Path 等其他属性按默认值设置。

Multipath 属性,控制同向出口流量均衡。

BGP 阻尼参数设置:为避免路由震荡传播,使用 MP-EBGP/EBGP 协议的路由器均开启 BGP 阻尼功能。

② 路由控制策略

当两个 AS 间需要在不同互联端口控制入流量时,采取地址段分出口宣告方式控制各端口入流量,同时应采用路由保护方式,即同时宣告粗、细两种路由。

路由汇聚策略:为减少数据网内路由条目,降低域内路由震荡对其他自治域的影响,区域网络核心路由器应对域外宣告汇聚路由。

(3)MPLS

MPLS 采用 LDP 做为标签分发协议,且 LDP 协议使用 DU(下游自主)标签分配方式。

(三)MPLS VPN 编号及业务互通策略

1. MPLS VPN 编号原则

按业务或专业分配 VPN 号码。MPLS VPN 编号在数据网内统一分配,按 3 位数字进行编号，从“101”开始顺排。

2. 路由区分符 RD(Route Distinguisher)

RD 值格式为 X:YZ。其含义规定如下：

(1)“X”代表与 VPN 业务相连的数据网接入路由器(PE)所属的自治域(AS)号码。

(2)“Y”表示所接业务的 VPN 编号。

(3)“Z”表示与 VPN 业务相连的数据网接入路由器(PE)loopback 地址的后两位，即后 16 bit表示的十进制数，每 8 bit 采用 3 位编号，不足 3 位时前面补 0。例如：在 10.13.2.1 路由器上接入某 VPN 业务时，Z=002001。

例：在北京局区域网络内，在某接入路由器(loopback=10.86.131.237)上接入 GPRS 业务(VPN 编号为 101)时，其路由区分符(RD)为 65101:101131237。

思考题

1. 画出数据通信系统的基本结构图，并描述数据通信基本过程一般被分为哪些阶段。
2. 常用的传输介质有哪些？比较它们的优缺点。
3. 画出 OSI 和 TCP/IP 分层参考模型，并说明它们之间的对应关系。
4. 比较传输层 UDP 和 TCP 协议特点。
5. 什么是 VLAN？简述 VLAN 的主要特点。

第三节 综合视频监控系统

综合视频监控系统作为一个新的技术门类，尽管与光电、电子、计算机、音/视频、传输网络、通信等技术有一定的关联性或是其中一种或多种技术的延伸，但又不完全等同于这些技术。随着光电信息技术、微电子及数字视频技术的发展，视频监控技术已由传统的模拟式走向高度集中的小型化、数字化、网络化，并向高清化、智能化方向发展。综合视频监控系统技术已从应用科学技术向图像处理、识别与跟踪为核心的现代化智能化模式转变，发展成为一门独立的学科技术。

一、综合视频监控系统的总体结构

(一)系统概述

1. 视频监控技术的发展

视频监控系统是指利用视频技术探测、监视设防区域并实时显示、记录现场图像的电子系统或网络。

视频监控系统的发展按其技术发展经历了 3 个阶段：20 世纪 90 年代以前，主要是以模拟设备为主的模拟视频监控系统；到了 90 年代，随着计算机处理能力的提高和视频技术的发展，出现了半数字视频监控系统；进入 21 世纪后，随着网络带宽、图像处理能力和存储容量的迅速提高，以及各种实用视频信息处理技术的出现，视频监控进入了全数字时代。

(1)模拟视频监控系统，也称为闭合电视监控系统。图像信息采用视频电缆以模拟方式传输，一般传输距离较短，主要应用于小范围集总式的网络架构，监控图像一般只能在控制中心查看。模拟视频监控系统以模拟视频矩阵和模拟磁带录像机为核心。尽管功能单一，图像质量低,但还广泛应用于保安、生产管理等场合。

(2)数字视频监控系统,以数字化为基础,以网络化与智能化为发展方向。它以网络为依托,以数字视频的压缩、传输、存储、分发和播放为核心,以智能图像分析为特点,并与报警系统、出入口控制系统结合。数字视频监控系统运用视频编码器、网络摄像机,把图像处理(采集、压缩、协议转换、传输)设置在监控点,利用互联网和局域网,达到分布式网络系统的即插即用,实现从图像采集、传输、控制、显示的全过程数字化,实现真正意义上的数字视频监控系统。

2. 铁路综合视频监控系统

铁路综合视频监控系统是针对铁路行业应用需求,采用先进的视频监控技术和 IP 传输方式,而构建的网络化、数字化的视频监控系统。系统提供应用所需的视频图像,满足铁路各业务部门及铁路其他信息系统对视频信息的需求,从而实现视频网络资源和信息资源共享。

铁路综合视频监控系统旨在为铁路各业务部门,包括调度、车务、客运、机务、工务、电务、车辆、公安等,提供一套完整、统一的视频监控平台,实现通信/信号机房内、区间 GSM-R 基站、车站咽喉区、牵引变电所、开闭所、分区所、电力配电所、公跨铁立交桥、桥梁救援疏散通道、隧道口、正线与联络线结合处及铁塔巡视的实时监控、图像存储、历史图像查询等功能。

(二)系统构成

铁路综合视频监控系统总体结构采用多级联网、分布式管理,有效降低了视频流对网络的承载压力。铁路综合视频监控系统由视频核心节点、视频区域节点、视频接入节点、视频汇集点、视频采集点、各级管理部门用户终端以及承载网络组成。其中,视频节点由视频核心节点、视频区域节点、视频接入节点组成。其系统结构组成如图 2-24 所示。

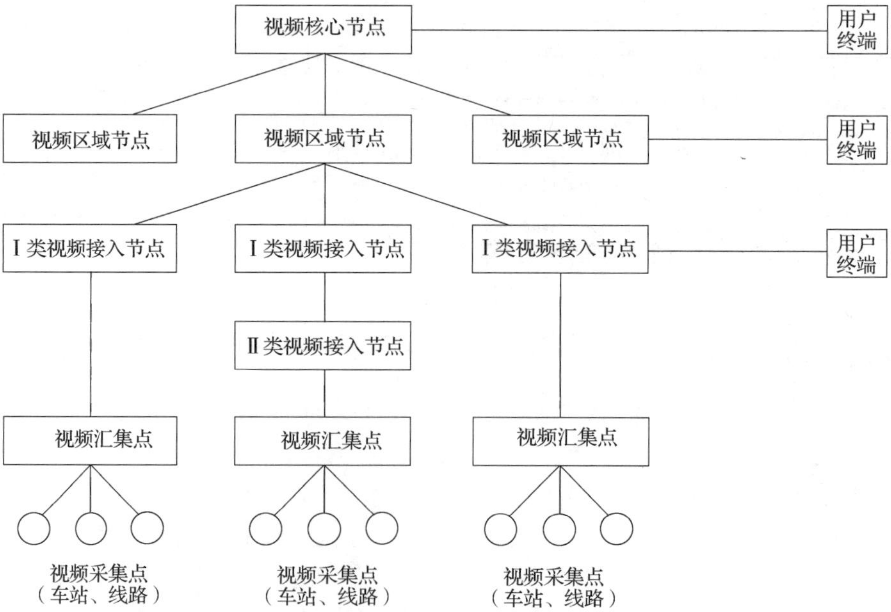

图 2-24 铁路综合视频监控系统总体结构

1. 视频核心节点

核心节点设备主要实现视频信息的存储、分发、调用、控制、系统管理以及与其他系统互联等功能。

视频核心节点可对节点内视频资源、用户和设备进行统一管理，并对管理信息进行存储，能接收并存储区域节点主动上报的用户、视频资源、用户权限列表等信息，提供跨区域节点视频访问的授权和信令交换。不具备对前端设备的配置修改、增加、删除和对设备告警处理的权限。核心节点内的视频用户在正常情况下只有对实时监视和存储图像进行调用的权限，特殊情况下，经授权可进行云镜控制，可对重要视频图像进行人工存储。

视频核心节点主要由认证授权单元(AA)、数据分发及转发单元(DDU)、管理单元(MU)、接入网关单元(AGU)、目录服务单元(DSU)、信令控制单元(SCU)、告警单元(AU)、存储单元(SU)、地理信息服务单元(GIS-U)和视频分析单元(VCA)等单元构成。

(1)认证授权单元(AA)

认证授权单元实现对用户视频资源访问权限的管理，为用户分配视频资源访问列表。视频核心节点实现对本视频节点接入用户的认证授权，以及各区域节点跨区域访问的用户认证授权。

(2)数据分发及转发单元(DDU)

数据分发及转发单元实现数据的分发和转发功能，可监控数据传输的状况，实现对数据传输的控制功能。

能够提供信息传输通道，实现本级节点 DDU 与上级节点 DDU、视频接入节点 DDU 与前端采集设备的数据传输。

(3)管理单元(MU)

管理单元能够实现对视频系统业务和设备的管理。视频核心节点的 MU 对本节点内的业务和设备进行管理。

(4)接入网关单元(AGU)

AGU 应具有编码标准化和通信协议转换功能，实现视频系统与其他业务系统间的信息交互。

(5)目录服务单元(DSU)

目录服务单元以目录的形式统一存储系统基础数据、用户详细信息，提供用户信息和目录信息服务。

对视频系统的用户信息、视频设备信息进行管理和控制。视频核心节点 DSU 能接收并存储视频区域节点 DSU 主动上报的用户、视频资源、用户权限列表、告警资源等信息。

(6)信令控制单元(SCU)

信令控制单元实现视频用户访问提供标准信令控制与交换服务，支持实时视频访问、云镜控制、历史视频调用和下载、告警信息订阅和获取、用户信息获取等信令，可实现视频核心节点 SCU 和视频区域节点 SCU 之间的信令交互，实现视频资源请求权限验证、视频屏蔽功能。

视频核心节点 SCU 进行视频资源信令控制时，通知视频核心节点 DDU 与视频区域节点 DDU 建立视频数据传输通道。

(7)告警单元(AU)

实现视频内容分析告警和其他业务系统相关告警信息的收集，并提供告警的分级管理、检索与显示，可对全路所有告警信息和告警视频进行订阅、查询。

(8)存储单元(SU)

视频核心节点的 SU 实现重要视频的人工存储。

(9)视频分析单元(VCA)

视频分析单元可根据告警的级别,针对视频图像进行分析,过滤出不同告警级别的视频数据。

(10)GIS 服务单元(GIS-U)

GIS 服务单元可实现电子地图辅助功能。视频核心节点的 GIS 服务单元按区域节点管辖范围标识全路铁路线路情况,当电子地图上出现告警后,可进入相应区域节点地图,进而进入视频接入节点地图中产生告警的具体地点。

2. 视频区域节点

视频区域节点向下完成对区域内铁路综合视频监控系统的管理、控制,向上响应视频核心节点以及各类用户终端的要求。视频区域节点是全局综合视频监控系统的管理中心,负责全线视频监控设备及网络的统一管理和调度,具有系统管理、网络管理、事件录像管理、用户鉴权管理、监控及报警信息统计、报表生成等功能;视频区域节点同时具有和其他相关应用系统进行数据交互的功能。

视频区域节点主要由认证授权单元(AA)、数据分发及转发单元(DDU)、管理单元(MU)、接入网关单元(AGU)、目录服务单元(DSU)、信令控制单元(SCU)、告警单元(AU)、存储单元(SU)、地理信息服务单元(GIS-U)和视频分析单元(VCA)等单元构成。

(1)认证授权单元(AA)

区域节点实现对辖区内接入用户的认证授权,以及所辖范围内跨区域访问的用户认证授权。

(2)数据分发及转发单元(DDU)

实现数据的分发和转发功能,可监控数据传输的状况,实现对数据传输的控制功能。能够提供信息传输通道,实现本级节点 DDU 与上级节点 DDU、视频接入节点 DDU 与前端采集设备的数据传输。

(3)管理单元(MU)

视频区域节点的 MU 负责对本节点和辖区内的业务和设备进行管理。

(4)接入网关单元(AGU)

AGU 应具有编码标准化和通信协议转换功能,实现视频系统与其他业务系统间的信息交互。

(5)目录服务单元(DSU)

视频区域节点 DSU 能接收并存储视频接入节点 DSU 主动上报的用户、视频资源、用户权限列表、告警资源等信息。

对于本级中发生变化的用户、视频资源等信息,能同步到上级的 DSU 中,保证本级与上级 DSU 相关数据一致。

(6)信令控制单元(SCU)

SCU 为视频用户访问提供标准信令控制与交换服务,支持实时视频访问、云镜控制、历史视频调用和下载、告警信息订阅和获取、用户信息获取等信令。

实现视频区域节点 SCU 和视频接入节点 SA 之间的信令交互。具有视频资源请求权限验证、视频屏蔽功能。

视频区域节点 SCU 进行视频资源信令控制时,通知视频区域节点 DDU 与视频接入节点

SA 建立视频数据传输通道。

(7)告警单元(AU)

AU 可实现视频内容分析告警和其他业务系统相关告警信息的收集,并提供告警的分级管理、检索与显示。区域节点的 AU 汇集辖区内告警信息,对告警信息和告警视频进行订阅、查询、存储,并根据视频核心节点的订阅实现告警信息的上传。

(8)存储单元(SU)

视频区域节点的 SU 实现节点所辖范围内告警视频的自动存储和重要视频的人工存储。

(9)视频分析单元(VCA)

能够根据告警的级别,针对视频图像进行分析,过滤出不同告警级别的视频数据。

(10)GIS 服务单元(GIS-U)

视频区域节点的 GIS 服务单元标识管辖范围内所有铁路线路情况,当电子地图上出现告警后,可进入相应视频接入节点地图中产生告警的具体地点。

3. 视频接入节点

视频接入节点包括Ⅰ类视频接入节点和Ⅱ类视频接入节点。Ⅰ类视频接入节点由 AA、DDU、MU、AGU、DSU、SCU、AU、SU 以及视频分析单元(VCA)等设备构成。Ⅱ类视频接入节点由 DDU、SU 和 VCA 等单元构成。

Ⅰ类视频接入节点实现视频的接入、分发及转发、视频内容分析和与其他系统的联动,并对其接入的所有视频图像、视频告警信息、管理信息进行自动存储。对辖区内视频资源、用户和设备配置管理,经授权可对视频资源、用户和设备进行配置。

Ⅰ类视频接入节点内的视频用户可对辖区内的视频信息资源进行浏览和调用,可对辖区内采集设备进行云镜控制。

Ⅱ类视频接入节点实现对相对分散的采集点的视频接入、存储和分发转发。可设置视频分析单元,实现视频内容分析。

4. 视频汇集点

视频汇集点可实现视频的汇集接入,对视频的编码处理;可设置视频分析单元,实现视频内容分析;可实现与其他应用系统的前端联动。

视频处理单元(VPU):VPU 实现视频编解码功能。

视频汇集点主要由 VPU 和 VCA(视频分析单元)构成。

5. 视频采集点

视频采集点是前端设备安装的场所。视频采集点的位置设置以满足车务、机务、工务、电务、车辆、客运、货运、综合维修、公安等业务部门的业务需求为原则。业务需求主要包括行车安全监控,客/货运服务监控以及治安防范等。

视频采集点设备主要包括摄像机(含镜头)、摄像机护罩(室内、室外)、云台、视频光端机、防雷器、辅助光源、拾音器、室外控制箱等设备。一般设置在沿线车站站台、站厅、安检区域、候车室、车站周界、售票厅、自动扶梯、自动售票机和闸机、出入口自动扶梯等需要进行视频监控的地点和车辆段/停车场出入段线口、道岔咽喉区、周界围墙、货场、段/场内公共区等需要进行视频监控的地点。关键部位应实现 24 h 监控。

6. 视频用户终端

用户终端主要包括视频管理终端、用户监视终端和显示设备。

视频管理终端分为业务管理终端和设备管理终端,为网管用户使用。其中,业务管理终端主要完成对用户和视频资源的维护管理,可以实现对授权的视频进行浏览和查询;设备管理终端主要完成对设备和网络的维护管理。

用户监视终端是为视频用户提供视频操作和浏览界面,用户通过监视终端调看实时和历史视频图像,对视频内容分析产生的告警进行确认处理,并根据权限对摄像机进行云镜控制。

显示设备是用于显示视频及相关信息的设备,包括 DLP 一体化投影单元、LCD 液晶显示器、LED 显示器、视频监视器等。

7. 承载网络

视频承载网络为铁路综合视频监控系统提供图像、告警信息、控制信息等数据的传输服务。视频网络包括以下 3 个部分:视频骨干网络、视频采集接入网络以及视频用户接入网络。

(1)视频骨干网络

视频骨干网络在视频核心节点、视频区域节点以及视频接入节点之间提供监控数据的传送服务。视频核心节点、视频区域节点之间的视频骨干传输网络应利用铁路数据通信网进行承载。铁路数据通信网在视频核心节点与各个视频区域节点之间提供点对点的逻辑承载通道,利用 MPLS VPN 进行业务隔离。

Ⅱ类视频接入节点到Ⅰ类视频接入节点之间的视频传输网络可采用铁路数据通信网或 SDH/MSTP 通道,传输带宽根据实际需要进行配置。

(2)视频采集接入网络

视频采集接入网络实现视频采集点至视频接入节点的接入,接入方式可以采取视频线缆接入、光纤接入以及利用传输系统接入 3 种方式。各类视频采集点可根据现场的具体情况选择不同的接入方式。

同轴电缆基带传输又称为直接电缆传输,是指视频信号直接从摄像机至视频编码器的传输,中间没有经过任何处理,是最基本的视频传输方式。适用于短距离或者监控点较少的系统。优点是:传输系统简单;在一定范围内,稳定可靠、失真小;附加噪声小,因而系统信噪比高;不必增加诸如调制器、解调器等附加设备等。缺点是:传输距离不能太远;一根视频同轴电缆只能传输一路视频监控信号等。

光纤传输系统一般在摄像机与编码器超过 200 m 以上距离范围时使用。光纤传输系统在视频监控系统中应用的优点:当长距离传输时,光纤传输系统的保真度和画面清晰度比导线或电缆传输系统要高得多;光纤不受电磁辐射与雷击等任何电气干扰的影响;光纤不存在接地回路问题,也不存在交扰横条、图像撕扯等问题;在对光纤进行维护时,无须将发射机与接收机断电;光纤传输非常安全,很难监听;光纤不会生锈或腐蚀。

(3)视频用户接入网络

用户监视终端至相邻视频节点之间的传输网络主要解决用户终端的图像调用需求以及云镜控制。视频用户接入网络的带宽应根据最大图像调用路数决定,可以利用传输系统、铁路数据通信网以及 xDSL 等多种接入方式。

二、综合视频监控系统的功能、工作原理

(一)综合视频监控系统的功能

综合视频监控系统提供实时监控,并对被监控画面进行录像存储,可以对监控系统进行远程控制,并能接收报警信号,进行报警触发与联动功能,是安防的重要手段。

随着国民经济的发展，铁路运输的重要地位更加突出。铁路历次提速及高速铁路、客运专线的大力建设，使如何采用信息技术手段保障铁路运输安全成为铁路各部门的首要任务。铁路综合视频监控系统正是基于成熟的安防监控技术而提出的应用于铁路运输行业各部门的信息化系统，该系统能够有效防范铁路运输安全事故发生，有效遏制铁路沿线刑事案件发生，提高铁路整体运输安全水平。

铁路综合视频监控系统具有图像采集、图像实时浏览、云台控制及锁定、历史图像回放、告警功能显示、电子地图导航、系统管理及维护等功能。现就主要功能介绍如下。

1. 视频图像采集功能

根据监控需要，利用前端采集设备，实现对被监视区域图像信息的连续采集。

2. 视频处理功能

(1)实现对模拟视频的压缩编码和解码功能。

根据图像内容变化，采用不同的帧率(1～25 帧/s)进行传送。

(2)实现对单路视频流传送带宽上限的设定。视频编码实现在视频画面上叠加中文字符的功能。

(3)视频编码对码流参数灵活设置，分辨率从 QCIF、CIF、2CIF、4CIF(D1)、720 P、1 080 P 可调。

(4)视频编码支持对不同分辨率的双码流输出。

(5)视频编码具有自动或手动降低图像分辨率或对图像进行减帧处理的功能。

(6)视频解码支持软件解码或硬件设备解码。

(7)视频编解码的处理结果与原有视频音频信号对应特征保持一致。

3. 视频实时监视功能

(1)支持单画面和多画面模式的切换浏览，并根据需要进行画面放大、伸缩等操作。

(2)用户终端上显示监视图像的时间、地点等信息。

(3)多用户同时监视同一路实时视频。

(4)根据用户需求，按相关特性(如场所、业务种类等)对一组实时视频图像进行同步调用，实现图像组合播放功能。

(5)针对选定的视频图像按照调用分组、显示顺序和每组显示时间制定计划，进行轮巡。

(6)图像抓拍并以图片方式保存。

(7)具有自动弹出告警图像和告警信息提示功能。

(8)视频图像屏蔽功能。

4. 视频存储功能

存储设备是视频信息存放的地方，是视频信息的载体。存储根据不同的视频监控系统，采用合适、安全、有效的技术方案将视频信息存放在具有冗余、保护等功能的物理媒介中。

视频存储设备分为内置存储和外置存储两大类，外置存储又分为直连式存储和网络存储两类。外置存储设备类型之一的直连式存储依赖服务器主机操作系统进行数据的输入输出写和存储维护管理，数据备份和恢复要求占用服务器主机资源，数据流需要回流主机再到服务器连接着的磁带机(库)，数据备份通常占用服务器主机资源的 20%～30%。直连式存储的数据量越大，备份和恢复的时间就越长，对服务器硬件的依赖性和影响就越大。

网络存储可分为 NAS(网络接入存储)和 SAN(存储区域网络)。NAS 用户通过 TCP/IP 协议访问数据，采用业界标准文件共享协议，如 NFS、HTTP、CIFS 实现共享。NAS 每个应用服务器通过网络共享协议使用同一个文件管理系统。SAN 通过专用光纤通道交换机访问数据,采用 SCSI、FC-AL 接口。NAS 和 SAN 最本质的不同就是文件管理系统(FS)放置位置的不同。在 SAN 系统中,文件管理系统分别放在每一个应用服务器上,NAS 系统则由自己单独的文件管理系统。

为保证视频数据存储的安全性,也就是为保证安全播出,一般服务器都采用 RAID 技术来避免因硬盘损坏而导致数据丢失的可能。RAID 冗余容错有两种解决方案:一种是由硬件 RAID 控制器来实现,另一种是纯软件方式的。RAID 控制器采用硬件产生校验数据并控制所有 RAID 的功能;而纯软件方式是指用软件的方法实现所有的 RAID 的功能,通常使用系统的主处理器 CPU 来完成。比较流行的 RAID 有 3 种:RAID5、RAID6 和 RAID7。

RAID5:RAID5 不单独指定奇偶盘,而是在所有磁盘上交叉地存取数据及奇偶校验信息。在 RAID5 上,读/写指针可同时对阵列设备进行操作,提供了更高的数据流量。RAID5 更适合于小数据块和随机读写的数据。大部分数据传输只对一块磁盘操作,并可进行并行操作。在 RAID5 中有"写损失",即每一次写操作将产生 4 个实际的读/写操作,其中两次读旧的数据及奇偶信息,两次写新的数据及奇偶信息。

RAID6:与 RAID5 相比,RAID6 增加了第二个独立的奇偶校验信息块。两个独立的奇偶系统使用不同的算法,数据的可靠性非常高,即使两块磁盘同时失效也不会影响数据的使用。但 RAID6 需要分配给奇偶校验信息更大的磁盘空间,相对于 RAID5 有更大的"写损失",因此"写性能"非常差。较差的性能和复杂的实施方式使得 RAID6 很少得到实际应用。

RAID7:这是一种新的 RAID 标准,其自身带有智能化实时操作系统和用于存储管理的软件工具,可完全独立于主机运行,不占用主机 CPU 资源。RAID7 可以看作是一种存储计算机(Storage Computer),与其他 RAID 标准有明显区别:

① 对实时视频信息进行自动连续存储,或根据设定的事件、时间、地点等条件进行存储。

② 支持对重要视频图像信息的备份存储,并可根据安全性要求,实现对重要信息的输出功能。

③ 支持外部条件触发下的减帧存储。

④ 支持按不同图像分辨率进行存储。

⑤ 对不同视频流分别设定存储空间,并支持循环存储。

5. 视频回放功能

(1)用户根据时间、地点、事件等多种条件进行检索和回放。

(2)多用户同时调用和检索历史图像。

(3)下载到本地回放历史图像和远程直接回放历史图像的方式。

(4)回放历史图像时,实现播放、倒放、快放、慢放、拖曳和暂停等功能。

(5)历史图像进行逐帧回放。

6. 云镜控制功能

(1)支持对云台和镜头的远程实时控制功能。

(2)云台控制功能包括:云台转动及速度设置、预置位设置等操作。

(3)镜头控制功能包括:对镜头的变倍、调焦、调节光圈,以及对镜头变倍、调焦速度设置等功能。

7. 视频分发/转发功能

(1)对多个用户请求的同一路视频数据进行分发/转发。

(2)多用户同时调看同一路视频图像时,视频图像只占用一路视频传输带宽上传至视频接入节点。

(3)通过分发单元实现系统同节点内多用户同时调看同一路视频图像。

(4)通过转发单元实现系统不同视频节点用户同时调看同一路视频图像。

(5)同一个视频节点的下级节点间互相调用视频时,应通过上级节点转发。

(6)应支持多级转发,转发级数不小于3级。

(7)当视频分发/转发请求超过系统能力时,系统应对权限较低的用户暂停服务。

(8)具备网络自适应能力,可根据网络状态进行自动降帧。

8. 视频分析功能

在视频监控中,往往需要检测特定区域内的违法活动。行为分析系统主要是通过图像处理、模式识别、人工智能、自动控制以及计算机等许多领域的技术实现特定目标的定位、识别以及跟踪,并在此基础上进行进一步的行为分析,其关键技术是运动目标检测和跟踪。

行为分析系统通常包括图像采集、视频图像处理、数据通信、决策报警以及传感器控制与服务系统等主要部分。图像采集模块通过摄像机捕获监视场景的光学图像,经A/D转换输出数字视频图像,为视频图像处理提供依据。它对场景的视频图像进行分析、处理,包括对视频流中的运动目标检测。对检测出的目标分类识别,通过传感器控制与服务系统对云台或摄像机等进行反馈控制,实现对运动目标的自动跟踪。对运动目标的行为分析理解,由决策报警模块根据视频图像处理的结果和预定的报警规则,完成启动报警的判断与决策,在报警的同时实现对运动目标的录像。系统中视频图像数据的传输和控制及反馈信号的通信由数据通信模块完成。

根据铁路综合视频监控系统要求,应对区间通信信号机房口、联络线与正线连接处、桥梁救援疏散通道等地进行视频行为分析。

行为分析系统具有以下主要功能,其中入侵检测功能较为常用。

(1)入侵检测功能

在摄像机监视的场景范围内,可根据监控需要和目的设置警戒区域,系统可以自动检测入侵到警戒区域内的运动目标及其行为,一旦发现有满足预设警戒信息,并用告警框标示出进入警戒区的目标,同时标识出其运动轨迹。采用“智能虚拟墙”,对穿越虚拟墙的事件进行报警,克服了以前红外对射装置极易误报,无直观图像的缺点。

(2)遗留物检测功能

为了防止不法人员对一些重要设施进行破坏,如在重要设施旁丢弃易燃、易爆等危险物品,采用不明遗留物检测,可防止重大事故的发生。

(3)人群异常行为检测功能

在摄像机监视的场景范围内,根据监控需要和目的设置警戒区域,系统可以自动检测入侵到警戒区域内的运动目标及其行为,一旦发现有目标在警戒区域徘徊时间超过设定好的时间,则自动产生报警信息。

当人员在警戒区内滞留超过用户自定义的时间时产生报警,用以识别人员在禁停区域长时间停留或逗留;用户可以设置一定的允许等候时间;滞留的判别不受人员在警戒区内的行为影响。

(4)人口密度估计功能

通过摄像机采集视频信息,并运用智能视频分析技术分析画面中的活体移动目标,并统计计算设定区域内的目标数量和密度,当数量值超过预设的阈值时自动产生报警信息,提示监控人员采取针对性的措施。可应用于铁路候车或车站站前广场人群突发性增长、车站站台候车人员大量聚集监测。

9. 告警功能

(1)对系统内部视频内容分析告警信息的处理,并以文字、声音、图像等方式进行提示,同时在系统中记录存储(包括告警级别、告警类型、告警时间、告警内容等)。

(2)对联动系统相关告警提示信息的处理,并以文字、声音等方式进行提示,同时在系统中记录存储(包括告警类型、告警时间、告警内容等)。

(3)在电子地图上突出显示告警地点。

(4)告警信息及相关视频自动弹出,同时实现对视频的存储。

10. 系统管理功能

系统管理实现配置管理、故障管理、性能管理、安全管理和日志管理等功能。支持SNMP网管协议,能实现对服务器、磁盘阵列、视频编(解)码器、视频光端机、波分设备、交换机、路由器等设备的集中管理。系统具有以下主要功能:

(1)配置管理实现对管理对象的定义、初始化、控制、鉴别和检测等功能,为系统其他单元提供资源配置的数据,应支持设备的远程配置。

(2)故障管理实现故障监测、故障告警、告警处理和信息查询统计等功能。

(3)性能管理实现设备性能的监视和分析,监测系统设备的运行情况;监视用户占用资源情况,实现对系统中重要性能参数和数据的测量统计。

(4)安全管理应实现数据安全管理、网络安全、系统可靠性管理等功能。

(5)系统日志包括运行日志和操作日志,支持日志信息查询和报表制作等功能。

11. 用户管理功能

用户管理采用本地管理和集中备案的方式,即任何一级监控中心的系统管理员可以创建本地的用户账号,并报上级监控中心备案。为确保用户的唯一性,需要统一用户账号的命名规范。为简化用户的管理,采用用户组管理模式。

用户管理应包括对系统用户权限分配、相关业务用户的合法性认证、用户访问权限管理等功能。同时,应收集整理系统用户信息,保留用户登录信息并保存重要用户操作记录,为不同级别的用户设定活动用户时间。

权限管理宜采用分级授权的方式。由最低一级监控中心的系统管理员对本地用户直接授予本地的操作权限,高一级监控中心管理员操作权限需要经过所在更高一级的监控中心授权,以、依此类推。主要功能包括:创建角色、为角色授权、删除角色、将角色授予本地用户或用户组、跨区域的权限申请与审批、权限信息的全网同步。具有以下主要功能:

(1)用户在登录综合视频监控系统时应通过身份验证,合法用户在进行增加、修改、删除等操作时宜进行进一步的身份验证。

(2)对所有的用户进行统一的唯一标识。

(3)对用户、用户组及其权限进行增加、删除、修改和查询。

(4)管理用户负责为每个合法用户分配相应的权限。除管理用户外,任何用户不能擅自更改其权限、不能越权操作、不能将其权限转授给其他用户。

(5)当同时对视频资源进行调看的用户数超过系统设定的用户数时,高优先级用户抢占低优先级用户所占用的资源。

(6)当网络资源受限时，根据权限对用户同时调用视频的路数进行限制。

(7)对于同一节点内的用户优先级根据业务和管理需求进行分配和授权。

12. 系统联动功能

(1)提供与其他应用系统(如应急通信、GIS、TDCS/CTC、货运安全检测、旅客服务信息等)交互的接口，实现系统间的互联。

(2)能从其他应用系统获取需要的信息并处理，并将相关的视频信息和告警信息传送给其他应用系统。

13. 电子地图辅助功能

电子地图辅助功能可支持与GIS系统的互联，并支持以下功能：

(1)数据维护：包括视频节点、采集点位置坐标等数据的更新与维护。

(2)地图显示：地图显示，并具有缩放、漫游、地图图层控制、图例定义等功能。

(3)查询：包括空间数据的查询、路径选择等。

(4)监视和告警信息的显示：可以在地图上定位采集点，并可通过点击采集点播放实时图像。接收到告警信息后，告警的地点能自动在地图上突出显示，可以在地图上以图形化方式显示各种告警统计数据。

14. 系统同步功能

视频监控系统作为行车辅助手段，对于设备故障和事故分析起到非常重要作用，因此视频监控系统的时间同步非常关键。可通过外部接口与同步和时钟分配系统相连，视频管理单元作为NTP服务器的客户端，接收时间同步信号。同时管理单元在视频系统中又作为NTP SERVER，系统内设备通过NTP的方式接收时间同步信息。

(二)综合视频监控系统的工作原理

根据综合视频监控系统各部分功能的不同，整个综合视频监控系统的工作原理划分为7层——表现层、控制层、处理层、传输层、执行层、支撑层、采集层。当然，由于设备集成化越来越高，对于部分系统而言，某些设备可能会同时以多个层的身份存在于系统中。综合视频监控系统的工作原理如图2-25所示。

1. 采集层

采集层是整个综合视频监控系统品质好坏的关键因素，它包括镜头、摄像机、报警传感器等。

采集层为视频监控系统的最底层，被监控物体经过反射光线，传播到镜头，经镜头聚焦到CCD芯片上，CCD根据光的强弱积聚相应的电荷量，经周期性放电，产生表示一幅幅画面的电信号，经过电路将信号放大，AGC自动增益控制，由于图像处理芯片处理的是数字信号，所以经模数转换到图像数字信号处理芯片IC(DSP)。同步信号发生器主要产生同步时钟信号(由晶体振荡电路来完成)，即产生垂直和水平的扫描驱动信号，到图像处理IC。然后，经数模转换电路通过输出端子输出一个标准的复合视频信号。

2. 支撑层

支撑层是用于后端设备的支撑，不用对视频信号进行任何处理，保护和支撑采集层、执行层设备。它包括支架、防护罩等辅助设备。

为使摄像机能适应各种特殊的使用场合，必须加装多种防护设备，以扩大摄像机的使用范围。一般监控摄像机均装有防护罩，它主要是用于防止摄像机和镜头遭到人为破坏，避免它们受到周围环境的不良影响。支架是用于固定摄像机、防护罩、云台的部件，根据应用环境的不

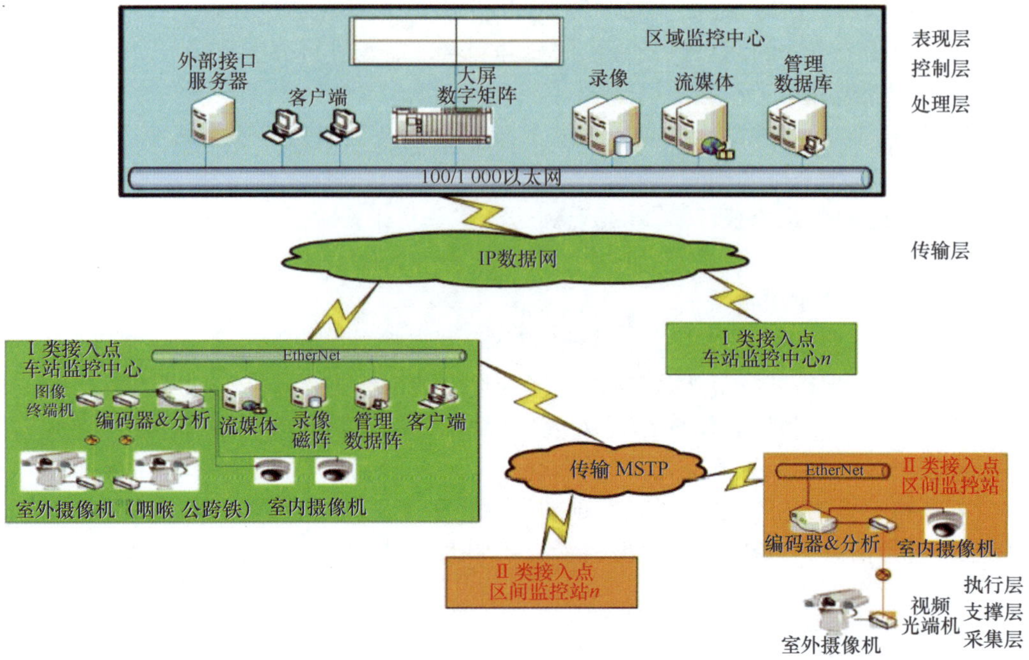

图 2-25 综合视频监控系统工作原理

同,支架的形状、尺寸大小也各异。一般利用支架将摄像机、防护罩和云台固定到墙壁、天花板、柱子和建筑物上,以实现对场景的监控。支架的形状大同小异。

在视频监控系统中,能使摄像机做水平和垂直两方向旋转的摄像机底座也称为云台,可以利用云台带动摄像机做水平转动和俯仰运动,以使其指向所需的特定目标。

3. 执行层

执行层是控制层指令的受控对象,它和支撑层、采集层不太好截然分开,如一体化快速球型摄像机,兼容了摄像机、镜头和云台。通常认为受控对象即为执行层设备,如云台、镜头等。

执行层接收控制层发来的控制信号,并按照控制指令让云台做上下左右旋转,调用预置位等操作,对镜头做聚焦、变焦等操作。

4. 传输层

传输层相当于综合视频监控系统的血脉,它提供了摄像机到视频编码器(DVS),视频编码器(DVS)到Ⅰ类视频接入节点,Ⅰ类视频接入节点到视频区域节点间端到端的连接。视频信息通过传输层送达至处理层、控制层和表现层。视频信号传输流程,如图 2-26 所示。

图 2-26 综合视频监控系统信号传输示意图

(1)摄像机到视频编码器(DVS)间传输:传输介质是视频线缆,传输模拟视频信号,常见信号电平是1V峰-峰值。

(2)视频编码器(DVS)到Ⅰ类视频接入节点间传输:传输介质是光纤,传输光信号,传输协议是TCP/IP。

(3)Ⅰ类视频接入节点到视频区域节点间传输:传输介质是光纤,传输光信号,传输协议是TCP/IP。

在视频信息短距离传输中,最常见的传输层设备是视频线、音频线;对于视频信息远程传输而言,常用的传输层介质是网线和光纤。

在视频监控系统中,主要有从前端摄像机传向控制中心的视频信号,以及从控制中心传向前端摄像机及镜头、云台等受控对象的控制信号。

5. 处理层

处理层将由传输层送过来的音视频信号加以分配、放大、分割等处理,有机地将表现层与控制层加以连接,如图2-27所示。

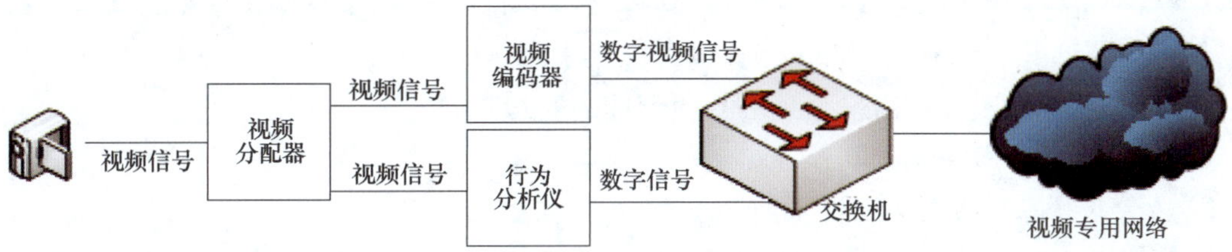

图2-27　综合视频监控系统信号处理流程

视频信号经过视频分配器分配完成后,一路送给视频编码器,一路送给行为分析仪,然后分别接入视频监控系统专用网络。

原始数字视频帧数据量大,处理(包括传输、存储等操作)的实时性要求高,这要求系统合理安排帧数据的缓存,设计高性能的视频处理算法,高效地对视频数据进行压缩,以降低对视频数据存储和传输带宽的压力。其中,由于视频数据处理运算量巨大且实时性强,通用处理器难以满足要求,所以往往选用专用DSP等微处理器。

数字视频处理的内容非常广泛,包括视频编解码、去噪、增强、运动估计、目标检测、场景分析、视频滤波等。

6. 控制层

控制层是整个综合视频监控系统的核心,通常控制方式有两种——模拟控制和数字控制。

模拟控制是早期的控制方式,其控制台通常由控制器或者模拟控制矩阵构成,通过手动操作控制器,调节摄像机实现视频前端控制,适用于小型局部视频监控系统,这种方式故障率较小,但并不适合中大型视频监控系统。

数字控制层主要包含视频管理单元、告警服务器等。数字控制是将视频管理单元作为监控系统的控制核心,前端控制操作通过连接视频管理单元将复杂的模拟控制操作变为简单的鼠标点击操作,将巨大的模拟控制器堆叠缩小为一个工控计算机,将复杂而数量庞大的控制电缆变为一根串行控制线。它将中远程监控变为事实,甚至在Internet的环境下可以实现超远程监控,突破距离限制。

7. 表现层

表现层是视频监控系统的最高层,由于整个视频监控系统的状态最终都体现在监视器的屏幕上,所以表现层是人们可直观感受到的,它可实现视频信号的解码,并将视频进行展现。监控电视墙、监控终端等都属于这一层。

主要的显示器件有CRT、AMLCD、PMLCD、LED(场致发光显示器)、FED(场发射显示器)、VFD(真空荧光显示器)、OLED和PDP等。除CRT和投影显示器外,其他显示器件都属于平板显示器件(FPD)。

三、摄像机的技术指标及安装规范

(一)摄像机的分类

1. 按拍摄的光谱范围分类

彩色摄像机:适用于景物细部辨别,如辨别衣着或景物的颜色。

黑白摄像机:适用于光线不充足地区及夜间无法安装照明设备的地区,在仅监视景物的位置或移动时,可选用黑白摄像机。对于成像要求较高的科学研究,一般也会选择黑白相机,因为黑白相机拍摄出来的图片比彩色照片更接近真实的物体(因为彩色图片都是经过滤光片处理过的图片,而黑白照片是由未处理的光线形成的照片)。

红外线摄像机:适用于夜间监控。

2. 依分辨率灵敏度等划分

影像像素在38万以下的为一般型,以25万像素(512×492)、分辨率为400线的产品最普遍。影像像素在38万以上的为高分辨率型。

3. 依据摄像机外形划分

可以分为枪机(一般用于室外)、半球摄像机、智能球型摄像机(一般用于室内)。

(二)摄像机的结构

视频摄像机作为监控系统的前端采集重要部分,从结构上分为外部和内部,内部结构核心部分包括CCD(电荷耦合器件)板芯片、镜头、红外灯板、镜头座等主要部件。

1. 摄像机外壳

护罩用于保护摄像机和镜头工作的可靠性,延长其使用寿命。除此之外,防护罩还可以尽量防止对摄像机和镜头的人为破坏。与云台设备相似,防护罩一般分为通用型防护罩和特殊用途型防护罩,又可分为室内型防护罩和室外型防护罩两种。

2. CCD板芯片

CCD又称电荷耦合器件,CCD技术已广泛应用于信号处理,数字存储以及影像传感等领域。CCD的突出特点是以电荷作为信号,CCD的基本功能是信号电荷的产生,存储,传输和检测。CCD的首要功能是实现光电转换,当光入射到CCD的光敏面时,便产生电荷,CCD在某一时刻所获得的光电荷与前期所产生的光电荷进行累加,称为电荷积分。电荷的产生方法分为光注入和电注入两类,在CCD相机中一般采用光注入方式。构成CCD的基本单元是MOS(金属—氧化物—半导体)结构。

CCD包括微型镜头、分色滤色片、感光层3部分,分别叙述如下。

(1)微型镜头

微型镜头为CCD的第1层,数码相机成像的关键是在于其感光层,为了扩展CCD的采光率，必须扩展单一像素的受光面积。但是提高采光率的办法也容易使画质下降。这一层“微型镜头”就等于在感光层前面加上一副眼镜。因此感光面积不再因为传感器的开口面积而决定，而改由微型镜片的表面积来决定。

(2)分色滤色片

分色滤色片为 CCD 的第 2 层，目前有两种分色方式，一是 RGB 原色分色法，另一个则是 CMYK 补色分色法。这两种方法各有优缺点。RGB 即三原色分色法，几乎所有人类眼睛可以识别的颜色，都可以通过红、绿和蓝来组成，而 RGB 3 个字母分别就是 Red、Green 和 Blue，RGB 分色法是通过这 3 个通道的颜色调合而成。CMYK 是由 4 个通道的颜色配合而成，分别是青(C)、洋红(M)、黄(Y)、黑(K)。在印刷业中，CMYK 更为适用，但其调节出来的颜色种类不及 RGB 多。

(3)感光层

感光层为 CCD 的第 3 层，这层主要是负责将穿过滤色层的光源转换成电子信号，并将信号传送到影像处理芯片，将影像还原。

CCD 芯片就像人的视网膜，是摄像头的核心。可以采取如下方法检测 CCD 性能：接通电源，连接视频电缆到监视器，关闭镜头光圈，看图像全黑时是否有亮点，屏幕上雪花大不大，这些是检测 CCD 芯片最简单直接的方法，而且不需要其他专用仪器。然后可以打开光圈，看一个静物，如果是彩色摄像头，最好摄取一个色彩鲜艳的物体，查看监视器上的图像是否偏色或扭曲，色彩或灰度是否平滑。

3. 红外灯

红外灯在视频摄像机光线不足时提供光源补偿，使摄像机成像清晰。

(1)红外光定义

红外光是一种电磁波，波长区间从几纳米到 1 mm 左右。人眼可见的只是其中一部分，我们称其为可见光，可见光的波长范围为 380～780 nm，可见光波长由长到短分为红、橙、黄、绿、青、蓝、紫光，波长比紫光短的称为紫外光，波长比红光长的称为红外光。

(2)红外摄像技术

红外摄像技术分为被动红外摄像技术和主动红外摄像技术。

被动红外摄像技术是利用任何物质在绝对零度以上都有红外光发射，人体和热机发出的红外光较强，其他物体发出的红外光很微弱，利用特殊的红外摄像机可以实现夜间监控。因其造价昂贵，而且不能清晰地地反映周围的环境状况，因此在夜视系统中不被采用。

主动红外摄像技术，即采用红外辐射“照明”，产生人眼看不见而普通摄像机能捕捉到的红外光，辐射“照明”景物和环境，应用普通低照度黑白摄像机、彩转黑摄像机或红外低照度彩色摄像机，感受周围环境反射回来的红外光实现夜视。

(3)红外灯的种类

红外灯按其红外光辐射机理分为半导体固体发光(红外发射二极管)红外灯和热辐射红外灯两种。其原理及特性介绍如下。

① 红外发射二极管(LED)红外灯

由红外发光二极管矩阵组成发光体。红外发射二极管由红外辐射效率高的材料(常用砷化镓 GaAs)制成 PN 结，外加正向偏压向 PN 结注入电流激发红外光。其最大的优点是可以完全无红曝，寿命长。

② 热辐射红外灯

热辐射现象是极为普通的，物体在温度较低时产生的热辐射全部是红外光，所以人眼不能直接观察到。当加热 500 ℃左右时，才会产生暗红色的可见光，随着温度的上升，光变得更亮更白。在热辐射光源中通过加热灯丝来维持它的温度，供辐射继续不断地进行。维持一定的温度从而使外部提供的能量与因辐射而减少的能量达到平衡。

(4)红外灯的参数

① 波长

在波长为 850 nm 的红外 LED 发射管的使用中，近距离观察，红外灯会发出暗红色的光。但是因为 850 nm 跟可见光波长很近，850 nm 投射灯常会产生少量可见光成分，看到的是红色的，会有轻微的红爆现象。

在波长为 940 nm 的红外 LED 发射管的使用中，红外灯表面没有任何光亮，因此更隐蔽，可以做到完全无红爆。

同一款摄像机，在 850 nm 波长的感应度比在 940 nm 波长的感应度好到 10 倍。所以波长 850 nm 的红外灯拥有更高的效率，是红外灯的首选。

② 光束角度

大多数为 8°～90°不等。

③ 照射距离

大多数为 30～150 m 不等。

④ 使用寿命

阵列式红外灯及单颗大功率红外灯(LEDArray)寿命长为 50 000 h(有效寿命为 10 000 h)，比普通 LED 寿命(有效寿命为 1 200 h)高出 9 倍。

4. 镜头

镜头是视频监控系统中必不可少的部件，镜头与 CCD 摄像机配合，可以将远距离目标成像在摄像机的 CCD 靶面上。

由于镜头选择得合适与否，直接关系到摄像质量的优劣，因此，在实际应用中必须合理选择镜头。以下简单介绍几种常用视频摄像头。

(1)固定光圈定焦镜头

固定光圈定焦镜头是相对简单的一种镜头，该镜头上只有一个可手动调整的对焦调整环(环上标有若干距离参考值)，左右旋转该环可使成在 CCD 靶面上的像最为清晰，此时在监视器屏幕上得到图像也最为清晰。

由于是固定光圈镜头，因此在镜头上没有光圈调整环，也就是说该镜头的光圈是不可调整的，因而进入镜头的光通量是不能通过简单地改变镜头因素而改变，而只能通过改变被摄现场的光照度来调整，如增减被摄现场的照明灯光等。

(2)手动光圈定焦镜头

手动光圈定焦镜头比固定光圈定焦镜头增加了光圈调整环，其光圈调整范围一般可从 F1.2 或 F1.4 到全关闭，能很方便地适应被摄现场的光照度，然而由于光圈的调整是通过手动人为地进行的，一旦摄像机安装完毕，位置固定下来，再频繁地调整光圈就不那么容易了。因此，这种镜头一般也是应用于光照度比较均匀的场合。

(3)自动光圈定焦镜头

自动光圈定焦镜头在结构上有了比较大的改变，它相当于在手动光圈定焦镜头的光圈调整环上增加一个由齿轮啮合传动的微型电动机，并从其驱动电路上引出3芯或4芯线传送给自动光圈镜头，使镜头内的微型电动机相应做正向或反向转动，从而调节光圈的大小。自动光圈镜头又分为含放大器（视频驱动型）与不含放大器（直流驱动型）两种规格。

（4）手动变焦镜头

手动变焦镜头的焦距是可变的，它有一个焦距调整环，可以在一定范围内调整镜头的焦距，其变比一般为2～3倍，焦距一般在3.6～8 mm。在实际工程应用中，通过手动调节镜头的变焦环，可以方便地选择监视现场的视场角，如：可选择对整个房间的监视或是选择对房间内某个局部区域的监视。当对于监视现场的环境情况不十分了解时，采用这种镜头显然是非常重要的了。

（5）自动光圈电动变焦镜头

此种镜头与前述的自动光圈定焦镜头相比增加了两个微型电动机，其中一个电动机与镜头的变焦环啮合，当其受控而转动时可改变镜头的焦距（Zoom）；另一个电动机与镜头的对焦环啮合，当其受控而转动时可完成镜头的对焦（Focus）。由于该镜头增加了两个可遥控调整的功能，因而此种镜头也称作电动两可变镜头。

自动光圈电动变焦镜头一般引出两组多芯线，其中一组为自动光圈控制线，其原理和接法与前述的自动光圈定焦镜头的控制线完全相同；另一组为控制镜头变焦及对焦的控制线，一般与云台镜头控制器及解码器相连。当操作远程控制室内云台镜头控制器及解码器的变焦或对焦按钮时，将会在此变焦或对焦的控制线上施加一个或正或负的直流电压，该电压加在相应的微型电动机上，使镜头完成变焦及对焦调整功能。

（三）摄像机技术指标

摄像机的主要性能指标有：CCD（电荷耦合器件）尺寸、图像分辨率、灵敏度和信噪比等。以下简要介绍各技术指标。

1. CCD尺寸

指CCD图像传感器感光面的对角线尺寸，视频监控摄像机的CCD尺寸以1/3英寸、1/4英寸为主流。对于一定尺寸的CCD芯片，像素数越多则意味着每一像素单元的面积越小，因而由该芯片构成的摄像机的分辨率也越高。一般来说，大的CCD芯片，其相应的像素面积也越大，接收所摄光的面积增大，其像素输出电荷增多，灵敏度增大，在弱光条件下具有较好的拍摄能力，容易使摄像机整体质量提高，图像细部会明显更细腻自然。

2. 图像分辨率（TVL）

指当摄像摄取等间隔排列的水平黑白相间条纹时，在监视器（应比摄像机的分辨率高）上能够看到的最多线对数。摄像机的分辨率可以用电视机TVL为单位，也可以用像素（PIX）为单位，水平线对数和像素可相互转换，如500 H×582 V的500 TVL就相当于30万像素（500×582＝291 000，约为300 000）。通常规律是频道宽度增加1 MHz，相当于清晰度增加80TVL。所以视频通道的频道越宽，图像就约清晰，TVL的数值就越大。一般黑白摄像机的图像清晰度比彩色摄像机的图像清晰度的TVL值更高，常用黑白摄像机的分辨率一般为420～650 TVL，彩色摄像机为380～530 TVL。

图像分辨率包括调用分辨率以及存储分辨率。应采用支持多码流技术，实现分辨率的灵活调整。图像分辨率应统筹结合业务需求以及视频网络承载能力确定。重点目标、重点防范区域视频监控图像的实时调用分辨率、存储分辨率采用应不低于D1（或4CIF）格式。

普通场所、普通区域视频监控图像的实时调用分辨率、存储分辨率满足业务需求的条件下宜采用 CIF 格式。(4CIF:704×576、CIF:352×288)

3. 最低照度

又称为灵敏度,指当被摄物的光亮度低到一定程度而使摄像机输出的视频信号电平低到某一规定值时的景物光亮度值。此值指摄像机输出的视频信号幅值为最大幅值的 50%,即达到 350 mV(标准视频信号的最大幅值为 700 mV)。通常可在暗房内,用摄像机对着被测物,慢慢调整灯光,直到显示器上图像达到最低的容忍值,此时测量得到的光照度就可定义为最低照度。按其灵敏度来分,摄像机可分为普通摄像机、低照度摄像机和微光摄像机等。摄像机要求的最低照度 lx 的数值越小,摄像机的灵敏度就越高。一般彩色摄像机要求的最低照度比黑白摄像机要高。

4. 信噪比

指信号对于噪声的电压比值的对数乘以 20。一般摄像机给出的信噪比值均是在 AGC 关闭时的值。比值越大,图像上呈现的噪声干扰越小,图像质量越高。CCD 摄像机的信噪比的典型值一般为 45～55 dB,常见标为">48 dB"。

5. 电子快门

电子快门是用于控制摄像机 CCD 的感光后靶面电荷累积时间。当景物的亮度过高时,CCD 感光面接受的光强过大,积累电荷过多,会出现图像过饱和(过白)现象。摄像机可采用 CCD 溢出控制技术和帧累积技术解决环境亮度过高或光线不足的问题。CCD 摄像机高速电子快门功能可以拍摄调整运动物体时造成的"运动模糊"现象。"运动模糊"现象指摄像机拍摄快速运动的物体时会出现"拖影",这是由于相对于高速运动的物体来说,CCD 的感光时间太长,而在这段时间内物体已经产生了位移,运动物体在 CCD 靶面的不同位置都成了像。通过缩短入射光在 CCD 靶面的时间,如同加了快门,这就是电子快门的实质。大多数的 CCD 摄像机的自动电子快门功能具有自动光圈的效果。

6. 白平衡

白平衡是实现摄像机图像精确反映景物颜色均衡的参数,指拍摄白色景物时摄像机输出的红、绿、蓝三基色信号电压 $U_R=U_G=U_B$ 的现象,有手动白平衡和自动白平衡两种方式。通过改变图像的红色或蓝色电平来进行调节,共有多达 107 个等级可供选择。自动白平衡将随着景物色温的改变连续地调整,范围为 2 800～6 000 K。自动白平衡适宜于景物色温在拍摄期间不断改变的场合,能使色彩变现自然。

7. 背景光补偿

当监控对象中包含一个很亮的背景区域和一个很暗的前景区域时,背景光补偿功能就可改善前景目标的显示成像。

(四)安装要求

摄像机的使用,通常只要正确安装镜头及视频电缆,接通电源即可工作。但在实际使用中,如果不能正确调整摄像机及镜头的状态,就不能达到预期的使用效果。因此这里介绍一下摄像机的正确使用与镜头的安装调整方法。

1. 安装镜头

摄像机必须配接镜头才能使用,但镜头合适与否,应根据应用现场的实际情况来选配。如有定焦镜头或变焦镜头、手动光圈镜头或自动光圈镜头、标准镜头或广角镜头或长焦镜头及一些特殊镜头等。此外,还应注意镜头与摄像机的尺寸搭配、它们之间的接口是 C 型还是 CS 型及要不要加 5 mm 的接圈等。实际安装镜头时，首先要去掉摄像机及镜头的保护盖，然后将镜头轻轻旋入摄像机的镜头接口并使之到位。若是自动光圈镜头，还应将镜头的控制线连到摄像机的 AI 插口。

2. 电源与信号线连接

镜头连接好后，就可以连接电源线及视频信号线。对 12 V 供电的摄像机来说，应通过 AC 220 V 转 DC 12 V 的电源适配器，将 12 V 输出插头插入摄像机的电源插座。摄像机的电源插座大多是内嵌式的针型插座，将 12 V 小电源输出小套筒插头插入即可。需指出的是，必须注意电源线的极性，以防烧坏摄像机。摄像机输出的视频信号均由其后面板上的 BNC 插座引出，用具有 BNC 插头的 75 Ω 的同轴电缆，一端接入摄像机的视频输出插座，另一端接到监视器的视频输入插座上。最后接通电源并打开监视器即可看到摄像机摄取的图像。

3. 镜头光圈与对焦的调整

在安装好镜头、连接好电源与信号线后，往往得不到理想而清晰的图像，需要调整镜头的光圈与对焦。为此，首先关闭摄像机上电子快门及逆光补偿等开关，将摄像机对准欲监控的场景，在调整好镜头的光圈与对焦环，使监视器上的图像最佳。如果是在光照度变化比较大的场合使用摄像机，最好配接自动光圈镜头并使摄像机的电子快门开关置于 OFF。如果使用了手动光圈则应将摄像机的电子快门开关置于 ON，并在应用现场最为明亮(环境光照度最大)时，将镜头光圈尽可能开大并使图像为最佳(不能使图像过于发白而过载)，这时镜头才算调整完毕。这样，当现场照度降低时，电子快门将自动调整为慢速，再配合较大的光圈，可使图像达到满意的程度。

4. 镜头后焦距的调整

后焦距也称背焦距，它指的是安装上标准镜头(标准 C/CS 接口镜头)时，能使被摄景物的成像恰好在 CCD 图像传感器的感光面上。一般摄像机在出厂时，对后焦距都做了适当的调整，因此在配接定焦镜头的应用场合，通常都不需要调整摄像机的后焦距。

但在有些应用场合，可能出现当镜头对焦环调整到极限位置时，不能使图像清晰。在这种情况下，首先须确认镜头的接口是否正确，如果确认无误，就需要对摄像机的后焦距进行调整。

5. 安装地点环境要求

环境要求：不要在高温高湿的极端环境下使用摄像机。不要将摄像机放在暖气、炉子等热源或其他发热的设备附近。在温度为－10～＋50 ℃(推荐工作环境温度：不高于＋35 ℃)，湿度小于 90%的条件下使用摄像机不要将摄像机安装在空调机的出气口附近。

避免在食品间和其他可能存在大量蒸汽和油污的空间使用摄像机。

(五)摄像机命名规则

1. 车站咽喉、线路、公跨铁及救援疏散通道视频摄像头命名

命名应包含线路名称、公里标、监视目标或摄像机的安装位置、监视方向、摄像机类型和序号 5 部分信息。

其中线路名称为该运营线路的简称，公里标为运营公里标，监视目标或摄像机的安装位置是指桥、隧、公跨铁、深路堑等监控对象的名称或摄像机的安装位置，当没有特定名称时用安装位置标识，安装位置包括××铁塔、单杆、××号接触网杆等，采用相关专业通用名称。监视方向是指摄像机的固定监视方向或正常预置位监视方向，用线路起始站和终到站的简称标识加“向”字标识，车站咽喉区摄像机命名，除尽头站外均使用进站方向进行标

识。摄像机类型包括定焦枪机、变焦枪机、半球、球机、热成像夜视、红外夜视、激光夜视等。当仅有一个摄像机时,序号缺省。车站咽喉、线路、公跨铁及救援疏散通道视频摄像头命名如图 2-28 所示。

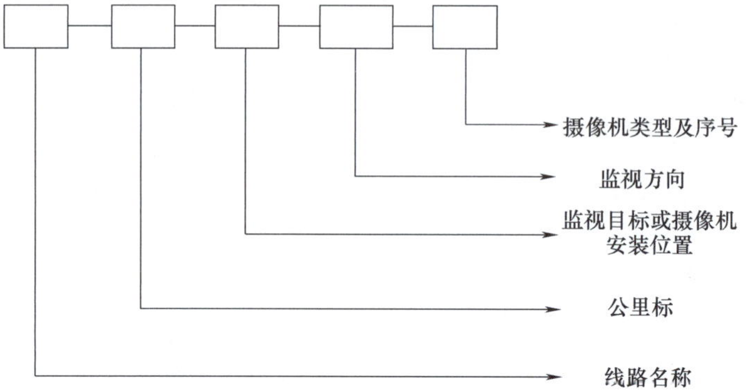

图 2-28 车站咽喉、线路视频、公跨铁及救援疏散通道视频摄像机命名示意图

2. 通信、信号、供电/电力设施摄像机

命名规则同上,其中线路名称和公里标可缺省。

3. 车站视频摄像机

车站视频资源命名可缺省线路名称及公里标。命名应包含车站名称、监视目标或摄像机的安装位置、监视方向、摄像机类型和序号 4 部分内容。监视目标或摄像机的安装位置是指站前广场、检票口、进出站口、候车大厅、售票厅等监控对象的名称或摄像机的安装位置;监视方向是摄像机的固定监视方向或正常预置位监视方向,可用线路起始站和终到站的简称名称标识加"向"字标识,也可用地理方位加"向"字标识;摄像机类型包括定焦枪机、变焦枪机、半球、球机等,当仅由一个摄像机时,序号缺省。当字符总长度过长时,摄像机类型及序号可缺省。车站视频摄像机命名如图 2-29 所示。

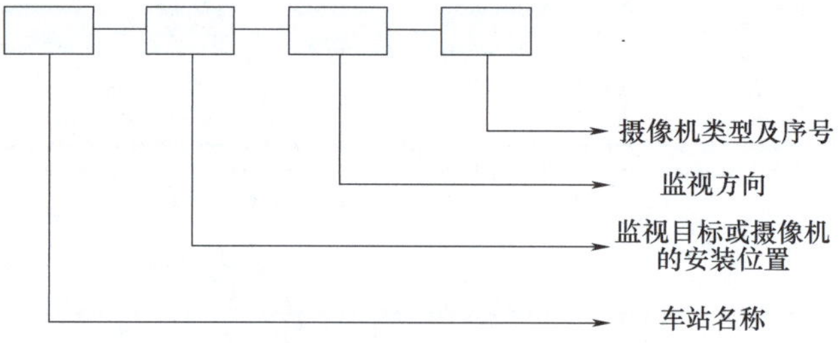

图 2-29 车站视频摄像机命名示意图

四、控制箱的组成、功能、设备接口、连接方式

控制箱作为室外设备,主要作用是对箱内的设备进行防护,控制箱内设备主要包括视频光端机、电源设备、防雷设备等。以下介绍各主要设备的功能、设备接口和连接方式。

(一)防雷设备功能、接口和连接方式

视频监控系统专用三合一防雷器是监控系统摄像机专用防雷器,为一体化多功能防雷器。三合一防雷器可以分别对监控云台摄像机/网络摄像机的电源、视频/音频、云台控制线路实施浪涌保护，使其免受感应过电压、操作过电压和静电放电等的损坏。其接口和连接方式如图2-30所示。

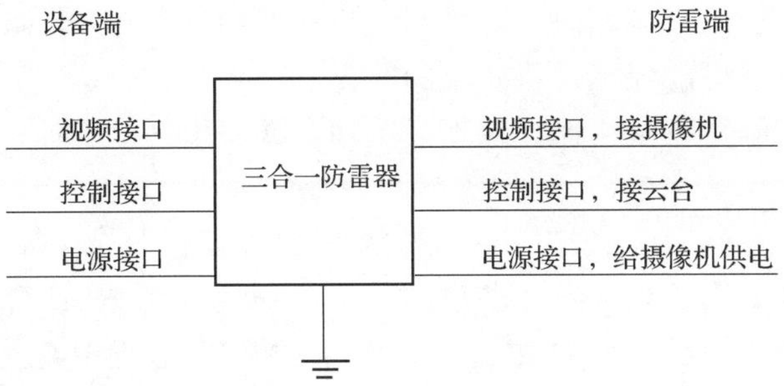

图2-30　控制箱内防雷器

（二）供电设备功能、接口和连接方式

供电设备给摄像机、红外灯等供电，给空开输出并接一个防雷器，保护电源部分免受雷击。其电源接口和连接方式如图2-31所示。

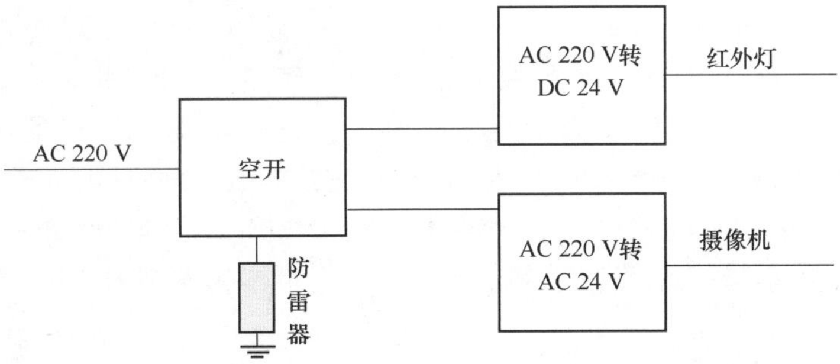

图2-31　控制箱内供电设备

（三）视频信号转接功能、接口和连接方式

摄像机引出线缆接入控制箱内的光端机，分为视频流信号和控制信号，经过光端机将电信号转为光信号传送至接收端，后经过DVS把模拟信号转换为数字信号，接入视频系统网络。视频信号流程如图2-32所示。

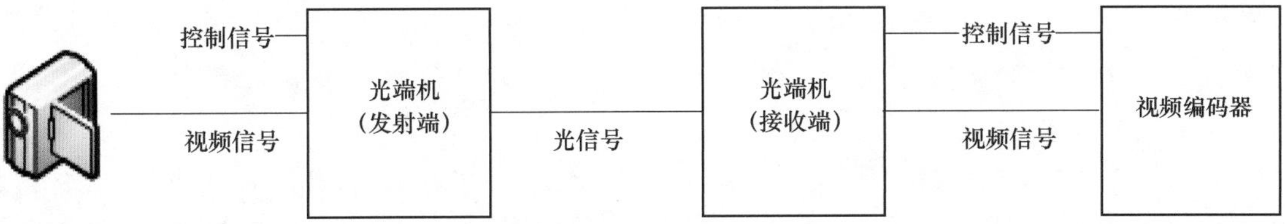

图2-32　前端视频信号流程

五、编/解码器的功能、设备接口、连接方式

(一)视频压缩编码的基本概念

铁路综合视频监控系统的视频编码标准采用主流的 MPEG-4 或 H. 264 视频编解码标准。

视频压缩的目标是在尽可能保证视觉效果的前提下减少视频数据率。视频压缩比一般指压缩后的数据量与压缩前的数据量之比。在视频压缩中常需用到以下的一些基本概念。

1. 有损和无损压缩

在视频压缩中有损(Lossy)和无损(Lossless)的概念与静态图像中基本类似。无损压缩也即压缩前和解压缩后的数据完全一致。多数的无损压缩都采用 RLE 行程编码算法。有损压缩意味着解压缩后的数据与压缩前的数据不一致。在压缩的过程中要丢失一些人眼和人耳所不敏感的图像或音频信息,而且丢失的信息不可恢复。丢失的数据率与压缩比有关,压缩比越小,丢失的数据越多,解压缩后的效果一般越差。

2. 帧内和帧间压缩

帧内(Intraframe)压缩也称为空间压缩(Spatial compression)。当压缩一帧图像时,仅考虑本帧的数据而不考虑相邻帧之间的冗余信息,这实际上与静态图像压缩类似。帧内一般采用有损压缩算法,由于帧内压缩时各个帧之间没有相互关系,所以压缩后的视频数据仍可以以帧为单位进行编辑。

采用帧间(Interframe)压缩是基于许多视频或动画的连续前后两帧具有很大的相关性,或者说前后两帧信息变化很小的特点。也即连续的视频其相邻帧之间具有冗余信息,根据这一特性,压缩相邻帧之间的冗余量就可以进一步提高压缩量,减小压缩比。帧间压缩也称为时间压缩(Temporal compression),它通过比较时间轴上不同帧之间的数据进行压缩。帧间压缩一般是无损的。帧差值(Frame differencing)算法是一种典型的时间压缩法,它通过比较本帧与相邻帧之间的差异,仅记录本帧与其相邻帧的差值,这样可以减少数据量。

3. 对称和不对称编码

对称性(symmetric)是压缩编码的一个关键特征。对称意味着压缩和解压缩占用相同的计算处理能力和时间,对称算法适合于实时压缩和传送视频,如视频会议应用就以采用对称的压缩编码算法为好。而在电子出版和其他多媒体应用中,一般是把视频预先压缩处理好,而后再播放,因此可以采用不对称(asymmetric)编码。不对称或非对称意味着压缩时需要花费大量的处理能力和时间,而解压缩时则能较好地实时回放,也即以不同的速度进行压缩和解压缩。一般地说,压缩一段视频的时间比回放(解压缩)该视频的时间要多得多。

(二)编/解码器的概念

1. 编码器的概念

视频编码器(DVS,Digital Video Server),又叫数字视频编码器,是一种压缩、处理音视频数据的专业网络传输设备,由音视频压缩编解码器芯片、输入输出通道、网络接口、音视频接口、RS-485 串行接口控制、协议接口控制、系统软件管理等构成,主要是提供视频压缩或解压功能,完成图像数据的采集或复原等,目前比较流行的是基于 MPEG-4 或 H. 264 的图像数据压缩编码器。

2. 解码器的概念

视频解码器是把数字音视频信号变为模拟音视频信号的设备,接收 IP 网络中的音视频数据流,将数字信号转换为模拟信号,输出到电视墙、多媒体大屏幕和功放等模拟音视频设备,通常部署在用户的监控中心。

(三)编/解码器的功能

1. 编码器的功能

编码器是整个视频监控系统中一个重要的设备,担负着将模拟图像型号进行采集并将之数字化的工作。采集到的视频信号必须经过编码器压缩成适当大小的文件,然后存储到磁盘阵列中或者通过网络传输,到达监控客户端,供用户浏览,达到用户远程监控的目的。

视频编码器用于实现前端信号(视频、音频及其他信号)的数字化编码压缩并封装为 IP 数据包,通过 IP 网络传送到指定的目的地址。具体功能包括模拟摄像机的模拟视音频信息和报警信息的接入、编码/压缩、传输以及外围设备(如摄像机、云镜、矩阵等)的控制。上述信息经视频编码器处理后通过 IP 网络上传至中心管理平台,再由中心管理平台分发至客户端、视频解码器以及录像存储设备。

2. 解码器的功能

解码器,对应编码器,将该格式的数字音、视频信号解码还原为模拟音、视频信号,直接将数字音视频数据从网络接收解码后直接输出到电视墙,操作方便、简单。视频解码器主要完成响应控制指令、视频调用、视频解码等功能。

(四)设备接口、连接方式

视频编码器设备主要包含以下几种主要接口,如图 2-33 所示。

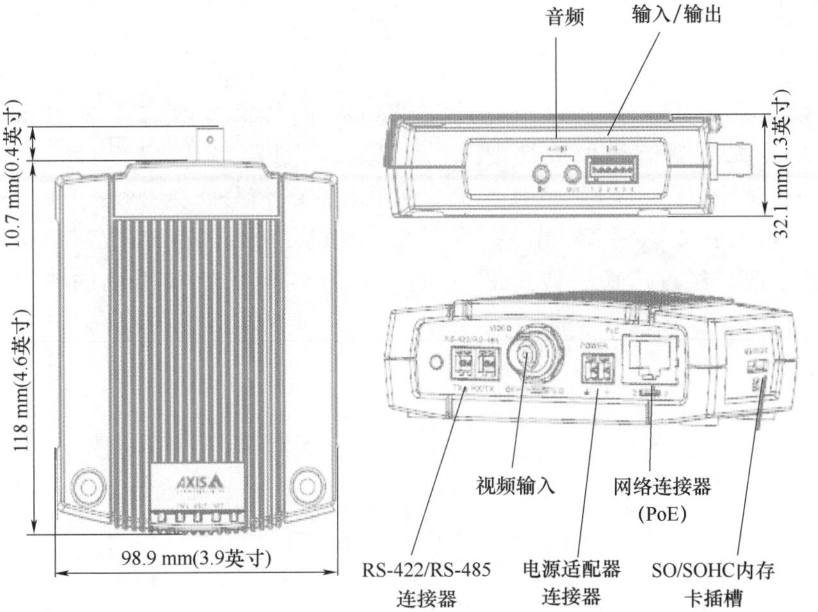

图 2-33 编/解码器接口示意图

1. 网络连接器

视频编码器的网络接口可以方便地实现 IP 组网,实现数据传输。视频编码器主要采用 TCP/IP 等协议实现音视频数据、控制数据和状态检测信息等数据的网络传送。

2. 视频输入接口

视频编码器带有标准模拟视频输入接口,方便监视各通道的视频信号。视频 BNC 接头(俗称 Q9 头)是监控工程中用于视频信号输入时导线和视频编码器的连接头。采用非平衡方式进行传输,阻抗为 75 Ω。

3. 音频输入接口

视频编码器带有标准音频输入接口,RCA 头就是常说的莲花头,用于连接声音采集设备与视频编码器。每一根 RCA 线缆负责传输一个声道的音频信号,所以立体声信号,需要使用一对线缆。采用非平衡方式进行传输。

4. RS-422/RS-485 串行接口

视频编码器带有 RS-422/RS-485 串行通信接口,可通过通信线外接如云台、快球等各种外设。RS-422 标准全称是“平衡电压数字接口电路的电气特性”,它定义了接口电路的特性。包括信号地线,共 5 根线。RS-485 采用平衡发送和差分接收,因此具有抑制共模干扰的能力。加上总线收发器具有高灵敏度,能检测低至 200 mV 的电压,故传输信号能在千米以外得到恢复。

六、视频光端机的性能、设备接口、连接方式

视频光端机就是把一到多路的模拟视频信号通过各种编码转换成光信号通过光纤介质来传输的设备。由于视频信号转换成光信号有模拟转换和数字转换两种技术,所以视频光端机又分为模拟光端机和数字光端机。光端机原理就是把模拟信号调制成光信号,然后通过光纤进行远距视频传输。

(一)光端机种类

1. 模拟光端机

模拟光端机采用了脉冲频率(PFM)调制技术实时传输图像信号,是目前使用较多的一种。发射端将模拟视频信号先进行 PFM 调制后,再进行电—光转换,光信号传到接收端后,进行光—电转换,然后进行 PFM 解调,恢复出视频信号。由于采用了 PFM 调制技术,其传输距离很容易就能达到 30 km 左右,有些产品的传输距离可以达到 80 km,甚至上百公里。并且,图像信号经过传输后失真很小,具有很高的信噪比和很小的非线性失真。通过使用波分复用技术,还可以在一根光纤上实现图像和数据信号的双向传输,满足监控工程的实际需求。

2. 数字光端机

由于数字技术与传统的模拟技术相比在很多方面都具有明显的优势,所以正如数字技术在许多领域取代了模拟技术一样,光端机的数字化也是一种必然趋势。目前,数字图像光端机主要有两种技术方式:一种是 MPEG Ⅱ 图像压缩数字光端机,另一种是非压缩数字图像光端机。

图像压缩数字光端机一般采用 MPEG Ⅱ 图像压缩技术,它能将活动图像压缩成 $N\times2$ Mbit/s的数据流通过标准电信通信接口传输或者直接通过光纤传输。由于采用了图像压缩技术,它能大大降低信号传输带宽。其致命的弱点就是不能保证图像传输的实时性。因

为图像压缩与解压缩需要一定的时间，所以一般会对所传输的图像产生 1～2 s 的延时。因此，这种设备只适合于用在对实时性要求不高的场所，另外，经过压缩后图像会产生一定的失真，并且这种光端机的价格也偏高。

非压缩数字图像光端机的原理就是将模拟视频信号进行 A/D 变换后和语音、音频、数据等信号进行复接，再通过光纤传输。它用高的数据速率来保证视频信号的传输质量和实时性，由于光纤的带宽非常大，所以这种高数据速率也并没有对传输通道提出过高要求。非压缩数字图像光端机能提供很好的图像传输质量(信噪比大于 60 dB，微分相位失真小于 2°，微分增益失真小于 2%)，达到了广播级的传输质量，并且图像传输是全实时的。

(二)光端机的典型物理接口

1. BNC 接口：BNC 接口是指同轴电缆接口，BNC 接口用于 75 Ω 同轴电缆连接用，提供收(RX)、发(TX)两个通道，它用于非平衡信号的连接。

2. 光纤接口：是用来连接光纤线缆的物理接口。通常有 SC、ST、FC 等几种类型，它们由日本 NTT 公司开发。FC 是 Ferrule Connector 的缩写，其外部加强方式是采用金属套，紧固方式为螺丝扣。ST 接口通常用于 10Base-F，SC 接口通常用于 100Base-FX。

3. RJ-45 接口：是以太网最为常用的接口，RJ-45 是一个常用名称，指的是由 IEC(60)603-7 标准化，使用由国际性的接插件标准定义的 8 个位置(8 针)的模块化插孔或者插头。

4. RS-232-C 接口：又称 EIA RS-232-C，是目前最常用的一种串行通信接口。它是在 1970 年由美国电子工业协会(EIA)联合贝尔系统、调制解调器厂家及计算机终端生产厂家共同制定的用于串行通信的标准。它的全名是“数据终端设备(DTE)和数据通信设备(DCE)之间串行二进制数据交换接口技术标准”。该标准规定采用 1 个 25 个脚的 DB25 连接器，对连接器的每个引脚的信号内容加以规定，还对各种信号的电平加以规定。

(三)其他附件

1. 光跳线

光跳线主要起到连接作用，它将光端机和光纤连接起来。从光跳线两端的连接器上，光跳线分为 FC 跳线、ST 跳线、SC 跳线；从光跳线的长度，可分为 3 m 跳线、5 m 跳线、10 m跳线等。

2. 终端盒

终端盒又称熔接盒，主要是保护光跳线和光纤之间的熔接处，通过光纤熔接机将光纤与跳线熔接进终端盒内。通常情况下，在前端每个光发射机处分别需要一个终端盒，在中心控制室只需要一个终端盒。终端盒从容积上，可以分为 8 口、12 口和 24 口。

3. 法兰盘

法兰盘也是一种连接器，通常光端机上有一个光纤接口，这就是法兰盘，也就是连接光跳线和光端机的一个连接器。从规格上，可以分为 FC、ST、SC 3 种。

(四)设备连接

需要接入光端机的有光纤、485 控制线和视频 NBC 头。光端机—发射端的 485 控制线和视频 BNC 头是由摄像机引出后经三合一防雷再接入；光端机—接收端的 485 控制线和视频线是直接接入到编码器相应的控制和视频的端子。

思考题

1. 画出铁路综合视频监控系统逻辑结构图,并说明各部分功能。
2. 铁路综合视频监控系统常用的传输方式有哪些?
3. "图像分辨率"和"H.264"是什么?
4. 简述编解码器主要接口及连接方式。

第四节 会议电视系统

会议电视实现了语音、图像、数据等信息综合在一起的远距离传输,使人们在进行异地交流时利用会议电视既可以听到对方的声音,又可以看到对方的活动图像和胶片,极大地增强了异地交流的亲切感和临场感。会议电视大大增强了沟通的效果,在节约宝贵的时间、精力和金钱的同时,又提高了管理和决策效率,充分发挥出会议电视真实、高效、实时的优点,为人们提供了一种简便而有效的协同工作手段。

一、会议电视系统的组成及功能

(一)会议电视的基本概念

会议电视(也称视频会议)的主要特征是能实时传送与会者的形象、声音以及会议资料图表和相关实物的影像等,使身居不同地点的与会者可以互相闻声见影,如同坐在同一间会议室中开会一样。利用摄像机、话筒和通信信道将一个地方会场的开会人图像、意见或报告内容传送到其他地点会场;并能出示实物、图纸文件的图像和实拍电视图像以增加临场感。会议电视系统的基本结构如图 2-34 所示。

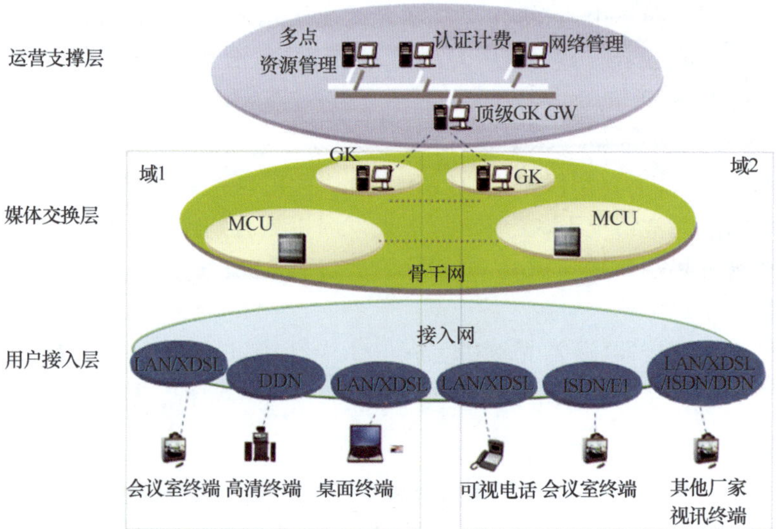

图 2-34 会议电视系统的基本结构

(二)会议电视系统的主要应用领域

1. 远程会议:各级政府机关可利用会议电视系统召开各种行政会议。

2. 管理与监督应用：企业主管可利用电视会议来管理和控制分散各地的分公司，同时电视会议可以使资料和见解的交流更充分。

3. 专网调度管理：铁路、航空和电力管理部门可建成三级自动网，进行监督、管理。

4. 远程教育与培训：企业可利用电视会议对各地分公司员工同时进行培训，而学校则可对不同校区或相关机构演讲或上课。

（三）会议电视系统的国际标准

为了规范多媒体通信产业的发展，国际电联（ITU-T）为会议电视系统制订了一系列的标准框架，如 H. 320、H. 323、H. 324 等，这些标准框架通过各自的子协议和子标准对会议电视系统的性能指标、视音频压缩算法、信息结构、控制命令、信令规程和组建电视会议网的原则等各方面都作了完整的规定，其适用网络和主要的协议构成见表 2-5。

表 2-5 协议列表

框架协议	H. 320	H. 323	H. 324
适用网络	B-ISDN	LAN/INTERNET(无 QOS)	PSTN
传输速率	<2 Mbit/s	<10/100 Mbit/s	<33. 6 kbit/s
视频标准	H. 261	H. 261，H. 263	H. 261，H. 263
音频标准	G. 711，G. 722，G. 728	G. 711，G. 722，G. 723. 1，G. 728，G. 729	G. 723. 1
复用协议	H. 221，H. 230	H. 225，H. 230，TCP/IP	H. 223
控制信令	H. 242	H. 245	H. 245

其中 H. 320 和 H. 323 两种标准在实践中更是获得了最广泛的应用和发展，成为目前业界最主流的两种标准和技术。下面将主要介绍 H. 320 和 H. 323。

1. H. 320 标准

H. 320 协议主要针对窄带 ISDN 网，由于窄带 ISDN 网是一种基于电路交换的网络，因而 H. 320 标准的会议电视被广泛用于 SDH、PDH、DDN、ISDN 等电路交换网络。电路交换的特点是面向连接、传输速率和时延稳定、时延小、误码率低、安全性高，因此会议电视的通信质量、稳定性和安全性都能够得到充分的保证，其缺点是需要固定的线路连接，且资费也较高。

2. H. 323 标准

H. 323 是一套在分组网上提供实时音频、视频和数据通信的标准，是 ITU-T 制订的在各种网络上提供多媒体通信的系列协议 H. 32x 的一部分。H. 323 协议被普遍认为是目前在分组网上支持语音、图像和数据业务最成熟的协议。采用 H. 323 协议，各个不同厂商的多媒体产品和应用可以进行互相操作，用户不必考虑兼容性问题。

二、会议电视系统设备工作原理

会议电视系统主要由终端设备、传输信道（通信网）、多点控制单元（MCU，Multipoint Control Unit）3 部分组成，在实际应用时通常还有网络管理系统部分。

其中会议终端和多点控制单元是会议电视设备，传输信道主要是借助于现存通信网。会议电视系统在通信网上运行，设备性能必须服从网络的各项要求。会议电视系统也可以包括网管部分，以实现对会议网、会议和会议终端的控制。实际应用中，可以通过在 MCU 的控制台上的操作来实现网管功能,即以本地控制代替网管控制。

(一)会议终端

会议电视终端设备将视频、音频、数据、信令等各种数字信号分别进行处理后组合成一路复合的数字码流,再将它转变为用户—网络接口兼容的,符合传输网络所规定的信道帧结构的信号格式送上信道进行传输。会议电视系统的终端设备,通过视频处理、音频处理和复用、解复用等功能,把会议室信息变为可传输数据码流送上传输,同时把来自 MCU 的其他终端的会场信息分离为不同信号,分别处理,通过电视机、扩音器等辅助设备转换为视频、音频和可采集数据,通过音像等设备输出。

(二)多点控制单元(MCU)

MCU 的作用就像 PSTN 中的交换机,但相比于交换机来说,MCU 处理的是图像等宽带业务,而且对业务的处理也不仅仅是交换,而是对不同的信息源作不同的处理。大多数的通信网络的通信方式是点对点或广播式通信,会议电视系统则要实现多点之间的双向通信,MCU 的作用就是对输入的多路会议的电视信号进行多点控制,对不同的信号做不同的处理。会议电视信号中包含图像、语音、数据和控制信号,MCU 要对前 3 类信号做不同的处理。具体来说,MCU 对语音信号的处理主要采用多路混合的方式,对于视频信号采用交换方式,对于数据信号采用广播方式。此外,MCU 还要对通信控制信号,网络接口信号等进行相应处理。

MCU 是会议电视系统的核心部分,为用户提供群组会议、多组会议的连接服务。目前主流厂商的 MCU 一般可以提供单机多达 32 个用户的接入服务,并且可以进行级联,可以基本满足用户的使用要求。

(三)传输通道

会议电视系统中的传输通道主要完成 MCU 与会议终端之间数据的透明传递,视频、音频、数据和控制信号通过传输通道到达另一端,不需要做任何处理。会议的图像质量与会议速率有很大关系。

1. 会议速率 8.192 Mbit/s:分辨率为 1 920×1 080 的隔行扫描图像格式,人物运动时图像清晰,色彩鲜明,在较差会议室环境照度下马赛克效应(方块效应)不可察觉。

2. 会议速率 2.048 Mbit/s:分辨率为 352×288、30 帧/s,人物运动时图像清晰,色彩鲜明,在一般会议室环境照度下马赛克效应(方块效应)不可察觉。

3. 会议速率 384 kbit/s:分辨率为 352×288,信噪比≥48 dB(不加权)。人物运动时图像清晰度比 2 Mbit/s 时略有下降,彩色鲜明,在一般会议室环境照度下马赛克效应(方块效应)不可察觉。

4. 会议速率 128 kbit/s:在 27 英寸屏幕上,彩色鲜明。人物在运动的时候面部和衣服清晰度下降,马赛克效应刚可察觉。

一般来说,在良好的灯光照度下,看到连续的会议图像的最低速率要求是 384 kbit/s。

三、网守(GK)的功能、设备接口

(一)网守(GK)的功能

GK(Gatekeeper)是 H.323 电视会议系统中的一个重要组件,位于媒体交换层,为 H.323 电视会议系统提供节点管理、接入控制、地址翻译、呼叫控制等服务,管理 H.323 端点设备(MCU、Gateway 和 Terminal 等)。

为了保证系统的可靠性，每个区域应至少配置两个网守，这两个网守可以配置为一个为主，一个为从，也可以配置为两个平等的网守，对区域内的网关进行负荷分担，同时互为备用。在正常情况下网关只向主网守登记，但主备网守中都保存有该网关的数据，当网关向主网守登记失败后，向备用网守登记。如图 2-35 所示。

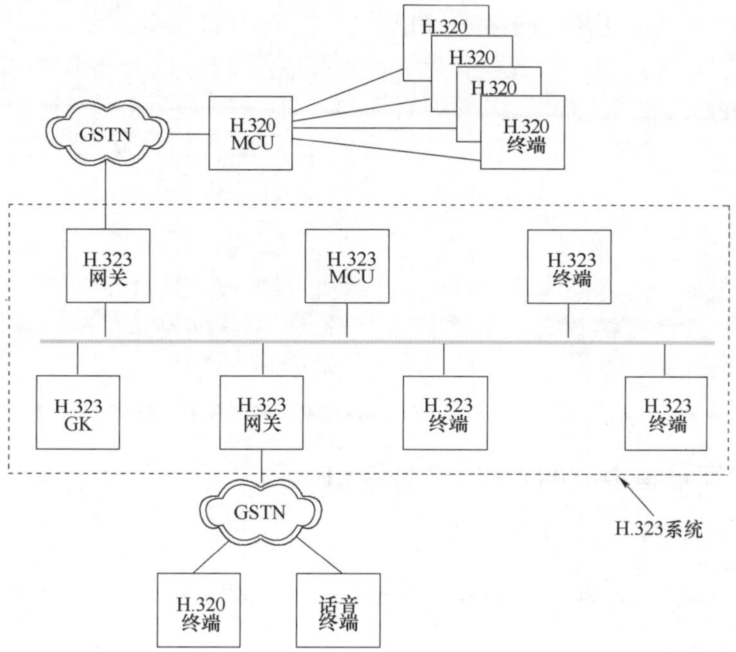

图 2-35　GK 在网络中的位置

网守具体功能如下。

1. 许可管理：实现基于配置容量的 License 检查，只有获得授权的网守才可以运行。

2. 地址解析（顶级 GK）：GK 可以为已注册的端点提供呼叫的目的地址解析服务（处理 ARQ 请求时），也可以响应其他 GK 的请求，为其他 GK 提供地址解析服务。

3. 端点监控管理：GK 可以动态监控已注册的端点的状态（接收 RAI），诸如端点可以支持的呼叫数、带宽等，并且基于这些数据进行带宽和呼叫管理。

4. 呼叫管理：GK 动态监管注册端点的呼叫，获取呼叫的信息，处理呼叫的授权和挂断请求。

5. 路由呼叫：GK 可以迂回 H. 323 呼叫的 Q. 931、H. 245 消息。

6. 级联和分域管理：GK 可以分级，同一级的 GK 可以划分为不同的域。

7. 计费话单上传：通过 RADIUS 服务实现计费功能。

8. 远程配置：网守服务启动时，可以从指定的服务器（通常是顶级网守）下载配置。

9. 远程控制：在运行过程中，实现远程控制功能：关闭或重启功能模块，动态修改配置参数，进行网守替换等。

10. 信息查询：接受查询请求，提供呼叫信息、端点信息、会议信息和配置信息。

11. 日志记录：根据要求在本地或远端生成日志记录。

12. 信息统计：统计各种消息的收发处理情况。

13. 网络管理：实现基于 SNMP 协议的网络管理功能。

14. 端点注册:网守接受 H.323 端点(如网关等)的注册(处理 RRQ 请求)。注册后,这些端点可以向 GK 发送 RAS 请求。GK 可以对它们进行管理。

(二)网关的功能

网关能提供很多服务,其中包含 H.323 会议节点设备与其他 ITU 标准相兼容的终端之间的转换功能。这种功能包括传输格式(如 H.225.0 到 H.221)和通信规程的转换(如 H.245 到 H.242)。另外,网关还执行语音和图像编解码器转换工作,以及呼叫建立和拆除工作。终端使用 H.245 和 H.225.0 协议与网关进行通信。H.323 网关可支持符合 H.310、H.321、H.322 以及 V.70 标准的终端。完成通信协议(H.225/H.221)转换,使得基于分组交换技术的 H.323 终端能够与基于电路交换技术的 H.320 终端实现互通。

(三)网守(GK)的设备接口

主流设备均全面兼容 H.320、H.323、高清及流媒体,设备接口为以太网接口。

直通网线用于终端设备和网络之间通信连接。如通过网络连接维护终端或网管工作站时,使用直通网线。

交叉网线用于两个终端之间直接通信。如通过维护网口直接连接维护终端时,使用交叉网线。

四、多点资源管理中心的功能、设备接口

(一)多点资源管理中心的功能

多点资源管理中心(RM)受理电视用户的视讯业务请求、调度 MCU 资源召开会议并管理会议过程,其主要功能见表 2-6。

表 2-6 RM 的主要功能

功　能	简　介
集中管理 MCU 的资源	RM 最大可管理 128 个 MCU,包括通信端口、多画面、速率适配等
受理用户的视讯业务请求	RM 支持通过主叫呼集和 Web 预约受理视讯业务,也可直接在 RM 的界面上预约视讯业务
调度 MCU 资源	通过划分服务区和区号设置,RM 能管理多个会场;基于服务区设置和速率分区等策略,为每个会议智能分配和调度 MCU 资源
召开和管理多点会议	RM 按照预约开始时间启动会议,并能对每个召开的会议实施会议控制,会议控制功能包括延长会议、广播会场、广播多画面、添加/删除会场、挂断/呼叫会场等,可调度和控制跨 RM 的会议
多用户分级分权的管理	RM 在多用户模式下,可以为不同的用户分配不同的权限,用户只有拥有了相应的权限,才能进行相应的操作

RM 采用界面和核心分离的结构,由 RM 核心、RM 界面和数据库 3 个部件组成,界面和核心共享数据库。RM 核心:负责 MCU 资源管理、会议调度、会议控制;RM 界面:人机图文交互媒介,为 RM 核心提供参数设置和业务数据输入窗口,并根据用户操作和 RM 运行情况显示当前参数、业务数据和告警/提示信息;数据库:存储会场、会议、MCU 资源、配置参数等数据。其结构如图 2-36 所示。

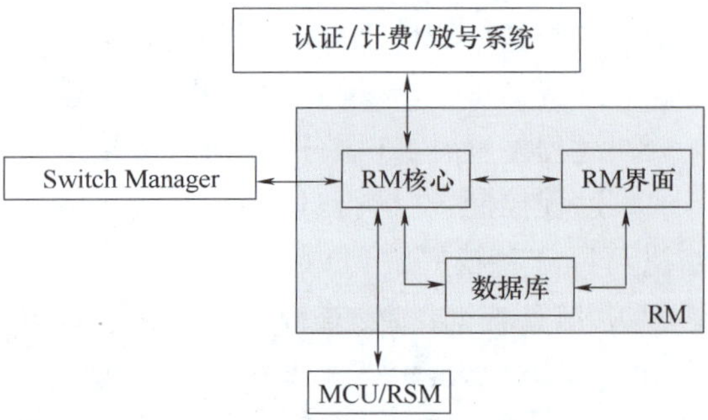

图 2-36 RM 的结构

另外，RM同Switch Manager、MCU/RSM和认证/计费/放号系统通信，共同承载视讯业务，它们之间的互联关系见表2-7。

表2-7　RM的互联部件

互联部件	功能说明
认证/计费/放号系统	(1)RM同第三方认证/计费系统互联，协助其提供认证和计费业务，它们交互的数据遵循标准的RADIUS协议。 (2)RM同第三方放号系统互联，协助其完成会场管理业务，它们交互的数据遵循标准的SIP协议。 (3)营账计费系统即为遵循标准的RADIUS和SIP协议的认证计费放号系统
Switch Manager	Switch Manager接入RM后，RM将IP终端的放号信息发送给Switch Manager，同时两者协同IP视讯终端的主叫呼集和特服号呼叫功能
MCU/RSM	RM同RSM实时通信，集中管理MCU资源

（二）多点资源管理中心的设备接口

目前主流设备均全面兼容H.320、H.323、高清及流媒体，设备接口为以太网接口。

五、多点控制单元（MCU）的功能、设备接口

会议电视中最简单的一种方式就是点对点通信。两个会议电视终端通过双向通信线路直接相连，将各自的图像、语音信息传到对方。但点对点的通信功能比较简单，难以适应多点间信息传输和交换的需要。为了实现多点会议电视系统，必须设置多点控制单元（MCU）。

MCU实质上是一台多媒体信息交换机，实现多点呼叫和连接实现视频广播，视频选择，音频混合，数据广播等功能，完成各终端信号的汇接与切换。MCU与语音窄带交换机不同之处在于，语音交换机完成的是信号的点对点连接，而MCU则要完成多点对多点的切换，汇接或广播。

（一）MCU的功能

MCU是一个数字处理单元，通常设置在网络节点（汇接）处，可供多个地点的会议同时进行相互间的通信。MCU的主要功能就是对输入的多路会议电视信号进行切换，但是由于会议电视信号中包含图像、语音及数据3类不同的信号，因此，MCU的切换功能又不像电话交换那样只是简单的将话音信号进行转接，它要对3类信号进行不同的处理，而且都是在数字域中实现的。

针对视频信号，MCU可以采取切换或混合两种处理方式，MCU在收到了所有终端送上来的视频信号之后，通常都是选择一路（通常都是主席会场或当前发言者的会场）视频将其切换分配到所有会场；但在多画面会议中，MCU可以将多路视频信号通过分屏的方式混合成一路视频信号，然后再将这个混合后的多画面视频信号切换分配给所有会场。目前的MCU混合多画面最多可达16路，但在实际应用中一般都不超过4画面。

针对语音信号，MCU也可以采取切换或混音两种处理方式。在切换方式下，MCU将当前发言会场的语音直接切换分配到所有会场，而在混音方式下，MCU将多个会场的语音信号进行混合处理之后再切换分配到所有会场。显然，切换方式适合于只有一个会场发言的场合，而混音方式适合于有若干个会场同时要发言或集体讨论的场合。

针对数据信号，MCU采用广播方式或MLP方式将某一会场的数据切换到其他所有会场。

此外,MCU 还要完成对通信控制信号、网络接口信号的处理。下面我们对 MCU 的几个主要功能做一些介绍。

1. 时钟和通信控制

前面曾提到,为了实现多点之间的信息交流,MCU 起到了“交换机”的作用。MCU 和诸多的终端之间的连接是呈星型状态,即参加会议的各个终端都以双向通信的方式和 MCU 相连接。MCU 按照会议控制者的要求,将多方信息进行配送。为此,MCU 的各个端口上的信息流必须同步在同一个时钟上。MCU 首先要将进入 MCU 的所有终端(或 MCU)的信号码流,都在一个统一的控制时钟上同步,并且对码流中的帧定位信号(FAS)进行校验,输出新的比特率分配信号(BAS)、复帧同步信号,以便对各端口的信息定位。

此外,MCU 还要支持各端口的信令和互通方式,支持各种通信速率,具备主席控制,语音控制,演讲人控制等会议控制功能。MCU 根据通信初始化建立过程中的会议控制指令,将收到的各个码流的能力进行比较,选择各个终端都能接受的能力(速率、编解码方法、数据协议)进行通信。

2. 码流处理

MCU 要对所有的输入码流进行处理,当然,它并不是简单的码流切换。为此,MCU 先对会议电视码流(即 H. 221 建议的码流)进行解复用处理,对所解出的各路压缩数字视频信号不再解码,而采用直接分配的方式,将数字视频码流送到它该去的地方。对于数据信号的处理,MCU 采用广播方式或使用 MLP 信道将源数据送往其他有关会场。

3. MCU 的端口和连接

MCU 处在星型会议电视网的中心,它必须具备多个和终端相连接的接口,这些接口就是 MCU 的端口。端口数的多少是衡量 MCU 的一个重要指标。我们总是希望 MCU 具有较多的端口数,以便组成较大规模的会议电视网。当然,一个 MCU 的最大端口数往往和各个端口所使用的速率有关。一般来说,对同一个 MCU,在速率较低时使用,可获得较多的连接端口数。由于一个 MCU 同时可接多个端口,所以它还可以同时控制若干个独立的分组会议,只要参加会议的总点数不超过这个 MCU 的最大端口容量。

由于 MCU 最大端口数是有一定限制的,因此,在遇到会议点特别多的情况时,可以将多个 MCU 级联使用,这样就可以增加会议电视系统的场点容量。一般情况下级联的层数不超过 2。目前市场上已经有一些 MCU 实现了 3 级的会议级联,可以组成更大规模的会议电视网。

在 MCU 的简单连接方式中,相连接的两台 MCU 是对等的,仅把对方看成是另一个终端,这种方式宜采用导演控制;在具有多台 MCU 的网络中,MCU 之间必须另按 H. 243 定义的主从关系连接,其中一台为主 MCU,其余皆为从 MCU,此时宜采用主席控制方式或语音控制方式。

(二)MCU 的原理和构成

根据 H. 231 建议,MCU 对音频、视频和数据信号的处理方法有详尽的论述。对音频信号的处理从难到易有音频混合、组合和音频切换;对视频信号的处理也相应地有混合和切换;对数据处理单元是可选的,如果处理的话,既可以是数据广播,也可以是多层协议(MLP)。

MCU 的构成如图 2-37 所示,主要由线路单元、音频处理单元、视频处理单元、控制处理单元、数据处理单元等功能模块组成。

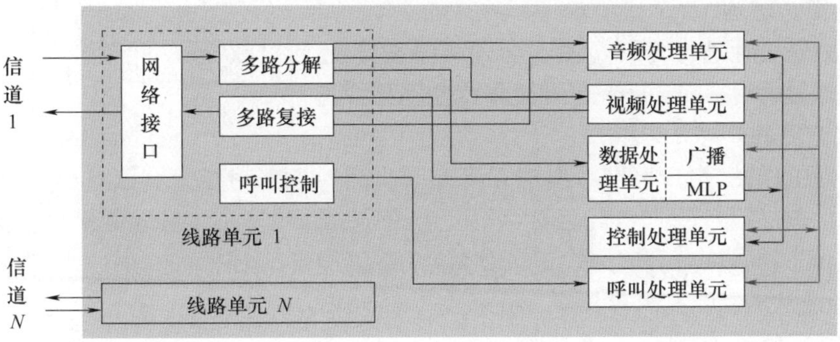

图 2-37 MCU 的构成框图

1. 线路单元

MCU 的一个线路单元就对应一个端口，一个线路单元包含网络接口、多路分解、多路复接和呼叫控制 4 个模块。

2. 视频处理单元

一般情况下，MCU 无需对视频信号进行编解码，视频处理单元只负责对视频信号进行切换选择，然后插入信道帧传到各个会场。但是，当一个会场需要在同一时间观看多个会场的图像时（仍然利用一条信道传输，在一台监视器上同时看到其他几个会场的组合图像），MCU 的视频处理单元就要对各个会场的视频信号进行解码，然后抽取部分视频信息组合起来，编码后再传送到目的端。

3. 音频处理单元

音频处理单元由语音代码转换器（ATC）和语音混合模块组成，它用来完成对语音信号的处理。处理过程中，语音代码转换器从各个端口的输入的数据流的帧结构中分离出 A 率、μ 率的语音信号，并进行译码，然后送入混合器进行线性叠加，最后送入音频编码器，生产相应编码格式的数据并插入到输出的数据流中进行传输。

4. 数据处理单元

数据处理单元是可选模块，但在远程教育的应用中它是非常有用的。这一模块具有根据 H.243 建议的数据广播功能，以及按照 H.200/A270 系列建议的多层协议（MLP）来完成数据信息的处理的能力。

5. 控制处理单元

这一部分进行路由的选择，混合和切换音频视频信号，并进行会议的控制。若 MCU 有 N 个 E1 端口，则信道的切换可以采用一个 $N \times N$ 的切换矩阵来完成。

（三）会议电视系统的网络管理

利用 MCU 组成多点会议网络，当网络大到一定程度时，网络的维护和管理工作就变得很复杂。通常要配备和会议电视系统一同工作的网络管理系统，通过网管系统，对会议的进行和各项设备执行集中的控制和维护。

会议电视网管系统要完成的几项主要的具体任务可归结如下。

1. 网络综合配置

设定网络设备的传输速率，控制数据通道的开关，选择视频和语音标准，对各端口进行设置。

2. 系统安全管理

对系统的安全性进行分级管理,进行多层保护。还能对软、硬件配置进行统一管理,对版本进行维护,一旦软件需要更新,可通过网管进行远程下载。

3. 会议调度和管理

通过管理工作站,用户可在一个地方管理所有的MCU,对整个会议进行全面的管理。如配置会议信息,进行会议的导演、会议的预设置,发起或结束会议,在会议进行中强制转换会议控制方式,会议时间设定,会议内容记录,对各个终端静音,强制显像,强制主席令牌分配和释放,强制终端或从MCU退出等。

4. 会议查询及计费

网管中心可以对会议程序进行记录,方便用户随时查询。可以对计费标准进行配置,统一自动计费。

5. 设备状态测试

对网上正在运行的所有MCU和终端的实时工作状态进行监视,对设备软硬件配置进行检查,并能够对系统动态性能进行分析与控制。

6. 故障诊断

诊断MCU和终端的故障,故障检测到单板级。一旦设备出现问题,帮助网络管理员及时方便的对系统故障进行定位。记录会议期间网络运行状态和故障现象、出故障的时间地点等。

7. 导演控制功能

点名发言以及切换均可在网管上操作,实现会议的导演控制方式,减轻主MCU的工作负荷,提高全网的稳定性。为了和不同厂家的网管互联提供接口,网管系统还应支持标准的网管协议SNMP。

(四)多点控制单元(MCU)的设备接口

目前主流多点控制单元(MCU)设备均全面兼容H.320、H.323、高清及流媒体,设备接口包括:E1数字专线接口,以太网接口等。

六、会议电视终端的功能、设备接口

(一)终端的主要功能

会议电视终端属于用户数字通信设备。它的主要作用就是将会议点的实况图像信号,语音信号以及用户的数据信号进行采集,压缩编码,多路复用后送到传输信道上去,同时把接收到的会议电视信号进行分解,视音频解码,还原成对方会场的图像,语音以及数据信号输出给用户的视听播放设备。同时,会议电视终端还将本点的会议控制信号(如建立通信、申请发言、申请主席控制权等)送到MCU,同时接受MCU送来的控制信号,执行MCU对本点的控制指令。会议电视终端的各模块功能如图2-38所示。

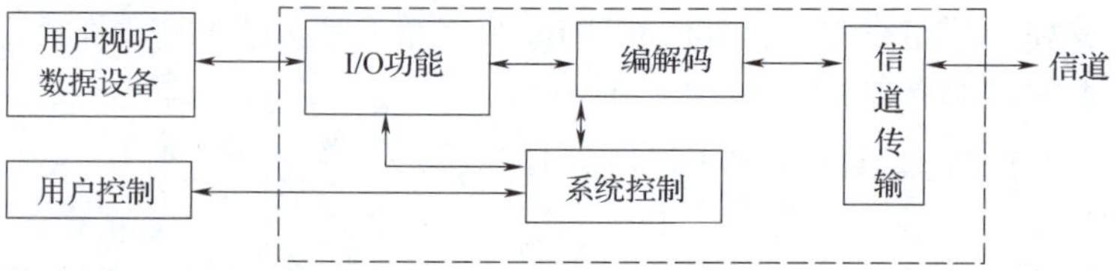

图2-38 会议电视终端功能示意图

会议电视终端设备主要完成以下 4 项功能。

1. 用户视频、音频和数据信号的输入与输出功能

一般输入到终端的视频、音频都是模拟信号，终端的 I/O 设备将他们进行数字化，变为数字视音频信号。例如，将模拟视频信号首先变为 PCM 数字视频，进而再转化为 CIF 或 QCIF 的数字视频；将音频信号变为 PCM 数字音频信号。

2. 对数字视频、音频信号进行压缩编解码功能

视频信号的压缩编解码按照 H. 261，H. 263，MPEG-2 建议进行，音频信号的编解码可以选用 G. 711、G. 722、G. 723 或 G. 728 标准。视频信号的编解码还包括对数字视频的缓存和纠错编解码，缓存的作用是将编码后输出的不定速率的视频信号，经缓冲存储后变为固定速率的视频信号，然后再对这一信号进行纠错编码。

3. 信道传输功能

信道传输功能包括对各种媒体信号的多路复用/解复用，以及终端和信道接口等功能。多路复用是将压缩编码后的音频、纠错后的视频、数据信号及控制信号合成一路数据码流送往接口电路。以上是信道传输中的发送功能，信道接收功能与发送部分相反，不再赘述。

4. 系统控制功能

终端设备中的系统控制模块完成对 I/O 模块、编解码模块、信道传输模块的控制作用。控制模块还承担着会议电视系统中端到端及端到网络信令的传送，为用户对终端的设置以及通道控制提供渠道。

(二)终端的组成

如图 2-39 所示的是会议室型终端设备的基本配置情况，这是最简单的配置。终端设备左边是用户 I/O 设备，包括摄像机、监视器、麦克风、扬声器及数据设备。由于终端设备的核心作用是编解码，又常称终端设备为编解码器。终端设备的右边是编解码器和数字通信网的连接通道。

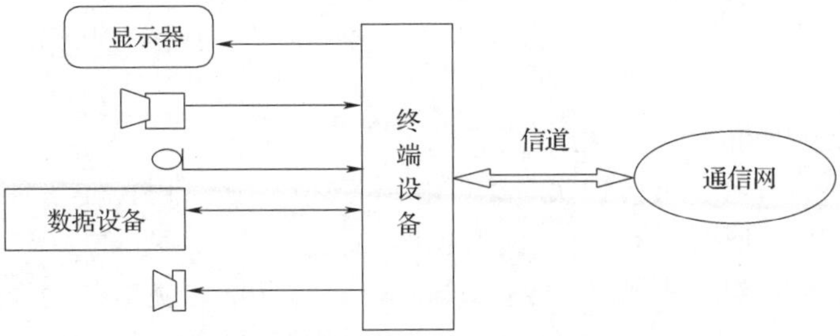

图 2-39 终端设备的基本配置

(三)信号的输入输出

1. 视频输入输出

(1)视频输入

在会议室系统中，一般设置多台摄像机。一台主摄像机安装在主显示器的顶部，用来拍摄会场重要人物以及内容；一台辅助摄像机安装在会议室的某一地方，用来拍摄会场的全景或其他需要传送的场面。

因为会议电视编解码器在某一时刻只传输一路图像，对于来自多个摄像机的视频信号则要进行选择输入。除了摄像机输入以外，录像机、磁带机、光盘机等都可以做视频信号输入。

会议电视的变解码器可以接受 PAL、NTSC 制式模拟彩色信号,具体使用时可以针对不同的输入制式,通过控制面板进行相应的设置。

(2)视频输出

经过解码重建的数字图像信号,经过 D/A 变换,电视编码后,形成模拟视频信号。根据不同的设置,可以输出 PAL、NTSC 制式的视频;视频信号的形式可以是复合视频信号,也可以是 S-VIDEO 信号,如果需要,还可以以 RGB 方式输出视频信号。

会议室型的会议电视系统中,一般采用大屏幕电视机,对于桌面会议电视系统,可以借用计算机显示器。

(3)数字摄像机

DV 摄像机是将通过 CCD 转换光信号得到的视频信号进行 A/D 转换形成数字视频信号,然后再经过数字信号处理,数据压缩,最终可以输出经过压缩的数字视频信号。DV 摄像机具有和 PC 机相连的接口协议,在 PC 上加上 DV 输入输出接口卡,就可以和这种数字摄像机方便地进行信息交互。

2. 音频输入输出

在会议电视中,音频传输占据着相当重要的位置。

(1)音频输入

音频是通过麦克风输入的。麦克风有动圈式、电容式、驻极体等多种类型。从传声质量指标来看,动圈式麦克风最好;从灵敏度的指标来看,驻极体最好;而电容式的指标居中。由于会议电视传送的多为窄带语音信号,因此采用电容式麦克风就可以了。

(2)音频输出

经过解码器输出的数字音频,由 A/D 变换,放大后,成为模拟音频信号,直接推动喇叭发出声音。

(3)回声抑制

在本地会场中,编码端要将麦克风的语音信号发送出去,但麦克风和扬声器里的解码输出语音同处于一个会议室空间,扬声器中发出的声音不可避免地回窜到麦克风中,回声抑制器是必不可少的。

3. 数据的输入输出和 T. 120 系列建议

在会议电视系统中,除了可传输实时图像和语音之外,还可以传输各种数据,在 H. 320 系统中,若传输码率较高,则往往留有专门的数据时隙,也可以将某一时隙中的某些比特留作数据传输,例如在 E1 的会议电视中通常可以分配 64~128 k 的带宽专门用作数据通信使用。而在 H. 323 系统中,数据通信通常不占用带内的带宽,而是单独使用一个 TCP 连接进行通信。

(四)会议电视终端的设备接口

会议电视终端设备均全面兼容 H. 320、H. 323、高清及流媒体,设备接口和连接方式包括:E1 数字专线接口,以太网接口等。

思考题

1. 会议电视的组成部分有哪些?
2. 简述会议电视的组网方式。
3. 简述多点控制单元 MCU 的功能。

4. 简述 GK 提供的基本功能。

5. 简述会议电视终端的结构组成和功能。

第五节 通信电源系统

一、通信电源概述

(一)概　　述

通信电源是通信系统的“心脏”,具有无可比拟的重要地位。电源系统由交流供电系统、直流供电系统、接地系统、防雷系统、监控系统组成。电源的安全、可靠是保证通信系统正常运行的重要条件。

1. 通信电源系统的特性

(1)可靠性:通信设备发生故障影响是局部性的,但是电源系统发生故障,影响则可能是灾难性的,可能造成整个机房的通信全部中断。因此,通信电源必须要有很高的可靠性。

(2)稳定性:各种通信设备都要求电源电压稳定,不允许超过容许的变化范围。电源电压过高会损害通信设备中的电子元件;电源电压过低,通信设备不能正常工作;电源电压波动、噪声电压干扰、瞬变电压冲击对高速的数字通信设备的性能都有很大的影响。

(3)高效性:电费是日常维护费用中占比很大的开支。随着电源容量的不断增加,电源的能源效率就显得越来越突出,因此要求电源设备有较高的转换效率。

2. 通信电源的发展趋势

(1)通用化:通信设备所需电源的情况多种多样,要求电源系统能够提供各种的低压、大电流、高功率密度的多组电压输出,供电方案和电源应用方案设计具有较强的通用性。

(2)模块化:采用多模块并联工作方式,模块共同分担负载电流,在其中某个模块失效退出工作时,由其他模块共同分担其负载电流,可以在增加较少冗余下,提高系统可靠性。

(3)智能化:为提高维护的及时性,减小工作量和提高工作效率,要求电源系统能够远程监测,集中控制,实现自动检测、自我诊断、自动报警、自动管理、自备发电机自动开启和自动关闭等智能化功能。

(4)小型化:现在各种通信设备的日益集成化、小型化,要求电源设备也相应的小型化。

(二)系统组成

通信机房电源系统一般由交流供电系统、直流供电系统、接地系统、防雷系统、监控系统组成。相对集中的通信电源系统如图 2-40 所示。高速铁路通信电源系统如图 2-41 所示。

1. 交流供电系统

交流供电系统包括变配电系统、备用电源系统(发电系统)、不间断电源系统(UPS)以及相应的交流配电。

(1)不间断电源系统(Uninterruptible Power Supply,UPS)

为了确保通信电源不中断、无瞬变,采用静止型交流不停电电源系统,也称为 UPS,包括 UPS、输入输出配电柜、蓄电池组。

(2)交流配电

输入 2 路交流电源(综合贯通、一级贯通),为各路交流负载分配电能。当交流电源中断或

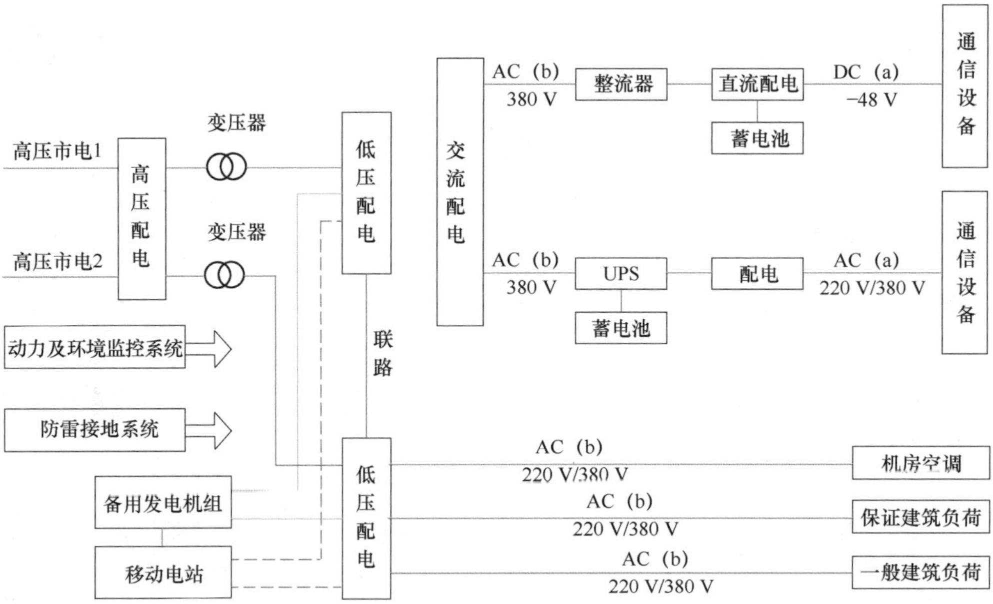

注：(a) 不间断；(b) 可短时间断。

图 2-40　通信电源系统供电示意图(相对集中)

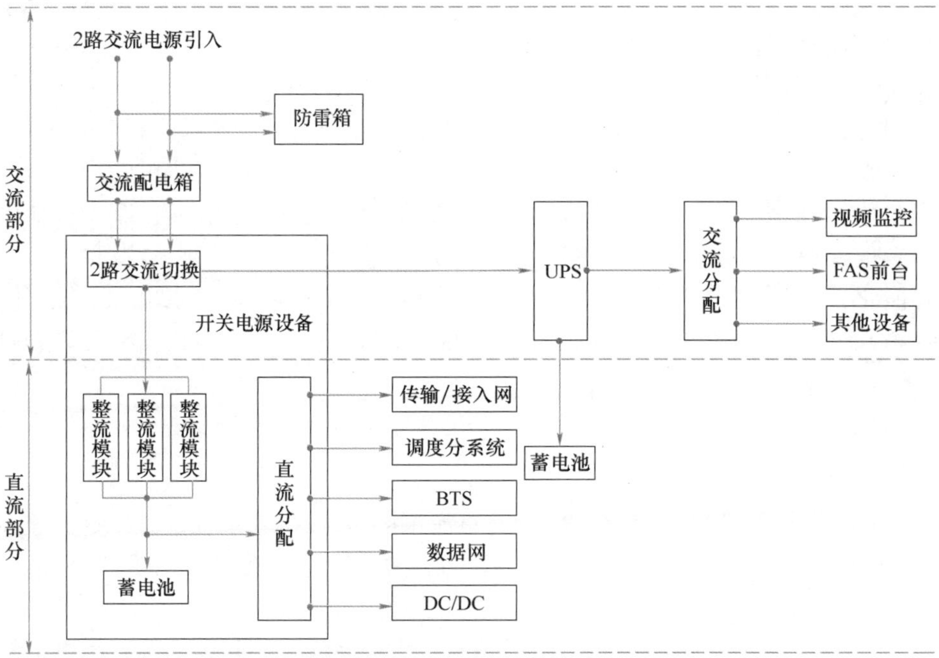

图 2-41　高速铁路通信电源系统供电示意图(基站)

电压异常时(过压、欠压、缺相等),低压配电自动发出相应的告警信号。

(3)变配电系统

变配电系统包括高、低压配电设备、变压器、操作电源。

(4)备用电源系统

备用电源系统包括发电机组及附属设备。

2. 直流供电系统

直流供电系统由交流配电屏、整流器、蓄电池组、直流配电屏、DC/DC变换设备组成，直流系统的电压等级有－24 V、240 V等。

(1)整流器

整流器从交流配电引入交流电，将交流电经过自动切换后整流为直流电压后，输出到直流配电与负载及蓄电池连接，为负载供电，给电池充电。

(2)蓄电池组

交流停电时，蓄电池组向负载提供直流电，是直流系统不间断供电的基础条件。

(3)直流配电屏

直流配电屏为不同容量的负载分配电能，当直流供电异常时要产生告警或保护，如熔断器断告警、电池欠压告警、电池过放电保护等。

(4)DC/DC变换设备

DC/DC变换设备将基础电源电压－48 V变换为各种直流电压，以满足通信设备内部电路多种不同数值的电压(±5 V、±6 V、±12 V、±15 V、－24 V等)的需要。高铁通信中很少应用到DC/DC变换器。

3. 接地系统

接地系统由接地体、汇集排、楼层接地排、工作及保护引接线组成。

4. 防雷系统

防雷系统由避雷针、接地引下线、接地体、等电位连接、各级浪涌保护器SPD(Surge Protective Device)等组成。

5. 监控系统

监控系统由各种采集设备、网络传输设备、监控终端等设备组成。

二、蓄电池的工作原理及硬件构成

(一)蓄电池的应用

蓄电池在通信电源系统中的作用如下。

1. 后备电源。在市电异常或整流器不工作的情况下，由蓄电池单独为通信负载提供安全、稳定、可靠的电力保障，确保通信设备的正常运行。

2. 平滑滤波。在市电正常时，与整流器并联运行。由于对低频谐波电压呈现极小电阻，蓄电池对整流器的输出纹波电压具有旁路功能，起到了平滑滤波的作用。

3. 调节系统电压。

4. 动力设备的启动电源。

(二)蓄电池的结构及工作原理

蓄电池通常是指铅酸蓄电池，它是电池中的一种，属于二次电池。它的工作原理是：充电时利用外部的电能使内部活性物质再生，把电能储存为化学能，需要放电时再次把化学能转换为电能输出。蓄电池结构如图2-42所示。

1. 蓄电池的充电

蓄电池充电时，正极会析出氧气，负极会析出氢气。正极析氧在正极充电量达到70%时就开始了。析出的氧气到达负极,与负极起下述反应,达到阴极吸收的目的。

充电过程中的化学反应:

$$PbSO_4+H_2O\longrightarrow PbO_2+H_2SO_4+Pb$$

副反应:

$$H_2O\longrightarrow 1/2O_2\uparrow+2H^++2e^- \quad (\text{正极})$$

$$2H^++2e^-\longrightarrow H_2 \quad (\text{负极})$$

负极析氢则要在充电达到 90%时才开始,再加上氧在负极的还原作用及负极本身氢过电位的提高,从而避免了大量析氢反应。

蓄电池的充电过程是电能转化成化学能的过程,充电电压和电流要合适,偏大和偏小均会影响蓄电池的寿命。一般情况下采用 0.1 C(C 为电池容量)电流来充电,浮充和均充电压的选择要依据蓄电池厂家的推荐值来设定。

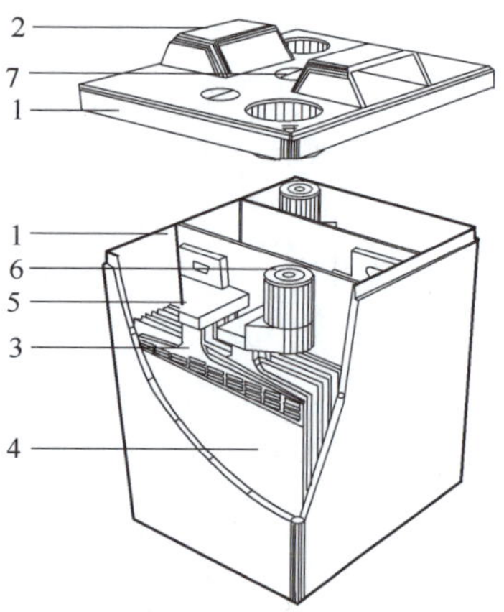

图 2-42 蓄电池结构

1—电池槽、盖;2—提手;3—正负极群;4—微细玻璃纤维隔板;5—汇流排;6—端子;7—安全阀

蓄电池具体充电式通过通信电源智能充电管理实现,不同厂家的实现方式大同小异,一般不外乎均浮充转换控制、温度补偿、二次下电、测试和小电流放电这几种。

2. 蓄电池的放电

蓄电池作为应急备用能源,其性能和价值是通过放电来实现的,蓄电池放电过程中的化学反应:

$$PbO_2+H_2SO_4+Pb\longrightarrow PbSO_4+H_2O$$

蓄电池的放电过程是通过蓄电池的化学反应,实现化学能转化成电能的过程。

(三)蓄电池的放电特性

1. 放电容量与放电电流的关系

放电电流越小放电容量越大;反之,放电电流越大放电容量越小。

2. 放电容量与温度的关系

温度降低放电容量减少。

三、高频开关电源的工作原理及硬件构成

(一)高频开关电源的基本原理

1. 高频开关电源的组成

高频开关整流器通常由工频滤波电路、工频整流电路、功率因数校正电路、DC/DC 变换器和输出整流滤波器等部分组成,其组成方框图如图 2-43 所示。

图 2-43 中,输入电路将交流输入电压整流滤波变为平滑的高压直流电压;功率变换器将高压直流电压转换为频率大于 20 kHz 的高频脉冲电压;整流滤波电路的作用是将高频的脉冲电压转换为稳定的直流输出电压。开关电源控制器通过对输出直流电压进行取样,来控制功率开关器件的驱动脉冲宽度,从而调整开通时间实现输出电压的稳定和可调。

2. 高频开关电源整流器的特点

(1)重量轻体积小:采用高频技术,去掉了工频变压器,与相控整流器相比较,在输出同等

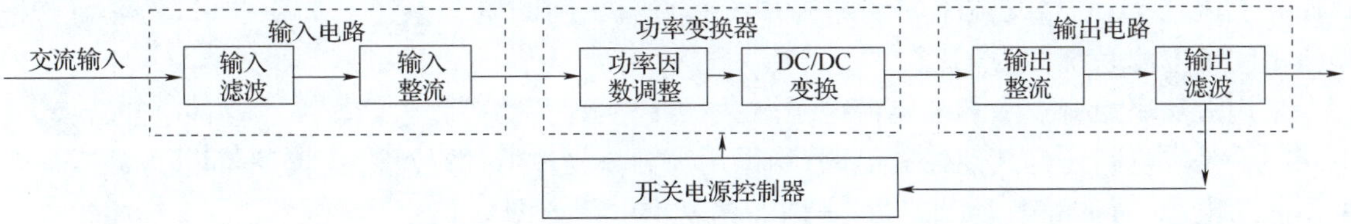

图 2-43 高频开关整流器组成方框图

功率的情况下，高频开关整流器的体积只是相控整流器的 1/10，重量也接近 1/10。

(2)功率因数高：开关电源功率因数一般在 0.93 以上，并且基本不受负载变化的影响(对 20%以上负载)，远高于相控整流器低于 0.7 的功率因数。

(3)可闻噪声低：相控整流设备的工频变压器及滤波电感工作时产生的可闻噪声较大，一般大于 60 dB。而高频开关电源在无风扇的情况下可闻噪声仅为 45 dB 左右。

(4)效率高：高频开关电源采用的功率器件工作在开关状态，功耗较小。带功率因数补偿的高频开关电源其整机效率可达 88%以上，较好的可做到 91%以上。

(5)冲击电流小：开机冲击电流可限制在额定输入电流的水平。

(6)模块式结构：由于体积小重量轻，可设计为模块式结构。

(二)负荷均分电路

1. 负荷均分的概念

一套高频开关电源系统至少需要两个高频开关电源模块并联工作，大的系统甚至需要多达数 10 个电源模块并联工作，这就要求并联工作的电源模块能够共同平均分担负载电流，即均分负载电流。目前高频开关电源均采用 PWM 型均流方式，是一种数字式调整均流方式，具有均流精度高、动态响应特性好，抗干扰性较好，模块控制数多等优点。

2. 负荷均分的原理

图 2-44 中，U_s 为系统取样电压，U_r 为系统基准电压，两者比较后产生误差电压 U_D，U_D 与三角波进行比较产生一个脉宽调制方波信号，其波宽受 U_D 大小控制。这个方波信号送至每个整流模块，通过模块内光耦、隔离、整形、放大后与模块电流 I_O 比较。这个比较信号再与模块的参考值电压 U_{REF} 叠加，改变模块的输出电压，调整模块输出电流，使每个模块的输出电流相等。

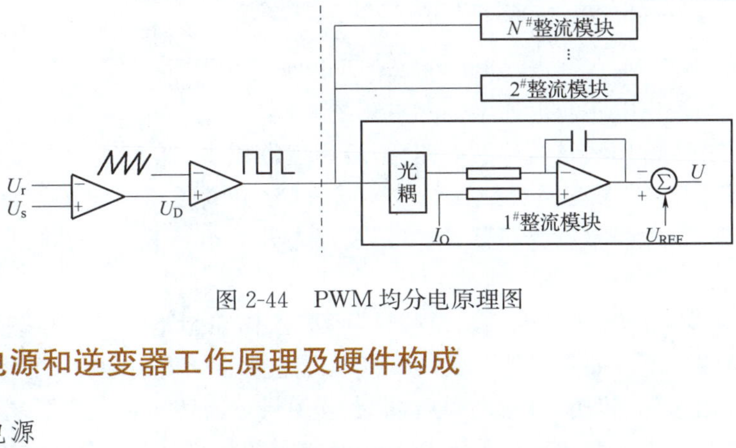

图 2-44 PWM 均分电原理图

四、UPS 电源和逆变器工作原理及硬件构成

(一)UPS 电源

不间断供电电源系统(UPS)是能够持续、稳定、不间断向负载供电的一类重要电源设备。

从广义上说,UPS包含交流不间断电源系统和直流不间断电源系统。长期以来,已习惯于把交流不间断电源系统称为UPS。

采用大功率逆变技术和强电流电子开关,可以实现大功率的电能转换。这种电能转换,其电路不论是主电路还是其他控制电路,均采用半导体固体器件,故称为固态不间断电源或静止型不间断电源,简称静态UPS。静态UPS的基本框图如图2-45所示。

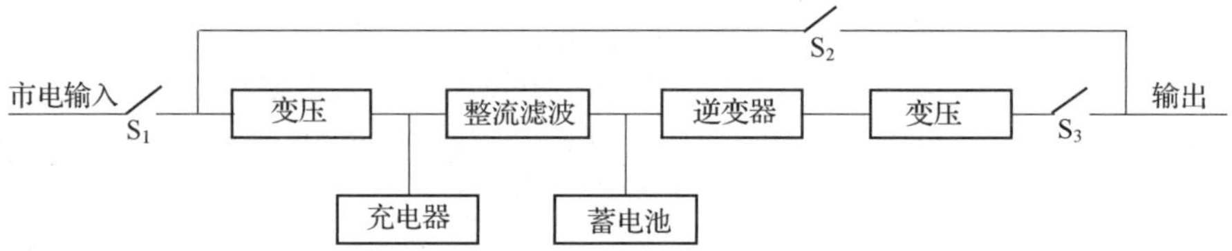

图2-45 静态UPS框图

静态UPS从工作方式上可分为3类:后备式(OFF-LINE)UPS、在线式(ON-LINE)UPS、三端口UPS。目前通信机房中使用的大部分为在线式UPS。

(二)在线式UPS

所谓在线式,是指不管电网电压是否正常,负载所用的交流电压都要经过逆变电路,即逆变电路始终处于工作状态,在线式UPS一般为双变换结构。所谓双变换是指UPS正常工作时,电能经过了AC/DC、DC/AC两次变换后再供给负载。为了提高系统的可靠性,双变换在线式UPS一般有自动旁路电路。小功率UPS采用继电器转换便可,大功率UPS一般采用晶闸管(SCR)方式的静态开关。当过载或双变换电路部分故障时,负载由旁路供电。功率较大的UPS在此基础上还增加了手动旁路,用于维修时保证负载继续运行。目前在用关键设备对电源要求相当高、输入功率也相当大,大量采用了在线式UPS。

在线式UPS由整流滤波电路、逆变器、输出变压器及滤波器、静态开关、充电电路、蓄电池组和控制监测、显示告警及保护电路组成,如图2-46所示。

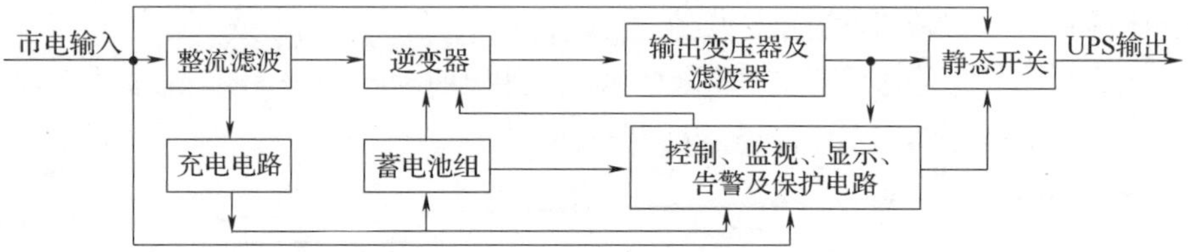

图2-46 在线式UPS组成方框图

在线式UPS的输出电压波形通常为标准正弦波。

市电正常时,输入电压经整流滤波电路后,给逆变器供电,逆变器输出经过输出变压器输出滤波电路,将SPWM波形变换成纯正弦波。同时,整流电压经充电器给蓄电池补充能量。在这种工作状态下,市电经整流滤波器、逆变器及静态开关给负载供电,并由逆变器完成稳压和频率跟踪功能。

市电正常但逆变器出现故障或输出过载时,UPS工作在旁路状态。静态开关切换到市电端,市电直接给负载供电。如果静态开关的转换是因逆变器故障引起,UPS将发出报警信号,如果因过载引起静态开关转换,过载消失后,静态开关将重新切换到逆变器端。控制、监测、显示、告警及保护电路提供逆变、充电、静态开关转换所需的控制信号,并显示各自的工作状态。UPS出现过压、过流、短路、过热时,及时报警并同时提供相应保护。

在线式 UPS 中，无论市电是否正常，都由逆变器供电，所以市电故障瞬间，UPS 的输出不会间断。另外，由于在线式 UPS 加有输入 EMC 滤波器和输出滤波器，所以来自电网的干扰能得到很大衰减，同时因为逆变器具有很强的稳压功能，所以在线式 UPS 能供给负载干扰小、稳压精度高的电压。

（三）逆 变 器

逆变器是将 48 V 直流电转换为 220 V/50 Hz 交流电的设备。逆变器原理如图 2-47 所示。

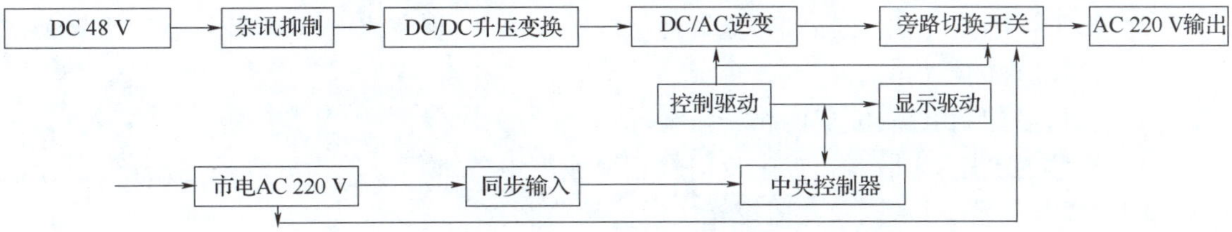

图 2-47 逆变器原理框图

（四）冗余式逆变器

为了提高电源系统的可靠性，由两台逆变器和一个转换开关组成一个供电系统。冗余式逆变器原理如图 2-48 所示。

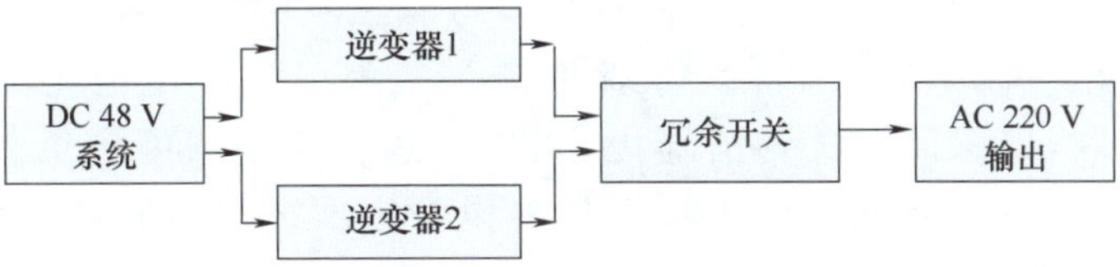

图 2-48 冗余式逆变器原理

两台 DC 48 V/AC 220 V 逆变器的输出送至冗余开关，在逆变器 1 和逆变器 2 输出正常时，交流输出由逆变器 1 供电；在逆变器 1 输出异常时，冗余开关将交流输出切换至逆变器 2 供电，实现不间断备份转换供电。

五、配电箱的工作原理及硬件构成

（一）交流配电设备

1. 交流配电原理

电源系统交流输入一般有两路，电源交流配电应具有两路自动切换功能。主用交流电源有电且电压在规定的范围之内时，主用交流电源优先，通过空开给整流模块以及其他设备供电，交流电源采样板分别检测两路交流电源的电压信号，供监控模块及控制板使用。交流电源控制板通过采样板检测的电压信号来控制接触器，从而实现两路交流电源的自动切换。控制板上设有交流电源的过欠压指示，交流电源正常时，指示灯熄灭，如果交流电源过欠压则相应的指示灯亮。在整流模块及交流辅助输出之前设置了由 C 级、D 级所构成的两级防雷系统。

2. 交流配电的组成

交流配电设备通常由交流接入电路、整流器交流输入开关、交流辅助输出、交流自动切换机构、交流采样电路、交流切换控制电路、交流监控电路、防雷器等组成。

(1)交流接入电路:交流接入一般通过空气开关或刀闸开关,交流接入开关的容量即为交流配电单元的容量,交流配电容量分为 50 A、100 A、200 A、400 A、600 A5 个等级。

(2)整流器交流输入开关:交流配电单元分别为系统的每一个整流器提供一路交流输入,开关容量根据整流器容量确定。

(3)交流辅助输出:电源系统的交流配电除了给整流器提供交流电外,还配置了多种容量的交流输出接口,供机房内其他交流用电设备使用。

(4)交流自动切换机构:由机械电子双重互锁的接触器组成。

(5)交流采样电路:由变压器和整流器件组成的电路板,将交流电压、电流和频率等转换成监控电路可以处理的电信号。

(6)交流切换控制电路:完成两路交流自动切换、过欠压保护、告警等功能。

(7)交流监控电路:集散式监控中专门处理交流配电各种信息的微处理器电路,可以完成信号检测、处埋、告警、显示以及与监控模块通信等功能。

(8)C 级与 D 级防雷器。

(二)直流配电设备

1. 直流配电原理

直流配电设备是完成直流的分配和备用电池组的接入,它对输出直流进行分配、控制、检测、告警和保护。整流器的输出采用并联方式,整流器的输出经汇流母排接入直流配电设备,直流配电设备为负载分配不同容量的输出,可满足不同的需要,直流配电路数可根据用户需求增减。每组直流输出采用一个直流断路器控制。后备电池组的输入与开关整流器输出汇流母排并联,以保证开关整流器无输出时,后备电池组能向负载供电。系统具有二次下电功能,可在蓄电池放电过程中按用户的设置电压分两次将负载断掉,以保证主要负载能够长时间的工作,同时保护蓄电池不致过放而损坏。负载和蓄电池输出端均接有熔丝保护。

2. 直流配电的组成

直流配电屏是连接和转换直流供电系统中整流器和蓄电池向电信负载供电的电源设备,屏内装有闸刀开关、自动空气断路器、接触器、低电熔断器以及电工仪表、告警保护等元器件。

思考题

1. 为何通信设备对电源的可靠性要求很高?
2. 简述通信电源的组成。
3. 逆变器与 UPS 的区别是什么?
4. 试说明通信电源系统的构成。
5. 简述逆变器的工作原理。

第六节 传输系统

一、传输系统的基本概念

(一)传 输

传输是将承载信息的信号由空间一点传送到另外一点或多点的物理过程。传输系统/链路是网络节点的连接媒介,是信息和信号的传输通路。传输系统/链路对应于通信系统模型中的信道和变换和反变换装置的一部分。最简单的传输系统/链路就是简单的线路,完整的传输系统/链路由置于系统两端的传输终端设备、通信线路和间插在线路中、补偿线路衰耗、延长传输距离的中继器组成。

为了提高传输系统/链路的效率,现代通信广泛采用了各种先进的复用技术,使一个传输系统/链路不仅能提供点到点之间的宽带信号通道,而且可以在线路中串入分/插复用设备,沿线上/下部分通道,扩大一个通信系统的服务范围或覆盖区域。常用的复用技术有:

时分复用(Time Division Multiplexing,TDM);

频分复用(Frequency Division Multiplexing,FDM);

波分复用(Wavelength Division Multiplexing,WDM);

空分复用(Space Division Multiplexing,SDM);

码分复用(Code Division Multiplexing,CDM)。

(二)传 输 网

多个传输系统通过具有对连接进行交换或选路的交换系统,按照一定的拓扑结构组合在一起,就形成一个传输网。传输网主要指的是物理的设备,从功能方面考虑,应该叫做传送网,在此不做细分,统称为传输网。随着通信技术的发展,现在的传输网越来越大,越来越复杂,为了便于分析和规划,ITU-T 采用分层和分割的概念来描述传输网:从“纵向”把网络分解为若干独立的层网络,相邻层之间是客户/服务者的关系;从“横向”把网络分解为子网和链路。

(三)传输网的分类

传输网按照地域范围可以分为国际传输网和国内传输网,国内传输网又可分为长途传输网和本地网。长途传输网又可进一步分为国家一级干线传输网和国家二级干线传输网;本地网也可进一部分为中继传输网和接入传输网。

铁路传输网以光传送技术为主体,全路光传输网分为骨干层、汇聚层和接入层 3 层结构。

二、传输系统的基本原理

(一)SDH 信号的帧结构和速率等级

SDH 规定了一套标准化的字节结构等级,称为同步传送模块(STM)。同步传送模块包括 STM-1、STM-4、STM-16、STM-64、……STM-N 等一系列模块,其中 N 被规范为 4 的整数次幂。

SDH 终端复用设备(TM)把各种业务信号码流按同步传送模块的结构规范组成 STM-N 成帧信号,即 SDH 信号码流。如图 2-49 所示,一个 STM-N 是 SDH 信号码流中帧头字节组领头的 $9\times270\times N$ 个连续字节。这段字节的持续时间,即 STM-N 以时间计量的帧长,无论

N 取何值都是 125 μs。

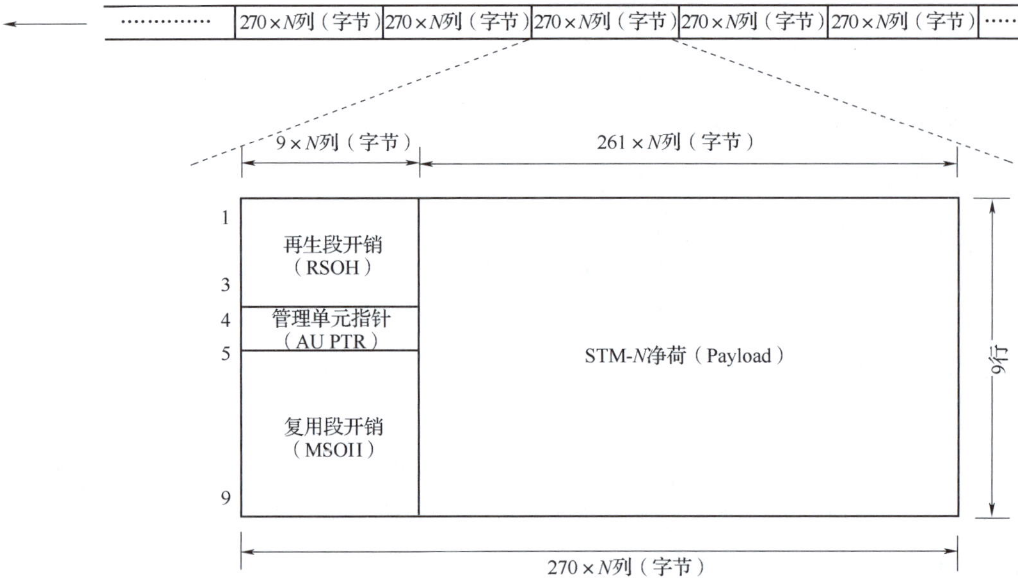

图 2-49　STM-*N* 帧结构

为形象起见,可将 STM-*N* 的 9×270×*N* 个字节排列成 9 行和(270×*N*)列的矩形块,犹如一个装载的标准集装箱。因此,我们通常说 SDH 具有块状帧结构,并把 SDH 传输比喻为集装箱货柜车运输。

STM-*N* 的块状结构可划分成 STM-*N* 净荷(Payload)、段开销(SOH)和管理单元指针(AU PTR)3 部分。

STM-1 是 SDH 的基本模块,图 2-50 详细画出段开销和管理单元指针(AUPTR)的 STM-1 帧结构。STM-*N* 帧是 *N* 个 STM-1 帧按字节间插的结果,即 STM-*N* 的矩形块仍保持 9 行,而列数比 STM-1 扩展 *N* 倍,第一个(1～*N*)列组由 *N* 个 STM-1 的第 1 列组成,第二个(1～*N*)列组由 *N* 个 STM-1 的第 2 列组成,依此类推。

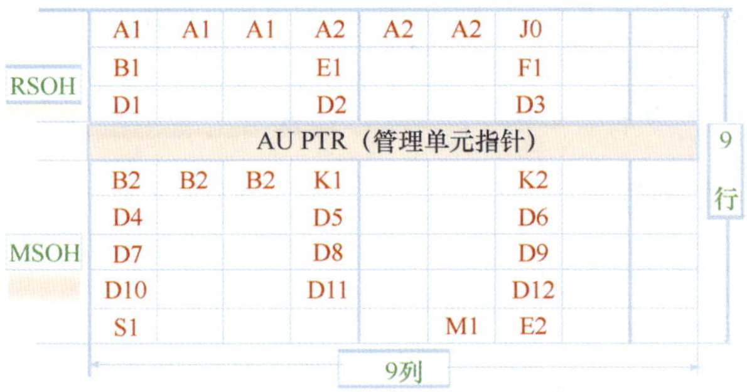

图 2-50　STM-1 的帧结构

1. 段开销(SOH)

段开销(SOH)是为 STM-*N* 传送服务的操作、管理与维护(OAM)字节,它被 AU PTR(管理单元指针)间隔成上部的再生段开销(RSOH)和下部的复用段开销(MSOH)两部分。段开

销共有 $8\times9\times N$ 个字节,相当丰富的段开销是光同步传输网的重要特点之一。

如图 2-50 所示,基本模块 STM-1 的 RSOH 包括 3×9 个字节(图中每一小格代表 1 字节),MSOH 包括 5×9 个字节,分别用于再生段和复用段的操作、管理与维护(OAM)。其中,以字母标注的字节之功能已由 ITU-T G. 709 建议规定,未标注字节的功能待将来国际标准规定,标注×的字节保留给国内使用,* 号表示该字节不扰码。各字节功能简述如下:

(1)A1 和 A2 是定帧字节,规定 A1=11110110,A2=00101000。它们组成帧头标识编码图案,以识别 STM-1 帧的起始位置。A1 和 A2 不经扰码,全透明传送。当收信正常时,再生器直接转发该字节;当收信故障时,再生器产生该字节。

(2)J0 是再生段踪迹字节,用于重复发送由收、发两端商定的段接入点标识符,保证该再生段的接收终端与指定的发送端处于持续连接状态。

(3)B1 是对 STM-1 码流按 8 位比特间插奇偶校验算法计算的结果,简记为 BIP-8 码,用于对再生段作误码监测。

(4)B2 三字节组是对复用段码流按 24 位比特间插奇偶检验算法计算的结果,简记为 BIP-24 码,用于对复用段作误码监测。

(5)F1 是使用者(即运行维护方)通路字节,用于临时公务通信。

(6)E1 和 E2 分别是再生段和复用段公务联络字节。

(7)K1、K2 是自动保护倒换(APS)通路字节,用来传送 APS 信令。

(8)S1 是同步状态字节,我国"光同步传输网技术体制 TZ015-94"已对该字节表示的同步信息做了规定。

(9)M1 是段远端误块指示字节,用于收端根据 3 个 B2 字节的 BIP-24 校验结果,向发端回告复用段差错情况。

(10)D1~D12 是数字通信通路(DCC)字节,用于传输操作、管理与维护(OAM)信息。

(11)Δ 是与传输媒质有关的字节。

2. 净荷、通路开销和指针

进入 SDH 的业务信息码流如同要承载的货物,被有序地装在几种规格化的容器内,若干容器又规范地组成较大的单元,数个单元构成一个标准集装箱(STM-1 的净荷)。这种分级复用(组装)的每一级,都有必要加入表示所装货物(信息字节)属性和装箱方式的信息,即用于操作、管理和维护的各级开销字节,称为通道开销(POH)。POH 服务于低级别的容器和单元,所需字节数目和功能比 SOH 要简单得多,但基本功能类似,这里不再赘述。

为了方便从标准集装箱(STM-1 净负荷)上/下指定容器中的货物(净荷),在分级复用过程中,还有必要标示出容器或小单元在大单元中的位置。一个方便的方法是把标准集装箱和各级单元的空间都分成适当的小格,并选定一个参考位置为起点,依序给各小格或几个小格构成的组编号。于是各级单元中货物的位置就可由这些单元或容器中某一指定的标志点所在格或格组的编号来表示,这一过程称为定位。传送这些编号的字节即为各级单元指针。

3. 管理单元指针(AU PTR)和指针调整

如图 2-50 所示,STM-1 的管理单元指针位于第 4 行 1~9 列,其中 H1 和 H2 两字节构成 16 比特的指针,包括新数据标帜(NDF)、AU/TU 类别和 10 比特指针值 3 部分。10 比特指针值可传送 $2^{10}=1\ 024$ 个十进制编号。这意味着 STM-1 净负荷最多只能划分为 1 024 个小格或小格组,而该净负荷容量为 $9\times261=2\ 349$ Byte,即可分成 2 349 个"1 Byte"小格,但却不可能每小格给一个编号。因此,AU PTR 以三小格(3 Byte)为一个三比特组,共 2 349/3=783

个组,每组给予1个编号(编号0～782),作为容器定为的指针值。

选定第4行第9列的H3位置为STM-1净荷区格组位置编号(即指针值)的参考点,即把紧邻该H3的净荷三比特组定为0号组,于是各组从左到右,从上到下逐一编号。

无论是以单元还是容器形式进入STM-1净荷的信息数据流,作为一个集体,每单元或容器中的各字节间的位置关系是固定的。因此不必逐一指明每个字节在STM-1净荷中的位置编号,只要指明其中一个字节,例如领头的通道踪迹字节J1所在的位置编号即可。

鉴于时钟误差等因素的影响,不同帧进入STM-1净荷的信息数据流可能比预定时刻超前或滞后,从而J1所在的位置号也应有所调整,这个过程称为指针调整。管理单元指针(AU PTR)即时反映和传送此指针调整信息到收信端。

为使以J1字节领头的信息数据流因指针调整能在满载的净荷区内移动,在紧邻净荷的指针中设置H3H3H3三个字节的缓冲位并称为负调整位置。

指针中的新数据标帜(NDF)以"0110"和"1001"分别表示与前帧比较,本帧净荷容量无变化和有变化。指针中表示AU/TU类别的2个比特SS指示进入SDH的业务信号组织成STM-1信号的复用路线。

4. SDH的速率系列

SDH的基本模块是STM-1,它的速率是155.52 Mbit/s,STM-*N*的速率为155.520×*N* Mbit/s。为简单起见,口语中常把速率取整。所以,SDH的速率系列为155 M、622 M、2.5 G、10 G和40 G等。

(二)SDH的复用结构

SDH采用的复用结构如图2-51所示。它是由一些基本复用单元组成的有若干中间复用步骤的复用结构。它可以将目前PDH的绝大多数标准速率装入SDH帧结构中的净荷区,也可以容纳来自B-ISDN的ATM信元或其他新业务信号。

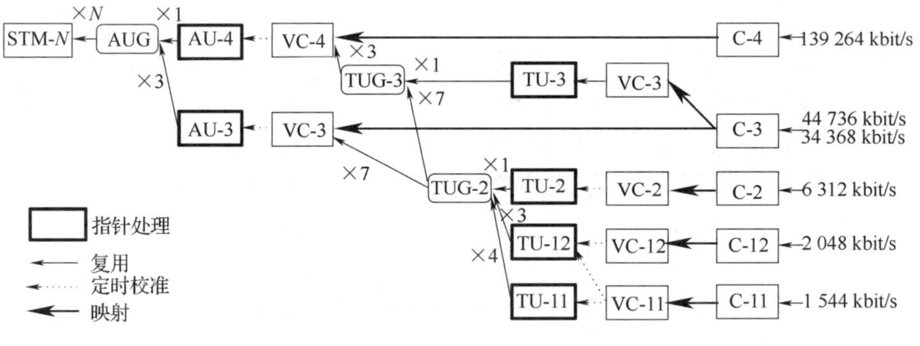

图2-51 G.709建议的SDH复用结构

在G.709建议的复用结构中,从一个有效负荷到STM-*N*的复用路线不是唯一的。但为了简化设备,可以根据设备的具体网络应用环境和业务需求,省去某些接口和复用映射支路,使每种净荷只有一条复用映射途径。

我国的光同步传输网技术体制规定以2 Mbit/s为基础的PDH系列作为SDH有效负荷,并选用AU-4复用线路,其基本复用映射结构如图2-52所示。

SDH的基本复用单元包括若干容器(C-*N*)、虚容器(VC-*N*)、支路单元(TU-*N*)、支路单元组(TUG-*N*)、管理单元(AU-*N*)和管理单元组(AUG-*N*)。其中*N*为单元等级序号。

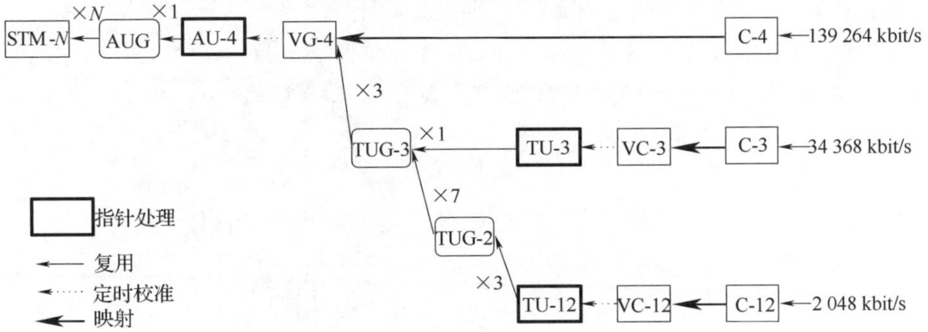

图 2-52　我国的 SDH 基本复用映射结构

1. 容器(C)

容器是一种用来装载各种速率的业务信号的信息结构单元。G.709 针对 PDH 的速率系列规范了 C-11、C-12、C-2、C-3 和 C-4 5 种标准容器。

2. 虚容器(VC)

虚容器是用来支持 SDH 的通道层连接的信息结构单元，是 SDH 通道的信息终端，由组织在重复周期为 125 μs 或 500 μs 的块状帧结构中的信息净负荷(容器的输出)和通道开销(POH)组成。

虚容器可分为低阶虚容器和高阶虚容器两类。VC-1 和 VC-2 为低阶虚容器；VC-4 和 AU-3 中的 VC-3 为高阶虚容器；若通过 TU-3 把 VC-3 复用进 VC-4，则该 VC-3 应归于低阶虚容器类。

3. 支路单元和支路单元组(TU 和 TUG)

支路单元(TU)是提供低阶通道层和高阶通道层之间适配的信息结构，它由信息净负荷(低阶 VC)和指示净负荷帧起点相对于高阶 VC 帧起点偏移量的支路单元指针(TUPTR)组成，有 4 种支路单元，即 TU-11、TU-12、TU-2 和 TU-3。

在高阶 VC 净负荷中固定地占有规定位置的一个或多个 TU 的集合称为支路单元组(TUG)。VC-4/3 中有 TUG-3 和 TUG-2 两种支路单元组。

4. 管理单元和管理单元组(AU 和 AUG)

管理单元(AU)是提供高阶通道层和复用段层之间适配的信息结构，它由信息净负荷(高阶 VC)和指示净负荷帧起点相对于复用段起点偏移量的管理单元指针组成，有 AU-3 和 AU-4 两种管理单元。

在 STM-N 的净负荷中固定地占有规定位置的一个或多个 AU 的集合称为管理单元组(AUG)，一个 AUG 由一个 AU-4 或 3 个 AU-3 按字节交错间插组合而成。

(三)基本复用映射步骤

把支路信号复用成 STM-1 成帧信号的复用过程分为映射、定位和复用 3 个步骤。

1. 映射(装进虚容器)

映射是一种 SDH 网络边界处使支路信号适配装进相应虚容器 VC 的过程，其实质就是使各种支路信号与相应的虚容器 VC 容量同步，以便使 VC 成为可以独立地进行传送，复用和交叉连接的实体。

2. 定位

定位是一种将帧偏移信号收进支路单元 TU 或管理单元 AU 的过程，即通过附加于 VC

上的 AU 指针(或 TU 指针)来指示和确定高阶(或低阶)VC 帧的起点在 AU(或 TU 帧)中的位置。在发生相对帧相位(或频率)偏差使 VC 帧起点位置浮动时,指针值亦随之增加或减少,进行灵活动态定位,以确保指针值始终准确指示 VC 在 AU(或 TU)帧中的起点位置,因此定位依靠 TUPTR 和 AUPTR 功能加以实现的。

3. 复用

复用是一种使多个低阶通道层信号适配进高阶通道或将多个高阶通道层信号适配进复用层的过程,基本方法是字节间插,也称为正码速调整,它是利用位于固定的字节塞入值来显示塞入的字节究竟载有真实数据还是伪数据,可以允许端复用净负荷有较大的频率差异(异频式),具体复用过程是由一些基本复用单元组成若干中间复用步骤进行的。

(四)SDH 的等级速率

到目前为止,ITU-TG. 707 为 SDH 规定了一套标准化的速率等级结构,称为同步传送模块(STM),包括 STM-0、STM-1、STM-4、STM-16、STM-64、STM-256,6 个等级,其中 STM-1 是基本传送模块。各等级的速率值见表 2-8。

表 2-8　SDH 速率等级

等级	STM-0	STM-1	STM-4	STM-16	STM-64	STM-256
速率(kbit/s)	5 1840	155 520	622 080	2 488 320	9 953 280	39 813 120

(五)SDH 保护和自愈环

SDH 传输速率高,容量大,必须充分重视生存性问题。解决这个问题的办法是对设备重要单元,光纤线路采用 1+1 或 1∶n 备份保护和对网络路由进行保护倒换。自愈是生存性网络最突出的要求。所谓自愈,是指网络对于某些局部失效具有无需人为干预就能自动倒换到替代路由,重新配置业务,保持通信的能力。

SDH 网的自愈保护方法从网络功能结构划分,可以分为路径保护和子网连接保护。

1. 路径保护

当工作路径失效或性能劣于某一指定水平时,工作路径将由保护路径所代替。路径终端可以提供路径状态的信息,而保护终端则提供受保护路径状态的信息。这两种信息是保护启动的依据。路径保护是一种复用段或数字段保护(MSP)。

最简单但成本较高的路径保护是线型 1+1 或 1∶n 备份保护。例如设备重要单元(电路板)的 1+1 主/备份保护,或一般单元 1∶n 备份保护,光纤的 1+1 或 1∶n 备份保护等。这些保护要利用 K1、K2 复用段开销字节以及相关的自动保护倒换(APS)规约。

网络节点连成环形可以改善网络的生存性和性能价格比。因此,效率较高的路径保护是环形网保护。

2. 子网连接保护(SNCP)

当工作子网连接失效或性能劣于某一指定水平时,工作子网连接将由保护子网连接所代替。子网连接保护可以应用于网络内的任何层,被保护的子网连接可以进一步由低等级的子网连接和链路连接级联而成。通常,子网连接没有固定的监视能力,因而子网保护方案可以进一步用监视子网连接的方法来表示。

SDH 复用设备可在一条光纤上开通众多的通道。所以一个物理光纤网可视为众多的逻辑通道子网的组合。因此,通道保护是一种子网保护,也有线型和环型等保护方式,并可在不同等级的 VC 通道上实施。

3. SDH 自愈环

SDH 光传输网普遍采用自愈环(SHR)保护。表 2-9 列出了 SDH 自愈环的常用结构。

表 2-9　SDH 自愈环的常用结构

类　型	复用段保护环			通道保护环			
环向	双向		单向	双向		单向	
光纤数	二纤	四纤	二纤	二纤		二纤	
保护方式	线路保护			1+1	1:n	m:n	1+1

(1)复用段保护环(MSP)

复用段保护是对光缆线路系统的保护,而环路保护可自然实现工作路由和保护路由为不同物理路由的要求。

① 二纤单向复用段专用保护环(MS-USHR/L-DPR)

二纤单向复用段专用保护环的结构如图 2-53 所示。各节点仅从工作光纤 S1 中分插信道,保护光纤 P1 平常是空闲的,因而是 1+1 专用保护。

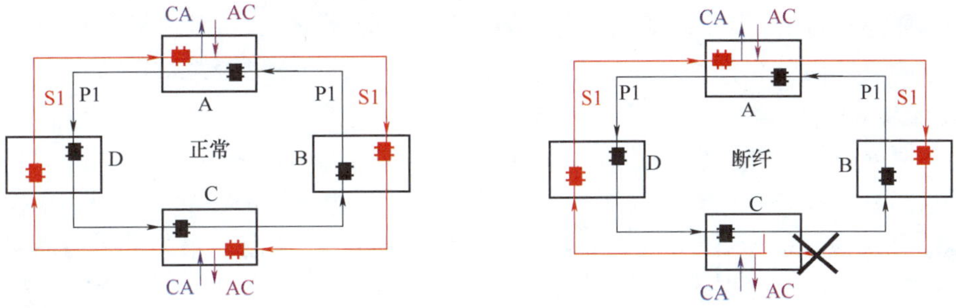

图 2-53　二纤单向复用段专用保护环

环上每一个节点在支路信号分插功能单元前都有一个保护倒换开关。正常情况下,信号仅仅在 S1 光纤中传输,而 P1 光纤是空闲的。如从 A 到 C 的信号 AC 经 S1 过 B 到 C,而从 C 到 A 的信号 CA 也经 S1 过 D 到 A。当 B、C 节点间光缆被切断时,切断点两边的两个节点(B、C)执行环回功能。此时,从 A 到 C 的信号 AC 经 S1 到 B 后,被环回到保护光纤 P1,通过 A、D 到达 C。而信号 CA 仍经 S1 传输。故障排除后,倒换开关再返回原来位置。

这种线路环回保护,系统较简单、要求自动保护倒换(APS)协议、倒换时间短于 50 ms,带宽不能再利用,无额外工作能力。

② 二纤双向复用段共享保护环(MS-BSHR/2-SPR)

二纤双向复用段共享保护环的结构如图 2-54 所示。

它利用时隙分配技术将一根光纤的一半时隙作为工作通道 S1,另一半时隙作为占据另一根光纤一半时隙的工作通道 S2 的保护通道 P2,并把这根光纤称为 S1/P2 纤。因此,在 S1/P2 和 S2/P1 两根光纤中,S1 和 P2,S2 和 P1 通道的传输方向是相同的。

当 BC 段光纤全部被切断时,在 B、C 节点分别将 S1/P2 光纤与 S2/P1 光纤沟通,各工作通道从原来的光纤环回到另一根光纤中自己的保护通道内,反方向迂回地通达目的节点,以维持通信。故障排除后,再倒回正常情况。

这种保护环因为有一半容量用作保护通道,其复用段实际容量仅为光系统容量之半。但

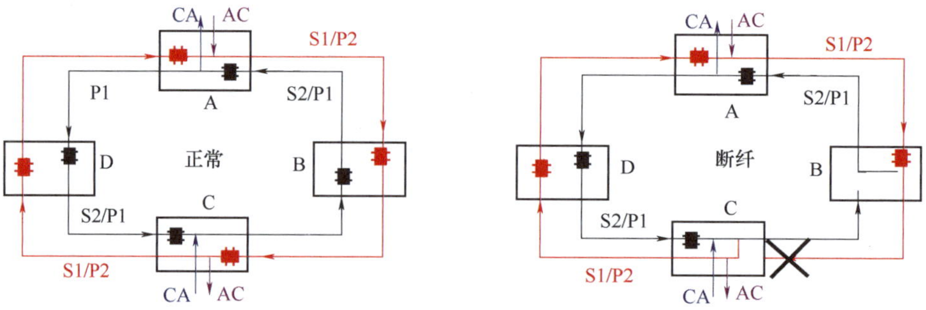

图 2-54　二纤双向复用段共享保护环

是,比如说当 A、B 间满容量通信时,B、C 间,C、D 间和 C、A 间仍可独立地进行满容量通信。即如果二纤双向复用段保护环上各节点仅与相邻节点通信而无跨节点通信,则它们都能共享 STM-N 的一半通信容量,因此称为共享保护环。

这种保护环的无跨节点通信总容量为各 ADM 段内的容量之和,即光系统容量的 $M/2$ 倍[$(M/2)\times$STM-N],而保护的可靠性相当于 1:M,M 为环上节点数目。当有跨节点通信时,环的总容量在(STM-$N/2$)和[$(M/2)\times$STM-N]之间。长途通信网中跨段和不跨段的通信兼而有之,采用二纤双向复用段共享保护环的效率较高。

二纤双向复用段共享保护环属线路环回保护,系统比较复杂、要求 APS 协议、倒换时间短于 50 ms,有共享带宽或重复利用部分带宽的能力。

③四纤双向复用段共享保护环(MS-BSHR/4-SPR)

四纤双向复用段共享保护环其实是二纤双向复用段共享保护环的翻版,即采用两根工作光纤 S1、S2 和两根保护光纤 P1、P2 来取代利用时隙分配技术把一根光纤一分为二的做法。所以四纤双向复用段共享保护环的容量是二纤双向复用段共享保护环的两倍,并省去了时隙分配,其他特性与二纤双向复用段共享保护环相同,不再赘述。

(2)通道保护环(PP)

子网连接保护(SNCP)是可适用于各种网络拓扑结构且倒换速度快的保护方式,并能在各级 VC 通道层进行,通道保护环属于子网连接保护,包括二纤单向环和双向环。不过通常采用二纤单向通道专用保护环,如图 2-55 所示。

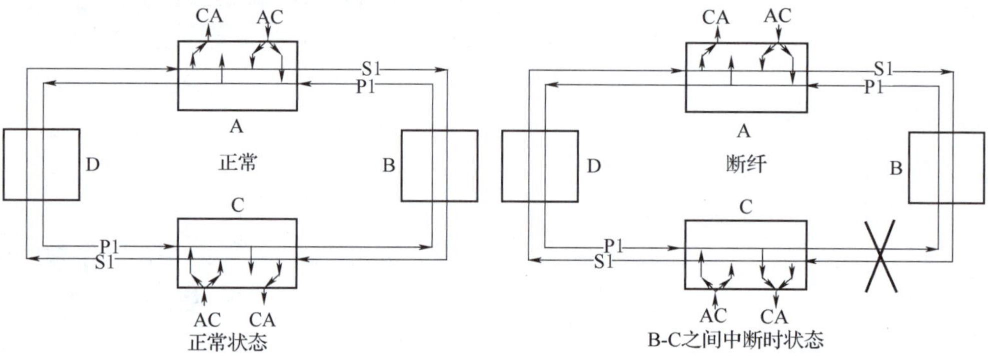

图 2-55　二纤单向通道专用保护环

二纤单向通道专用保护环采用 1+1 保护方式、“首端桥接、末端倒换”结构。一个单纤环作为双向通信工作光纤环 S1,另一单纤环作为专用保护光纤环 P1。发端业务信号桥接在双纤环上，各单纤环的信号传送方向相反。在接收端根据信号优劣选择从工作或保护光纤环上接收业务信号。

如图 2-55 所示，由 A 节点到 C 节点的信号 AC 同时从 S1 光纤环顺时针方向经 B 节点和由 P1 光纤环逆时针方向经 D 节点的两条路径到达 C 节点。由 C 节点从两路信号中择优使用。即使 B、C 间光纤切断，仍有一条路径畅通。

二纤双向通道保护环主要优点是可以保证双向业务的一致路由，这一点对于时延敏感的业务(如视频)很重要。

(六)传输系统的同步

SDH 网的同步就是 SDH 网元时钟的同步，主要涉及 SDH 网的同步结构、SDH 网的同步方式、SDH 网的同步基准链路、SDH 设备的定时方式、SDH 设备对时钟的要求以及 SDH 网同步的应用等问题。

1. 同步和同步网

同步是指信号之间在频率或相位上保持某种严格的特定关系，就是它们相对应的有效瞬间以同一平均速率出现。在数字通信网中，设备间的不同步会导致码元的丢失或重复，出现滑动损伤。

为了支撑数字通信网，需要一个给各种数字通信设备提供高准确度的定时基准的支撑网——数字同步网，简称同步网。同步网由节点时钟和同步链路组成，节点时钟和同步链路可以使用 SDH 设备。我国数字同步网分为 3 级。

(1)一级节点时钟

一级节点时钟采用一级基准时钟。目前我国同步网内的基准时钟有两种，一种是含铯原子钟的全国基准时钟(PRC)，它产生的定时基准信号通过定时基准传输链路送到各省中心。另一种是在同步供给单元上配置全球定位系统 GPS(或其他卫星定位系统)组成的区域基准时钟(LPR)，它也可接受 PRC 的同步。原则上每个同步区应有一个 LPR，并为加强可靠性，有条件时可以设置主备用两个 LPR。我国数字同步网以 PRC 产生的定时信号做为同步网定时基准的根本保证，在条件不完备的情况下，可以首先同步于 GPS 定时信号，在 GPS 定时信号不可用时，同步于来自 PRC 的定时基准信号。

(2)二级节点时钟

二级节点时钟采用加强型二级时钟。各省的长途通信楼内应设置加强型二级时钟，在地、市级长途通信楼和汇接长途话务量大的、重要的汇接局(例如有图像业务、高速数据业务、No. 7 STP 等)亦应设置加强型二级时钟。

(3)三级节点时钟

除采用加强型二级时钟的主要汇接局以外，其他汇接局应设置加强型三级时钟，端局根据需要(例如有高速数据业务、SDH 设备等)也可以设置加强型三级时钟。

现阶段，铁路通信的数字同步网采用准同步和等级主从同步的混合同步方式组网。网络由多个基准时钟控制，基准时钟之间按准同步方式运行。每个基准时钟控制的节点时钟采用等级主从方式同步。

网同步是指网络中网元实现同步的方法，与同步网是两个不同的概念。所以，SDH 网同步就是指 SDH 网络中的各个网元实现同步的方法。

2. SDH 网同步

SDH 网的同步方式和数字同步网有关。SDH 网的同步方式有 4 种：全同步方式、伪同步方式、准同步方式和异步方式。SDH 网的传输性能也因不同的同步方式而受到影响。

(1)全同步方式

网络中的所有时钟都能最终跟踪到唯一的主基准时钟(PRC)。在这种运行方式中,SDH 指针调整只是随机发生的罕见事件。该方式是 SDH 网的正常工作方式。

(2)伪同步方式

当网络中有两个以上都遵守 G. 811 建议要求的基准时钟(主基准时钟 PRC 或区域基准时钟 LPR)时,网络中的从时钟可能跟踪于不同的基准时钟(PRC 或 LPR),形成几个不同的同步网(区)。由于各个基准时钟的频率之间会有一些微小的差异,因而在不同同步网(区)边界的网元会出现频率或相位差异,从而引起指针调整。这是国际网络之间,或者不同的经营者网络之间的正常运行方式。

(3)准同步方式

当网络中有 1 个或多个网元时钟的同步路径和备用路径都不能使用时,网元时钟将进入保持模式或自由运行模式,如果丢失同步的网元是执行异步映射功能的 SDH 输入网元,该网元时钟频率偏差(offset)和频率漂移(drift)将会导致整个 SDH 网络连接中各个网元持续地进行指针调整;如果丢失同步的网元是 SDH 网络连接的最后一个网元(或者是倒数第二个网元,而最后一个网元处于被控制状态,例如包含 1 个环路定时复用器),则 SDH 网络输出仍将发生指针调整;如果丢失同步的是中间网元,只要输入网关仍然处于和 PRC 保持同步状态,中间网元的指针调整将被该连接中下一个仍处于同步状态的例元“纠正”,从而最后的输出网元不会发生指针调整。

(4)异步方式

当时钟出现大的频率偏差时,网络就工作于异步方式。如果时钟频率准确度低于 G. 813 建议的 SEC 要求时,SDH 网络不再维持正常业务,而将发送 AIS,AIS 的频率准确度只有±20 ppm。

3. SDH 设备的定时工作方式

SDH 设备在网中的不同应用配置,可以有下述 5 种不同的定时工作方式。

(1)外同步输入定时(简称外定时)

SDH 设备时钟的定时基准由外部定时源供给,可能有 3 种类型输入。

① G. 703 建议外同步接口

SDH 设备的外同步接口可以有两种选择,即 2 048 kHz 和 2 048 kbit/s,但优先选用 2 048 kbit/s,具体接口要求应符合 G. 703 建议。如需要同步状态消息字节(SSMB),还应符合 G. 704 和 G. 706 建议有关 CRC-4 帧的规定,参见 GB/T 7611—2001《数字网系列比特率电接口特性》。

② G. 703 建议支路接口

通常为 2 048 kbit/s,符合 G. 703 建议。某些应用场合,SDH 设备的 2 048 kbit/s 接收支路承载基准同步信号(例如来自受 PRC 同步的程控交换机输出 2 048 kbit/s 信号),可以使用这种方式。

③ STM-*N* 接口

随着 SDH 网的发展,STM-*N* 定时源接口的类型将逐渐增多,从而有条件采用这种接口输入。如果 SDH 设备所在局内有 LPR 或 BITS,则优先选用来自 LPR 或 BITS 外同步输入定时信号。

(2)通过定时

SDH 设备输出的 STM-*N* 信号的发送时钟从同方向终结的 STM-*N* 输入信号中提取。通常再生器采用通过定时方式。

(3)环路定时(又称自定时)

SDH 设备输出的 STM-*N* 信号的发送时钟从相应的 STM-*N* 接收信号中提取。术语“环路定时”容易和“定叫环路”混淆,可采用术语“自定时”代替。这种简单的定时方式适用于没有外同步接口的星状网边沿网元配置。

(4)线路定时

SDH 设备所有输出的 STM-*N*(东)和 STM-*N*(西)信号的发送时钟都将同步于从某一特定的接收 STM-*N* 信号中提取的定时信号。通常没有条件采用外同步输入定时方式的 ADM 采用这种方式。

(5)内部定时

SDH 设备都具有内部定时源,当所有外同步源都丢失时,可使用内部定时方式。当内部定时源具有保持功能时,首先工作于保持模式,失去保持后,还可工作于自由运行(振荡)模式。当内部定时源无保持功能(如再生器)时,只能工作于自由运行(振荡)模式。

4. SDH 网的同步与指针调整

SDH 网允许个别网元失去同步,这种情况出现的频差由指针定期调整进行频率校准。

SDH 网载送的业务信号可以是同步的(同步净荷),也可以是不同步的(异步净荷)。不同步的信号用异步映射方式进入 VC,并采用比特填充的方法适配速率。

在 SDH 复用机制中涉及同步的技术有:比特填充、滑动缓冲存储器、指针处理。

其中比特填充和滑动缓冲存储器在其他技术领域,如 PDH 网和数字电话网中早有使用,唯有指针处理是 SDH 网所特有的。

5. SDH 定时环路

(1)定时环路的产生

从定时可靠性考虑,一个 SDH 设备可能需要设置一个以上定时基准源,分别设置为第一基准(P)和第二基准(S)。当出现故障时,部分设备可能倒换到从第二基准取得定时信号,如果第二基准设置不当就可能产生定时环路。正确的设置能保证在正常运行情况下(各设备从第一基准获得定时信号时)不会出现定时环路。

(2)防止定时环路的方法

为防止形成定时环路,可采取下列措施实现:

① 对每一个设备时钟来源设置合理的优先级,按优先次序选择,当高优先级定时信号可用时,就不选低优先级定时信号。

② 合理使用 STM-*N* 信号中开销——同步状态消息字节 S1,使每个设备通过查收 S1 了解是否可以用做定时基准,这不仅能有效地防止产生定时环路,也可以用来防止由低等级的定时基准同步高等级时钟。

③ 对于不提供 S1 字节的老设备,只设置主用同步链路,不设置备用链路,如果主用同步链路失效,SEC 就转入保持工作状态,这样也可以防止产生定时环路。

(3)定时环路的发现

当形成定时环时,环中各网元时钟频率将正、负漂移,导致指针负、正调整。所以可以通过监视指针异常调整来发现定时环路并予以重新设置。

三、传输系统的网络结构

网络的物理拓扑泛指网络的形状，即网络中的传输节点和传输线路的连接方式。网络的安全性、可靠性和经济性与传输网络的物理拓扑有关。

SDH 传输网络的基本物理拓扑有 5 种类型：链型、星型、树型、环型和网型。如图 2-56 所示。

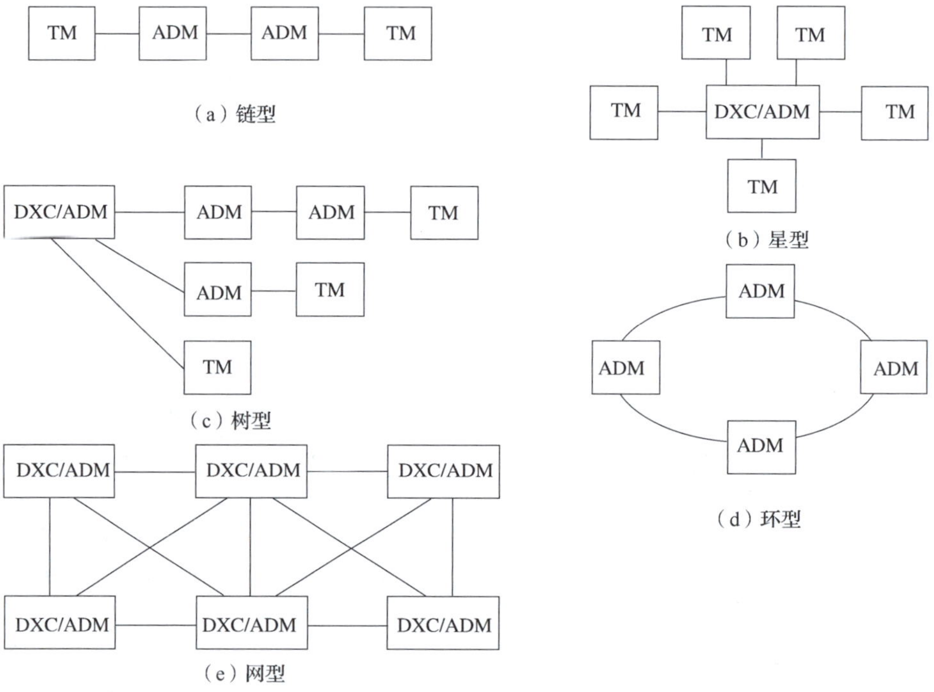

图 2-56　SDH 网络基本物理拓扑类型

1. 链型

链型拓扑是将网络中各节点一一串联，并保持首尾两个节点开放的网络结构，如图 2-56(a)所示。在链型网络的两端节点上配置可以配置 TM(终端复用网元)设备，而中间节点需要配置 ADM(分插复用网元)设备。

链型拓扑的优点是结构简单，便于采用线路保护方式进行业务保护，投资小、容量大，具有良好的经济效益，因此很多地区采用此种结构来建立 SDH 网络。其缺点是生存性差，当光缆完全中断时，线型网络不具备保护功能，网络中部分业务就会中断，对于重要业务一般不建议采用链网络承载。

2. 星型

星型拓扑结构如图 2-56(b)所示。在星形拓扑结构中，枢纽节点即中心节点之外的任意两个节点之间的通信，都必须通过枢纽节点才能进行业务调度，因而一般在枢纽节点配置容量较大的 DXC(数字交叉连接网元)或 ADM 以提供多方向的连接，而在其他节点可以配置 TM。

星型拓扑结构要求枢纽节点具有很强的业务处理和调度能力，以疏导各节点之间的通信业务电路。星型拓扑网络结构的特点是投资和运营成本较低，但枢纽节点上的业务过分集中，并且只允许采用线路保护方式，因此系统的可靠性不高。目前星型拓扑多使用在业务集中的接入网中。

3. 树型

树型拓扑如图 2-56(c)所示，它可以看成是线型拓扑和星型拓扑的结合。这种拓扑结构适合于广播式业务，但存在瓶颈问题和光功率预算限制问题。它不适于提供双向通信业务，有线电视网多采用这种结构。

4. 环型

环型拓扑是指将所有网络节点串联起来，并且使之首尾相连接，构成一个封闭环路的网络结构，如图 2-56(d)所示，通常在环形结构中的各节点上可选用 ADM，也可选用 DXC 来作为节点设备。

这种网络结构的一次性投资要比线性网络大，但其结构简单，而且在系统出现故障时，具有自愈功能，即系统可以自动地进行环回倒换处理，排除故障网元和线路，而无需人为的干涉就可以恢复业务功能。这对现代大容量光纤网络是至关重要的，因而环型结构受到人们的广泛关注。

5. 网型

网孔型拓扑是指若干个网络节点直接互联的网络结构，如图 2-56(e)所示。网型结构将所有网元节点两两相连。这种网络拓扑为两网元节点间提供多个传输路由，使网络的可靠更强，不存在瓶颈问题和失效问题。但是由于系统的冗余度高，必会使系统有效性降低，成本高且结构复杂。网孔型网主要用于长途网中，以提供网络的高可靠性。

综上所述，所有这些拓扑结构都有各自的特点，在网络中都有可能获得不同程度的应用。一般来说本地网中，适用于环型和星型拓扑，有时也用链型拓扑结构。目前用得最多的网络拓扑是链型和环型，通过它们的灵活组合，可构成更加复杂的网络。

四、SDH/MSTP 传输系统的设备组成和功能

SDH 要实现不同厂家的产品的横向兼容，就需要对 SDH 设备的实现进行规范。ITU-T 采用功能参考模型的方法对此进行规范，它将设备所应完成的功能分解为各种最基本的标准功能块，功能块的实现与设备的物理实现无关(以哪种方法实现不受限制)。不同的设备由这些基本的功能块灵活组合而成，以完成设备不同的功能。通过基本功能块的标准化，来规范设备的标准化，同时也使规范具有普遍性，其描述也清晰简单。

SDH 设备是由功能块的物理实现的组合而成。SDH 的常见网元终端有复用网元(TM)、分插复用网元(ADM)、再生中继网元(REG)、数字交叉连接网元(DXC)。SDH 复用设备通用逻辑功能块组成框图如图 2-57 所示。

信号流程如下。

140 Mbit/s 信号：140 Mbit/s 的 PDH 信号从设备 Y 参考点(Y 参考点的接口标准为 G. 703)进入，依次经过 Y→X→H→G→F→E→D→C→B→A 复合成 STM-N 的 SDH 信号从 A 点输出；反方向，线路上的 STM-N 信号从设备的 A 参考点(接口为 G. 957/G. 691 光接口或 G. 703STM-1 电接口)进入设备，依次经过 A→B→C→D→E→F→G→H→X→Y 拆分成 140 Mbit/s的 PDH 信号。

2 Mbit/s 信号：2 Mbit/s 的 PDH 信号从设备 M 参考点(M 参考点的接口标准为 G. 703)进入，依次经过 M→L→K→J→I→H→G→E→D→C→B→A 复合成 STM-N 的 SDH 信号从 A 点输出；反方向，线路上的 STM-N 信号从设备的 A 参考点进入，经过 A→B→C→D→E→F

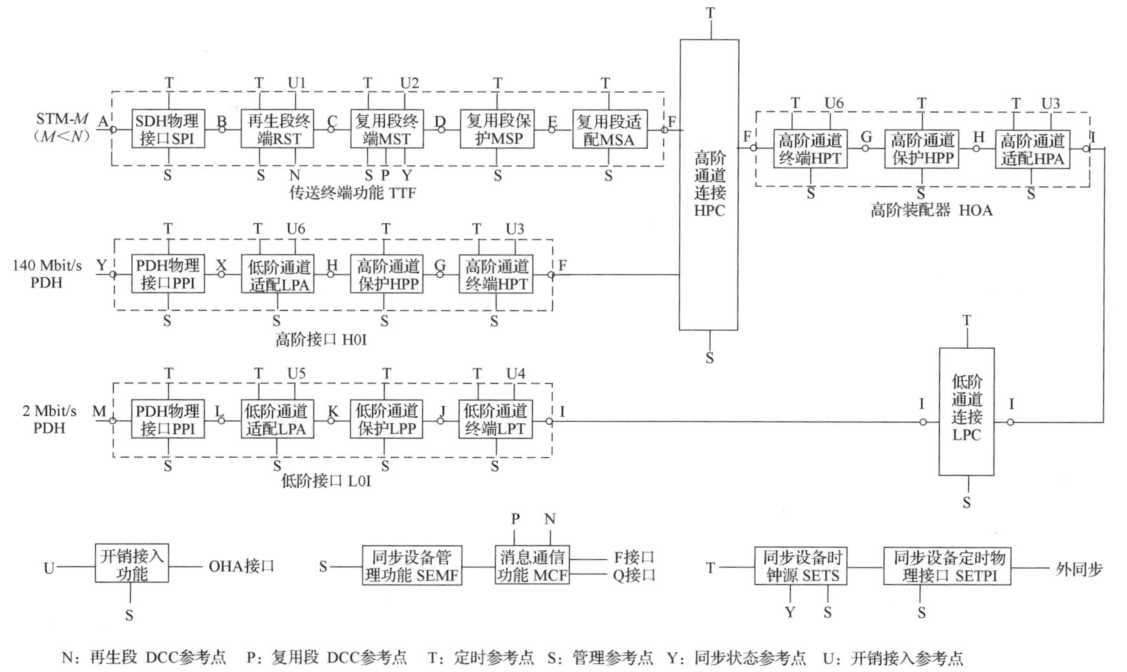

图 2-57 SDH 复用设备通用逻辑功能块组成框图

→G→H→I→J→K→L→M 拆分成 2 Mbit/s。34 Mbit/s 的 PDH 信号处理流程与 2 Mbit/s 信号一样。

STM-*M* 信号：STM-*M* 信号从设备 A 参考点进入，依次经过 A→B→C→D→E→F 变成 VC-4 的信号，经过高阶通道连接 HPC 后，经过另一条路径的 F→E→D→C→B→A 参考点，从另一个 A 参考点输出 STM-*N* 的信号。复合成 STM-*N* 的 SDH 信号从 A 点输出；反之亦然。

其中 SPI、RST、MST、MSP、MSA 可以复合成传送终端复合功能模块 TTF；PPI、LPA、HPP、HPT 复合成高阶接口复合功能模块 HOI；PPI、LPA、LPP、LPT 复合成低阶接口复合功能模块 LOI；HPA、HPP、HPT 复合成高阶装配器复合功能模块 HOA。

(一)终端复用网元(TM)

TM 的作用是将低速支路信号 PDH、STM-*M*(*M*<*N*)交叉复用成高速线路信号 STM-*N*。因为有 HPC 和 LPC 功能块，所以 TM 有高、低阶 VC 的交叉复用功能。如图 2-58 所示是 TM 的功能示意图。

(二)分/插复用网元(ADM)

ADM 的作用是将低速支路信号(PDH、STM-*M*)交叉复用到东/西向线路的 STM-*N* 信号中，以及在东/西线路的 STM-*N* 信号间进行交叉连接。如图 2-59 所示是 ADM 的功能示意图。

(三)再生中断网元(REG)

REG 的作用是完成信号的放大再生整形，将东/西侧的 STM-*N* 信号传到西/东侧线路上去。注意：此处没有交叉功能。如图 2-60 所示是 REG 的功能示意图。

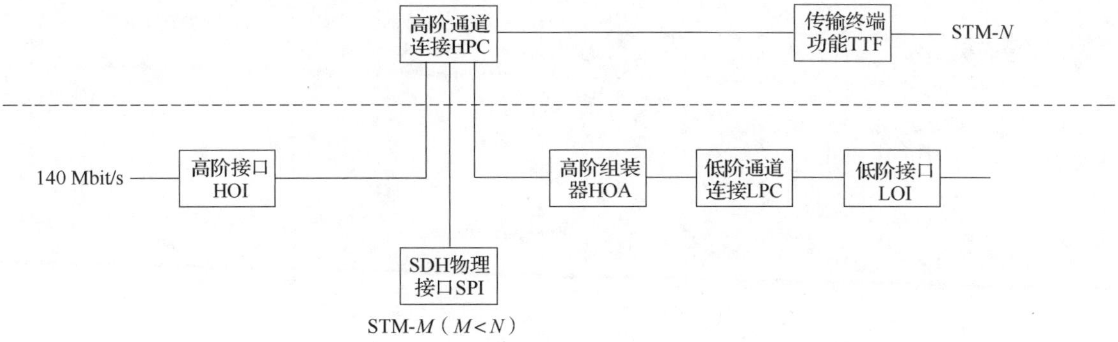

图 2-58　TM 的功能示意图

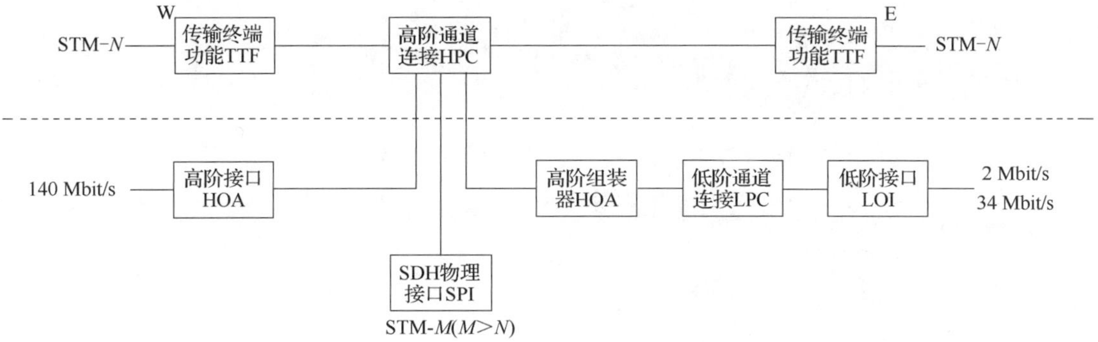

图 2-59　ADM 的功能示意图

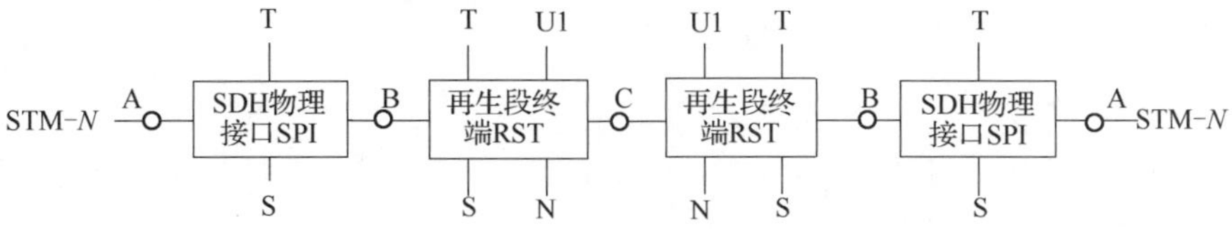

图 2-60　REG 的功能示意图

（四）数字交叉连接网元（DXC）

DXC 的逻辑结构类似于 ADM，只不过其交叉矩阵的能力更强大，能完成多条线路信号和多条支路信号之间的交叉（比 ADM 的交叉能力要强大得多），如图 2-61 所示。

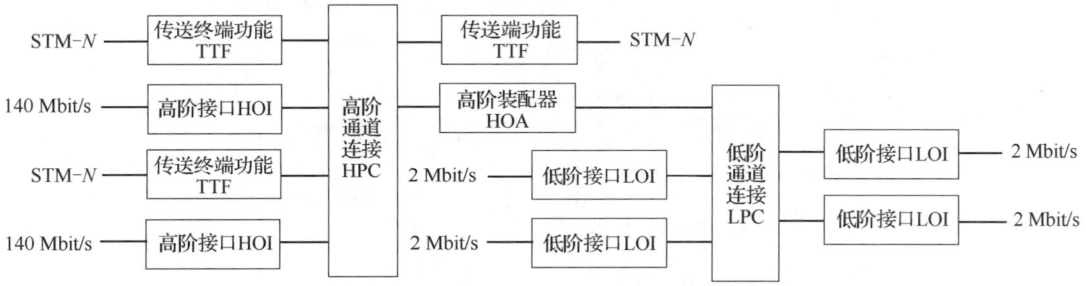

图 2-61　DXC 的功能示意图

思考题

1. 通信系统分为哪几类?
2. 通信网由哪些设备组成?
3. 通信网分为哪几类?
4. 在传输系统中,采用了哪几种复用技术?
5. SDH 的优点缺点有哪些?

复　习　题

1. 对照所在局现行有效的《行规》,找出其中与通信相关的内容。
2. 简述 IP 地址的分类及划分方法。
3. 什么是子网掩码?
4. 铁路数据网采用什么技术,实现对不同业务系统的隔离?
5. 列出综合视频监控系统常见的存储网络类型。
6. 简述综合视频监控系统的总体结构。
7. 简述目前视频会议的两个主要标准。
8. 简述会议电视终端的功能。
9. 描述传输网的分类。

第三章　相关知识

高速铁路通信网管岗位不仅要掌握本岗位的专业知识，还要了解与本岗位相关的调度集中(CTC)系统、列车运行控制系统(CTCS)防灾、SCADA、旅服等系统的基本知识。本章主要介绍 CTC 系统、CTCS 列控系统、电力/电牵 SCADA 系统、防灾监控系统、客票系统、旅服系统、道岔融雪系统的基本功能、组网结构以及它们与通信系统的关系等内容。

第一节　调度集中(CTC)系统

调度集中(CTC)系统是我国铁路保证行车安全、提高运输效率的基础装备。调度集中系统的主要功能是控制中心(调度员)对所辖区段内的信号设备进行集中控制，对列车运行进行直接指挥、管理。

CTC 系统采用计算机分布式网络控制技术、信息处理技术，车站自律机故障—安全技术；采用双通信网冗余结构和数据库服务器、应用服务器、通信前置服务器双机热备结构。CTC 系统将列车运行调整计划由调度指挥中心下传到各个车站自律机中自主自动执行；在列车运行调整计划的基础上，能解决列车作业与调车作业在时间与空间上的冲突，实现列车和调车作业的统一控制。

CTC 系统设有分散自律控制和非常站控两种模式，适用于不同牵引动力、运行速度、运量、线路类型的区段与枢纽地区。

一、CTC 系统的设备构成

CTC 系统由 CTC 中心子系统、车站子系统和网络子系统组成，基本结构如图 3-1 所示。

(一)CTC 中心子系统

CTC 中心子系统结构如图 3-2 所示。

CTC 中心一般设在铁路局调度所，负责控制整个调度区段列车的运行。CTC 中心主要由数据库服务器、应用服务器、通信前置服务器、大屏显示系统、行调工作站、助理调度员工作站、综合维修工作站、CTC 维护工作站、网管工作站、打印设备、远程维护接入、TMIS 接口计算机以及局域网等设备组成。

数据库服务端一般由 2 台高性能的 64 位 RISC 服务器和磁盘阵列构成，并安装有集群软件和商业数据库。所有数据全部写在共享磁盘阵列中，保证双机切换时的数据完整和一致。

应用服务器一般由 2 台高性能 PC 服务器构成，2 台服务器互为热备，为系统的稳定运行提供保障。应用服务器是整个 CTC 系统的核心，负责整个系统的数据收发、数据处理以及数据储存等工作。

通信前置服务器一般由 2 台高性能 PC 服务器构成，2 台服务器互为热备。用于 CTC 中心和车站子系统之间的数据交换。

行调工作站一般由 2 台安装了多屏卡的工作站构成。主要完成显现监控管辖区段范围内

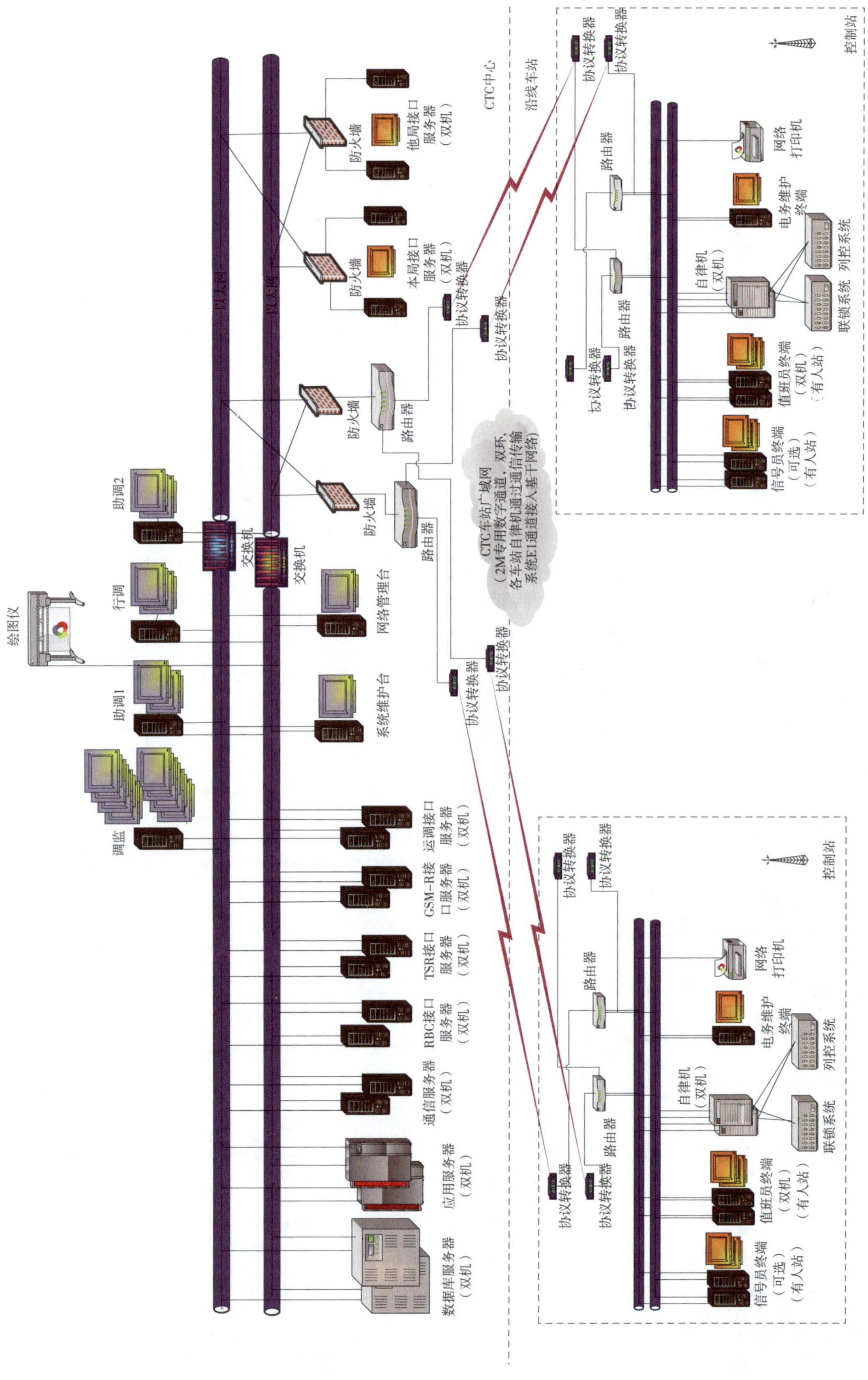

图 3-1 CTC系统基本结构示意图

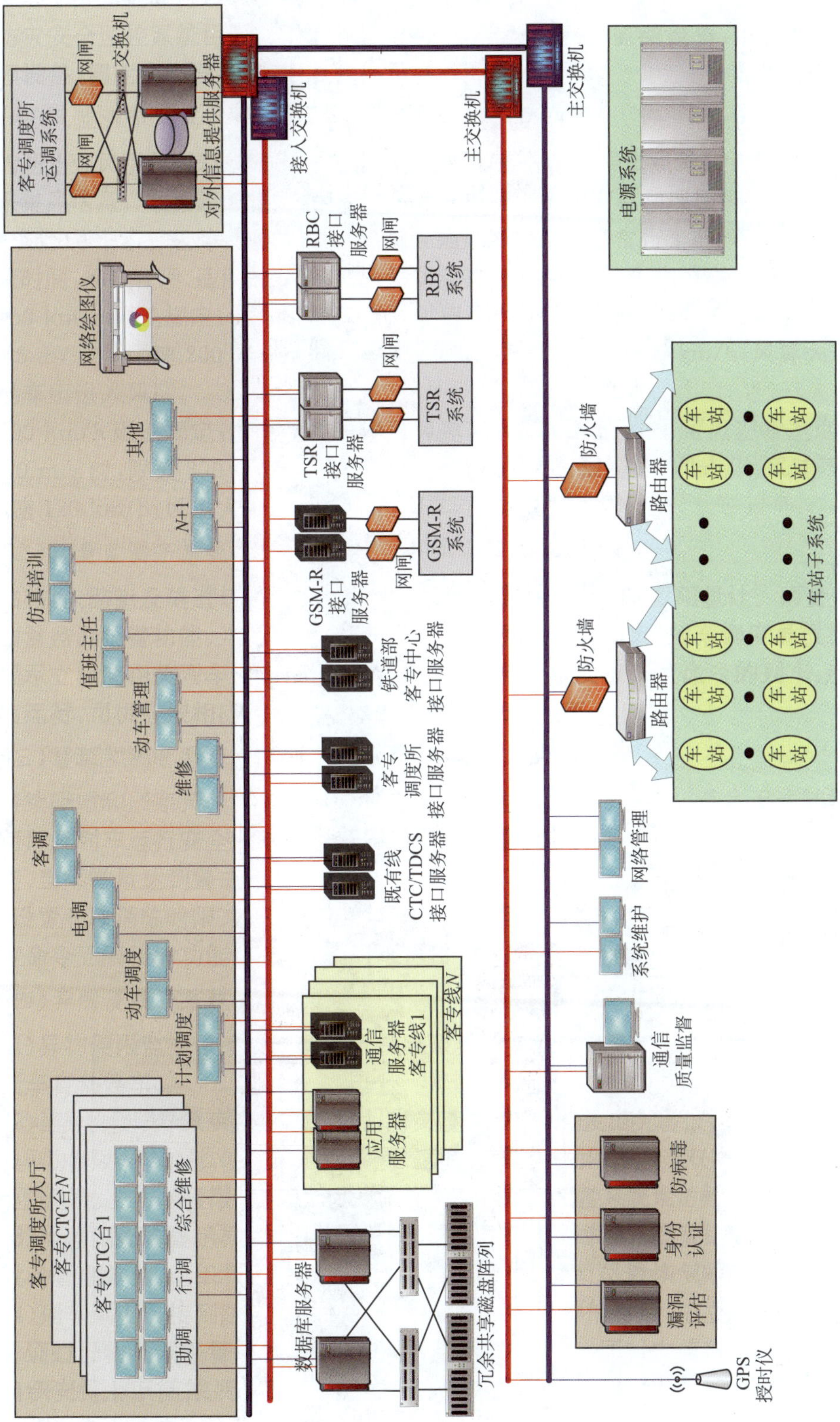

图 3-2　CTC 中心子系统结构图

列车运行位置、指挥列车运行的功能(人工编制和调整列车运行计划、调度命令的下达、与相邻区段行调台交换信息),为CTC系统提供详细的列车会让方案,是分散自律调度集中系统完成自动控制功能的主要依据。

助理调度员工作站一般由高性能PC工作站构成,主要实现调度所人工进路操作控制、闭塞办理、区段解锁、非常处理等功能。同时还可实现无人车站调车作业计划的编制、调整、指挥以及在自律约束条件下的调车进路人工办理等调车相关功能。

CTC维护台一般是由高性能PC工作站构成,主要用于系统设置、调试和技术支持。在授权的情况下,具有远程维护与技术支持功能。同时具有监视系统运行状况的功能,对系统、现场设备运用情况,操作命令,报警信息进行记录、分析、回放、输出和打印。

综合维修工作站由高性能PC工作站构成,主要用于设备日常维护、"天窗"修、施工以及故障处理方面的登、销记手续办理,并具有设置临时限速,区间、股道封锁等功能。

大屏显示系统由高性能工业控制计算机、多串口卡、驱动卡、驱动分机构成,用于显示车站站场作业情况和区间列车运行情况等信息。通过观察大屏,行车调度指挥人员可以清晰地掌握各自负责的调度区段内列车或车列的运行情况。

TMIS接口计算机是由PC工作站构成,通过USB接口与机房中的TMIS终端交换数据。

网络设备主要包括2台高性能路由器、2台高性能交换机、网络协议转换器和网络防火墙。

电源设备主要包括可以转换2路电源的电源屏和2台构成双机热备的10 kVA不间断电源。

(二)车站子系统

CTC车站子系统是CTC系统的重要组成部分,它是整个网络系统的基本功能节点。车站子系统根据列车运行调整计划完成进路选排、冲突检测、控制输出和状态显示等核心功能。

车站子系统主要包括车务终端(值班员工作站、信号员工作站)、CTC电务维护机、车站自律机、网络设备、电源设备和防雷设备等。车务终端设备,用于线路状态的显示和排列进路等,设置在车站运转室。电源、交换机、自律机、路由器、协议转换器、CTC电务维护机等设备设置在车站机械室。如图3-3所示。

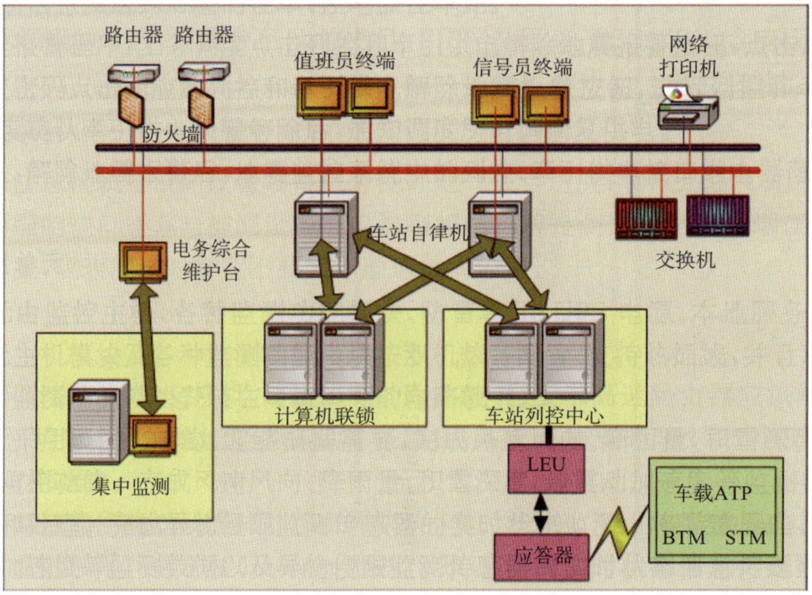

图3-3 CTC车站结构图

客运专线根据车站大小及控制方式的不同设置为两种类型。一种是车站规模较大，作业量较大的车站，设置的车务终端包括值班员终端及信号员终端，如图 3-3 所示。另一种车站规模较小，且有可能控制方式为无人站，只保留车站值班员终端，不再设置车站信号员终端。

（三）CTC 数据网

CTC 系统独立组网，采用双网结构。CTC 数据通信以太网采用 E1 专用数字通道，用于 CTC 中心与车站子系统之间的信息传输。

CTC 系统独立组网，设计为双层网，包括 CTC 中心的双局域网、车站的双局域网及相互间的双 E1 专用数字通道网络等，如图 3-4、图 3-5 所示。

CTC 中心的所有服务器和工作站都配有两块网卡，分别连接到两台交换机上，组成两个局域网。CTC 中心的两台交换机通过网络防火墙，分别连接到两台路由器上，再与车站的广域网相接。

每两个车站之间都有两条通道连通，每个车站都有两台路由器，再组成两套由几个环构成的网络，中间没有任何的物理接口，是两个完全独立的网络。车站设备与调度所设备通过广域网进行数据交换时，根据两个广域网的通信质量选择路径，保持广域网中的传输负载平衡。

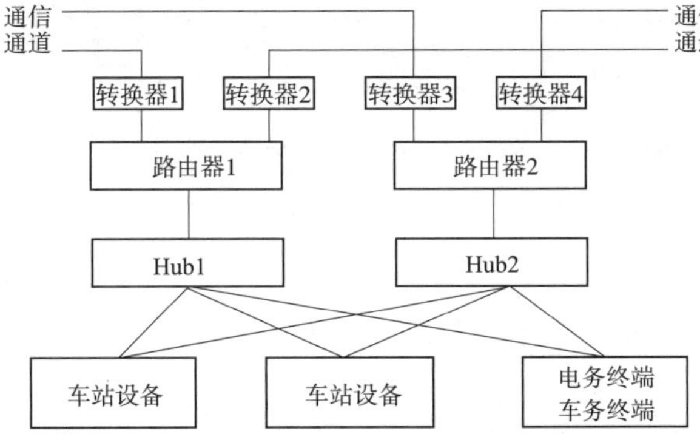

图 3-4　车站网络系统拓扑图

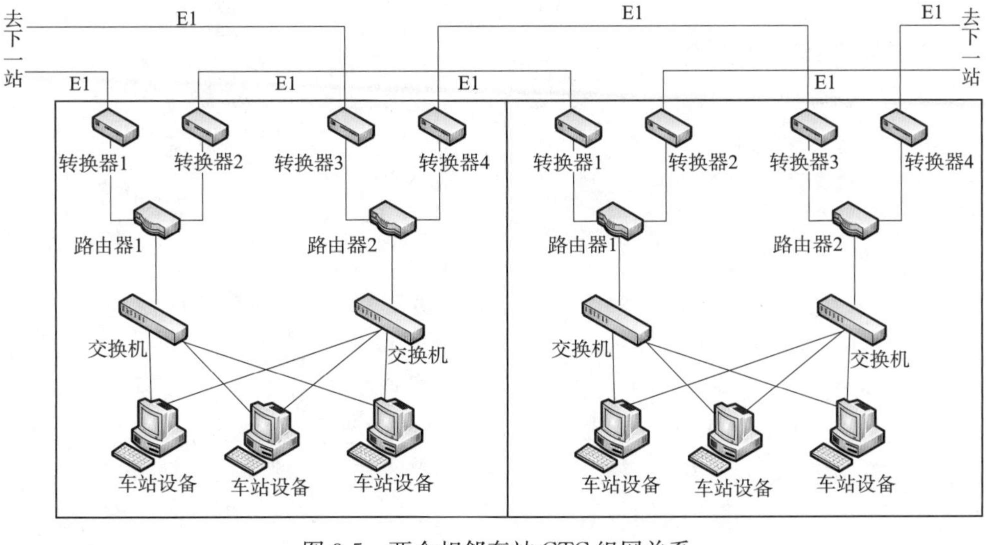

图 3-5　两个相邻车站 CTC 组网关系

二、CTC 系统基本功能

1. 实时监视站场信号设备和列车运行状态,实现站间和区段透明显示。

2. 追踪列车运行位置和到发时刻,自动描绘列车实迹运行图。

3. 利用计算机辅助编制和调整列车运行计划,实现调度指挥计算机化。

4. 通过系统网络向车站下达计划和调度命令。

5. 通过系统网络和无线通信向机车下达调度命令、调车作业单、行车凭证和接车进路预告等信息。

6. 自动编制车站行车日志,生成运统 2 和运统 3 报表。

7. 追踪列车编组状态。

8. 远程控制所有联锁设备按钮,具备列车、调车和非正常作业人工遥控功能。

9. 按照列车运行计划和车站《站细》,由自律机自动自主控制列车进路。

10. 按照调车作业计划,由自律机根据机车请求和列车运行状况,自动自主控制调车进路并对调车状况进行监控和报警。

11. 实现维修作业的综合管理和远程登、销记。

12. 具有完备的网络安全防护功能。

13. 实现 TMIS 和 TDCS 的结合和信息交换。

三、GSM-R 区段 CTC 系统与通信专业相关的业务功能

1. CTC 系统广域网,站与站之间、站与中心之间的传输通道利用通信专业的 E1 数字电路,如图 3-6 所示。当 CTC 网络物理电路出现单层网或单 E1 传输电路(或光纤)中断的时候,原则上不影响业务,通信与信号专业应密切配合、及时处理;当 CTC 网络物理电路出现双层网 E1 传输电路(或光纤)全部中断的时候,将影响 CTC 业务,通信应配合信号专业立即进行故障处理。

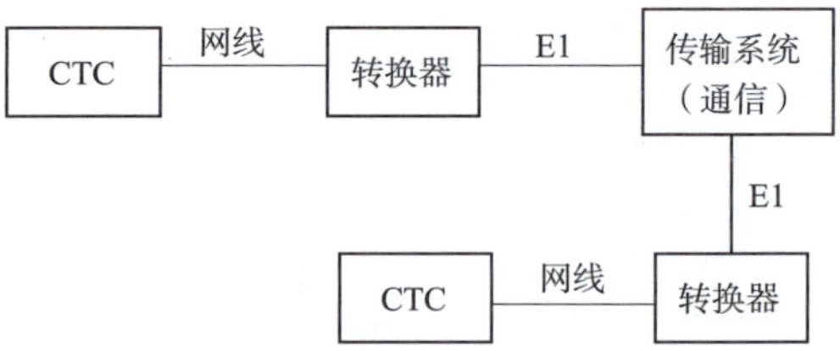

图 3-6 CTC 与通信系统连接结构图

2. CTC 系统三个业务功能——无线调度命令、无线进路预告和无线车次校核,依托 GSM-R 系统提供车地通信的传输。

(1)无线调度命令:实现调度命令的自动回执和人工签收。

(2)无线进路预告:当列车接车进路已办理,该列车驶入后方站区间内,并且该列车至本车站的区间内无其他列车就可自动发送接车进路排列情况至机车。

(3)无线车次校核:列车运行过程中,GSM-R 系统周期地(如列车运行速度大于5 km/h时每隔 30 s 发送两次,两次间隔 3～5 s)向 CTC 系统主动发送无线车次信息;CTC 系统收到无线车次信息后,根据其中的公里标检索列车位置,然后发送到相应的车站自律机,车站自律机比较两种车次号信息(GSM-R 车次号和自动跟踪车次号),完成车次号校核功能。

通信专业通过 CTC 专用接口服务器(GRIS)与信号专业 CTC 中心通信服务器连接,相互间传递调度命令信息和无线车次校核信息。通信 GRIS 可以对相关消息的收发过程和内容进行记录,并统计指定时间段内的成功率。通信专业应密切关注业务运用情况,定时统计分析相关数据,发生问题时,配合信号专业处理。

思考题

1. 简述调度集中(CTC)系统的概念。
2. 简述CTC中心通信前置服务器的功能。
3. 简述CTC车站通信网络系统的设备组成。
4. 简述GSM-R区段CTC系统与通信相关的业务功能。
5. 简述CTC系统与通信专业的关系。

第二节　列车运行控制系统(CTCS)

列车运行控制系统是我国铁路提速线路和高速铁路保证列车行车安全、提高列车运行效率的重要技术装备，以有效的技术手段对列车运行速度、运行间隔进行实时监控和超速防护，同时能够减轻司机劳动强度、改善工作条件，提高乘客舒适度。

CTCS是中国列车运行控制系统(Chinese Train Control System)的英文缩写。CTCS根据功能要求和配置划分应用等级，分为CTCS-0～CTCS-4级。本节重点讲述CTCS-3级列控系统。

CTCS-3级列控系统是基于GSM-R无线通信实现车—地信息双向传输，无线闭塞中心(RBC)生成行车许可，轨道电路实现列车占用检查，应答器实现列车定位，并具备CTCS-2级功能的列车运行控制系统。

CTCS-3级列控系统系统适应于列车最高允许运行速度350 km/h及以上，正向运行最小追踪间隔3 min。采用目标距离模式曲线监控列车安全运行，生成监控曲线所需的行车许可、线路参数、限速等信息由RBC提供，由应答器提供列车位置信息。

CTCS-3级列控系统能监控列车及调车运行；满足跨线运行的运营要求；系统设备的安全完善度等级(SIL)应达到IEC61508规定的4级。

一、CTCS-3级列控系统构成

CTCS-3级列控系统由车载设备和地面设备组成。CTCS-3级列控系统总体结构如图3-7所示。

(一)车载设备

车载设备包括：安全计算机(VC)、轨道电路信息接收单元、应答器信息传输模块及应答器天线、无线传输模块、人机界面、列车接口单元、测速测距单元、记录单元，如图3-8所示。

(1)安全计算机(VC)：根据与地面设备交换的信息来监控列车安全运行。

(2)轨道电路信息接收单元：接收轨道电路的信息。

(3)应答器信息传输模块及应答器天线：应答器信息传输模块通过与应答器天线连接，接收地面应答器的信息。

(4)无线传输模块：与GSM-R车载电台连接，实现车—地双向信息传输。

(5)人机界面：实现司机与车载设备之间的信息交互。

(6)列车接口单元：提供安全计算机与列车相关设备之间的接口。

(7)测速测距单元：接收测速传感器等设备的信号，测量列车运行速度和运行距离。

(8)记录单元：用于记录与列车运行安全有关的数据，并在需要时下载进行数据分析。

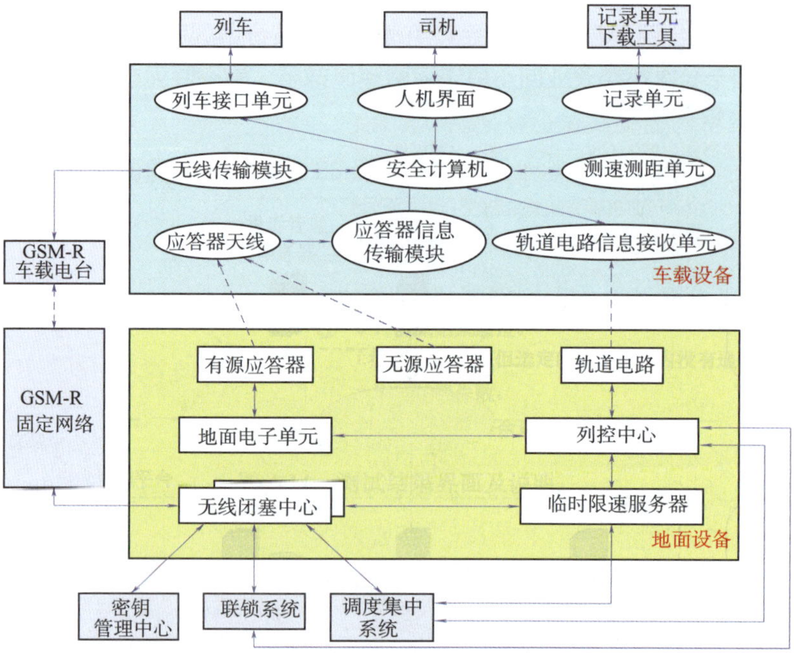

图 3-7　CTCS-3 级列控系统总体结构框图

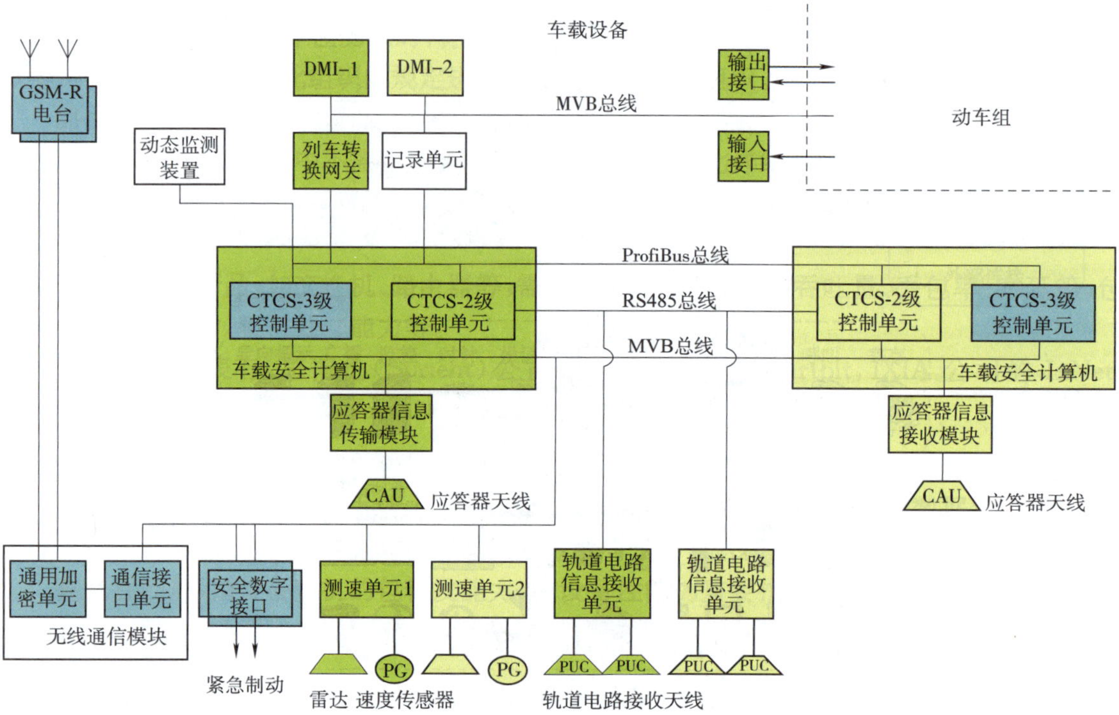

图 3-8　CTCS-3 级列控车载设备结构

（二）地面设备

地面设备包括：无线闭塞中心（RBC）、应答器、地面电子单元（LEU）、ZPW-2000 系列轨道电路、车站列控中心（TCC）、临时限速服务器，如图 3-9 所示。

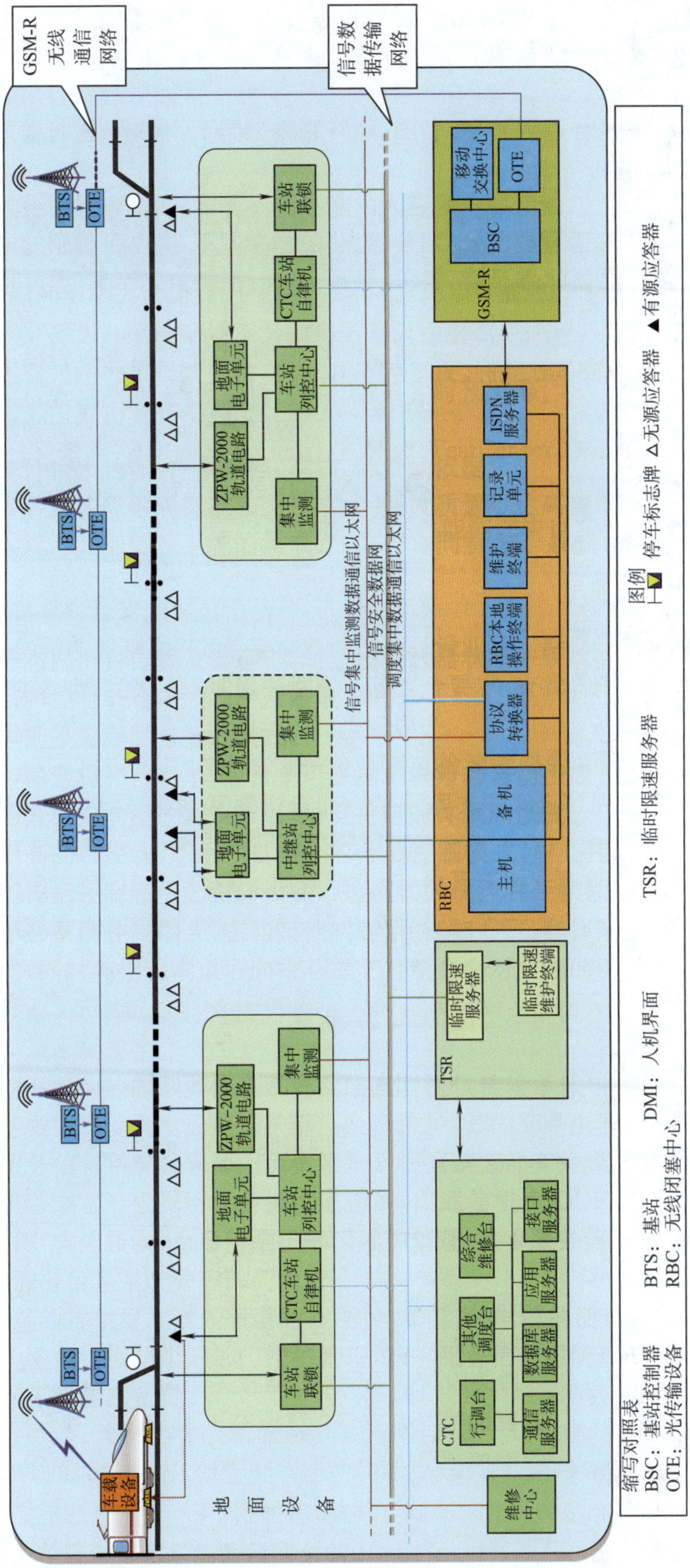

图 3-9　CTCS-3 地面设备结构图

(1)应答器:向车载设备传送报文的点式传输设备;提供上行传输链路,也就是由地面向车载设备传送消息;提供固定消息,或当与地面电子单元(LEU)连接时能提供可变消息。

应答器可按组的形式使用,每个应答器传送一个报文,所有报文的组合构成应答器组的消息。

(2)轨旁电子单元(LEU):根据地面设备提供的信息来生成应答器所要传输报文的电子设备。

(3)轨道电路:实现列车占用检查;为 CTCS-3 级后备系统提供前方空闲间隔信息。

(4)无线闭塞中心(RBC):根据外部地面设备提供的信息以及与车载设备交互的信息生成发送给列车的行车许可及线路描述信息,保证列车在 RBC 的管辖范围内的线路上安全运行。

(5)列控中心(TCC):实现轨道电路编码功能,并向 RBC 传送列车占用信息;通过 LEU 及有源应答器向 CTCS-3 级后备系统(CTCS-2 级)传送临时限速信息和进路信息。

(6)临时限速服务器:集中管理临时限速命令;分别向 RBC、TCC 传递临时限速信息。

二、无线闭塞中心(RBC)

无线闭塞中心(RBC)是 CTCS-3 级列控系统核心,是基于故障—安全计算机的控制系统,负责根据线路特性(如坡度、线路速度)、运输条件(列车间隔)和其他系统的情况(如轨道占用信息、联锁进路状态等)向列车发送速度一距离监控所需要的信息(如行车许可),并通过 GSM-R 系统传输给车载设备,保证其管辖之内列车的运行安全。

RBC 的主要功能是控制和管理 CTCS-3 级运行的列车,其功能要求如下:

(1)RBC 系统实现列车的注册与注销,并接受来自列车的位置报告和列车数据。

列车的注册与注销机制主要解决列车控制权的归属问题。RBC 可以同时管理多辆列车运行控制,实施列车的注册、注销。

无线闭塞中心对列车运行的控制是通过列车注册开始的,列车注销后,无线闭塞中心终止对列车的运行控制或将列车的运行控制权交给下一个 RBC。

(2)RBC 系统根据从联锁系统获得的信号授权(SA)和从列车获得的信息,向列车发送行车许可(MA)。

无线闭塞中心对列车的运行控制是通过向运行中的列车发送列车运行许可实现的,运行许可 MA 是列车运行的依据。

(3)RBC 系统在向列车发送行车许可的同时,发送限速、线路坡度、轨道条件、进路适宜性等信息。

(4)RBC 系统根据临时限速命令,向相关列车发送临时限速信息。

(5)RBC 系统保证通过 RBC-RBC 边界的列车获得 MA 的一致性,列车不减速通过 RBC。

(6)RBC 系统向列车提供分相区相关信息,实现自动过分相。

(7)RBC 系统接受列车的调车模式请求,并可以重新注册离开调车模式的列车。

(8)RBC 系统根据联锁或调度员的紧急停车命令,向列车发送紧急停车消息。

(9)RBC 系统记录所有的交互事件和系统状态,在记录单元中存储。

记录单元记录完整的数据包信息并保存 30 天。保存的数据不能因 R-JRU 电源掉电而丢失。当有事件发生时,R-JRU 能够及时检测到并将相应的数据保存。

(10) RBC 系统应提供安全密钥管理功能,并提供密钥管理工具。

(11) RBC 系统应具备完整的自诊断、维护、测试、管理手段。

三、信号安全数据网

客运专线信号系统安全数据网用于传输 CTCS-2 级和 CTCS-3 级列控系统、CTC 系统和联锁系统的数据，因而需要保证很高的安全性及可靠性。在数据网的组网结构上，由工业级以太网交换机设备(后简称交换机设备)构成冗余双环网，双环网间物理隔离，交换机设备间采用专用单模光纤连接。网络中包括工业级以太网交换机、路由器、光纤、ODF 架、专用的网管系统以及列控系统的通信设备。信号系统安全数据网连接，如图 3-10 所示。

双冗余环网由车站、线路所、中继站以及 RBC 机房中的交换机构成，列控中心、联锁、RBC 和 TSR 服务器接入到以太网中，设备间的通信采用以太网通信。全线所有车站的以太网交换机作为网络数据通信接入点，为信号安全设备提供网络接入。

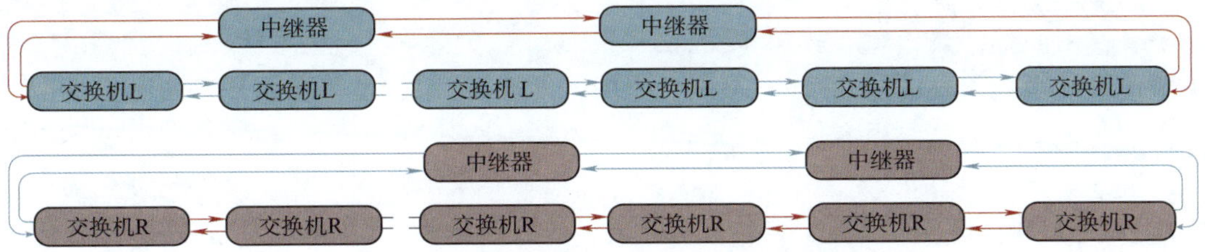

图 3-10 信号系统安全数据网连接示意图

各站交换机 L 串接采用左侧干线通道光缆，迂回通道中继器采用右侧干线通道光缆。各站交换机 R 串接采用右侧干线通道光缆，迂回通道中继器采用左侧干线通道光缆。

每一独立环网中接入的网络设备(交换机、中继器)超过 60 个时，宜将网络环路分割成不同子网，各相邻子网间应采用三层工业以太网交换机进行连接。

为了有效提高冗余双环网络结构的双路由保护，信号系统安全数据网中双环网的互联光纤(设备端一设备端)应采用不同物理路径，同一环网中交换机设备间互联光纤与迂回通道使用的光纤也应采用不同物理路径。对于组网光纤的要求包括：

(1)连接相邻交换机设备的光纤长度最长不宜超过 70 km，通信距离大于交换机设备通信距离时，应增加中继设备。

(2)采用 8 芯光纤构成信号系统安全数据网，其中 4 芯光纤由线路一侧光缆提供，另 4 芯光纤由线路另一侧光缆提供，每侧光缆中应另增加 2 芯以上光纤作为信号安全数据网的备用光纤。

作为最主要组网设备的交换机的数据业务接口宜为 100 M 电接口，环网接口应为 100 M 或 1 000 M 光接口，用于组网的光通信接口为 GBIC 或 SFP 接口，可以通过配置不同传输距离的通信模块以适应组网的需求。

综上所述，信号安全数据网的主要特点包括：

(1)采用独立的通道和设备，分左右网，双网独立运行。

(2)每个环网上容许单点故障(传输路径切换时间小于 50 ms)。

(3)双网同时在线运行，数据在哪个网上传输的选择取决于系统设备，从一个网络切换到另一个网络的切换过程也取决于系统设备。

(4)采用跳接方式构成环网，单一列控中心设备全部故障不影响网络通信。

四、CTCS-3 级列控系统与通信系统之间的关系

(1)CTCS-3 级列控业务的信号安全数据网由通信光缆承载,站与站之间、站与中心之间的网络利用通信光纤或数字传输电路。

(2)CTCS-3 级列控系统的核心设备 RBC 与通信 GSM-R 交换机以 PRI 方式直连,由列控车载设备主动发起呼叫连接,车地列控消息通过电路域 CSD 业务进行交互;当列控车载设备、交换网、无线网或者互联电路出现问题时,通信中断超过一定时限(一般为 18 s)会导致 CTCS-3 级切换至 CTCS-2 级。对此类问题,通信专业设置了接口监测设备以记录、分析相关问题,统计运用质量。当发生 CTCS-3 级列控系统降级时,通信信号应密切配合、查明原因、及时处理。

思考题

1. 简述 CTCS-3 级列控系统的定义。
2. 简述 CTCS 的级别划分。
3. 简述 CTCS-3 级列控系统的构成。
4. 简述 RBC 的功能。
5. 简述信号安全数据网对组网光纤的要求。

第三节 电力/电牵 SCADA

数据采集与监视控制系统(Supervisory Control And Data Acquisition,SCADA),也称作远动系统,是以计算机为基础的电力生产过程控制与调度自动化系统。SCADA 系统在保证供电设备安全可靠运行、故障及时快速处理、提高铁路运输的调度管理水平方面起到了很大的作用。

一、SCADA 系统的基本功能

SCADA 系统是一类功能强大的计算机远程监督控制与数据采集系统,综合利用计算机技术、控制技术、通信与网络技术,完成了对测控点分散的各种过程或设备的实时数据采集、本地或远程的自动控制,以及生产过程的全面实时监控,为安全生产、调度、管理、优化和故障诊断提供必要和完整的数据及技术手段。

铁路供电调度系统(SCADA)功能组成,如图 3-11 所示。

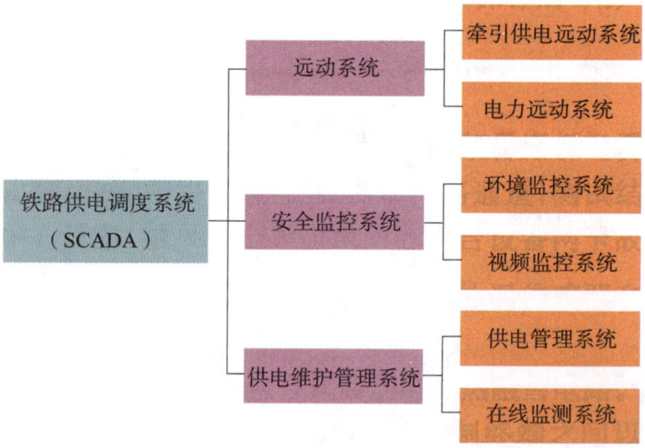

图 3-11 SCADA 系统功能组成

远动系统是对牵引供电设备、电力等设备进行监视和控制的系统,该功能可以使供电调度员远程控制停电和送电。

安全监控系统是对牵引供电设备、电力设施及运行环境进行远程监控的系统。可以实时监视到设备运行状况,并可以对

事件进行回溯。

供电维护管理系统用于为牵引供电设备、电力设施的管理者提供所需数据、信息，帮助管理者提供决策支持的系统。

二、SCADA系统的组网结构

铁路供电调度系统(SCADA)组网，如图3-12所示。

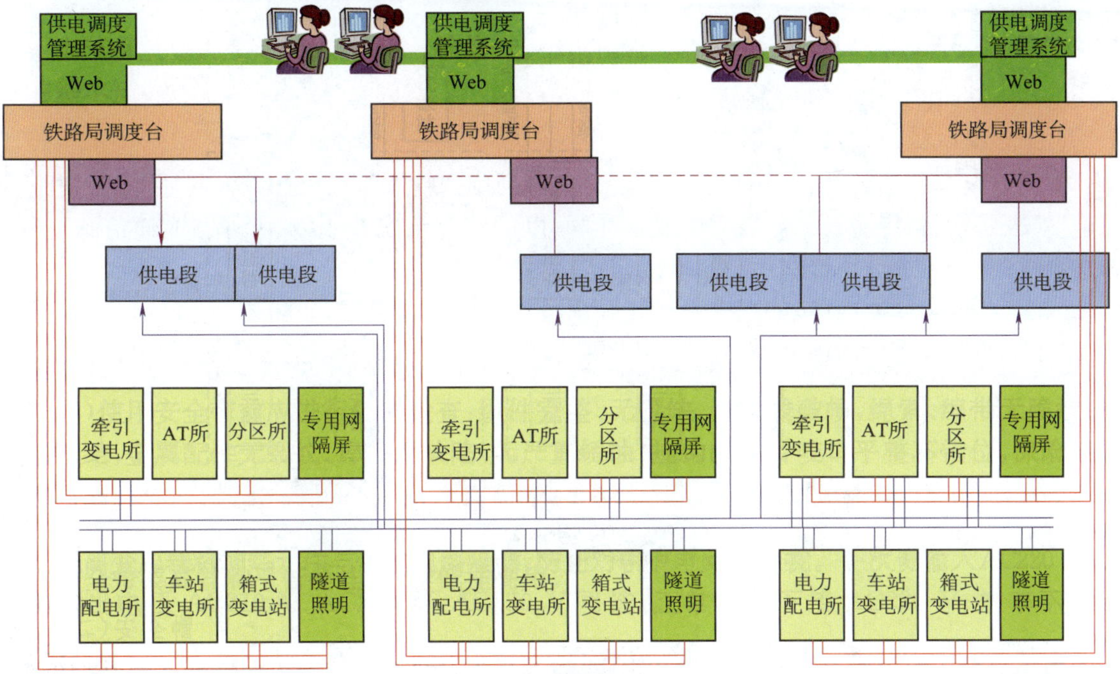

图3-12　铁路供电调度系统(SCADA)组网图

三、通信网络

SCADA系统监控的对象大多具有地理分散的特点。通信网络实现SCADA系统的数据通信，是SCADA系统的重要组成部分。

(一)电力/电牵SCADA系统对通信通道的要求

在铁路供电调度系统中，对于承载控制站与被控站之间直接参与生产控制数据的远动通道，应设置两条互为备用的通信通道。承载故标、安全监控、在线监测、专用复示等数据的维护通道，可设置一条通信通道。

1. 带宽要求

远动通道一个2 Mbit/s电路挂接被控站的数量宜不大于10个。

维护通道一个2 Mbit/s电路挂接的站点数量宜不大于10个，特殊情况下应不大于15个。

调度所至供电段的专用复示通道带宽按2～10 Mbit/s考虑。

2. 时延要求

系统内节点间通信通道的端到端平均时延应小于500 ms。

3. 时延抖动要求

系统内节点间通信通道的端到端时延抖动应小于 500 ms。

4. 丢包率要求

系统内节点间通信通道的端到端丢包率应小于 10^{-3}。

(二)通信网络承载电力/电牵 SCADA 系统的组网方案

通信网络承载电力/电牵 SCADA 系统的组网方案主要有两种,一是通过数据通信系统承载,二是通过传输系统承载。200 km/h 及以上等级的铁路宜优先采用数据通信系统承载,因此本节主要介绍通过数据通信系统的组网方案。

被控站的供电调度业务通过传输系统以太网通道汇聚到车站,统一经车站通信数据网接入路由器 VPN 通道上传到控制站。

1. 牵引供电远动通道

被控站至车站(或通信站)的主、备远动通道均利用传输系统接入层以太网通道,分别经不同车站(或通信站)传输设备与数据网设备互联,以避免单点失效故障。车站(或通信站)至控制站之间的主、备远动通道利用数据网的 VPN 通道承载。

区间至车站(或通信站)的远动系统宜采用星型汇聚方式组网,如图 3-13 所示。在通道资源较少的条件下,亦可采用以太总线方式组网,如图 3-14 所示。

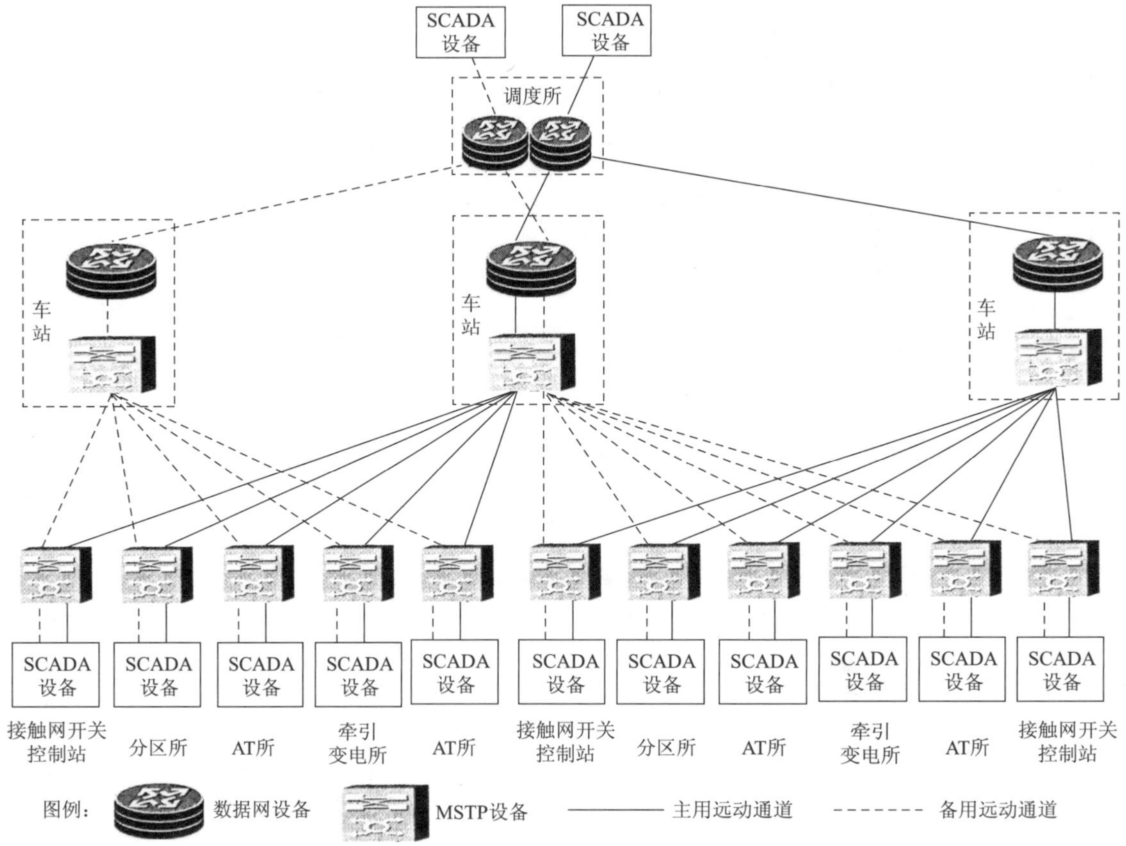

图 3-13　牵引供电运动系统星型汇聚方式组网示例

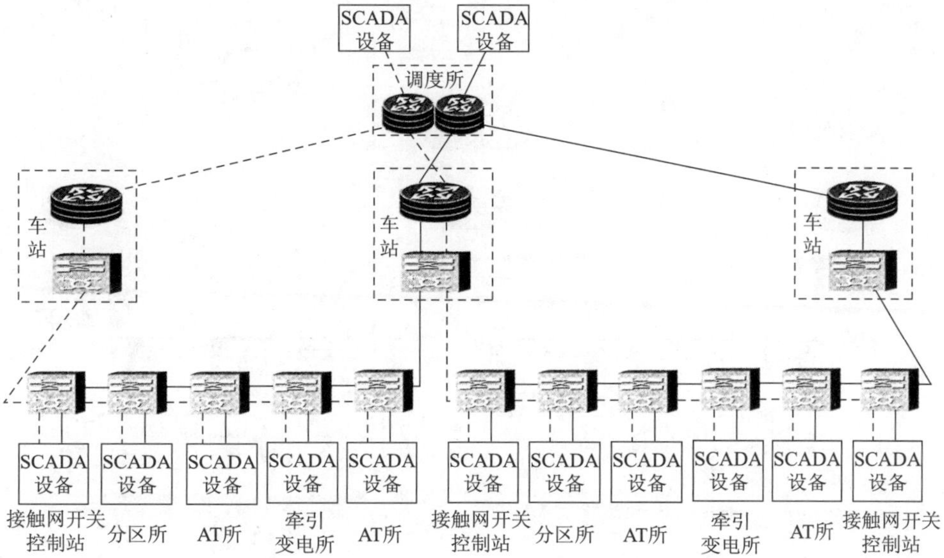

图 3-14 牵引供电远动系统以太总线方式组网示例

2. 电力远动通道

被控站至车站(或通信站)的主、备远动通道均利用传输系统接入层以太网通道,分别经不同车站(或通信站)传输设备与数据网设备互联,避免单点失效故障。车站(或通信站)至控制站之间的主、备远动通道利用数据网的 VPN 通道承载。

区间至车站(或通信站)的远动系统宜采用星型汇聚方式组网,如图 3-15 所示。在通道资源相对较少的条件下,亦可采用以太总线方式组网,如图 3-16 所示。

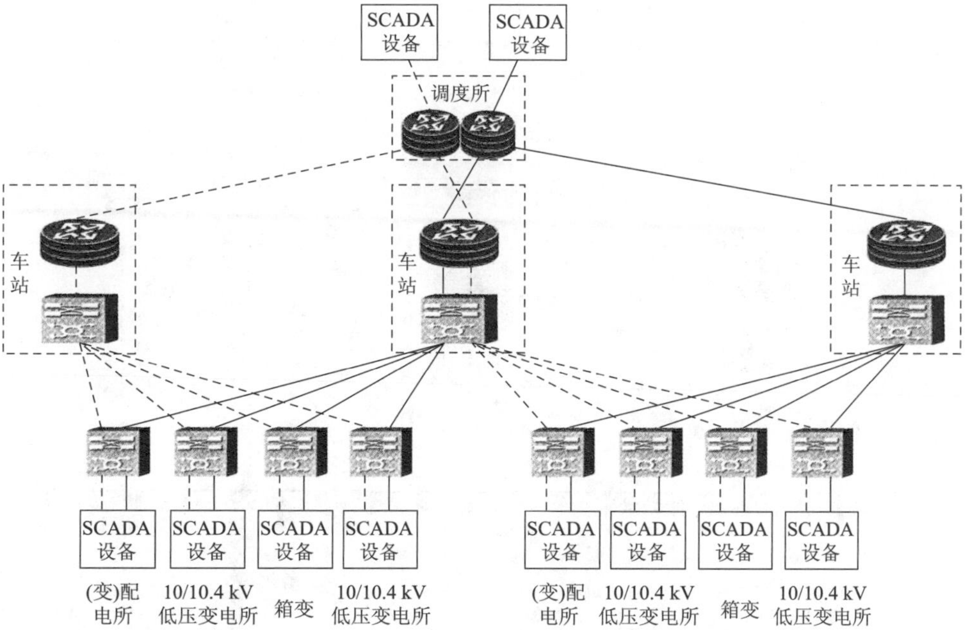

图 3-15 电力远动系统星型汇聚方式组网示例

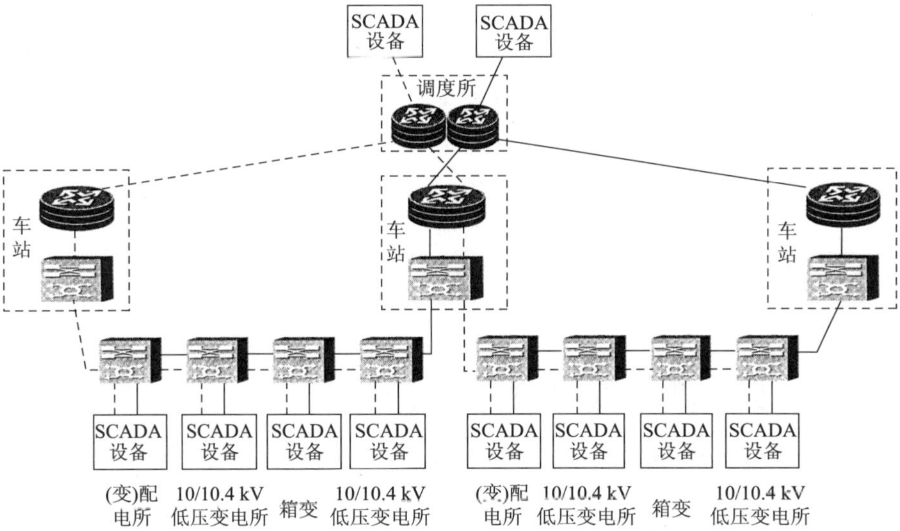

图 3-16　电力远动系统以太总线方式组网示例

3. 维护通道

承载电气化所亭、电力(变)配电所的故标数据、在线监测数据、安全监控数据(预留)的维护通道，通过所亭至车站(或通信站)的传输设备接入数据网。车站(或通信站)至供电段控制站之间的维护通道利用数据网的 VPN 通道进行承载。

调度所至供电段的维护通道(专用复示通道)，利用数据网的 VPN 通道或传输系统专线电路承载。

在相邻两个牵引变电所之间的电力、电气化所亭的维护通道采用以太共享环网方式接入邻近的车站(或通信站)。如图 3-17 所示。

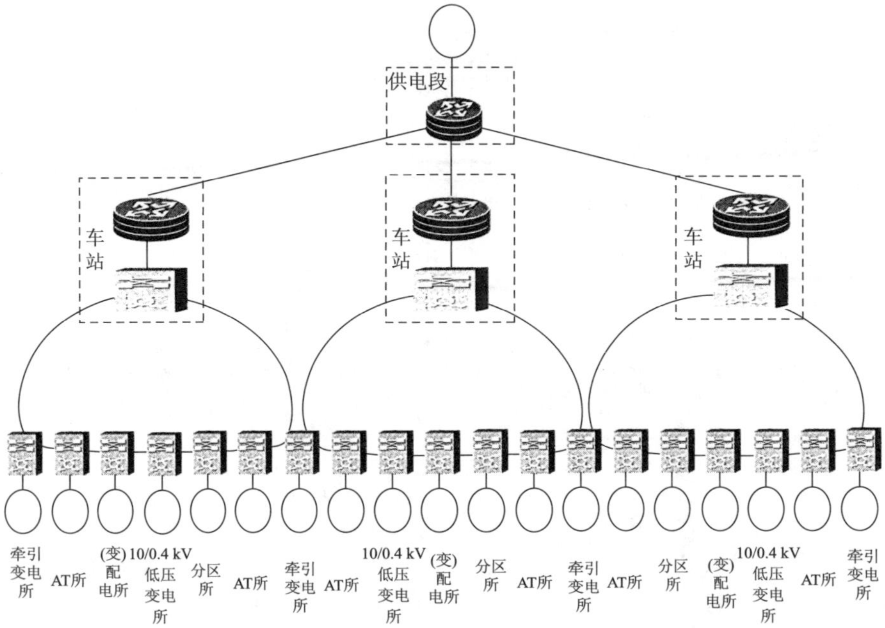

图 3-17　维护通道以太共享环网方式示例

4. 专业接口方案

供电专业与通信专业在铁路局调度所、供电段、被控站处接口方案如下。

(1)铁路局调度所

通信数据网的接入路由器与供电调度系统的路由设备(三层交换机)分别通过 2 个GE(o)接口互连,并启用 LACP(链路聚合协议),如图 3-18 所示。

(2)供电段

通信数据网设备或传输设备与供电调度系统调度系统设备通过 FE 接口互连,如图 3-19 所示。

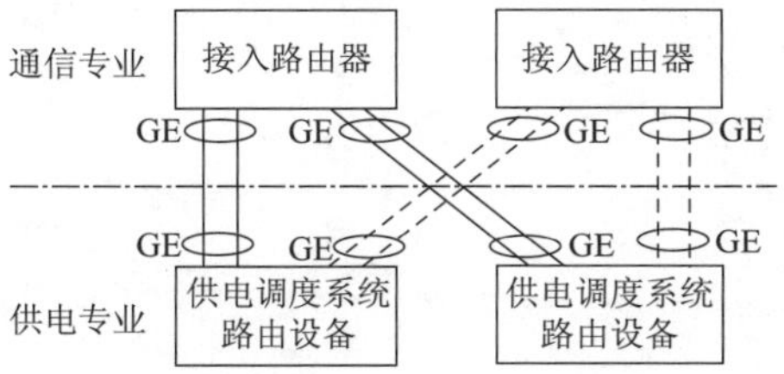

图 3-18 调度所接口方案示例

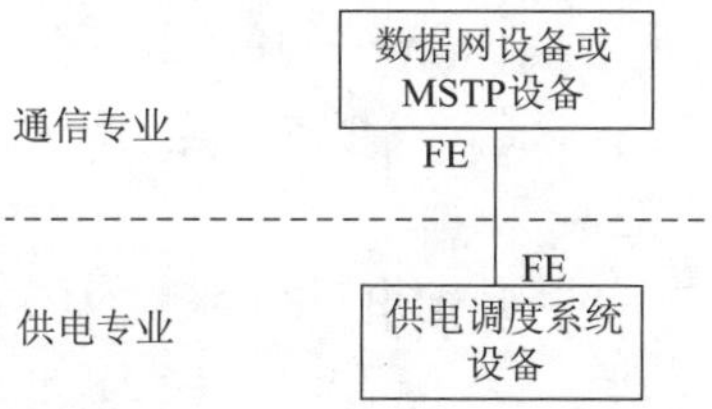

图 3-19 供电段接口方案示例

(3)被控站接口方案

被控站远动通道主、备接口分别与传输设备两块以太网板上的以太网接口连接。被控站维护通道接口与传输设备的以太网接口连接。

当被控站供电调度系统设备与传输设备之间为室内布线且布线距离小于 100 m 时,采用 FE(e)接口连接,如图 3-20 所示。

当被控站供电调度系统设备与传输设备之间为室外布线或室内布线距离大于 100 m 时,采用工作在 1 310 nm 窗口的单模光纤以 FE(o)接口连接。当传输设备支持光口直连时,传输设备直接通过 FE(o)与被控站设备互连,如图 3-21 所示;当传输设备不支持光口直连时,需增设可纳入传输系统统一网管的光电接口转换设备,如图 3-22 所示。

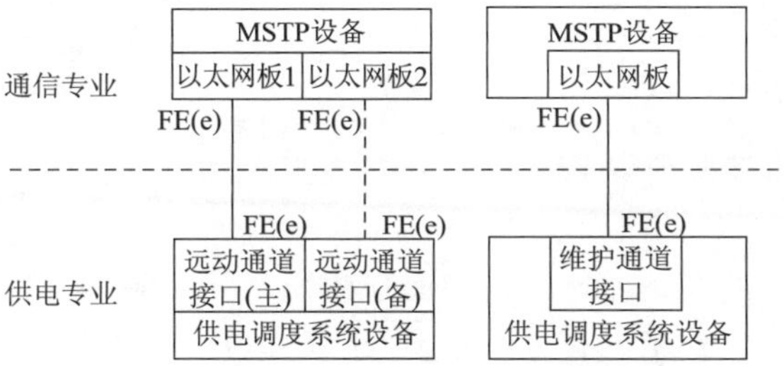

图 3-20 被控站电口直连方案示例

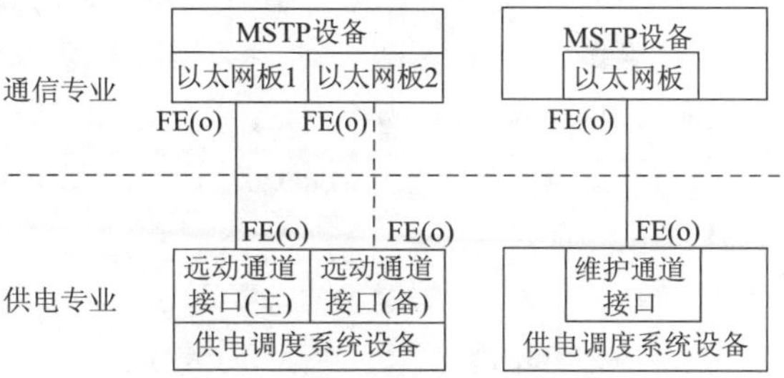

图 3-21 被控站光口直连方案示例

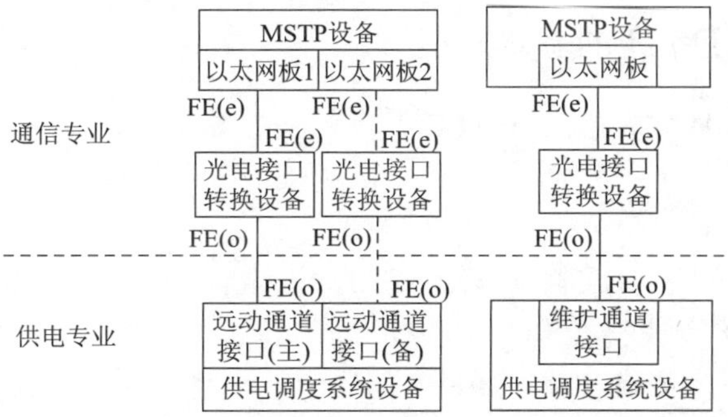

图 3-22 被控站光电接口转换方案示例

(4)分工界面

当采用光接口连接时,分工界面位于供电调度控制站/被控站的光纤配线盒,光纤配线盒至通信设备的光缆或尾纤以及光纤配线盒由通信专业负责,供电专业预留安装位置,光纤配线盒至供电调度系统设备的跳纤、尾纤由供电专业负责,光纤配线盒内的光纤接头为 FC。

当采用 FE(e)互连时,分工界面位于通信机房 RJ45 配线架,RJ45 配线架及其至通信设备的配线由通信专业负责,RJ45 配线架至供电调度系统设备的配线由供电专业负责。

四、SCADA 系统与通信系统的关系

通信网络是 SCADA 系统的承载网络。在日常维护工作中,应做好以下工作:

(1)熟悉所维护线路的供电/电力 SCADA 通信组网方式以及电路(端口)运用。

(2)掌握测试和试验方法。

(3)发现问题,配合供电部门及时处理。

思考题

1. 简述 SCADA 系统的含义。
2. 简述 SCADA 系统的功能。
3. 简述电力/电牵 SCADA 通过数据通信系统组网方案主要特点和维护分界。
4. 简述电力/电牵 SCADA 通过传输系统组网方案主要特点和维护分界。
5. 简述电牵/电力 SCADA 系统与通信系统的关系。

第四节 防灾安全监控系统

防灾安全监控系统主要是对危及运行安全的自然灾害(风、雨、地震)、异物侵限等进行监测报警,提供经处理后的灾害预警、限速、停运等信息,为列车调度员进行列车运行计划调整,发布行车限速、抢险救援等命令提供依据,保证列车运行安全。

防灾安全监控系统是保证列车运行安全的重要基础装备之一,属重要的行车设备,应按一类设备进行管理。

防灾安全监控系统应具备实时性、可靠性、准确性、安全性,采用的现场监测设备应具有免维护或少维护功能,系统功能和设置应符合铁道部、铁路局有关规定,经建设、运营管理部门组织有关单位验收合格后方可投入运用。

一、防灾安全监控系统的基本功能

防灾安全监控系统是监测铁路沿线风、雨、雪、洪水等自然灾害,隧道、桥梁、变电所等固定设施,以及突发事故的安全监控与报警系统。该系统为综合调度中心提供预警信息,避免上述各种灾害和事故危及行车安全。安全防灾监控系统为标准的三级结构,调度所设置防灾安全监控监测中心,管辖整个路局(或整条专线)的防灾安全监测,各车站设置防灾安全监控分机,完成采集本地信息,对本地信息处理、报警、存储等功能。最末端设置各类传感器,用于采集现场信息。各类防灾安全监控信息首先通过专用通道从现场传送至车站,车站将信息汇集后,通过网络传送至调度中心。

二、防灾安全监控系统的组成

防灾安全监控系统由风、雨、雪、地震以及异物侵限现场监测设备，现场监控单元，监控数据处理设备，调度中心设备，传输及网络设备等组成。

(一)风监测子系统

为防止强风引起脱轨或飞来物造成事故，在高速铁路沿线重点地段设置风速、风向传感器，实时采集风信息。数据超出报警值发出报警，用户确认报警信息和现场情况后，及时采取应对措施，如减速、停车或躲避等。同时，系统可以在强风影响线路正常行车前预先告警，给调度人员留出决策时间，确定合理、适度的对策，对于预防灾害、保证行车安全和效率起到重要作用。

250 km/h 限速规定：动车组在环境风风速不大于 20 m/s 时，可以正常速度运行；风速不大于 25 m/s 时，限速 200 km/h；风速不大于 30 m/s 时，限速 120 km/h；风速大于 30 m/s 时，严禁动车组进入风区。

300 km/h 限速规定：动车组在环境风风速不大于 15 m/s 时，可以正常速度运行；风速不大于 20 m/s 时，限速 300 km/h；风速不大于 25 m/s 时，限速 200 km/h；风速不大于 30 m/s 时，限速 120 km/h；风速大于 30 m/s 时，严禁动车组进入风区。

(二)雨量监测子系统

临路堤、路堑及隧道口等易产生塌方、水冲线路的处所应设置雨量计。雨量监测子系统具备降雨量监测报警功能，当降雨量达到警戒值时，系统自动报警，列车调度员根据报警信息和限速提示立即向相关列车发布限速调度命令。对来不及发布调度命令的列车，应立即通知司机限速运行，司机应按相应的限速要求运行。

(三)雪深监测子系统

持续降雪和严寒天气可能会引起接触网和供电线路负荷过大，道岔无法转换等。因大雪堆积而危及列车运行安全的地段设置雪量监测报警设备。雪深监测子系统具备降雪量监测报警功能，当降雪量达到警戒值时，系统自动报警，列车调度员借助 CTC 终端和临时限速操作终端，以设置和取消临时限速手段，使列车自动限速运行；同时，也可以借助调度电话、CTC 系统的调度命令无线传输功能，将降雪临时限速命令及时传送至相应列车。

(四)异物侵限子系统

(1)异物侵限监控子系统监测侵入铁路限界的异物，发现有异物侵入限界时，触发列控系统使列车自动停车。

(2)当异物侵限导致双监测网断线时，防灾监控终端自动发出灾害报警信息；系统同时向列控系统发送异物侵限报警信息，使进入相关闭塞分区内的列车自动停车。当双监测网的一路电网断线时，防灾监控终端发出异物侵限传感器故障报警信息，系统不向列控系统发送异物侵限报警信息。

(3)当监测终端显示异物侵限传感器故障报警信息(终端界面黄灯闪烁)后，工务调度通知相关设备管理单位，组织相关技术人员赶赴现场检查处理，尽快恢复故障。

(4)列车调度员接到防灾监控终端异物侵限灾害报警信息后，应立即通知已进入区间的列车禁止通过异物侵限报警点线路，并不再向区间放行列车，同时向值班主任汇报。值班主任应立即组织安排上下行各一趟列车以目视行车速度向异物侵限报警点线路行进，查看现场状况。

持调度命令的列车整列通过报警点闭塞分区后，列车司机确认线路无异常时应立即报告列车调度员，列车调度员接到列车司机通过线路无异常的报告后，操作异物侵限监控系统“上行、下行临时行车按钮”恢复行车。

如果司机确认发生异物侵限情况时,应立即采取限速或停车措施,并报告列车调度员。列车调度员应通知工务调度,由工务调度通知相关设备管理单位,组织相关人员赶赴现场进行抢修。抢修人员到达现场后,应立即清理线路上的异物,抢修行车设备,确认恢复通车条件后通知各自段调度,工务段调度通知驻调人员,登记开通线路,列车调度员操作异物侵限监控系统“上行、下行临时行车按钮”恢复行车。

(5)报警点为公跨铁立交桥或公铁并行地段,且设有视频监控时,列车调度员应通过视频监控系统进行查看确认。

当列车调度员确认线路上有异物时,按相关处理程序执行。

当列车调度员不能确认时,应立即安排上下行各一列车以目视行车速度开往异物侵限报警地段,列车司机改按目视行车模式,以遇到障碍物能随时停车的速度运行,必要时可停车查看,查清线路情况(报警点为公跨铁立交桥时,随车机械师在列尾观察公跨铁立交桥状况,并报列车司机),并向列车调度员汇报。列车调度员接到持限速调度命令的列车司机通过线路无异常的报告后,应将防灾安全监控系统中该线路临时行车按钮解锁;在工务临时派出代替异物侵限报警功能的现场看守人员未到位前,列车调度员应通知进入区间的列车以不超过 160 km/h 的速度通过异物侵限报警点,同时通知司机加强瞭望;列车调度员得到工务现场临时看守人员已到位且异物侵限报警地段无异常报告后,下达恢复正常行车的调度命令,恢复正常行车。列车调度员接线路上确有异物的报告时,按相关处理程序执行。

(6)维修人员利用天窗点,尽快修复异物侵限传感器,并通过铁路局工务调度终端试验按钮,确认系统功能恢复正常,同时通知列车调度员,操作恢复按钮,使系统恢复到正常状态。

(五)地震监控子系统

地震监控子系统报警方式采用相邻三个地震监测点中的任意两个地震监测点在一定时间(4 s)内,所监测到的地震动加速度值均超过预先设定的报警门限值(0.04g)时,经逻辑判定后再发出强震报警。双点报警时,监测点的报警信息统一上传至应用服务器,由应用服务器统一判断,并将判断信息发送到对应的控车、控电监控单元。

解除地震报警程序:工务调度点击列控和牵引供电解除地震报警按钮,点击后通知调度所调度输入相应密码点击相应的列控和牵引供电解除地震报警按钮,进行列控和牵引供电报警解除,工务调度确认牵引供电报警解除后,通知调度所电调恢复供电。

现场确认:解除地震报警后,地震监控系统中的列控、牵引供电接口继电器落下,系统恢复正常状态。

(六)监控单元

监控单元由监控主机、各种监测功能模块、防雷单元、UPS 电源、本地服务器、机柜等组成。监控单元主机模块及各种监测功能模块按双机热备配置、支持热插拔,并且双机热备配置的主机和各种监测功能模块安装在两块不同的电路板上。

监控单元采用模块化结构,能够根据需要,完成风速风向、降雨量、积雪深度监测以及地震、异物侵限监控功能。完成风速风向、降雨量、积雪深度、地震动加速度等监测数据的现场采集、初步分析和处理。完成异物侵限监测传感器的实时状态监测。将风速风向、降雨量、积雪深度、地震动加速度等监测数据以及异物侵限监测传感器的实时状态信息传送至监控数据处理设备及本地服务器。

三、通信网络

防灾安全监控系统的通信网络通常由通信传输通道提供，如图 3-23 所示。

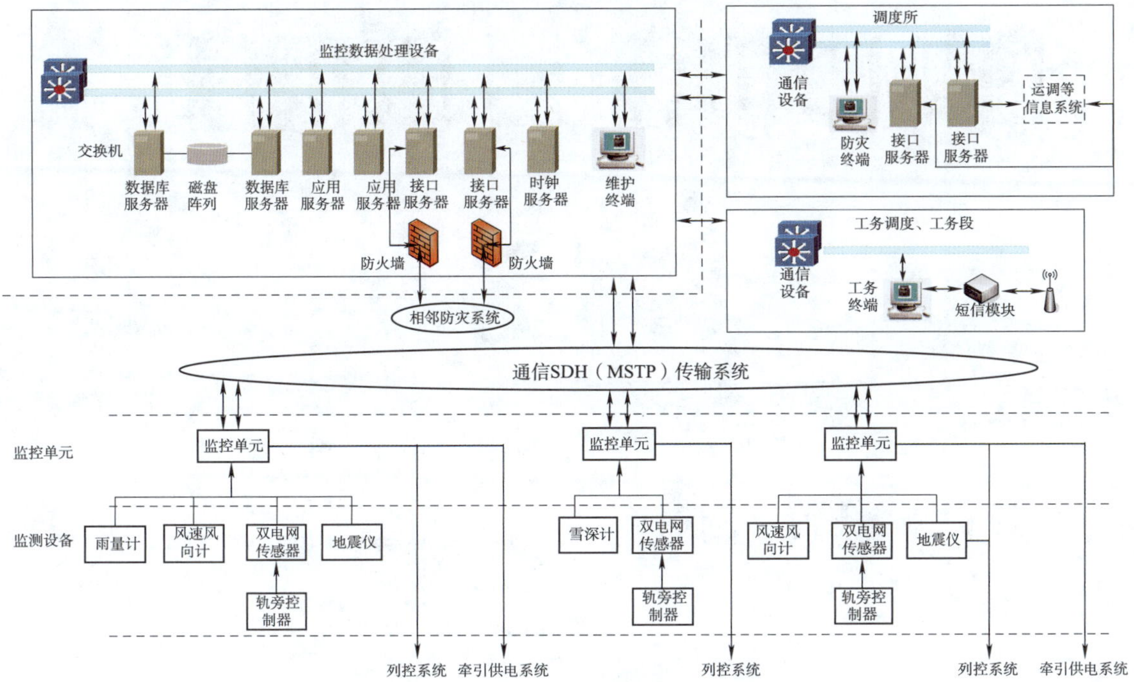

图 3-23　防灾安全监控系统组网结构图

四、防灾安全监控系统与通信系统的关系

防灾安全监控设备维护工作按“统一管理，专业负责”原则进行。铁路局工务处是防灾安全监控系统的牵头管理部门，工务、电务、机务处等业务处室按系统专业划分负责设备的日常管理。

防灾安全监控系统通常设置在通信区间基站机房内，双方共用空调，部分共用外部引入电源。

思考题

1. 简述铁路防灾安全监控系统的作用。
2. 简述铁路防灾安全监控系统的组成。
3. 简述风速对 300 km/h 运行列车的限速规定。
4. 详述现场监控单元的具体组成。
5. 简述雨量计的安装位置。

第五节　旅客服务信息系统

随着高速铁路的建设，普遍采用集成化的铁路旅客服务信息系统，提高了服务质量。

一、旅客服务信息系统概述

铁路客运专线客运服务系统（PDSS），简称客服系统，是在现代高速铁路管理思想、服务理念和信息技术的基础上,在铁道部、区域中心及车站按照统一的服务标准、统一的经营策略、统一的管理机制、统一的技术架构建立起的信息高度共享、资源高效利用、运行安全可靠的综合完整的服务系统,体系结构如图 3-24 所示。旅客服务信息系统是客运服务系统的重要组成部分。

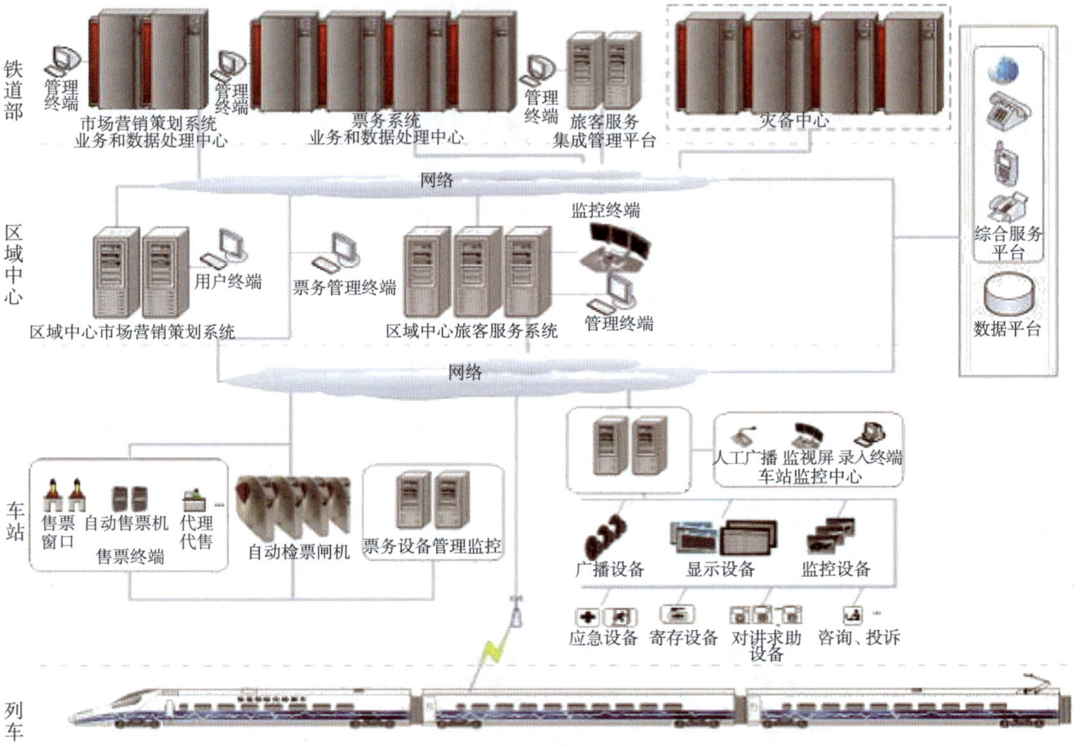

图 3-24 铁路客运专线客运服务系统体系结构

客服系统由客票系统、旅客服务信息系统、市场营销策划系统以及客服系统综合服务平台、数据平台和安全保障平台构成。

(一)旅客服务信息系统的目标

适应高速铁路高速度、高密度、大客流的特点,为旅客提供便捷、高效、舒适的服务是铁路客运专线客运服务系统(PDSS)建设的重要目的。按照和谐铁路的服务理念,开发旅客信息显示设备和旅客列车上的商务、娱乐等具有自主知识产权的视频、数据专用设备。同时具有和其他管理系统的接口,能够将其他系统中需要及时发布的信息发布到显示终端上。

(二)旅客服务信息系统技术支撑

随着社会的快速发展,人们对信息的需求也不断增加。数字媒体播放系统以高质量的编码方式将视频、音频信号、图片信息和滚动字幕通过网络传输到播放器,然后由播放器将组合多媒体信息转换成显示终端(如液晶、等离子、电视机)的视频信号播出。这种信息发布模式融合了多媒体视频信息的多样性和生动性,还能实现信息发布的远程集中管理和内容的随时更新,使得新闻、图片、天气预报等各种即时信息的随时插播成为可能。

二、旅客服务信息系统的组网结构和功能特点

旅客服务信息系统采用两级架构,部署在区域中心和车站,铁道部设置小型集成管理平台。

(一)网络结构

1. 广域网

网络系统是承载客服系统各类业务正常运行的基础,是连接车站、区域中心和铁道部的核心单元。主要由铁道部、区域中心、车站的三级局域网通过广域网互联构成,并利用 Internet、公共电话交换网、无线通信网等,共同构成覆盖铁道部及高速铁路的客运服务通信网络平台。

客票系统作为支撑客运专线旅客运输正常进行的关键生产系统,为保证其安全、可靠、稳定、高效的运行,采用专用通道,专网运行,设计备份通道和设备,避免单点故障。

客服系统除客票系统以外,其他系统和平台使用全路统一规划建设的客专数据通信网。通过必要的安全防护措施实现与客票专网的通信,并通过逻辑隔离手段进行访问控制。

为满足旅客服务系统中大站代管小站等业务模式的需求,车站间应具备网络连通条件。

为实现电话接入的功能,在区域中心需接入公共交换电话网。

为实现互联网接入的功能,在铁道部完成与互联网的统一接入,互联网接入与互联网业务处理系统采用安全隔离技术实现对生产系统的安全保护。

客票专网与客专数据通信网必须具备与灾备中心实时连接的条件,为保证生产中心和灾备中心的应用和数据同步提供网络条件,发生故障后能够将网络连接快速切换到灾备中心,保障正常生产。

2. 局域网

客服系统在铁道部中心、灾备中心、区域中心和车站部署局域网,通过局域网和广域网的连接,实现系统在各级机构的业务功能。客票系统在铁道部中心、灾备中心、区域中心和车站的局域网独立组网,专网运行。旅客服务信息系统、市场营销策划系统、综合服务平台、数据平台运用客专数据通信网,共用一个物理局域网(旅服局域网),通过逻辑隔离手段和安全管理措施实现访问控制。

客服系统局域网在铁道部中心设置小型旅客服务集成平台、市场营销策划系统、综合服务平台和数据平台,局域网分为核心层和接入层。根据业务分区将中心局域网划分为不同网段,通过和网络安全设备的配合,提供可靠的带宽保证和访问策略,同时保证网络的安全稳定运行。核心层配置高端核心交换机通过骨干路由器联入客专数据通信网,设置接入交换机通过千兆及以上光纤与核心交换机相连,构成局域网的骨干。接入层配置接入交换机,为用户提供对网络的访问接口,将铁道部终端设备接入局域网,实现 10 M/100 M/1 000 M 自适应到终端。

中心局域网应按照旅客服务和市场营销等业务类型划分不同子网。

(二)区域中心和车站

区域中心设置旅客服务集成平台、市场营销策划系统、综合服务平台和数据平台。局域网分为核心层和接入层。根据业务分区将中心局域网划分为不同网段,通过和网络安全设备的配合,提供可靠的带宽保证和访问策略,同时保证网络的安全稳定运行。核心层配置高端核心交换机通过骨干路由器联入客专数据通信网,设置接入交换机通过千兆及以上光纤与核心交换机相连,构成局域网的骨干。接入层配置接入交换机,通过接入层交换机将区域中心的终端设备接入局域网核心层,实现 10 M/100 M/1 000 M 自适应到终端,满足终端设备应用的需求。中心局域网应按照旅客服务和市场营销等业务类型划分不同子网。

车站设置旅客服务集成平台、导向揭示、广播、监控、时钟、投诉、查询、求助、站台票发售、寄存等系统,并在部分大站设置呼叫中心坐席。局域网分为核心层和接入层,通过和网络安全设备的配合,提供可靠的带宽保证和访问策略,同时保证网络的安全稳定运行。核心层根据车站规模配置适当的核心交换机通过骨干路由器联入客专数据通信网,实现车站与区域中心系统的通信。设置接入交换机通过千兆及以上光纤与核心交换机相连,构成局域网的骨干。核心层交换机需进行冗余设计,避免设备单点故障。接入层配置接入交换机,为用户提供对网络的访问接口,将导向揭示、广播、监控、时钟、投诉、查询、求助、站台票发售、寄存等系统的终端和后台设备接入局域网,实现 10 M/100 M/1 000 M 自适应到终端。车站局域网应按照不同业务类型划分子网。

(三)系统功能及特点

旅客服务信息系统功能架构如图 3-25 所示。

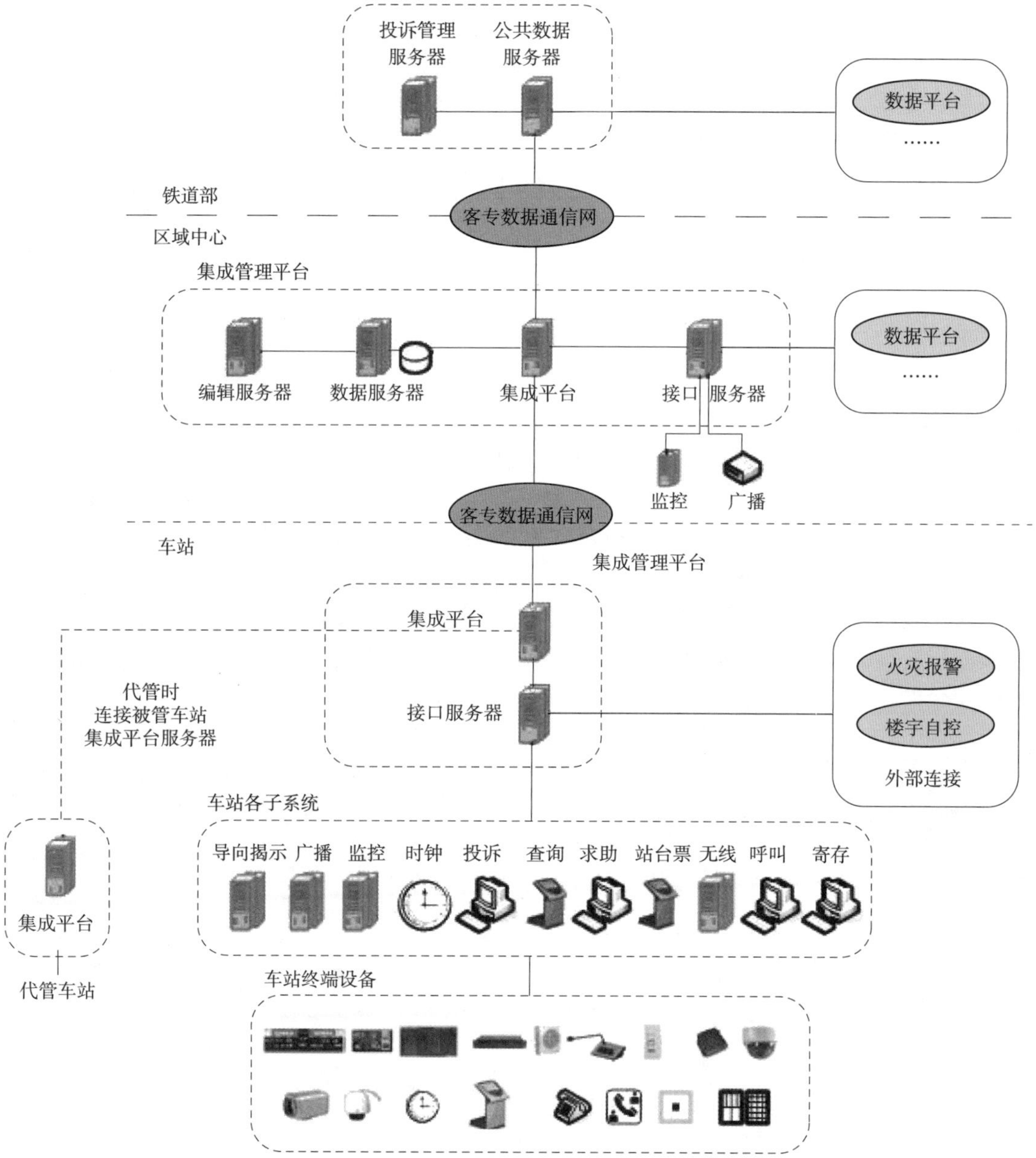

图 3-25　旅客信息服务系统功能架构示意图

1. 网络化

①支持现有的所有 IP 网络,支持各种网络协议并提供服务质量保证。

②滚动字幕、图片、视频插播等实时信息发布。

③网络更新播放内容,无需人工更换。

④通过网络可集中或分布式管理播放终端，支持分级、分区管理。

⑤远程升级播放器固件，无需技术人员到播放器终端进行操作。

2. 专业化

①分布式媒体管理功能：不同终端视音频、图片、字幕等组合多媒体内容实时预览、编辑、转换、发布等。

②分布式传输管理功能：实现不同终端的大容量内容传输。

③分布式权限管理功能：不同终端的分级、分区、分功能管理。

④监播室功能：灵活实现插播、选播、跳播、轮播、循环播和播放、停止、暂停、休眠、音量控制、节目更新等。

⑤节目单编辑功能：多种编辑视图，使用方便。

⑥显示模板管理功能：模板编辑、保存、效果实时预览等。

⑦播放器管理功能：各种参数配置。

⑧播出统计报表功能：提供存档、审核、计费的依据。

⑨支持多种视音频编码标准和图片格式，播放质量可达高清电视水平。

⑩方便实现与其他信息系统的集成，如广告合同管理子系统、非线性编辑子系统、媒体发布子系统等。

3. 智能化

①远程分布式节目传输及管理，实时监控播放器状态并获取播出记录。

②由节目单控制节目播放顺序及播放方式。

③支持本地及远程硬盘播放模式。

④定时传输素材和节目单，节目单可根据编辑策略自动生成。

⑤播放器开机自动播放指定节目单，支持定时休眠和恢复。

⑥具有很高的可控性，采用各自独立的分层控制模式，中心控制各个引导控制工作站，各个引导控制工作站控制底下的引导设备。该模式的优点在于模块化的划分，相对于统一中心控制减少了不必要的控制耦合，在与其他实时系统（如 CTC 和售票系统）接口后可实现无人值守的控制方式，同时各控制端也可向中心提交控制命令对前端的引导设备进行自由的控制。

三、旅客服务信息系统与通信系统的关系

铁路通信系统为旅客服务信息系统网络互联提供传输承载电路和透明数据通道，其中传输电路和客专数据通信网由通信维护部门负责维护，其内部路由器、交换机等局域网网络节点设备由旅客服务信息系统管理部门负责维护。根据铁道部有关规定，维护界面为：

以传输设备或客专数据网设备提供通道的，以通信机房 ODF/DDF/RJ45 架上光/电连接器分界，通道侧（含连接器）由通信维护部门维护管理，旅客服务信息系统侧接入线缆（含跳纤、跳线）由旅客服务信息系统管理部门负责。

以光/电缆线提供终端接入通道的，以通信部门光、电缆的活动连接器为分界点，通信光/电缆侧及其连接器由通信维护部门维护管理，旅客服务信息系统侧接入线缆（含跳纤、跳线）由旅客服务信息系统管理负责。

思考题

1. 简述旅客服务信息系统的网络结构。

2. 简述旅客信息服务系统的建设目标。
3. 简述数字媒体播放系统的组成。
4. 简述旅客服务信息系统的特点。
5. 简述旅客服务信息系统与通信系统的关系。

第六节 客票系统

客票系统是一个功能全面、安全稳定的实时交易系统,提供的服务功能涵盖了整个客运组织的各个环节,包括:列车基础运行数据的维护、车票的管理调度、车票销售、账务处理、销售数据的统计分析、各类信息查询等。客票系统各环节采用信息化管理手段,使客运人员能够科学、方便、快捷、灵活地开展旅客运输组织工作;使广大旅客可以通过灵活多样的方式方便地购买车票。整个系统分为五大部分:数据维护、调度管理、车票销售、统计分析、信息共享。

客票数据网为客票系统各种信息的基础承载网络,由路由器、交换机等数据节点设备和传输链路组成。为了确保安全和高效,客票数据网采用独立专用网。

一、客票系统网络结构

(一)广 域 网

铁路客票数据网按照客票业务功能全网划分为两层:客票交易中心间网络互联层、客票交易中心接入层。客票交易中心间网络互联层指:铁道部中心和铁路局中心(区域中心)间的核心广域网络;客票交易中心接入层指:铁路局中心(区域中心)下属车站至区域中心的网络。客票系统网络拓扑结构如图 3-26 所示。

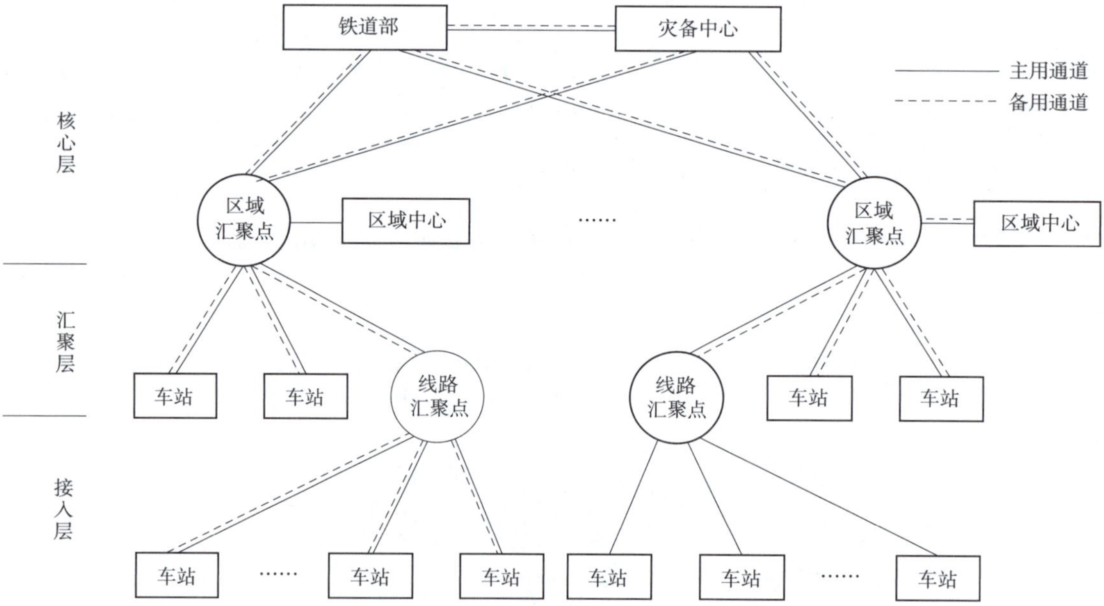

图 3-26 客票系统广域网拓扑结构示意图

网络系统是承载客服系统各类业务正常运行的基础,是连接车站、区域中心和铁道部的核心单元。主要由铁道部、区域中心、车站的三级局域网通过广域网互联构成,并利用 Internet、公共电话交换网、无线通信网等，共同构成覆盖铁道部及铁路客运专线的客票网络平台。

客票系统作为支撑客运专线旅客运输正常进行的关键生产系统，为保证其安全、可靠、稳定、高效的运行，客运专线客票系统采用专用通道，专网运行，设计备份通道和设备，避免单点故障。

客票系统的网络由铁道部、区域中心和车站三级构成，逻辑上划分为三层：核心层、汇聚层和接入层，区域汇聚点、线路汇聚点作为各层的连接枢纽。从业务和网络管理的需求出发，设置区域汇聚点汇集管辖范围内所有车站的网络，并通过该汇聚点连接至铁道部中心系统。线路汇聚点用于集中某一条线路上所有或若干车站后，连接至区域汇聚点。车站可直接连接至车站汇聚点或区域汇聚点。

铁道部中心到各个铁路局中心（区域中心）采用双平面星形组网结构，各节点数据网设备按 A/B 平面双节点设置，每平面内铁道部中心节点与铁路局中心节点间采用 1×155 M 电路连接，每局向共计 2×155 M 通道，用于承载铁道部、铁路局间客票系统基础数据维护、局间异地票发售、存根交换、窗口换票、电子票下载等业务信息。正常运行条件下两条链路负荷分担使用，单条链路障碍时负责全部流量承载。随着铁路客票系统的发展，新一代铁路客票系统数据网络将逐步由双平面简单星形结构，向双平面部分网状网结构演变，在铁道部和核心区域中心间形成全网状网结构，其余外围节点与铁道部及邻近区域核心节点相连，构成具有冗余通道及路由保护功能的高可靠核心层网络。

核心层包括：铁道部中心/灾备中心至区域汇聚点的网络；铁道部中心至灾备中心的网络；核心层中各节点配置双机互备的路由设备。

汇聚层包括：车站至区域汇聚点的网络；线路汇聚点至区域汇聚点间的网络；汇聚层中各节点配置双机互备的路由设备。

接入层包括：车站至线路汇聚点的网络；接入层中各节点配置所需的路由设备。

为满足客票系统中大站代管小站等业务模式的需求，车站间应具备网络连通条件。

为支持客票系统代理代售终端的接入，在车站需配置相关接入设备，满足站外代售点对客票系统实时访问的需求。

（二）局 域 网

铁道部中心部署核心服务器设备及业务管理终端，分为核心层和接入层。根据业务分区将中心局域网划分为不同网段，通过和网络安全设备的配合，提供可靠的带宽保证和访问策略，同时保证网络的安全稳定运行。核心层配置高端核心交换机通过骨干路由器联入客票广域网，设置接入交换机通过千兆及以上光纤与核心交换机相连，构成局域网的骨干。核心层交换机需进行冗余设计，避免设备单点故障。接入层配置接入交换机，为用户提供对网络的访问接口，将铁道部终端设备接入局域网，实现 10 M/100 M/1 000 M 自适应到终端。

客票系统在区域中心通过接入交换机进行局域网组网，与骨干路由器相连接入广域网，实现客票管理终端对铁道部中心系统和所辖车站的访问，进行本区域客票业务的管理、查询和监控。区域中心接入交换机连接终端用户，实现 10 M/100 M/1 000 M 自适应到终端。

客票系统在车站设有窗口售票、自动售票、自动检票以及车站客票管理设备。为管理和监控车站各类终端设备的运行状态，配置相应的服务器设备，各类终端设备与车站服务器之间要求能够实时通信。车站客票局域网由核心层和接入层构成。核心层根据车站规模配置适当的核心交换机通过骨干路由器联入客票广域网，实现车站与铁道部客票中心系统的通信。设置接入交换机通过千兆及以上光纤与核心交换机相连，构成局域网的骨干。核心层交换机需进行冗余设计，避免设备单点故障。接入层配置接入交换机，为用户提供对网络的访问接口，将窗口售票和自动售票等车站终端设备及相关后台设备接入局域网,实现 10 M/100 M/1 000 M 自适应到终端。车站局域网应按照客票业务类型划分子网。

二、客票系统与通信系统的关系

铁路通信系统为客票网络互联提供传输承载电路,其中传输电路由通信维护部门负责维护,路由器、交换机等网络节点设备由客票维护部门负责维护。根据铁道部有关规定维护界面为:

(1)以传输设备提供数字传输通道的,以通信传输机房 ODF/DDF 架上光/电连接器分界,传输侧(含连接器)由通信维护部门维护管理,客票侧接入线缆(含跳纤、跳线)由客票维护部门负责。

(2)以光/电缆线提供终端接入通道的,以通信部门光、电缆的活动连接器为分界点,通信光/电缆侧及其连接器由通信维护部门维护管理,客票侧接入线缆(含跳纤、跳线)由客票维护部门负责。

思考题

1. 简述客票系统的组成。
2. 简述客票系统结构类型。
3. 简述客票系统广域网的组网情况。
4. 简述客票系统局域网的组网情况。
5. 简述客票系统与通信系统的关系。

第七节 道岔融雪系统

铁路站场道岔是车站运输设备的重要组成部分,对道岔的技术状态要求很严格,当尖轨尖端与基本轨有 4 mm 以上的间隙时,不能锁闭进路和开放信号。在寒冷地区冬季降雪天气里,如果铁路道岔除雪不及时,道岔内积雪或结冰,导致道岔尖轨尖端与基本轨无法可靠密贴,直接影响车站列车接发作业和调车作业的正常进行,严重时可造成铁路运输中断。随着高速铁路的快速发展,严寒地区冬季道岔融雪问题成为影响高速列车安全正常运行的关键。为解决上述问题,结合当地冬季气候特点,部分高速铁路配备了道岔融雪设备。

一、道岔融雪系统的基本功能和组网结构

(一)道岔融雪系统的基本功能

当发生降雪后,自动或人工启动电加热融雪电路,融化道岔尖轨与基本轨间、滑床板上及可动心轨、外锁闭装置上的积雪,保证道岔的正常转换。

(二)道岔融雪系统的构成

电加热融雪系统由安装于道岔钢轨旁的控制柜、隔离变压器、电加热元件、轨温传感器和车站控制终端等组成,结构如图 3-27 所示。

当发生降雪或温度变化时,系统可通过自动、人工手动或应急方式启动电加热融雪电路。

控制柜是以 Lon 网络模块为主要控制部件的控制系统,控制柜与车站控制终端之间以 Lon 网络数据格式通信,向控制终端提供状态信息,并接受控制终端的控制信息。

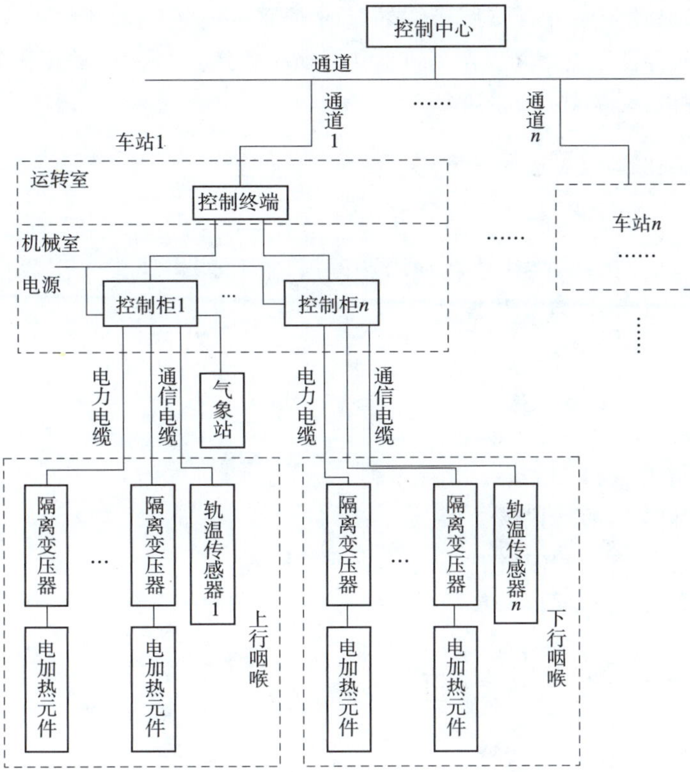

图 3-27　电加热融雪系统结构示意图

隔离变压器将加热元件与供电电路隔离，防止对轨道电路的干扰。一次侧输入AC220 V，二次侧输出电压 AC210 V、AC220 V、AC230 V 可选，正常情况下接 AC220 V；效率不低于90%。

轨温传感器将道岔加热部分钢轨的温度信息传递给控制柜，检测温度范围－40℃～＋100℃，－10℃～＋10℃范围内误差不大于±0.5℃。电加热元件为扁平状。

道岔融雪系统分为三级控制模式：车站控制终端、应急盘、电气控制柜。各级都可实现对加热元件的控制。

二、道岔融雪系统的工作原理

(1)降雪时，系统进入加热状态的情况。雪在传感器的表面融化成水，轨温传感器检测到模拟量变化，将数据发送给主控制模块，并且将温度和湿度数据发送给主控制模块，主控制模块根据用户设置的温度门限值判断下雪状态温度是否满足融雪条件，如果满足则进入加热状态。

(2)不下雪时系统进入加热状态的情况。当环境温度较低，空气湿度很大时，有些地方可能会出现钢轨结霜或者冻雨现象，此时，道岔也需要加热。用户可根据当地的实际情况设置启动加热的温湿度门限，系统将根据门限自动进入加热状态。加热过程，轨温应保持恒定温度。当系统进入加热过程，轨温传感器将钢轨温度的实时数据发送给主控制模块，主控制模块根据用户的设置接通或断开加热回路，使钢轨维持在可以融雪的温度范围，以达到节能效果。

(3)降雪结束后系统延时加热。降雪结束后钢轨上的积雪不会立刻融化，设置停雪后的加热延时时间,系统将自动判断并且按照设置的延时时间进行延时加热。雪停后检测钢轨上积雪。雪停后系统进入停止加热状态,当钢轨上传感器检测到有雪时,重新进入加热状态,按照设定的延时时间进行延时加热。

三、道岔融雪系统与通信系统的关系

为了能够在调度所监控其集中控制车站道岔融雪系统的工作情况,有些车站的道岔融雪系统控制终端通过通信网络引接到了铁路局调度所,通信网络通常采用数据通信网或 E1 专线电路。当该电路中断时,调度所将无法监控其集中控制车站道岔融雪系统的工作,车站仍可控制道岔融雪装置正常工作。

思考题

1. 简述道岔融雪装置的功能。
2. 简述电加热融雪系统的组成。
3. 简述道岔融雪装置与通信系统的关系。

复 习 题

1. 简述 CTC 系统基本功能。
2. 简述 CTCS-3 列车运行控制系统与通信系统的关系。
3. 简述电牵/电力 SCADA 系统与通信系统的关系。
4. 简述铁路防灾安全监控系统与通信系统的关系。
5. 简述客票系统核心层、汇聚层、接入层包含的设备。
6. 简述铁路客运专线客运服务系统(PDSS)的组成。
7. 简述道岔融雪系统的工作原理。

实作技能

ShiZuo JiNeng

第四章　基 本 技 能

随着高铁建设的发展，铁路数据网也随之蓬勃发展，承载了越来越多的业务，对维护管理数据网网络提出了更高的要求。利用简单的 Ping 及 Trace 命令已经不能满足维护的需要，Ping 命令也仅能指出业务通道是否路由可达，Trace 命令仅能指出业务通道的路由路径。通道的传输性能质量如何？吞吐量为多少？这就需要利用专业的仪表。本章介绍常用的数据网测试仪表工具，另外还介绍了有关安全防护用具及紧急救护内容。

第一节　仪器仪表及工具使用

一、误码测试仪

误码测试仪（简称误码仪）主要应用于系统中检测某一传输信道的数据传输质量，用以评价信道的传输质量，评价编码、解码系统的性能，评价当前环境工作的噪声。

与传输系统的 2M 误码测试仪不同，本节介绍的误码测试仪可以测试 10 M/100 M/1 000 M电接口，也可以测试 GE 光端口误码；可以测试路由器、交换机单机端口误码率，也可以测试网络中端到端的通道误码性能；可以测试 2 层、3 层误码性能。

（一）名词解释

BERROR：在数字通信中，发送与接收序列的任何不一致都叫差错，在我国习惯上把差错叫做误码。

BITerror：发送与接收序列中对应的单个数字不一致就是比特差错。

BER：Bit Error Rat，误码率。根据信息产业部及铁标要求，需测试两小时误码率为 0。

（二）测试方法

现以 VePAL MX300（图 4-1）为例进行说明。VePAL MX300 支持 2、3 层的 BER 测试。

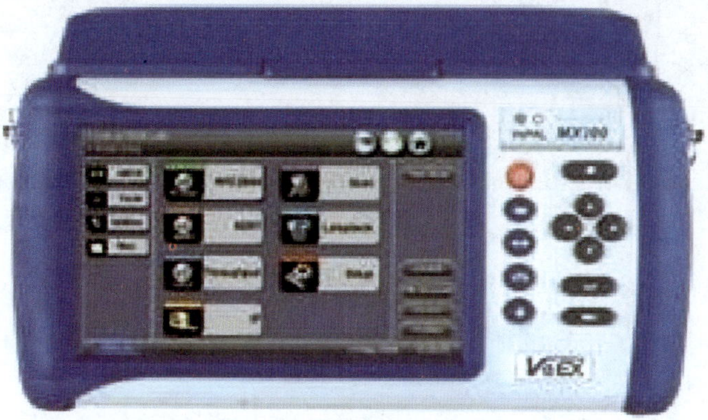

图 4-1　VePAL MX300 外观及面板图

针对不同的情况,该测试可使用常规 PRBS 图,或用户定义的测试图。所有的图案均封装在一个以太帧中,用以检测电路中的每个比特/位。

测试连接,如图 4-2 所示。

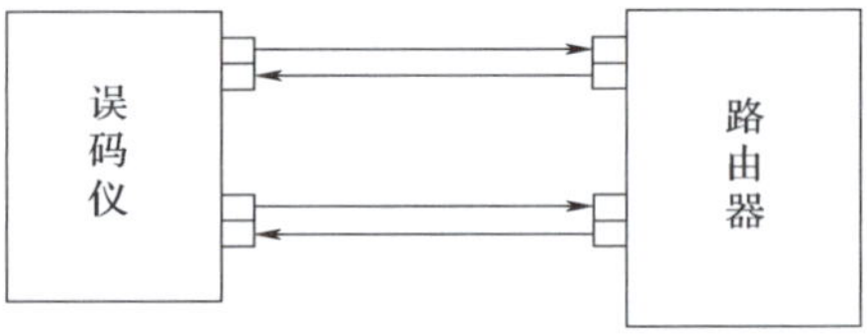

图 4-2　测试连接示意图

测试仪表配置(以 2 层为例)如下。

1. 在主菜单单击 BERT 图标进入界面,如图4-3所示。

BERT Setup -Header (Layer 2)BERT:设置-头(层 2)。

BERT Profile:下载先前配置的测试文件或从当前设置中产生 1 个新的文件。

Test:选择进行 BERT 的测试层。可选非成帧层 1,成帧层 1、层 2 和层 3。

Frame Type:帧类型,从层 2 或层 3 中选择以太帧类型。

(1)802.3 Raw (没有 LLC 的 IEEE 802.3 帧),选择层 3 时不可用。

(2)802.3 LLC (有 LLC 头的 IEEE 802.3 帧)。

(3)802.3 SNAP (有 SNAP 头的 IEEE 802.3 帧)。

(4)Ethernet Ⅱ (DIX)(以 DEC、Intel 和 Xerox 命名,为当今使用最广泛的帧类型)。

MAC/IP:单击帧图标中的 MAC 和 IP 框进入设置菜单,设置层 2 的源和目的 MAC 地址。

LAN:关闭,1~3 个标签。用户可配置最多 3 个 VLAN 标签。

MPLS:关闭,1~3 个标签。用户可配置最多 3 个 VLAN 标签。

2. MAC 数据设置,单击图 4-3 中的蓝色 MAC 图标,显示如图 4-4 所示的界面。

图 4-3　2 层误码测试界面

MAC Source:MAC 源地址,使用测试仪的默认源地址或配置一个新的地址。

MAC Destination:MAC 目的地址,为远端测试仪配置目的 MAC 地址。

Ethernet Type:以太网帧类型。

3. 单击 DATA 设置测试误码图案,显示如图 4-5 所示界面。

4. 数据流设置,单击 Traffic,显示如图 4-6 所示界面。

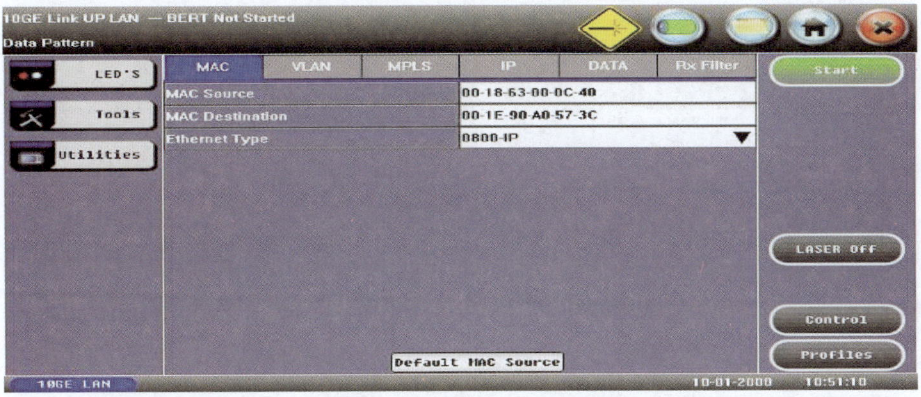

图 4-4　MAC 数据设置界面

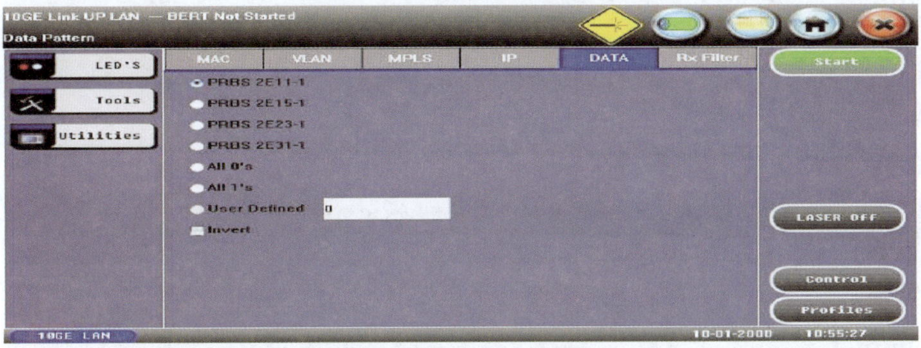

图 4-5　DATA 显示界面

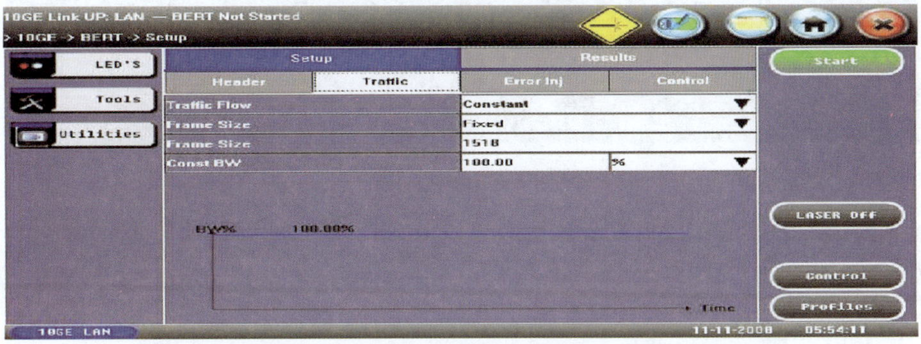

图 4-6　数据流设置界面

Traffic Flow：数据流量，有以下几种数据流类型可供选择。

(1)Constant：稳定型，根据所选带宽稳定传输所选帧。

(2)Ramp：渐变型，根据所选占空系数和脉冲周期以最大带宽传输所选帧。

(3)Burst：突发型，根据用户可选的阶跃时间，级数和最大带宽，以阶梯形式传输所选帧。

Frame Size：帧长选择。帧大小的取值范围为 64～1 518 Byte，此外，巨型帧可长达 9 000 Byte。

BW (Transmit Bandwidth)：传输带宽。

5. 开始测试。完成所有必要的配置后，用户可单击右上角下拉菜单中的开始键开始测试(向下的绿色箭头)。一旦选定开始键，测试便立即开始，同时该按钮变为停止键。单击此键便可停止测试。如果进行光口的测试，请确保在测试前 LASER 为开。

6. 测试结束后,单击仪表菜单中的 Results 菜单,显示如图 4-7 所示界面。

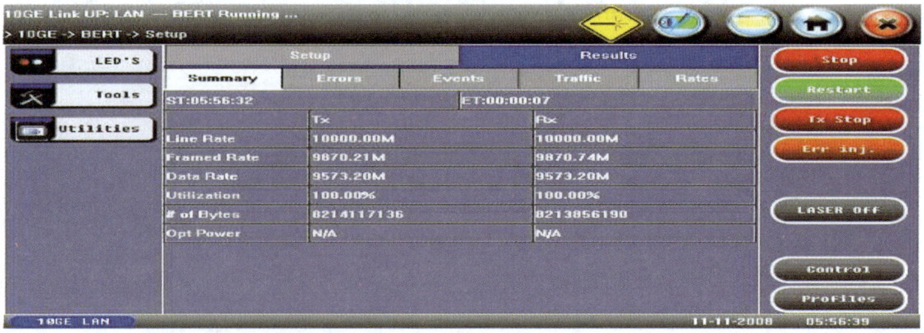

图 4-7 测试结果

(1)单击 Summary,显示测试情况概要。

Summary tab:总结标签,显示结果,包括开始(ST)和结束时间;Line rat(线速率),Framed rate(帧速率),Data rate(数据速率),Utilization(利用率),Number of bytes(比特数),Optical power(接收光功率)。

(2)单击 Errors,显示误码结果如图 4-8 所示。

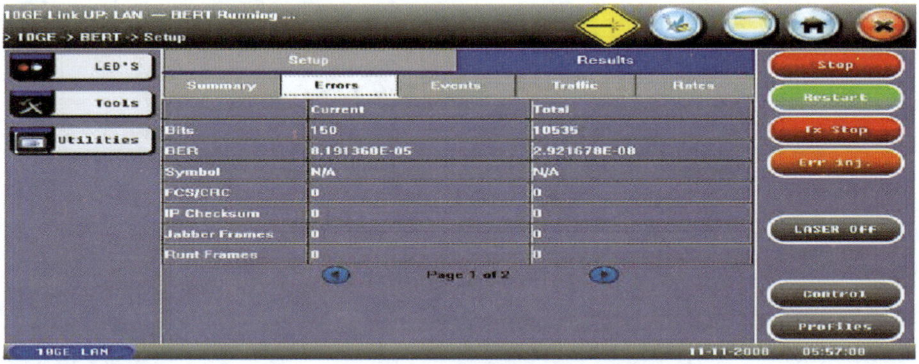

图 4-8 误码结果

Bits:显示误码的个数,当前数目及总书目;BER:误码率;FCS/CSC:含有无效 FCS 的接收帧的数目。

(三)注意事项

测试中需注意仪表与被测设备端口是否良好地完成自适应,端口是否 UP;若是不能良好地自适应需要强制端口速率与被测设备端口类型相同。若是测试网络端到端误码性能,需注意通道最大带宽,仪表测试时带宽不要大于通道最大带宽。

二、路由协议测试仪

对于数据网络产品,如交换机、路由器等的路由能力,要求高速路由器应该能够支持至少 25 万条路由,平均每个目的地址至少提供 2 条路径,系统必须支持至少 25 个 BGP 对等以及至少 50 个 IGP 邻居。

路由器通常依靠所建立及维护的路由表来决定包的转发。路由表能力是指路由表内所容纳路由表项数量的极限。由于在 Internet 上执行 BGP 协议的路由器通常拥有数十万条路由表项,所以该项目也是评估路由器处理能力的重要体现。

业界通用仪表有：思博伦（Sprient）公司的 TestCenter、Smartbit，IXIA 公司的 IxNetwork，NETtest 公司的 InterWatch95000 等。

三、线缆综合测试仪

线缆综合测试仪可以对综合布线双绞线终接 8 位模块式通用插座的接线图，线位是否正确，综合布线信道的性能指标（包括回损、串音、电阻等）是否符合要求进行测试。

（一）名词解释

线缆类型：各类线缆根据传输带宽的不同分为不同的型号，3 类双绞线传输速率可以达到 10 Mbit/s，5 类可以达到 100 Mbit/s，超 5 类可达到 155 Mbit/s 以上，6 类网线可以达到 1 000 Mbit/s。

在布线领域，3 类、5 类、超 5 类双绞线曾竞相争艳，5 类双绞线的市场占有率曾超过 90%，取代 3 类双绞线而成为市场的主导，而超 3 类双绞线自出现起，仅仅用了 1 年的时间就取代 5 类双绞线而成为主流。2002 年 6 月 17 日，美国通信工业协会正式通过了 6 类布线标准。现已有 7 类线缆。

（二）测试方法

测试仪表有很多，如 AT&T 公司、Fluke、3M 等公司，现以 Fluke 公司的 DTX Series 线缆测试仪为例说明。

1. 仪表说明

仪表外观如图 4-9 所示。

完成测试需要两块仪表，一部为近端测试端，另一部为远端测试端。

Fluke 公司推出的 DTX 系列电缆认证分析仪支持国标 GB 50312—2007。Fluke DTX 系列中文数字式线缆认证分析仪有 DTX-LT AP[标准型（350M 带宽）]、DTX-1200 AP[增强型（350M 带宽）]、DTX-1800 AP[超强型（900M 带宽），7 类]等几种类型可供选择。如图 4-9 所示为 Fluke DTX-1800 AP 电缆认证分析仪。这种测试仪可以进行基本的连通性测试，也可以进行比较复杂的电缆性能测试，能够完成指定频率范围内衰减、近端串扰等各种参数的测试，从而确定其是否能够支持高速网络。

这种测试仪一般包括两部分：基座部分和远端部分。基座部分可以生成高频信号，这些信号可以模拟高速局域网设备发出的信号。

2. 测试模型

（1）基本链路模型

基本链路包括 3 部分：最长为 90 m 的在建筑物中固定的水平布线电缆，水平电缆两端的接插件（一端为工作区信息插座，另一端为楼层配线架），两条与现场测试仪相连的 2 m 测试设备跳线。

基本链路模型如图 4-10 所示，图中 F 是信息插座至配线架之间的电缆，G、E 是测试设备跳线。F 是综合布线系统施工承包商负责安装的，链路质

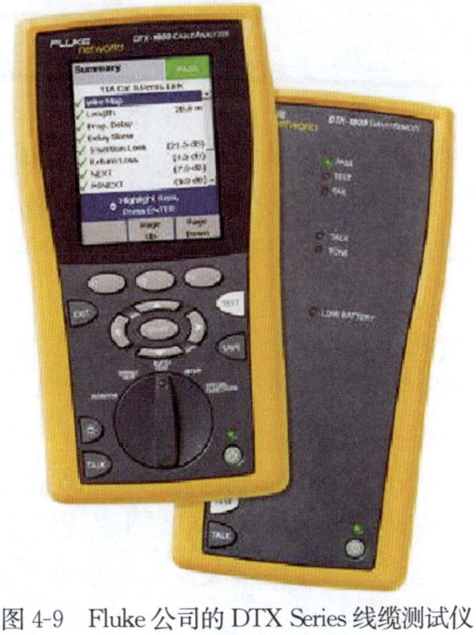

图 4-9 Fluke 公司的 DTX Series 线缆测试仪

量由其负责,所以基本链路又称为承包商链路。

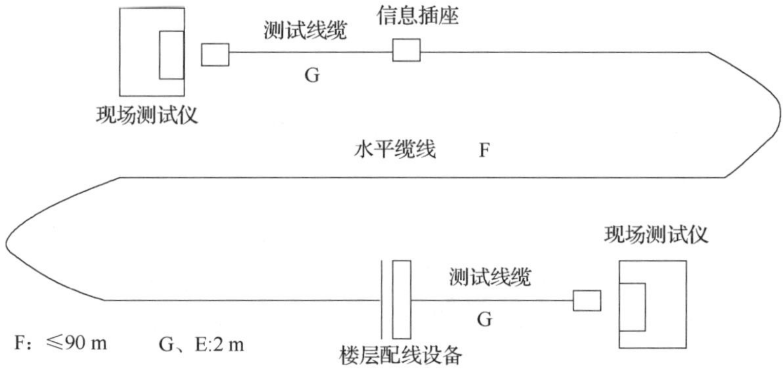

图 4-10　基本链路模型

(2)永久链路模型

永久链路模型如图 4-11 所示。

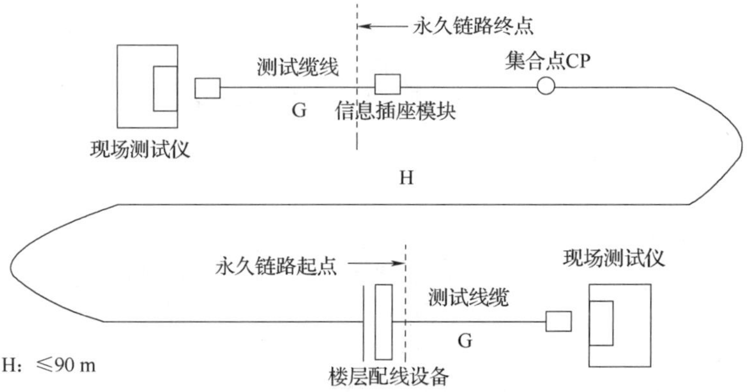

图 4-11　永久链路模型

永久链路又称固定链路,在国际标准化组织 ISO/IEC 所制定的 5e 类、6 类标准草案及 TIA/EIA568B 新的测试定义中,定义了永久链路模型,它将代替基本链路模型。永久链路方式供工程安装人员和用户用以测量安装的固定链路性能。

永久链路由最长为 90 m 的水平电缆、水平电缆两端的接插件(一端为工作区信息插座,另一端为楼层配线架)和链路可选的转接连接器组成,与基本链路不同的是,永久链路不包括两端 2 m 测试电缆,电缆总长度为 90 m;而基本链路包括两端的 2 m 测试电缆,电缆总计长度为 94 m。H 是从信息插座至楼层配线设备(包括集合点)的水平电缆,H 的最大长度为 90 m。

(3)信道模型

信道是指从网络设备跳线到工作区跳线的端到端的连接,包括最长 90 m 的水平线缆、水平电缆两端的接插件(一端为工作区信息插座,另一端为配线架),一个靠近工作区的可选的附属转接连接器,最长 10 m 的在楼层配线架和用户终端的连接跳线,信道最长为 100 m。信道模型如图 4-12 所示。其中 A 是用户端连接跳线,B 是转接电缆,C 是水平电缆,D 是最大 2 m 的跳线,E 是配线架到网络设备的连接跳线,B 和 C 总计最大长度为 90 m,A、D 和 E 总计最大长度为 10 m。

信道测试的是网络设备到计算机间端到端的整体性能,是用户所关心的,所以信道也被称为用户链路。

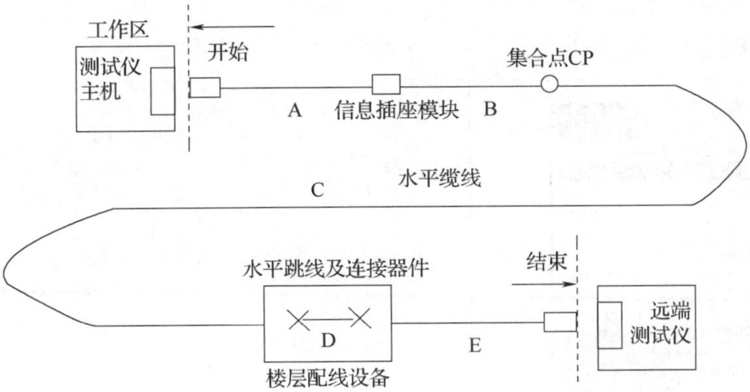

图 4-12　信道模型

3. 基准设置

在使用测试仪之前，首先需要进行基准设置。

基准设置程序可用于设置插入损耗及 ACR-F(ELFEXT)测量的基准，基准设置连接如图 4-13 所示。

(1)如果要将测试仪用于不同的智能远端，可将测试仪的基准设置为两个不同的智能远端。

(2)通常每隔 30 天就需要运行测试仪的基准设置程序，以确保取得准确度最高的测试结果。

更换链路接口适配器后无需重新设置基准。执行下面的步骤：

① 连接永久链路及通道适配器，然后依图 4-13所示进行连接。

② 将旋转开关转至 SPECIAL FUNCTIONS(特殊功能)，然后开启智能远端。

③ 选中设置基准，然后按 H 键，如果同时连接了光缆模块及铜缆适配器，接下来选择链路接口适配器，按 P 键。

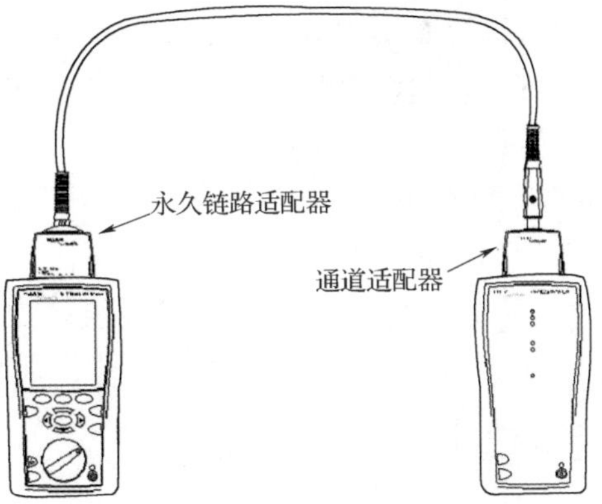

图 4-13　基准设置连接图

4. 测试设置

在用测试仪测试之前，需要选择测试依据的标准、选择测试链路类型(基本链路、永久链路、信道)、选择线缆类型(3 类、5 类、5e 类、6 类双绞线，还是多模光纤或单模光纤)。同时还需要对测试时的相关参数(如测试极限、NVP、插座配置等)进行设置。

具体操作方法是将测试仪旋转开关转至 SETUP(设置)位置，用方向键选中双绞线；然后按 Enter 键，对相关参数进行设置

将旋转开关转至 AUTOTEST (自动测试)，然后开启智能永久链路测试连接远端。按图 4-11 所示、图 4-12 所示的连接方法，连接至布线。

测试仪会在完成测试后显示“自动测试概要”屏幕，若要查看特定参数的测试结果，使用 A、D 键来选中该参数；然后按 H 键。

如果自动测试失败，按 J 错误信息键来查看可能的失败原因。

5. 测试结果及数据的保存

若要保存测试结果,按 N 键,测试结果界面如图 4-14 所示。

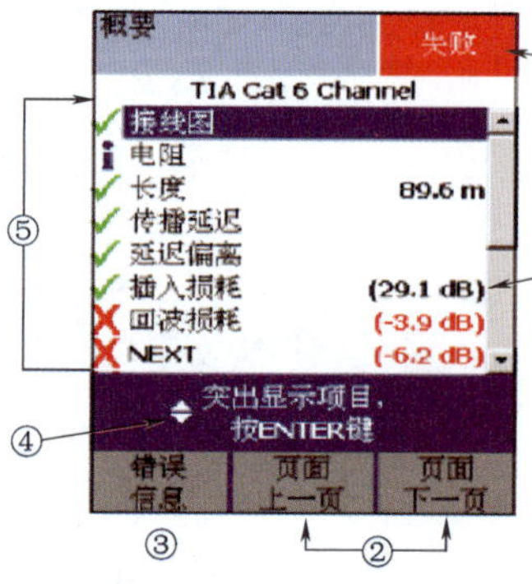

① 通过:所有参数均在极限范围内。
失败:有一个或一个以上的参数超出极限值。
通过*/失败*:有一个或一个以上的参数在测试仪准确度的不确定性范围内,且特定的测试标准要求"*"注记。

② 按(F2)或(F3)键来滚动屏幕画面。

③ 如果测试失败,按(F1)键来查看诊断信息。

④ 屏幕画面操作提示。使用(▽)(△)键来选中某个参数;然后按(ENTER)键。

⑤ √:测试结果通过。
i:参数已被测量,但选定的测试极限内没有通过/失败极限值。
x:测试结果失败。

⑥ 测试中找到最差余量。

图 4-14 测试结果界面及说明

四、路由协议分析仪

数据网络产品,如交换机、路由器等,需要对其所支持的协议进行互操作性测试,以保证各不同厂商的设备可以正确互联。路由协议分析仪可以对互联网协议层 IP、ICMP、IGMP 协议进行测试分析,也可以对路由协议 RIP、OSPF、is-is、BGP 等协议进行测试分析。

支持的仪表有 NetTEST 公司的 InterWATCH95000、思博伦公司的 SmartBit、TestCenter 等。在进行互操作性测试时,标准化组织规定了很多文档,测试仪表进行测试时的测试案例都是以这些标准化组织的规定进行测试,例如 RFC 组织。

路由协议分析仪主要用于路由协议的一致性测试,这项测试是工厂设备研发及工程验收测试时应用,在维护工作中不需要此项功能,所以本节不对此详细介绍。

五、性能测试仪

对数据网络产品,如交换机、路由器等,需要衡量处理性能,如吞吐量、丢包率、时延等,包括单端口处理能力、整机处理能力等。

业界通用仪表有:思博伦(Sprient)公司的 TestCenter、Smartbit,IXIA 公司的 IxNetwork,NETtest 公司的 InterWatch95000 等。

(一)基本概念

吞吐量:是路由器的包转发能力。吞吐量与路由器端口数量、端口速率、数据包长度、数据包类型、路由计算模式(分布或集中)以及测试方法有关,一般泛指处理器处理数据包的能力。

整机吞吐量:指设备整机的包转发能力,是设备性能的重要指标。路由器的工作在于根据 IP 包头或者 MPLS 标记选路,因此性能指标是指每秒转发包的数量。整机吞吐量通常小于路由器所有端口吞吐量之和。

端口吞吐量:指端口包转发能力,是路由器在某端口上的包转发能力。通常采用两个相同速率测试接口。

ARP:地址解析协议。

(二)测试方法

性能测试仪可以测试 2 层、3 层数据性能,仅在数据网设备验收时测试。思博伦(Sprient)

公司的 TestCenter 仪表也可进行端口吞吐量测试。吞吐量测试结果只是一个参考指标，测试结果符合实际需要即可。思博伦仪表外观如图 4-15 所示。

图 4-15　性能测试仪

六、流量发生器

对数据网络产品，如交换机、路由器等，进行功能和性能测试的时候，通常要用到一种辅助性的工具。使用这种工具，可以产生测试所需要的各种数据分组，用以模拟实际运行中的网络流量，借此实现对被测试对象的测试。这种辅助工具就是流量发生器。

流量发生器是一种可以产生特定类型、特定长度、特定速率的数据分组，并对用于分析被测试对象的相关参数进行收集和统计的工具。

业界通用仪表有：思博伦（Sprient）公司的 TestCenter、Smartbit，IXIA 公司的 IxNetwork，NETtest 公司的 InterWatch95000 等。

流量发生器应可以产生 2 层、3 层数据流，在性能测试中也需要编辑数据流。

七、网络综合测试仪

在网络运行中，由于业务需要会在网络上新开设业务。新开设的业务性能如何，如何测试评估；在既有业务中，若业务出现服务性能差不符合要求，查找故障或者定位故障，需要网络综合测试仪进行测试。

运营商在向客户提供以太网服务时，经常需要检测链路的端到端性能。因此互联网工程任务组（IETF）RFC2544"网络互联设备的标签管理方法"定义了网络互联设备性能的测试。RFC2544 建议被网络性能测试业界广泛接受。

高铁数据网通信系统承载 OA、视频监控、动力及环境监测等业务，可以应用网络综合测试仪评估所选择业务的端到端性能。

（一）名词解释

端到端性能：在网络中，终端用户到另一个终端用户之间的数据网传输通道性能，以吞吐量、时延、丢包率来衡量。

（二）测试方法

现以 VeEX 公司的 MX100 为例说明某一网络中某一业务的端到端性能测试。

1. 仪表外观

MX100 仪表外观如图 4-16 所示。

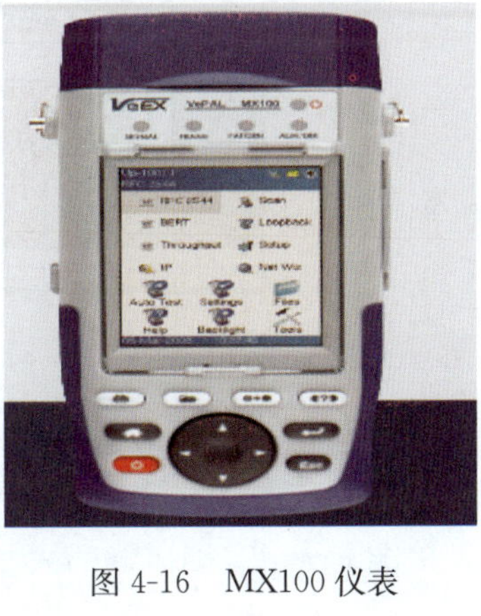

图 4-16　MX100 仪表

Power：开关键。设备通过键盘上的红色按钮被开启或者关闭。为了防止意外开机，这个按钮只有在长按达 3～5 s 之后才能将设备打开。按住开关键至少 2 s 以上可以关机。

Save：存储键。如果结果正在运行，将快拍下存储键按下时的结果。存储功能提供具有自动命名和时间戳功能的自动存储。

History：历史键。历史键根据先前情况重置任何闪烁的 LED。

Help:帮助键。不论当前用户界面在何处,帮助键使用户获得在线帮助。

Home:归位键。不论用户界面在何处,仪器将返回主菜单。

Arrow:箭头键。箭头键使光标在 4 个方向上(左、右、上、下)移动。箭头键与回车键、后退键配合使用。

Enter:回车键。回车键为用户界面提供一个输入序列,用以在非触摸屏操作模式下进入菜单和功能。

Escape:后退键。后退键为用户界面提供一个后退序列,用以在非触摸屏操作模式下退出菜单和功能。

2. 测试连接图

如图 4-17 所示。图中的云表示所测业务经过的网络,CE 为接入设备。

仪表 MX100 仿真用户终端接入网络 CE,测试端到端性能。

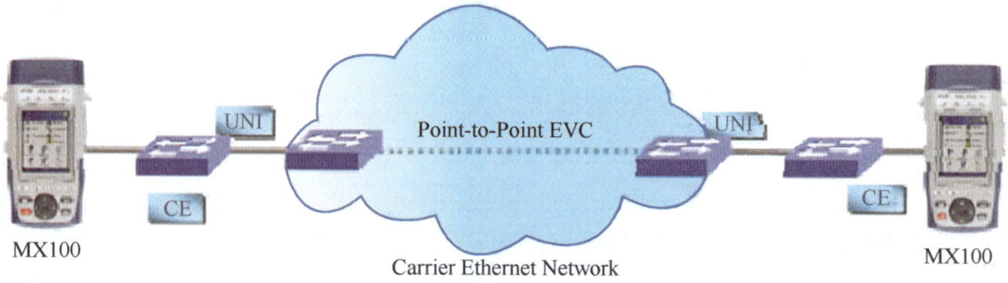

图 4-17 网络综合测试信测试连接图

3. 仪表设置

打开仪表电源,仪表开机后自动进入主菜单单击 RFC2544 菜单,进入如图 4-18 所示界面。

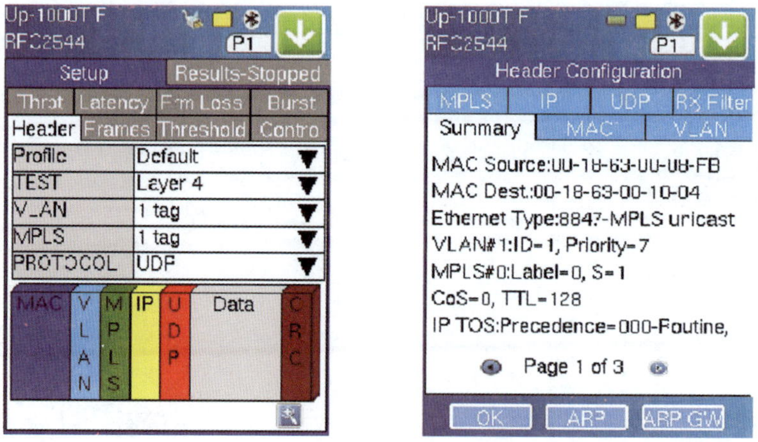

图 4-18 RFC2544 菜单界面

单击 Setup,再单击 Header,分别对不同参数进行设置。可以根据实际网络配置数据设置 MAC 地址(源、目的地址)、VLAN 标签、MPLS 标签、IP 地址(源、目的地址)等。

单击 Frames,测试帧的大小为 64,128,256,512,1 024,1 280 和 1 518 Byte,并且分别可选,用户可以选择自己感兴趣的帧。单击 Add Frames,用户可以增加范围为 64～9 000 Byte 的测试帧。如图 4-19 所示。

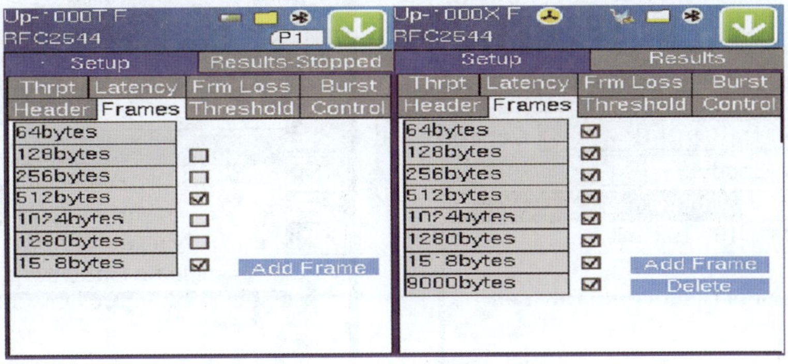

图 4-19　Frames 操作界面

单击 Threshold，用户可以设置吞吐量与时延的门限值。当吞吐量小于门限值或者时延大于门限值时判为测试不通过。如图 4-20 所示。

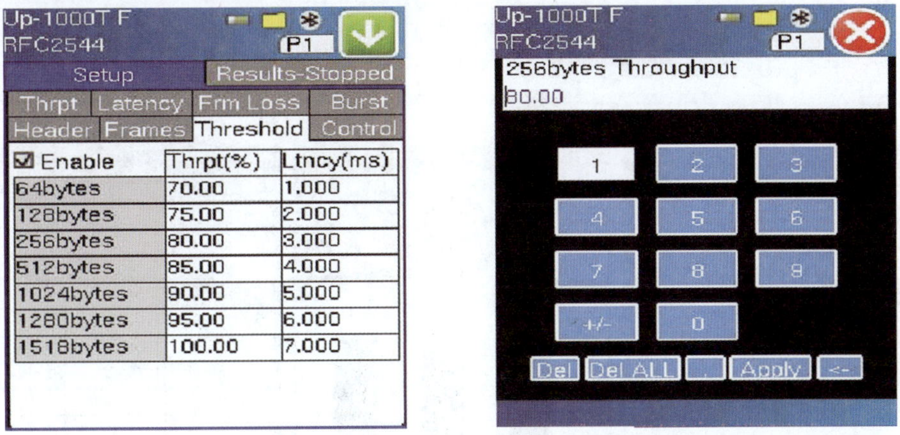

图 4-20　设置吞吐量与时延的门限值

单击进入 Thrpt、Latency、Frm Loss 可以分别对相应参数进行设置，例如测试时长等。如图 4-21 所示。

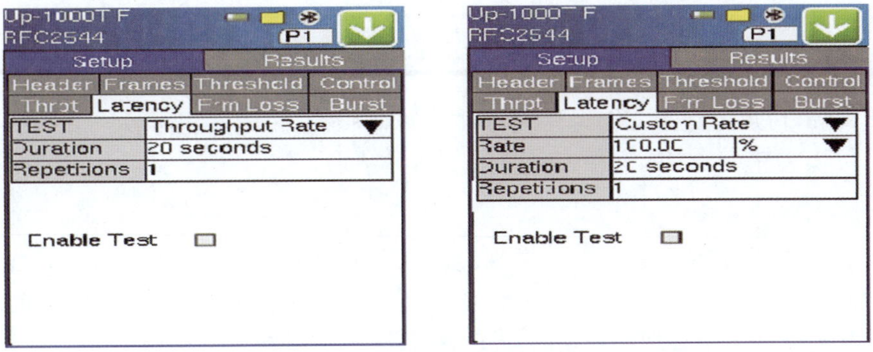

图 4-21　相应参数进行设置界面

单击 Control，选择 Manual，输入远端测试仪表的 IP 地址，单击 Discover，仪表会显示对端仪表，然后单击 Loop Up，远端仪表自动环回。如图 4-22 所示。

一旦远端设备完成环回，按下开始按钮以启动测试。当所选的测试都完成后，设备会自动停止。

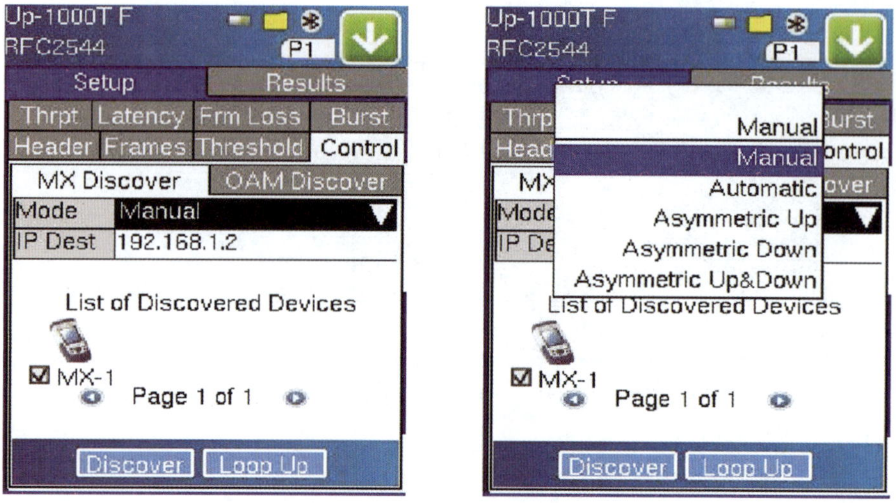

图 4-22　远端仪表自动环回界面

测试完成后,单击 Results,查看结果。测试进行中也可以随时查看测试过程。可以以数据显示,也可以选择图标显示。如图 4-23 所示。

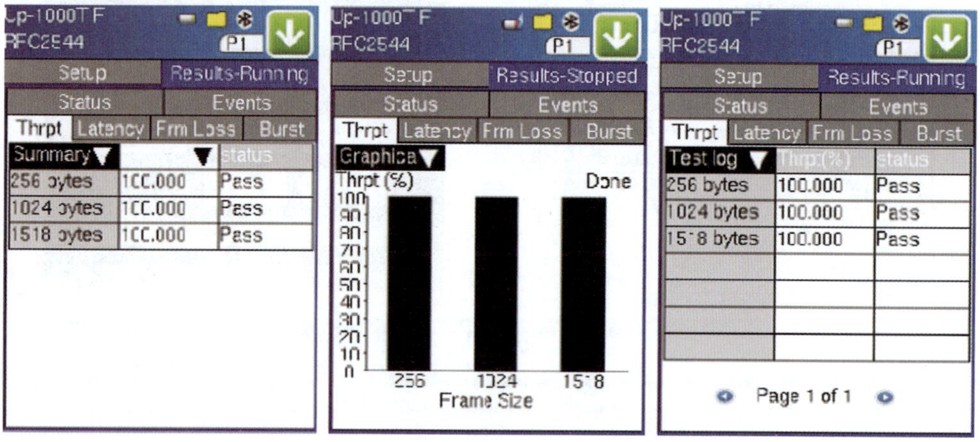

图 4-23　数据显示测试结果

4. 数据的保存

停止测试后,可单击键盘上的保存键保存结果,将会自动保存和命名。结果保存后,用户可通过浏览位于文件菜单中的文件夹查看或重命名结果文件。

(三)故障案例

在哈大应急通信系统演练测试中,发现应急现场上传图像性能下降,经常出现停滞和马赛克现象,于是在应急接入现场与应急中心设备之间配置两块仪表,测试传输网络通道,测试结果证实通道性能良好。检查现场设备与应急中心设备,结果断定为应急中心一台设备网卡故障,导致丢包严重。

思考题

1. 数据通信网经常用到的测试仪表有哪些?各具有什么功能?

2. 在某条客专数据网网络中，若需衡量某两个站点之间的某个业务的通道数据传输质量，需选用什么仪表？如何配置？测试哪些指标？

3. 线缆测试选取什么仪表？如何配置？

4. 什么是设备端口及整机吞吐量？吞吐量指标在维护测试中有什么作用？

5. 什么是端口丢包率？丢包率指标在维护测试中有什么作用？

第二节 安全防护用具使用及紧急救护

本节将主要讲述高处作业、带电检修作业安全防护用品使用和防毒、消防、紧急救护等方面的基本知识。

一、高处作业安全防护用品的使用和操作

(一)安全带

(1)安全带使用期一般为 3～5 年，发现异常应提前报废。

(2)安全带的腰带和保险带、绳应有足够的机械强度，材质应有耐磨性，卡环(钩)应具有保险装置。保险带、绳使用长度在 3 m 以上的应加缓冲器。

(3)使用安全带前应进行外观检查：组件完整、无短缺、无伤残破损，绳索、编带无脆裂、断股或扭结，金属配件无裂纹、焊接无缺陷、无严重锈蚀，挂钩的钩舌咬口平整不错位，保险装置完整可靠。

(4)安全带应系在牢固的物体上，禁止系挂在移动或不牢固的物件上，不得系在棱角锋利处。安全带要高挂和平行拴挂，严禁低挂高用。

(二)安全帽

(1)戴安全帽前应将帽后调整带按自己头型调整到适合的位置，然后将帽内弹性带系牢。

(2)安全帽的下领带必须扣在颌下，并系牢，松紧要适度。

(3)定期检查安全帽有没有龟裂、下凹、裂痕和磨损等情况，发现异常现象要立即更换，不准继续使用。

(4)严禁使用只有下颌带与帽壳连接的安全帽，也就是帽内无缓冲层的安全帽。

(5)施工人员在现场作业中，不得将安全帽脱下，搁置一旁，或当坐垫使用。

二、带电检修作业安全防护用品的使用和操作

对低压交流电、UPS 蓄电池组和通信用高频开关电源电池组等电压超出安全电压(36 V)的端子进行测量、紧固作业时，应注意：

(1)使用有绝缘柄的工具。

(2)工作时，站在干燥的绝缘物体上进行，并戴绝缘手套。必须穿长袖衣衫工作，严禁使用锉刀、金属尺和带有金属物的毛刷等工具。

(3)绝缘鞋(靴)的使用不可有破损。使用时不得直接用手接触电气设备；穿用绝缘靴时，应将裤管套入靴筒内。穿用绝缘鞋时，裤管不宜长及鞋底外沿条高度，更不能长及地面，保持布帮干燥。

三、防毒安全防护用品的使用和操作

(一)过滤式防毒面具

过滤式防毒面具是防毒面具最为常见的一种,主要由面罩主体和滤毒件两部分组成。面罩起到密封并隔绝外部空气和保护口鼻面部的作用。滤毒件内部填充以活性炭为主要成分的活性炭,由于活性炭里有许多形状不同的和大小不一的孔隙,可以吸附粉尘,并在活性炭的孔隙表面浸渍了铜、银、铬金属氧化物等化学药剂,以达到吸附毒气后与其反应,使毒气丧失毒性的作用。使用方法如图 4-24 所示。

图 4-24　过滤式防毒面具及使用

1. 使用方法

(1)使用面具时,由下巴处向上佩戴,再适当调整头带,戴好面具后用手掌堵住滤毒盒进气口用力吸气,面罩与面部紧贴不产生漏气,则表明面具已经佩戴气密,可以进入危险涉毒区域工作。

(2)面具使用完后,应擦尽各部位汗水及脏物,尤其是镜片、呼气活门、吸气活门要保持清洁,必要时可以用水冲洗面罩部位,滤毒盒部分也要擦干净。

(3)如在具有传染性质的病毒环境使用后,面罩及滤毒盒可用 1%过氧乙酸消毒液擦拭,清洗消毒,必要时面罩可浸泡在 1%过氧乙酸消毒液中,但滤毒盒不可浸泡,也不可进水以防失效。而且经消毒液消毒后,应用清水擦拭,晾干后再用。

2. 注意事项

(1)防毒面具属有毒,有害环境使用产品,未经过专业培训过的人员不得随意拆卸,减少其零部件及维修产品。

(2)防毒面具不得在 65 ℃以上环境中使用及高温环境中存放。

(3)滤毒盒吸湿后会降低防毒能力,平时注意严防进水。

(4)面具应储存在阴凉干燥的地方,并不得接触有机溶剂。

(二)自救式防毒面具

自救式防毒面具是发生火灾时或进入有限空间时个人使用的防护呼吸装置。可以在一定时间内阻止一氧化碳(CO)、毒烟、毒雾等通过呼吸侵入人体,起到保护作用。使用方法如下:

(1)打开盒盖,取出真空包装袋。

(2)撕开真空包装袋,拔掉前后两个罐塞。

(3)戴上头罩,拉紧头袋。

(4)选择路径,果断逃生。

如图 4-25 所示。

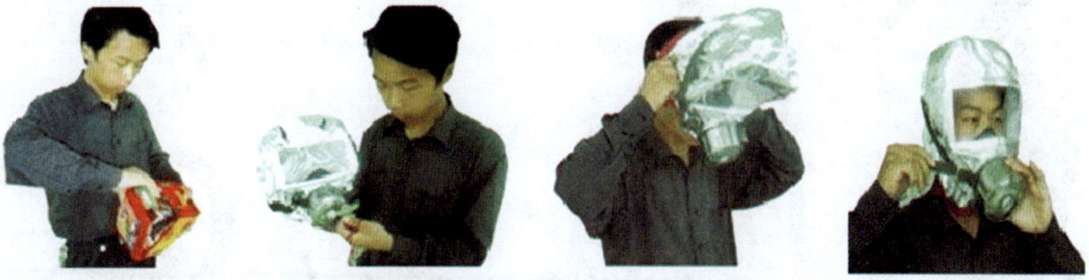

步骤1：开盒取出呼吸器　步骤2：拔掉前后两个塞子　步骤3：将呼吸器戴于头上　步骤4：从侧面拉紧系带

图 4-25　自救式防毒面具使用方法

该类产品仅供一次性使用，不能用于工作保护，只供个人逃生自救；产品备用状态时环境温度应为 0～40 ℃，周边无热源，易燃、易爆及腐蚀性物品，通风应良好，无雨淋及潮气侵蚀，不能随意搬动，敲击，拆装，以免引起意外失效。

四、消防设备的使用和操作

（一）手提式灭火器

以二氧化碳灭火器的使用为例：

（1）用右手握着压把。

（2）用右手提着灭火器到现场。

（3）除掉铅封。

（4）拔掉保险销。

（5）站在距火源 2 m 的地方，左手拿着喇叭筒，右手用力压下压把。

（6）对着火源根部喷射，并不断推前，直至把火焰扑灭。

手提式灭火器使用方法，如图 4-26 所示。

（二）气体消防装置的使用

通信人员在日常工作中，应掌握疏散路径、保持室内疏散标志良好、掌握防火分区分布和控制开关位置，并确知通信相关机房气体消防是手动控制是还是自动控制。配备气体消防的保护分区，应处于良好的有限密闭状态。下面说明较为常用的七氟丙烷气体灭火系统的控制过程和使用方法。

1. 自动控制方式

保护区域发生火情，火灾探测器发出火灾信号，报警控制器立即发出报警信号，控制盘接收到两个独立的火灾报警信号后，发出联动指令，关闭联动设备，经过 30 s 延时，发出灭火指令，灭火剂容器阀受控打开释放灭火剂，实施灭火。

气体消防系统在收到两个独立的火灾报警信号后，会给出火灾声光报警信号，室内人员听到火灾报警信号（或广播）后，应以最快速度沿疏散径路撤离，撤离后务必关好门。

2. 手动（电气）控制方式

当某保护区域发生火情，可按下手动控制盒或控制器上的启动按钮即可按规定程序启动灭火系统释放灭火剂，实施灭火。在自动控制状态下，手动（电气）控制仍然有效。

在按下手动（电气）控制前，必须保证保护分区内没有其他人员、门窗已经全部良好关闭。

图 4-26　手提式灭火器使用方法

发出火情报警,在延时时间内却发现情况变化不需要启动灭火系统进行灭火时,可按下手动控制盒或控制盘上的紧急停止按钮,即可停止控制器灭火指令的发出。

五、紧急救护常用知识

急救现场处理的首要任务是抢救生命、减少伤员痛苦、减少和预防伤情加重及发生并发症,正确而迅速地把伤病员转送到医院。

(一)急救步骤

(1)报警。一旦发生人员伤亡,不要惊慌失措,马上拨打 120 急救电话报警。

(2)对伤病员进行必要的现场处理。

① 迅速排除致命和致伤因素。如搬开压在身上的重物,撤离中毒现场,如果是意外触电,应立即切断电源;清除伤病员口鼻内的泥沙、呕吐物、血块或其他异物,保持呼吸道通畅等。

② 检查伤员的生命特征。检查伤病员呼吸、心跳、脉搏情况。如无呼吸或心跳停止,应就地立刻开展心肺复苏。

③ 止血。有创伤出血者,应迅速包扎止血。止血材料宜就地取材,可用加压包扎、上止血带或指压止血等。然后将伤病员尽快送往医院。

④ 如有腹腔脏器脱出或颅脑组织膨出,可用干净毛巾、软布料或搪瓷碗等加以保护。

⑤ 有骨折者用木板等临时固定。

⑥ 神志昏迷者,未明了病因前,注意心跳、呼吸、两侧瞳孔大小。有舌后坠者,应将舌头拉出或用别针穿刺固定在口外,防止窒息。

(3)迅速而正确地转运伤病员。按不同的伤情和病情,按病情的轻重缓急选择适当的工具进行转运。运送途中应随时关注伤病员的病情变化。

(二)受伤简易处理办法

(1)出血:可以把身上的衣服撕成布片,对出血的伤口进行局部加压止血。

(2)骨折:现场可以找块小夹板、树枝等物,对患肢进行包扎固定。

(3)头部创伤:把伤者的头偏向一边,不要仰着,防止引起呕吐,造成伤者窒息。

(4)腹部创伤:将干净容器扣在腹壁伤处,防止发生腹腔感染。

(5)呼吸心跳停止:及时对伤者进行口对口的人工呼吸,并进行简单的胸外按压。

人工呼吸法适用于有心跳但无呼吸的触电者。其要领是:病人仰卧平地上,鼻孔朝天颈后仰。首先清理口鼻腔,然后松扣解衣裳。捏鼻吹气要适量,排气应让口鼻畅。吹 2 s 后停 3 s,5 s 一次最恰当。

胸外挤压法适用有呼吸但无心跳的触电者。其要领是:病人仰卧硬地上,松开领扣解衣裳。当胸放掌不鲁莽,中指应该对凹膛。掌根用力向下按,压下一寸至半寸。压力轻重要适当,过分用力会压伤。慢慢压下突然放,1 s 一次最恰当。

当触电者既无呼吸又无心跳时,可同时采用人工呼吸法和胸外挤压法进行急救。其中单人操作时,应先口对口(鼻)吹气两次(约 5 s 内完成),再作胸外挤压 15 次(约 10 s 内完成),以后交替进行。双人操作时,按前述要领进行。

思考题

1. 使用安全带应注意哪些事项?
2. 带电检修作业时应注意哪些事项?
3. 如何使用防毒面具(自救呼吸器)?
4. 如何正确使用手提式二氧化碳灭火器?
5. 如何使用七氟丙烷气体消防系统?
6. 急救现场处理的首要任务是什么?

复　习　题

1. 什么是时延及时延变化?
2. RFC2544 测试所建议选取的帧长有哪些?
3. 什么是误码率?数据网误码测试仪应具有什么类型的接口?
4. 路由协议测试仪可以测试数据网设备的什么指标?
5. 被业界广泛认可的数据网链路端到端性能测试指标为哪些?
6. 简述使用安全帽的注意事项。
7. 简述清洗消毒防毒面具的注意事项。
8. 简述实施人工呼吸法的要领。
9. 简述实施胸外挤压法的要领。

第五章　数据通信系统的维护管理

路由器、交换机是组成数据通信网的主要网络设备，本章讲述华为 U2000 网管的安装和如何利用网管对路由器和交换机进行维护和管理。通过本章的学习，读者能掌握利用网管对网络及设备运行监控、告警处理、数据配置、性能分析、设备维护的方法，熟悉网管的日常巡检、计表工作标准和方法。

第一节　路由器系统的维护管理

数据通信网作为高速铁路各业务系统的承载网，通过路由器、交换机为各业务系统提供网络互联、资源共享。为了保证数据网的安全畅通，需要掌握路由器和交换机的维护和管理方法。数据网产品有华为、CISCO、华三、中兴等设备，这里将以华为设备为例进行实作讲解。

一、网管终端操作系统应用软件的安装、参数配置

华为 U2000 网管使用客户端/服务器端(Client/Server)结构，客户端和服务器端可以运行在同一台计算机上，也可以运行在不同的计算机上，建议安装独立的客户端，多个客户端通过网络可以接入同一个服务器端。U2000 客户端支持在 Windows 和 Solaris 操作系统上安装，推荐在 Windows 操作系统上安装。在 Windows 操作系统上安装分为本地方式和网络方式，在 Solaris 操作系统上安装只支持本地方式。本地方式即在本地使用安装盘或者安装软件包进行安装，这种方式要求 Windows 操作系统必须有 C 磁盘。网络方式利用服务器端的 CAU(Client Auto Update)功能，U2000 客户端通过网络方式安装升级，这种方式要求 U2000 服务器端已经正常运行，且服务器端和客户端网络保持连通。

二、利用网管对路由器设备进行状态查询

通过 U2000 网管可以对路由设备系统信息、网元面板、网元、单板及端口状态等进行查询。

(一)查看系统信息

设备的系统信息，有设备名称、设备标识、设备版本等，查看方法如下：

1. 在主拓扑的网元图标上单击右键，选择“网元管理器”。
2. 在“业务树”中，选择“设备管理”，“系统信息”。
3. 在“系统信息”页签，可以查看“系统名称”、“设备标识”、“设备版本”、“运行时间”、“所在位置”、“联系人”、“IP 地址”、“MAC 地址”、“设备描述”。
4. 单击“同步”，显示在网管系统中的设备系统信息将被刷新。

按以上步骤操作后，在网元管理窗口将会看到如图 5-1 所示的系统信息。

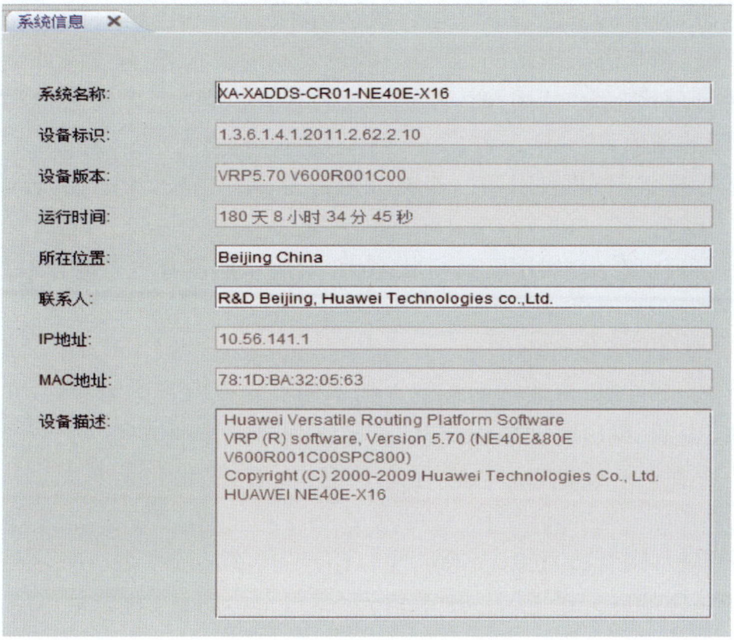

图 5-1　路由设备系统信息

(二)查看网元面板

网元面板展现的是设备前端面板的实际效果。网元面板通过告警灯以及不同颜色的图例浏览其告警,查看单板和端口的实时性能等功能。

1. 查看网元面板各单板及端口状态

在主拓扑网元图标上单击右键,选择“网元管理器”。界面默认跳转至“网元面板”页签。

若当前正处于“网元管理器”窗口的其他页签中,则可在“业务树”上,选择“设备管理”,“网元面板”,进入“网元面板”页签。

2. 面板显示状态含义

不同设备的面板呈现是不同的,下面以华为 NE80 为例介绍,如图 5-2 所示为设备面板状态图。

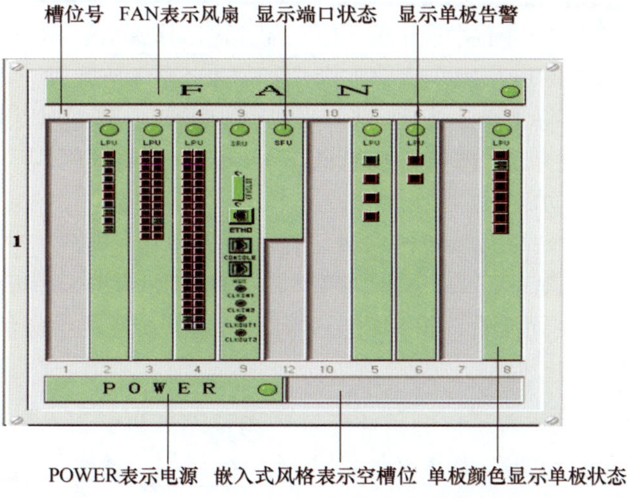

图 5-2　华为 NE80 设备面板状态图

图中单板、电源、风扇的颜色表示其运行状态，告警灯的颜色是根据单板和其上面的所有端口中的最高级别告警状态来刷新的，端口的颜色表示端口状态，其含义如下：

(1)当端口的管理状态为“禁用”时，若端口无告警，端口显示为灰色；若端口有告警，根据告警级别显示相应的颜色。

(2)当端口的管理状态为“启用”时，若端口无告警，端口显示为绿色；若端口有告警，根据告警级别显示端口颜色。

(3)当端口的管理状态为“启用”，运行状态为“禁用”，但没有告警时，端口颜色与紧急告警显示的颜色是一样的。

3. 查看单板、端口及机框详细信息

当选中面板中的部件时，可通过面板下方的不同页签查看其详细信息，方法如下：

(1)选中单板、电源、风扇时，“单板信息”页签将列出其详细信息。

(2)若单板上存在子卡或端口，可在“子卡信息”页签或“端口信息”页签分别查看其详细信息。

(3)也可双击单板，网管将直接定位到“端口信息”页签。选中端口时，则会直接定位到“端口信息”页签中的对应端口记录上。选中端口记录，可单击右键，右键菜单项与面板上端口的右键菜单项一致。

(4)对于多框集群设备，还可在面板中选中一个机框，“机框信息”页签将列出该机框的详细信息。“单板信息”页签将列出该机框上所有单板的详细信息。

(三)监控网元状态

通过查看网元的系统资源使用率、网元存储空间和浏览告警等功能监控网元状态。这里以“查看网元版本”为例进行操作步骤的介绍，其他的操作与此类似。

1. 在主拓扑的网元图标上单击右键，选择“网元管理器”。界面默认跳转至“网元面板”页签。若当前正处于“网元管理器”窗口的其他页签中，则可在“业务树”上，选择“设备管理”，“网元面板”，进入“网元面板”页签。

2. 在“网元面板”上，选择“机框”，单击右键，选择“查看网元版本”。

3. 在“查看网元版本”对话框中，单击“保存”，将查询到的信息保存到本地。

(四)监控单板状态

可通过查看单板的CPU、内存使用率、电压、温度和浏览单板告警等功能监控单板状态。这里以“查看单板信息”为例进行操作步骤的介绍，其他的操作与此类似。

1. 在主拓扑的网元图标上单击右键，选择“网元管理器”。界面默认跳转至“网元面板”页签。若当前正处于“网元管理器”窗口的其他页签中，则可在“业务树”上，选择“设备管理”，“网元面板”，进入“网元面板”页签。

2. 在网元面板上，选择“单板”，单击右键，选择“查看单板信息”。

3. 在“查看单板信息”对话框中，单击“保存”，将查询到的信息保存到本地。

按以上步骤操作后，在网元管理窗口将会看到如图5-3所示的单板信息。

(五)监控端口状态

可通过查看端口信息、查看端口的当前配置和浏览端口告警等功能监控端口状态。这里以“查看端口信息”为例进行操作步骤的介绍，其他的操作与此类似不再重复。

1. 在主拓扑的网元图标上单击右键，选择“网元管理器”。界面默认跳转至“网元面板”页

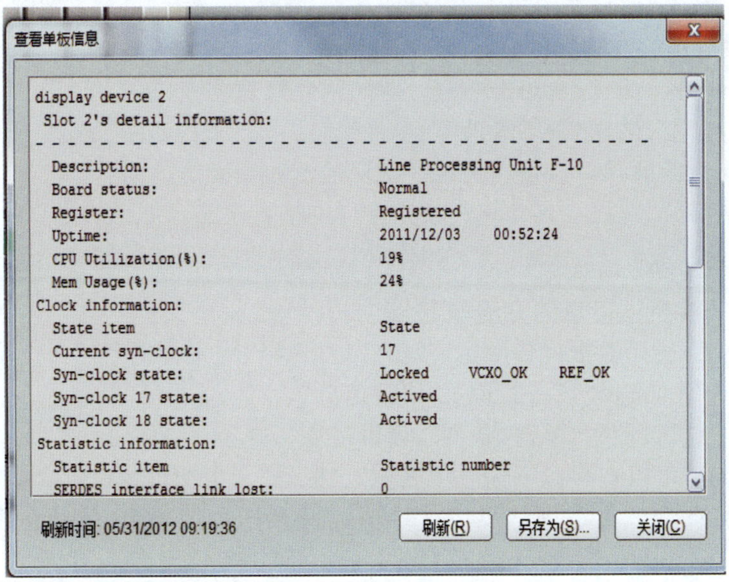

图 5-3　单板信息

签。若当前正处于“网元管理器”窗口的其他页签中，则可在“业务树”上，选择“设备管理”，“网元面板”，进入“网元面板”页签。

2. 在网元面板上，选择“端口”，单击右键，选择“查看端口信息”。

3. 在“查看端口信息”对话框中，单击“保存”，将查询到的信息保存到本地。

按以上步骤操作后，可看到如图 5-4 所示的信息。

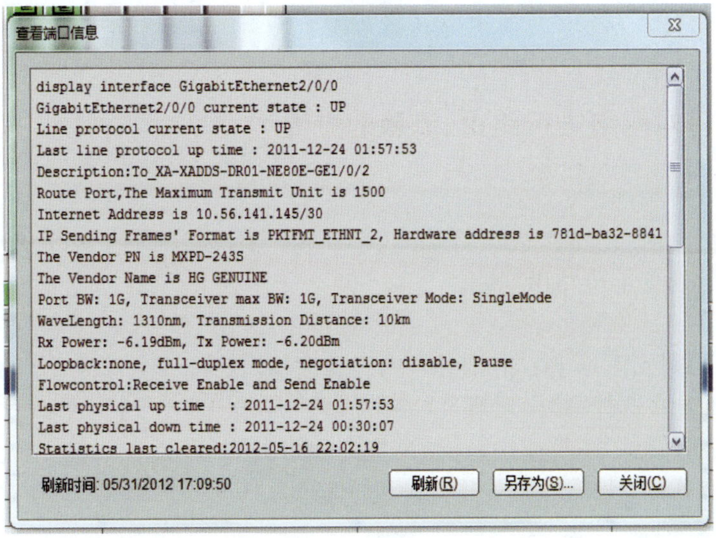

图 5-4　端口信息

（六）刷新单板信息

如果需要获得设备上最新的单板信息，建议先同步网元面板信息，再刷新单板信息。

1. 查看同步网元面板信息的操作方法

在“业务树”上,选择“设备管理”,“网元面板”,进入“网元面板”页签。单击“同步”。

2. 刷新单板信息的方法

(1)在主拓扑的网元图标上单击右键,选择“网元管理器”。

(2)在“业务树”上,选择“设备管理”,“单板信息”。

(3)单击界面上的“刷新”。查询列表区显示最新的单板信息列表。

(4)在查询结果区,选择一条单板记录。在详细信息区显示此单板的详细信息。

(七)查看机框信息

查看多框设备各机框信息的方法如下:

1. 在主拓扑上,选择多框设备图标,单击右键,选择“网元管理器”。

2. 在“业务树”中,选择“设备管理”,“机框信息”。

3. 在“机框信息”页签中,单击“条件”,设置过滤条件。

4. 单击“查询”,可以查看以下信息:“名称”、“框号”、“类型”、“状态”、“主备状态”。

5. 可单击“另存为”,将查询结果以文件形式保存到本地磁盘,支持的文件格式有:xls、txt、html、pdf 和 csv。

(八)查看框间链路

查看多框设备的框间链路信息的方法如下:

1. 在主拓扑上,选择多框设备图标,单击右键,选择“网元管理器”。

2. 在“业务树”中,选择“设备管理”,“框间链路”。

3. 在“框间链路”页签,单击“条件”,设置过滤条件。

4. 单击“查询”,可以查看以下信息:“链路名称”、“左机框类型”、“左机框号”、“右机框类型”、“右机框号”、“链路类型”、“管理状态”、“操作状态”。

5. 可单击“另存为”,将查询结果以文件形式保存到本地磁盘,支持的文件格式有:xls、txt、html 和 csv。

三、利用网管对网络进行路由、流量的查询

(一)查看路由信息

路由信息包括路由表、路由表统计信息、FIB 表、FIB 表统计信息以及路由配置等信息。用户可以根据路由信息定位路由问题。

操作步骤如下:

1. 在主拓扑的网元图标上右击,选择“网元管理器”。

2. 在“业务树”中,选择“路由管理”,“路由信息”。

3. 在“查看路由信息”下拉框中,选择要查询的路由信息。

按以上步骤操作后,可看到如图 5-5 所示的信息。

(二)查看流量信息

1. 设置以太端口流量监视

操作步骤如下:

(1)在网元管理器中选择相应的以太网单板,在功能树中选择“性能”,“以太端口流量监视”,单击“设置监视”选项卡。

(2)选择一个端口,设置参数“状态监视”。

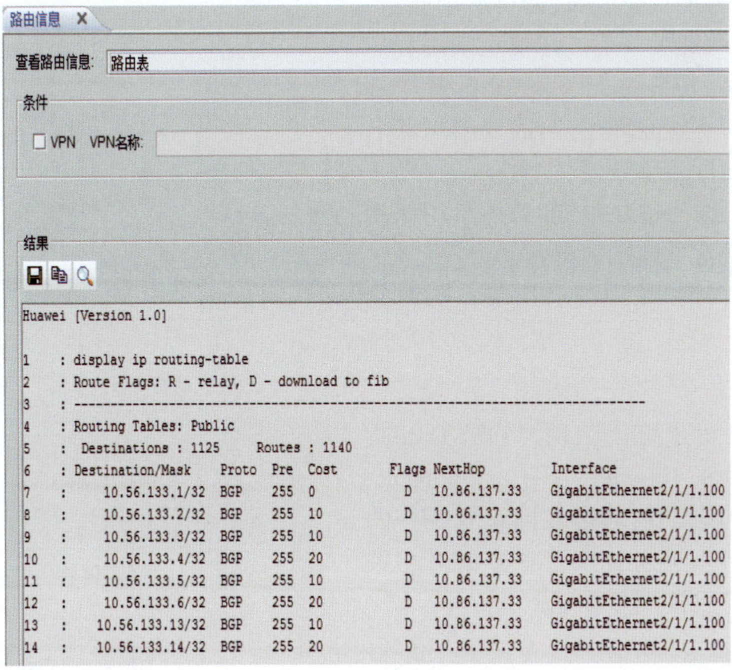

图 5-5 路由信息

每个以太网单板最多监视 10 个以太端口(包括 IP 端口和 VC TRUNK 端口)的流量,即最多设置 10 个以太端口的“状态监视”为“使能”。

(3)单击“应用”,弹出对话框提示操作成功,单击“关闭”。

2. 查询以太端口流量监视

操作步骤如下:

(1)在网元管理器中选择相应的以太网单板,在功能树中选择“性能”,“以太端口流量监视”,单击“流量查询”选项卡。

(2)在“监视对象”下拉菜单中选择一个待查询的端口,并设置“开始时间”、“结束时间”和“显示模式”。

① 当设置“显示模式”为“列表”时,以太端口流量数据将以报表的形式显示在 U2000 界面上。

② 当设置“显示模式”为“图形”时,以太端口流量数据将以图形的形式显示在 U2000 界面上。

(3)单击“查询”,即显示指定时间段内该端口的流量数据。

四、利用网管对路由器设备进行数据配置

完成相关数据配置是路由器正常工作的前提,根据路由器在网络中承担的功能和作用,通过 U2000 除了完成网元 IP 地址、各个接口地址及接口特性参数等基本数据配置外,还需要配置相应的静态、BGP、OSPF、IS-IS 等路由协议。下面仅简单说明 U2000 网管对路由器能实现哪些配置。

(一)设备管理配置

设备管理配置是实现网管对设备管理的基本操作,如网元地址设置、端口管理等。

当端口的业务配置完成后,需要启动端口,使配置的业务加载到端口上。请慎重禁用和启用端口。但在某些特殊情况下,例如配置了端口的工作模式后,不能立即生效,需要禁用和启用端口后,才能使配置生效。

当端口闲置,没有连接电缆时,请禁用该端口,以防止由于干扰导致端口异常。

当配有子接口时,禁用与启用端口的时间间隔应至少为 15 s。

(二)接口配置

通过 U2000 可进行以太网、POS、Trunk、Serial、E1、CPOS、Tunnel、VE、Loopback、VLAN、VT 等接口配置,通过在网管主拓扑的网元图标单击右键,进入接口管理界面对相关参数进行配置,完成接口参数配置。

(三)路由配置

路由配置是路由器正常工作的基础,而路由的配置必须根据路由器在网络拓扑中的位置以及网路规划设计的路由协议进行,常用的路由配置包括静态路由、BGP、IS-IS 等。

五、网管的告警处理

在发现告警信息后,需要按照一定的流程来处理告警以排除故障。处理告警的操作包括查看告警详细信息、确认告警、定位告警、清除告警等。

(一)告警处理流程

1. 流程图

告警处理的操作流程如图 5-6 所示。

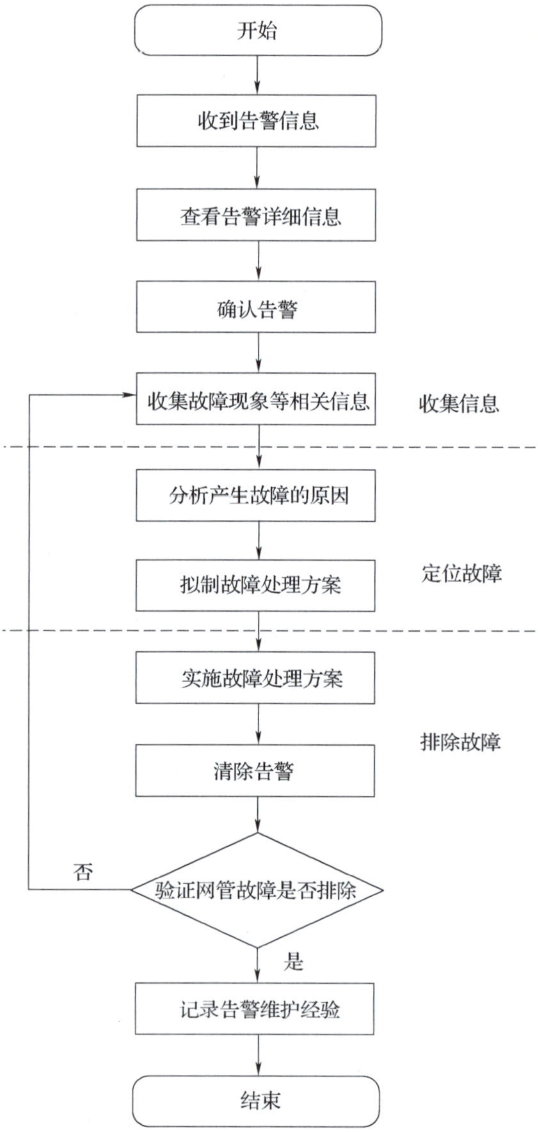

图 5-6　告警处理流程

2. 流程说明

图 5-6 所示的告警处理流程说明请参见表 5-1。

表 5-1　告警处理流程说明

步骤	操　作	说　明
1	收到告警信息	管理员收到告警信息后,启动告警处理流程。为保证故障发生后能及时通知到相关操作员,需要先在 U2000 中配置告警通知方式
2	查看告警详细信息	故障处理的第一步,就是查看告警的详细信息,包括告警的定位信息、告警帮助和告警经验库

续上表

步骤	操　作	说　明
3	确认告警	为避免他人同时对此告警进行处理，需确认该告警，表示已有人跟进处理该告警
4	收集故障现象等相关信息	通过定位告警，查询告警信息等操作，分析出产生故障的现象
5	分析产生故障的原因	根据故障现象相关信息，分析产生故障的具体原因
6	拟制故障处理方案	根据告警详细信息，再参考对应网元的相关手册和网络运行情况，以及以前的维护经验，拟定故障处理方案
7	实施故障处理方案	根据拟定的故障处理方案，排除产生告警的故障
8	清除告警	告警产生的条件消除。如果告警产生的原因已经排除，U2000 将收到对应的清除告警
9	验证网管故障是否排除	故障排除后，需要验证故障处理效果
10	记录告警维护经验	故障处理完成后，需要将故障处理过程中的经验记录在告警经验库中

(二)采集告警信息

在“采集故障信息”页面可以查看告警的详细信息、产生原因及处理建议。操作方法如下：

1. 在主菜单中选择“故障”，“浏览当前告警”。或者在工具栏上单击图标。

2. 在弹出的“过滤”对话框中，设置告警查询条件，单击“确定”。

如果设置了启动模板，则不会出现“过滤”对话框，直接显示符合启动模板条件的告警。

也可以单击“从模板复制”，在弹出的对话框中选择已有模板，单击“确定”，将模板的过滤条件导入“过滤”对话框中。

3. 选择一条要查看告警信息的告警，单击右键，选择“采集故障信息”。在弹出的界面中，在左侧的“告警信息”区域显示告警的详细信息，包括“常规”、“产生原因”和“修复建议”。

(三)查看告警详细信息

通过查看告警详细信息可以获取告警名称、产生原因和修复建议、定位信息等告警详细信息。在“详细信息”对话框中，可以增加或修改维护经验，以便在相同告警出现时进行参考。查看告警信息的方法如下：

1. 在主菜单中选择“故障”，“浏览当前告警”，“浏览告警日志”，“浏览事件日志”，“分级别显示当前告警”，“分状态显示当前告警”或“浏览历史告警”。在“过滤”对话框中设置过滤条件，单击“确定”。在打开的窗口中，右击一条记录，选择“详细信息”。

选中一条记录，该条记录的详细信息和处理建议将显示在窗口下方。如果设置了默认模板，则需要单击“过滤”才会显示“过滤”对话框。

2. 在“详细信息”对话框中，单击“维护经验”左边的下拉按钮，然后单击“修改”。在“维护经验”对话框中输入经验,单击“确定”。

3. 在“详细信息”对话框中,单击“关闭”。

单击“上一条”可查看上一条告警记录的详细信息;单击“下一条”可查看下一条告警记录的详细信息。

(四)核对告警

核对告警就是将网管侧的一条或多条当前未清除告警与网元侧进行比较。若该告警在网元侧当前告警中存在,则网管侧保持不变,若网元侧没有该告警,则在网管侧清除该告警。核对告警的方法如下:

1. 在主菜单中选择“故障”,“浏览当前告警”或者“故障”,“浏览告警日志”,或者在工具栏上单击图标。

2. 在“过滤”对话框中设置过滤条件,单击“确定”。

3. 在“当前告警浏览”窗口中,选择一条或多条告警,单击右键,选择“核对”。

(五)确认告警

确认告警的方法如下:

1. 在主菜单中选择“故障”,“浏览当前告警”或单击工具栏上的快捷图标。

2. 在“过滤”对话框中设置过滤条件,单击“确定”。

3. 在“浏览当前告警”窗口中,选中一条或几条告警,单击“确认”。

4. 在“确认”对话框中单击“是”。

(六)定位告警/事件到拓扑对象

无论是在拓扑视图中查看告警/事件,还是通过菜单查询告警/事件,都可以利用拓扑定位功能从告警/事件记录定位到拓扑视图上产生该告警/事件的网元,以方便定位故障网元在实际网络中的物理位置。定位告警到拓扑对象的方法如下:

1. 在拓扑视图中,单击拓扑工具栏中的图标。在下方的告警/事件列表区域,右键单击要定位的告警/事件记录,选择“拓扑定位”。

2. 在主菜单中选择“故障”,“浏览当前告警”,“浏览告警日志”,“浏览事件日志”,“分级别显示当前告警”,“分状态显示当前告警”或“浏览历史告警”。在“过滤”对话框中设置过滤条件,单击“确定”。在打开的窗口中,右键单击要定位的告警/事件记录,选择“拓扑定位”。

(七)定位告警到告警对象

定位告警到告警对象的方法如下:

1. 在主菜单中选择“故障”,“浏览当前告警”,“浏览告警日志”,“分级别显示当前告警”或者“分状态显示当前告警”。

2. 在弹出的“过滤”对话框中设置相应的告警过滤条件,单击“确定”。

3. 在“浏览告警列表”页签中,选择一条关注的告警,单击右键,选择“定位到网元面板”。只有硬件方面的告警才可以定位到网元面板,软件方面的告警不适用定位到网元面板。

4. 在弹出的“网元管理器”页签中,故障端口将被定位在网元面板中,如图 5-7 所示。

(八)手工清除告警

当告警无法自动清除或已确认网元上不存在该告警的时候,可以手工进行清除。告警被清除说明导致告警的故障已被排除。清除告警的方法如下：

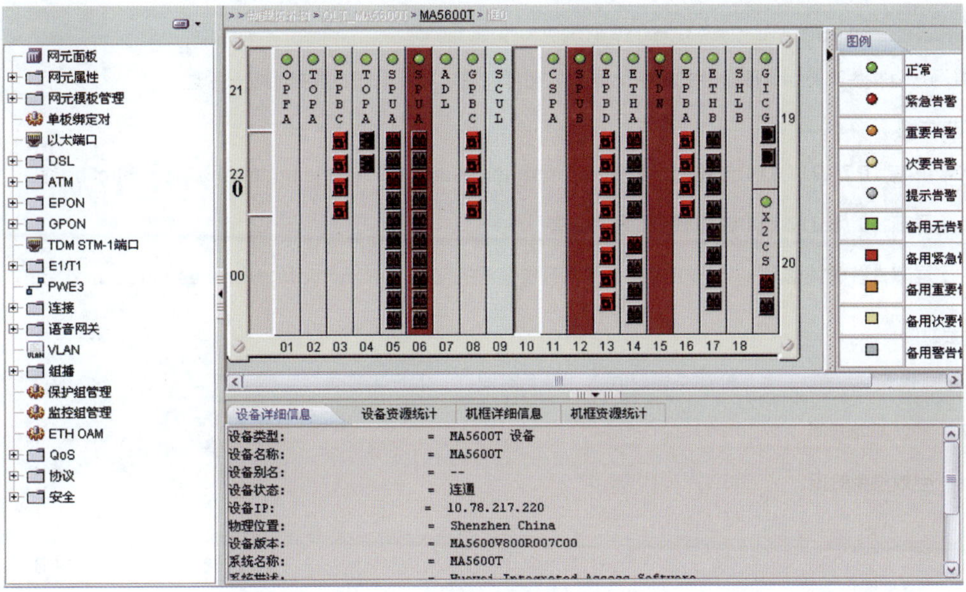

图 5-7　故障端口定位

1. 在主菜单中选择“故障”,“浏览当前告警”或单击工具栏上的快捷图标。
2. 在“过滤”对话框中设置过滤条件,单击“确定”。
3. 在“浏览当前告警”窗口中,选中一条或几条告警,单击“清除”。
4. 在“确认”对话框中单击“是”。

(九)屏蔽告警

屏蔽告警是指网管不再接收指定对象的告警上报或不监视某些不重要的网管告警。设备在维修、测试或者开局期间,上报的告警可能特别多,对于这些不需要关注的告警,可以通过设置告警/事件屏蔽条件,屏蔽符合条件的告警/事件,既不显示也不保存。而对于某些不重要的网管告警,可以设置网管告警屏蔽,使网管不监视这些告警,以便提高故障定位效率。选择一条告警/事件进行屏蔽的方式,可以快捷地屏蔽后续上报的相同告警。屏蔽告警的方法如下：

1. 在主菜单中选择“故障”,“浏览当前告警”,“故障”,“浏览告警日志”,“故障”,“浏览事件日志”,“故障”,“分级别显示当前告警”或者“故障”,“分状态显示当前告警”。
2. 在“过滤”对话框中设置过滤条件,单击“确定”。
3. 在浏览告警或事件窗口中,选择一条告警或事件。单击右键,选择“屏蔽”。
4. 在“屏蔽”对话框中,可按图 5-8 所示告警屏蔽设置,根据需求设置“屏蔽范围”和“生效时间”。
5. 在“屏蔽”对话框中单击“确定”。
6. 在“确认”对话框中单击“是”。

(十)快速屏蔽网元上的所有接口告警

在网络运维中,日常业务开通时网元上会产生很多全网子接口告警和 FE 接口告警,但是用户往往并不关心这些接口告警,需要屏蔽掉这些网元接口告警。U2000 提供了屏蔽网元接口告警的功能,以便用户能快速地在网管上屏蔽掉某些网元的所有子接口告警和 FE 接口告警。屏蔽网元所有接口告警的方法如下：

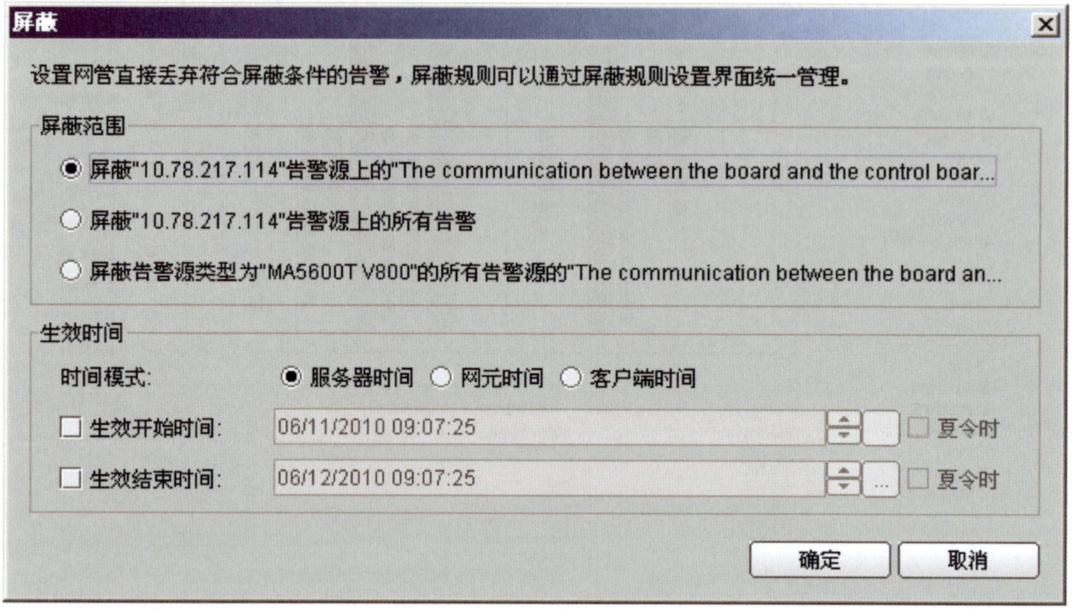

图 5-8　告警屏蔽设置

1. 在主菜单中选择“故障”，“设置”，“屏蔽网元接口告警”。

2. 弹出“屏蔽网元接口告警”对话框。

3. 单击“屏蔽网元子接口告警”页签，在网元对象树中选择需要屏蔽网元子接口告警的网元。

4. 单击“屏蔽网元 FE 接口告警”页签，在网元对象树中选择需要屏蔽网元 FE 接口告警的网元。

5. 单击“确定”。

（十一）抑制网元告警

抑制网元告警是指网元不上报某些已经被设置为告警抑制的告警事件。这些告警事件可以是由全网网元、特定网元、特定单板，甚至特定单板的特定功能模块所产生。

1. 抑制网元告警

抑制网元告警的方法如下：

(1)在主菜单中选择“故障”，“浏览当前告警”。

(2)在“过滤”对话框中设置过滤条件，单击“确定”。

(3)在告警浏览窗口中，选择一条告警，单击右键，选择“抑制网元告警”。

(4)在弹出的提示框中单击“是”。

(5)在弹出的对话框中，单击“关闭”。

2. 抑制网元告警的结果

(1)成功设置告警抑制后，网元将不再上报该告警。

(2)成功设置告警抑制后，已经上报的告警也将被清除。

六、网管的日常巡检、计表工作标准和方法

（一）网管系统维护项目

按照《铁路有线通信维护暂行规则》，数据通信网管的维护项目分为日常维护和定期维护。具体内容见表 5-2。

表 5-2　网管系统的维护项目

序号	维护项目	维护类别
1	网管系统主机、服务器的工作状态监测	日常维护
2	网管系统所用路由器、局域网交换机及附属设备的工作状态监测	
3	网管设备 CPU 利用率	
4	网管设备内外存利用率	
5	查看系统日志记录及错误信息	
6	数据库系统运行状态监测	
7	数据存储设备状态监测	
8	网管系统硬件设备的表面清洁	
9	磁盘空间的维护管理及系统垃圾清除	
10	网管系统备份	
11	软件系统重启检测	定期维护
12	网管设备风扇过滤网清洁	
13	网管主/备用设备功能检查	

（二）日常维护的技术标准及方法

1. 技术标准

日常维护的内容、标准见表 5-3。

表 5-3　网管系统日常维护的技术标准

序号	维护内容	技术标准
1	网管系统主机、服务器状态监测	无告警、运行正常
2	网管系统所用设备的工作状态监测	无告警、运行正常
3	网管设备 CPU 利用率	服务器 CPU 利用率小于 80%
4	网管设备内外存利用率	服务器内存忙时利用率小于 80%
		服务器磁盘空间利用率小于 70%
5	查看系统日志记录及错误信息	无异常
6	数据库系统运行状态监测	运行正常
7	数据存储设备状态监测	运行正常
8	磁盘空间的维护管理	磁盘空间利用率小于 70%，无垃圾文件
9	网管系统备份	系统及网管数据备份至外部介质

2. 作业程序及方法

(1)网管主机状态监测

网管主机状态监测的方法如下。

——检查网管主机操作系统运行是否正常。

——检查 U2000 网管软件运行是否正常。

——检查 U2000 网管与网元间的通信状态。

① 网管与网元间通信状态检查方法

登录 U2000 客户端。在客户端的“设备导航树”中查看设备节点图标。

② 异常时的处理方法

a. 对于数据通信和接入设备

如果设备节点图标显示为灰色,表明设备处于离线状态,按以下步骤处理:

选择设备节点,单击右键,选择“工具”,“Ping”,执行 Ping 操作。如果不能 Ping 通,检查是否网络的物理链路出现异常。

选择设备节点,单击右键,选择“刷新状态”。如果设备节点图标仍然无法变绿,请联系厂家工程师。

b. 对于传送设备

如果 U2000 与网元间通信异常,一般在 U2000 界面上该网元的图标显示为灰色。如果 U2000 与网关网元通信异常,一般还会有“NE_COMMU_BREAK”网元通信中断告警。可根据情况按照如下方法尽快找出故障所在,排除故障。

如果只是非网关网元在 U2000 上不可达,则重点检查该网元的各项设置及其到网关网元的 ECC 路由情况。可参考如下顺序检查:检查该网元与网关网元间的 ECC 路由是否正常。例如,可以使用网元管理器中网元 ECC 链路管理来查看 ECC 路由情况。检查网元 ID、扩展 ID 等配置是否正确,U2000 上的配置和设备上的配置需要保持一致。在 U2000 上检查登录该网元的网元用户的用户名和密码是否正确。

如果是多数网元在 U2000 上显示不可达,则重点检查对应的网关网元的各项设置以及该网关网元与 U2000 间的网络连通性。参考如下顺序检查:检查 U2000 和网关网元之间的网络连通性。例如,可以用 Ping 操作检查 U2000 和网关网元之间的连通性和丢包率。检查 U2000 和网关网元的通信参数(如 IP 地址、子网掩码、网关 IP 等)配置是否正确,如果不正确请修改。检查网关网元 ID、扩展 ID 等配置是否正确,U2000 上的配置和设备上的配置需要保持一致。在 U2000 上检查登录网关网元的网元用户的用户名和密码是否正确。

(2)服务器状态监测

通过检查 U2000 进程与服务运行状态,了解服务器工作是否正常。

① 监测方法

a. 登录 U2000 系统监控客户端。

b. 单击“进程监控”页签,查看 U2000 服务器端各进程和“数据库服务器进程”的运行状态。

② 异常处理

如果出现某进程的状态不为“运行”,则可以使用“系统监控客户端”重启该进程。检查进程的启动模式设置情况,将所选择进程的启动模式设为自动、手动、启动 3 种模式中的相应模式。如果仍无法启动,则进入服务器端故障处理。

(3)路由器、局域网交换机及附属设备工作状态监测

通过浏览当前告警、检查 U2000 与网元间的通信状态,可以了解网络中路由器、局域网交换机及附属设备当前运行状态。在网络维护时需要及时更新告警信息,并根据告警的详细信息和处理建议做相应处理。

(4)网管设备 CPU、内存利用率检查

CPU 利用率、内存利用率、硬盘利用率或数据库利用率超过正常值将会导致系统运行缓慢,建议定期检查 U2000 服务器当前运行状况,及早发现并解决异常,保障系统高效运行。当服务器的 CPU 利用率、内存利用率、硬盘利用率或数据库利用率超过所设置的阈值时,系统监控服务器会向 U2000 服务器发送相应的告警,同时系统监控客户端相应的记录会变红。

(5)网管设备磁盘空间检查

如果网管设备的磁盘空间占用率超过 80%,可能会影响系统的运行效率或导致服务器无法启动。建议定期检查并及时清理磁盘空间。

(6)查看系统日志记录

查看系统日志有助于了解对操作系统及网管系统的操作信息,从而在系统出现故障时帮助定位。

(7)查询网管安全日志

可以通过查询安全日志了解涉及 U2000 安全操作的相关信息。

(8)数据库系统运行状态监测

数据库容量超出标准值会导致 U2000 无法使用,建议定期查看数据库状态,以保障 U2000 的正常运行。当系统的数据库占用率超过所设置的告警阈值时,系统监控服务器会向网管服务器发送相应的告警,同时系统监控客户端相应的记录会变红。

(9)数据存储设备状态监测

若服务器磁盘状态异常会造成数据丢失,网管无法正常使用。建议定期检查磁盘状态,当发现磁盘故障时及时修复或更换硬盘。

(10)磁盘空间维护管理及系统垃圾清除

请首先确认所要删除的文件为无用的文件,建议不要删除 3 天之内生成的文件。

(11)备份 U2000 数据网管数据

备份是将重要的数据保存起来,当原始数据被损坏时,用备份的数据进行恢复。备份内容包括网管侧用户自定义数据、网络层路径数据、网元侧配置数据、告警和性能数据,同时也会备份整个数据库的结构、数据库所有表(系统表和用户表)、表结构、存储过程。网管提供的数据库备份方案包括:备份 U2000 数据库和以脚本形式备份配置数据。

恢复和备份是共生的,一旦发生数据损坏,用户可以通过恢复操作来恢复数据。数据库恢复操作将从已备份的文件中恢复数据库,并覆盖已存在的数据文件。

通过 U2000 客户端备份到本地服务器的方法分为立即备份(即手动备份)和定时备份(自动备份),下面分别予以介绍。

① 立即备份

立即备份的方法如下:

登录 U2000 客户端,在主菜单中选择“系统”,“备份/恢复网管数据”,“备份数据库”。设置服务器端的备份路径,单击“备份”,开始备份数据库,并弹出对话框显示操作进度。

自定义数据备份路径可避免重装系统、格式化 C 盘对备份数据的影响,从而提高系统的

可维护性。备份路径应尽量简短,不能有空格、标点和中文字符。

② 定时备份

如果设置了多个定时备份任务,请确保这些任务设置的时间不重叠,否则将导致备份失败。

在"时间设置"区域框中,设置该任务计划的起始时间。如果选择的是"一次性任务",可以选择是否立即执行;如果选择的是"周期任务",在"周期设置"区域框中,设置该任务计划的周期,并选择设置"按周期执行次数"或"按周期结束时间"。单击"下一步"。

选择"备份到本地服务器",并输入本地服务器备份路径。单击"完成"。

(三)定期维护的技术标准及方法

1. 维护内容及技术标准

定期维护的内容、标准及方法见表 5-4。

表 5-4 网管系统定期维护内容、标准及方法

序号	维护内容	周期	技术标准	作业程序及方法
1	软件系统重启检测	每季一次	网管软件重启正常	参见(1)软件系统重启检测
2	网管设备风扇过滤网清洁	每季一次	无灰尘、设备散热良好	参见(2)网管设备风扇过滤网清洁
3	网管主/备用设备功能检查	每季一次	主备用切换正常	参见(3)网管主/备用设备功能检查

2. 作业程序及方法

(1)软件系统重启检测

网管软件重启的操作步骤如下:

① 重启前确认网管系统运行正常。

② 提前备份好网管数据。

③ 正常退出网管应用程序。

④ 启动网管应用程序。

⑤ 检查网管软件运行正常。

(2)网管设备风扇过滤网清洁

网管主机、服务器的风扇清洁方法如下:

① 清洁前确认网管主机及服务器运行正常。

② 提前备份好网管数据。

③ 正常退出网管软件,关闭主机及服务器。

④ 拔掉网管主机及服务器电源线。

⑤ 打开网管主机及服务器机箱。

⑥ 使用吸尘器、软毛刷清洁风扇。

(3)网管主/备用设备功能检查

① 确认主/备网管设备各自运行正常,比较主/备网管设备数据同步。

② 提前备份好网管数据。

③ 断掉主用网管设备与网络的连接。

④ 检查备用网管设备功能及对网元的管理正常。

七、路由器测试项目及测试方法

为有效提高维护人员对数据网的维护能力，保证网内路由器设备的正常运行，特编写以下测试项目及方法。

数据网主要设备厂商：华为、CISCO、华三、中兴。

路由设备型号包括：华为 NE80、NE40、NE20、AR46、AR2，CISCO 2600。

（一）测试项目

表 5-5 列出数据通信网路由器设备需要测试的项目及技术标准。

表 5-5　路由器测试项目表

项目名称	测试内容	技术标准	作业程序及测试方法
网络设备	1. 设备告警检查	无告警	NE80/40 参见表 5-6 告警检查 NE20、AR46/28 参见表 5-7 告警检查
	2. 设备运行状态检查	风扇、电源无告警，CPU 占用率 50%以下，内存占用率 50%以下	NE80/40 参见表 5-8 运行状态检查 NE20 参见表 5-9 运行状态检查 AR46/28 参见表 5-10 运行状态检查
	3. 检查设备环境参数	无温度告警，设备内部温度不超过 65 ℃	NE80/40/20、AR46/28 参见表 5-11 环境参数检查
	4. 配置数据整理与备份	清理垃圾数据，异地备份配置数据	NE80/40/20、AR46/28 参见表 5-12 配置数据整理与备份
	5. 设备口令修改	清除无效用户名，用户口令保证 8 位以上且为字母与数字组合	NE80/40 参见表 5-13 口令修改 NE20 参见表 5-14 口令修改 AR46/28 参见表 5-15 口令修改
	6. 日志信息的整理	查看设备告警、登录及操作日志信息是否正常，输出结果进行异地备份	NE80/40/20、AR46/28 参见表 5-16 日志信息的整理与备份
	7. 设备时间核准	查看设备时间与北京时间是否一致，如有问题及时调整	NE80/40/20 参见表 5-17 时间核准 AR46/28 参见表 5-18 时间核准
	8. 设备磁盘空间检查清理	磁盘空间占用率 80%以下	NE80/40 参见表 5-19 磁盘空间清理 NE20 参见表 5-20 磁盘空间清理 AR46/28 参见表 5-21 磁盘空间清理
	9. 路由整理核对	尽量避免路由绕径，链路合理地进行负荷分担	NE80/40/20 参见表 5-22 路由信息核对
	10. 风扇过滤网的清洁	无灰尘、设备散热良好	NE80 参见表 5-23 风扇过滤网的清洁
	11. 设备接地检查	接地电阻小于 1 Ω	NE80/40/20 参见表 5-24 对设备接地进行检查测量

(二)测试方法

下面将对路由设备测试方法进行详细说明,针对现网所用路由设备,将具体命令在表中逐一列出。

1. 告警检查测试方法

告警检查测试方法见表 5-6、表 5-7。

表 5-6　告警检查(一)

<table>
<tr><td>测试对象:网络设备</td><td>测试项目:设备告警检查</td></tr>
<tr><td>设备厂家:华为</td><td>设备型号:NE80/40</td></tr>
<tr><td colspan="2">测试方法:
在设备上用命令查看:
<NE80>dis alarm record all
正常时:No warning information!</td></tr>
<tr><td colspan="2">操作说明:
对现网运行的 NE80/40 告警进行查询处理</td></tr>
<tr><td colspan="2">注意事项:
检查确认当天产生的告警信息已经确认和处理,并对未处理的信息做书面记录</td></tr>
</table>

表 5-7　告警检查(二)

<table>
<tr><td>测试对象:网络设备</td><td>测试项目:设备告警检查</td></tr>
<tr><td>设备厂家:华为</td><td>设备型号:NE20、AR46/28</td></tr>
<tr><td colspan="2">测试方法:
在设备上用命令查看:
<NE20>dis trapbuffer
显示如下:
TrapPing Buffer Configuration and contents:
enabled
allowed max buffer size :1024
actual buffer size :256
channel number :3 , channel name :trapbuffer
dropped messages :0
overwritten messages :0
current messages :15
#Aug 29 00:06:18 2007 NE20 LDP/5/SessionUp:Session(61.236.218.34:5. public Instance)'s state change to Up</td></tr>
<tr><td colspan="2">操作说明:
对现网运行的 NE20、AR46/28 告警进行查询处理</td></tr>
<tr><td colspan="2">注意事项:
检查确认当天产生的告警信息已经确认和处理,并对未处理的信息做书面记录</td></tr>
</table>

2. 运行状态检查测试方法

运行状态检查测试方法见表 5-8～表 5-10。

表 5-8　运行状态检查(一)

测试对象:网络设备	测试项目:设备运行状态检查
设备厂家:华为	设备型号:NE80/40
测试方法: 检查单板运行状态。执行命令:display device <NE80>display device <NE80>display device <slot> <NE80>display device pic-status 查看输出结果 status 选项:正常为 normal,异常为 fail。 检查设备 CPU 利用率。执行命令:display cpu <NE80>display cpu 查看输出结果 cpu performance 选项:CPU 利用率应不超过 50%。 检查设备 MEM 利用率。执行命令:display memory <NE80>display memory 查看输出结果 system free memory 选项:系统空闲 Memory 不低于 50%	
操作说明: 查看单板运行状态、设备 CPU、MEM 利用率	
注意事项: CPU 占用率不超过 50%; MEM 利用率不超过 50%	

表 5-9　运行状态检查(二)

测试对象:网络设备	测试项目:设备运行状态检查
设备厂家:华为	设备型号:NE20
测试方法: 检查单板运行状态。执行命令:display device <NE20>display device 查看输出结果 status 选项:正常为 normal,异常为 fail。 检查设备 CPU 利用率。执行命令:display cpu-usage [slave] <NE20>display cpu-usage [slave] 查看输出结果 cpu usage 选项:CPU 利用率应不超过 50%。 检查设备 MEM 利用率。执行命令:display memory-usage [slave] <NE20>display memory-usage [slave] 查看输出结果 memory using percentage is 选项:MEM 利用率应不超过 50%	
操作说明: 查看单板运行状态、设备 CPU、MEM 利用率	
注意事项: CPU 利用率应不超过 50%; MEM 利用率应不超过 50%	

表 5-10 运行状态检查(三)

测试对象:网络设备	测试项目:设备运行状态检查
设备厂家:华为	设备型号:AR46/28
测试方法: 检查单板运行状态。执行命令:display device <AR28>display device 查看输出结果 status 选项:正常为 normal,异常为 fail 检查设备 CPU 利用率。执行命令:display cpu-usage <AR28>display cpu-usage [history] 查看输出结果 cpu usage 选项:CPU 利用率应不超过 50%。 检查设备 MEM 利用率。执行命令:display memory [limit] <AR28>display memory 查看输出结果 used rate 选项:MEM 利用率应不超过 50%。 <AR28>display memory limit 查看输出结果 The current state 选项:正常为 normal,异常为 fail	
操作说明: 查看单板运行状态、设备 CPU、MEM 利用率	
注意事项: CPU 利用率应不超过 50%; MEM 利用率应不超过 50%	

3. 环境参数检查测试方法

环境参数检查测试方法见表 5-11。

表 5-11 环境参数检查

测试对象:网络设备	测试项目:设备环境参数检查
设备厂家:华为	设备型号:NE80/40/20、AR46/28
测试方法: 对设备环境参数进行监测。执行命令:display environment <NE80>display environment 查看输出结果,各 SRU 及 LPU 的 Temperature 不超过 65 ℃(默认上限为 80 ℃,下限为 0 ℃)	
操作说明: 对设备环境参数进行监测	
注意事项: 设备温度不超过 65 ℃	

4. 配置数据整理与备份检查测试方法

配置数据整理与备份检查测试方法见表 5-12。

表 5-12　配置数据整理与备份

<table>
<tr><td>测试对象:网络设备</td><td>测试项目:配置数据整理与备份</td></tr>
<tr><td>设备厂家:华为</td><td>设备型号:NE80/40/20、AR46/28</td></tr>
<tr><td colspan="2">测试方法:
检查配置数据。执行命令:display current-configuration
<NE80>display current-configuration
查看输出结果。
保存配置数据。执行命令:save
<NE80>save(备份配置数据)</td></tr>
<tr><td colspan="2">操作说明:
对数据进行整理,同时进行备份</td></tr>
<tr><td colspan="2">注意事项:
根据台账进行数据检查,清理垃圾数据;
将配置数据进行异地备份;
至少保留最近 3 个配置版本</td></tr>
</table>

5. 口令修改方法

口令修改方法见表 5-13～表 5-15。

表 5-13　口令修改(一)

<table>
<tr><td>测试对象:网络设备</td><td>测试项目:设备口令修改</td></tr>
<tr><td>设备厂家:华为</td><td>设备型号:NE80/40</td></tr>
<tr><td colspan="2">测试方法:
修改用户口令:
执行命令 local-user <username>password cipher <password>
修改超级口令:
执行命令 super password cipher <password></td></tr>
<tr><td colspan="2">操作说明:
对设备口令进行修改</td></tr>
<tr><td colspan="2">注意事项:
设备不存在无效用户名,用户口令保证 8 位以上并且为大小写字母与数字、符号的组合</td></tr>
</table>

表 5-14　口令修改(二)

<table>
<tr><td>测试对象:网络设备</td><td>测试项目:设备口令修改</td></tr>
<tr><td>设备厂家:华为</td><td>设备型号:NE20</td></tr>
<tr><td colspan="2">操作说明:
对设备口令进行修改</td></tr>
<tr><td colspan="2">注意事项:
设备不存在无效用户名,用户口令保证 8 位以上并且为大小写字母与数字、符号的组合</td></tr>
</table>

表 5-15　口令修改(三)

测试对象:网络设备	测试项目:设备口令修改
设备厂家:华为	设备型号:AR46/28
测试方法: 修改用户口令: 进入本地用户配置模式 local-user <username> 执行命令 password cipher <password> 修改超级口令: 执行命令 super password cipher <password>	
操作说明: 对设备口令进行修改	
注意事项: 设备不存在无效用户名,用户口令保证 8 位以上并且为大小写字母与数字、符号的组合	

6. 日志信息整理与备份的检查测试方法

日志信息整理与备份的检查测试方法见表 5-16。

表 5-16　日志信息的整理与备份

测试对象:网络设备	测试项目:日志信息的整理与备份
设备厂家:华为	设备型号:NE80/40/20、AR46/28
测试方法: 检查设备日志信息。执行命令:display loggbuffer <NE80>display loggbuffer 查看输出结果。 检查设备告警信息。执行命令:display trapbuffer <NE80>display trapbuffer 查看输出结果	
操作说明: 对日志信息进行整理	
注意事项: 将输出结果进行异地备份; 备份数据至少保存 3 个月	

7. 设备时间核准测试方法

设备时间核准测试方法见表 5-17、表 5-18。

表 5-17　时间核准(一)

测试对象:网络设备	测试项目:设备时间核准
设备厂家:华为	设备型号:NE80/40/20
测试方法: 对设备时间进行核准。执行命令:display clock <NE80>display clock 查看输出结果,是否与北京时间一致。 时间调整命令:clock datetime <NE80>clock datetime HH:MM:SS YYYY/MM/DD	
操作说明: 对设备时间进行核准	
注意事项:设备系统时间与北京时间保持一致	

表 5-18　时间核准(二)

测试对象:网络设备	测试项目:设备时间核准
设备厂家:华为	设备型号:AR46/28
测试方法: 对设备时间进行核准。执行命令:display clock <AR46>display clock 查看输出结果,是否与北京时间一致。 时间调整命令:clock datetime <AR46>clock datetime HH:MM:SS YYYY/MM/DD	
操作说明:对设备时间进行核准	
注意事项:设备系统时间与北京时间保持一致	

8. 磁盘空间检查清理测试方法

磁盘空间检查清理测试方法见表 5-19～表 5-21。

表 5-19　磁盘空间清理(一)

测试对象:网络设备	测试项目:设备磁盘空间清理
设备厂家:华为	设备型号:NE80/40
测试方法: 1. 检查设备磁盘空间使用状况。执行命令:dir 2. 检查设备主用 SRU 板 flash 空间使用情况。执行命令:dir flash:/ 3. 检查设备备用 SRU 板 flash 空间使用情况。执行命令:dir slot10#flash:/【10 槽位 SRU 板为 Slave 状态】 4. 检查设备主用 SRU 板硬盘空间的使用情况。执行命令:dir hd:/ 5. 检查设备备用 SRU 板硬盘空间的使用情况。执行命令:dir slot10#hd:/【10 槽位 SRU 板为 Slave 状态】	
操作说明: 对设备磁盘空间进行清理	
注意事项: 磁盘空间占用率应在 90%以下; 磁盘空间不足,可执行 delete * * * *,删除无效文件或日志文件	

表 5-20 磁盘空间清理(二)

<table>
<tr><td>测试对象:网络设备</td><td>测试项目:设备磁盘空间清理</td></tr>
<tr><td>设备厂家:华为</td><td>设备型号:NE20</td></tr>
<tr><td colspan="2">测试方法:
1. 检查设备磁盘空间使用状况。执行命令:dir
2. 检查设备主用 SRU 板 flash 空间使用情况。执行命令:dir flash:/
3. 检查设备备用 SRU 板 flash 空间使用情况。执行命令:dir slot10#flash:/</td></tr>
<tr><td colspan="2">操作说明:对设备磁盘空间进行清理</td></tr>
<tr><td colspan="2">注意事项:
磁盘空间占用率应在 90%以下;
磁盘空间不足,可执行 delete * * * *,删除无效文件或日志文件</td></tr>
</table>

表 5-21 磁盘空间清理(二)

<table>
<tr><td>测试对象:网络设备</td><td>测试项目:设备磁盘空间清理</td></tr>
<tr><td>设备厂家:华为</td><td>设备型号:AR46/28</td></tr>
<tr><td colspan="2">测试方法:对设备磁盘空间进行清理。
执行命令:dir <AR46>dir
查看输出结果</td></tr>
<tr><td colspan="2">操作说明:对设备磁盘空间进行清理</td></tr>
<tr><td colspan="2">注意事项:
磁盘空间占用率应在 90%以下;
磁盘空间不足,可执行 delete * * * *,删除无效文件或日志文件</td></tr>
</table>

9. 路由信息核对测试方法

路由信息核对测试方法见表 5-22。

表 5-22 路由信息核对

<table>
<tr><td>测试对象:网络设备</td><td>测试项目:路由信息核对</td></tr>
<tr><td>设备厂家:华为</td><td>设备型号:NE80/40/20</td></tr>
<tr><td colspan="2">测试方法:
对设备路由表进行查看并核对。
执行命令:dis ip route
[AR46] dis ip route
查看输出结果。
将输出结果与上月备份数据进行比较,查看是否存在冗余数据及绕径现象</td></tr>
<tr><td colspan="2">操作说明:
对现网核心及汇聚层路由器设备的路由整理核对</td></tr>
<tr><td colspan="2">注意事项:
尽量避免路由绕径,链路合理地进行负荷分担</td></tr>
</table>

10. 风扇过滤网清洁方法

风扇过滤网清洁方法见表 5-23。

表 5-23　风扇过滤网的清洁

测试对象:网络设备	测试项目:风扇过滤网的清洁
设备厂家:华为	设备型号:NE80/40/20
测试方法: 1. 风扇框的拆卸 (1)关闭风扇框对应的开关;同时,将风扇框后部的电源线和监控线拔掉; (2)两手拇指按下风扇内框的前面板上的按钮的同时,双手同时向外拉风扇框内框,将其从风扇框外框中抽出; (3)如果需要拆卸整个风扇框,则用十字螺丝刀松开风扇框面板两侧的固定螺钉,再从插槽中轻轻拉出风扇框即可。 注意:在拉出的过程中,应双手抓住风扇框的两侧,缓慢地拉出。 如果风扇框的位置上不再安装其他的模块,那么需要安装假面板,以免灰尘进入。 2. 风扇框的安装 (1)如果只安装风扇框的内框,需要抓住内框的两侧,将内框缓慢推入风扇外框内,一直将其推到底部并伴随有两部件合拢时的咔哒声,即表明内框已经安装到位; (2)如果要安装整个风扇框,则一只手抓住风扇框的前部,另一只手托住风扇框的底部,将风扇框沿导轨缓慢插入,直到风扇框面板两侧的挡板与机架固定用的固定条良好接触; (3)用十字螺丝刀拧紧风扇框面板上的固定螺钉; (4)连接风扇框后面的线缆。 3. 防尘网的拆离与清洗 机柜的前后门和底部进风孔处都有防尘网或防尘单元,可以定期拆下清洗。前后门上的防尘网可直接取下,清洗后晾干装上即可。 对于机柜底部防尘单元的维护,可以先拆下与机柜连接的面板螺钉,把防尘单元抽出机柜后,再把防尘网取出清洗晾干,再复原即可	
注意事项:防尘网、风扇无灰尘,设备散热良好	

11. 接地检查测量方法

接地检查测量方法见表 5-24。

表 5-24　接地检查测量

测试对象:网络设备	测试项目:设备接地检查测量
设备厂家:华为	设备型号:NE80/40/20
用接地电阻测试仪进行测试。若设备楼层较高离地下的接地体较远,采用二线法接地电阻测量,若设备离地下接地体近,则采用三线或四线法接地电阻测量。 SGT-10B 接地电阻在线测试仪测量方法: 1. 二线法在线测量接地电阻 (1)将蓝(绿)线和黑线的一端分别插至仪器上端的 H、E 插口。 (2)将蓝(绿)线的另一端接至辅助接地(水管),黑线的另一端接至待测接地体。 (3)打开电源开关。 (4)将仪器旋钮调至“二线法”测试位置。 (5)显示三条破折号和一个数字(2 和 5),该数字标识仪器计算结果时取 2 次或 5 次平均。按“测试”键两次可改变该参数,按“测试”键开始测量并读取结果。 (6)如果要存储数据,按“存储”键。 2. 三线法接地电阻测量 (1)将蓝(绿)线、红线、黑线分别接至仪器上边的 H、S、E 接口。 (2)接蓝(绿)色线至电流极,红色线至电压极,黑色线至待测接地体,然后按二线法同样测试。 3. 四线法接地电阻测量 (1)接线 (2)将开关调至“四线法”测试位置,显示数字 2 表示仪器进行 2 次测量并计算平均值。如测试结果不稳定,按两次“测试”键将测试次数改为 5 进行测量,仪器将自动进行 5 次测量并计算平均值。 (3)按“测试”键,当显示的数值稳定后,记下读数,如果需要,按“存储”键,保存结果	
注意事项:接地电阻小于 1 Ω,接地引入线的长度不应该超过 30 m,其材料宜采用截面积 40 mm×4 mm 或者 50 mm×5 mm的镀锌扁钢	

(三)思科、华为命令对照表

由于厂家不同,测试时具体使用的命令也不同,现将常见思科及华为两个厂家的数据设备命令行对照表列出,见表 5-25,供测试时参考。

表 5-25 思科、华为命令对照表

思科	华为	思科	华为
show	display	router rip	rip
show version	disp version	router ospf	ospf
no	undo	router bgp	bgp
show run	disp current-configuration	hostname	sysname
username	local-user	access-list	acl
end	return	write	save
show start	disp saved-configuration	erase	delete
exit	quit	encapsulation	link-protocol
CTRL+z	quit		

八、路由器设备常见故障处理及应急抢修流程

路由器常有串口登录故障、系统启动故障、硬件单板或接口状态不正常等常见故障,故障处理过程一般应先判断故障类型、收集故障信息,影响业务的故障还应该首先按照相关业务的割接流程恢复业务。

(一)故障类型的判断方法及流程

路由器发生故障时,故障类型的判断方法及流程如图 5-9 流程所示。

应首先判断是业务故障还是设备故障,并根据下列步骤判断出设备故障的类型。

1. 能否串口登录的判断:PC(或终端)的串口通过标准 RS-232 配置电缆与路由器的 Console 口连接,并在终端上配置好相应的通信参数(详细方法可参见相关设备维护手册),检查终端窗口是否有显示。

2. 系统启动正常的判断:在终端上监控系统启动过程,检查系统是否正常启动完成,出现用户视图的命令行提示符,如"<HUAWEI>"。

3. 单板状态正常的判断:在终端上使用 display device 命令检查所有单板的状态是否为"Normal"。如果是局部故障,可重点检查申告故障的用户所连接的业务单板状态。

4. 接口状态正常的判断:在终端上使用 display interface 命令检查申告故障的用户所连接

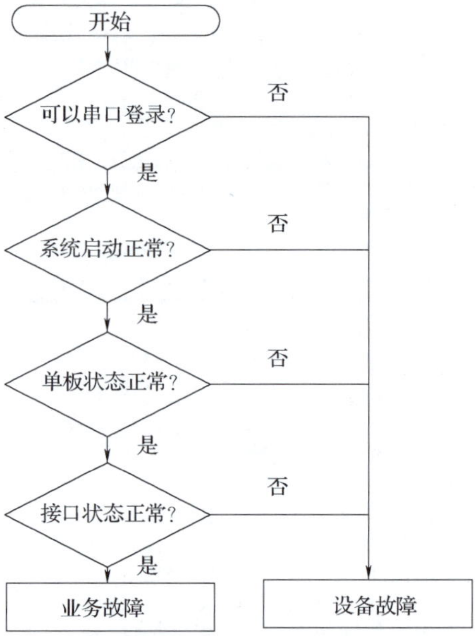

图 5-9 路由器故障类型的判断方法及流程

的接口状态是否为“UP”，以及一段时间内接口上的收发包数是否有增长。

（二）常见故障处理及流程

1. 无法通过串口登录系统

(1)故障现象

PC(或终端)的串口通过标准 RS-232 配置电缆与路由器的 Console 口连接，并在终端上配置好相应的通信参数后，终端窗口无任何显示。

(2)处理步骤及流程

对于串口不能登录的故障，如图 5-10 流程所示，应先检查电源，然后依次对线缆、参数、主控板进行检查。处理步骤如下(检修电源或更换主控板会影响业务，若业务正常不能执行这些步骤)。

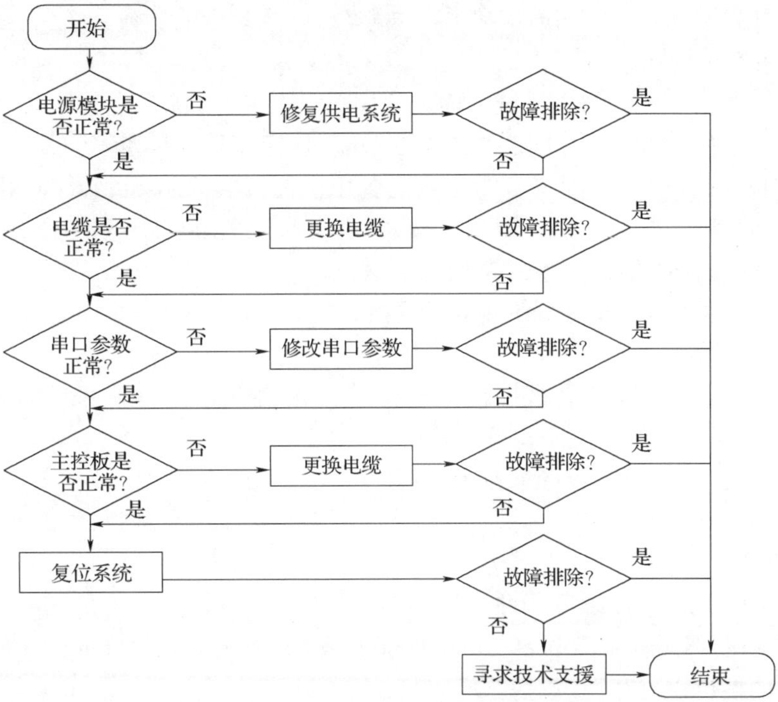

图 5-10 无法通过串口登录的处理流程

① 检查修复供电系统

如果发现所有单板的指示灯都不亮，并且所有风扇不转(可通过听声音辨别)，或者电源模块的指示灯异常，则有可能是设备的供电系统出现故障，需要检修。

供电系统包括机房/机架/机柜供电、电源模块供电和背板供电几个环节，可依次排查：

a. 检查电源模块的开关是否已经打开。如果有多个电源模块，请确保至少 1 个电源模块正常供电。

b. 检查电源模块 PWR IN 的指示灯是否正常点亮。如果未点亮，表明电源模块输入异常，可通过万用表等工具依次检查机房/机架/机柜的供电是否正常。如果不正常，应检查直流供电系统是否正常。

c. 检查电源模块 PWR OUT 的指示灯是否正常点亮。如果未点亮，表明电源模块输出异常,可尝试通过更换电源模块解决。

d. 检查电源模块的 ALM 灯是否点亮。如果点亮,表明电源模块有异常,可尝试通过更换电源模块解决(NE80E/40E 系列中的 X1 和 X2 设备只需检查 OUT 指示灯是否为绿色常亮)。

e. 如果以上检查都未发现问题,但单板仍无法正常加电,请寻求技术支援。

② 检查/更换电缆

检查电缆是否完整无损。可以尝试更换 1 根电缆,检查是否能正常登录。

③ 检查串口参数

请检查串口终端的通信参数是否和路由器的 Console 口的通信参数一致,如果不一致,请修改串口终端的通信参数。

缺省情况下,路由器的 Console 口通信参数为 9 600 bit/s、8 位数据位、1 位停止位、无校验和无流控。如果 Console 口的通信参数已被修改,以修改后的参数为准。

④ 调换/更换主控板

排除了串口通信、电缆、供电系统方面的原因后,则很有可能是主控板发生了故障。如果系统有主备两块主控板,可按下主用主控板的 OFL 按钮持续 6 s,直至 OFL 指示灯点亮时,再将主用主控板拔出,同时将配置电缆连接到备用主控板的 Console 口上(NE80E/40E 系列中的 X1 和 X2 设备,主控板上没有 OFL 按钮,在更换主控板前请在系统视 图下执行命令 power off slot slot-id,给待更换的主控板下电);

如果只有一块主控板,可使用备件进行更换。

⑤ 使用复位系统

在以上方法均无效后,可尝试使用复位系统来解决问题。复位系统可通过关闭电源;3 min后再打开电源模块的方法来实施。

以上方法均无效后,向上级寻求技术支援。

2. 接口状态异常

(1)故障现象

接口状态异常通常包括以下几种:

① 在任意视图下,使用 display interface [interface-type interface-number]命令检查有业务故障的接口,接口的状态为“DOWN”。

② 在任意视图下,使用 display interface [interface-type interface-number]命令检查有业务故障的接口,在应该有流量的情况下,接口的收发报文数一段时间内无变化。

③ 在任意视图下,使用 display interface [interface-type interface-number]命令检查有业务故障的接口,查看是否收到了大量 CRC 错误报文。

④ 有业务故障的接口指示灯显示异常,例如接口的 LINK 灯不亮。

(2)处理步骤及流程

接口故障的原因多见于线缆和光模块问题:

① 线缆的断裂和光模块的损坏,会造成接口无法 UP。

② 接口线缆和光模块用的年数太久,可能造成信号衰减过大。此时接口虽然为 UP 状态,但仍会有大量丢包存在。

所以进行如图 5-11 所示处理流程之前,可尝试为故障接口更换新的线缆和光模块。如果问题依旧存在,再按照以下步骤解决问题。

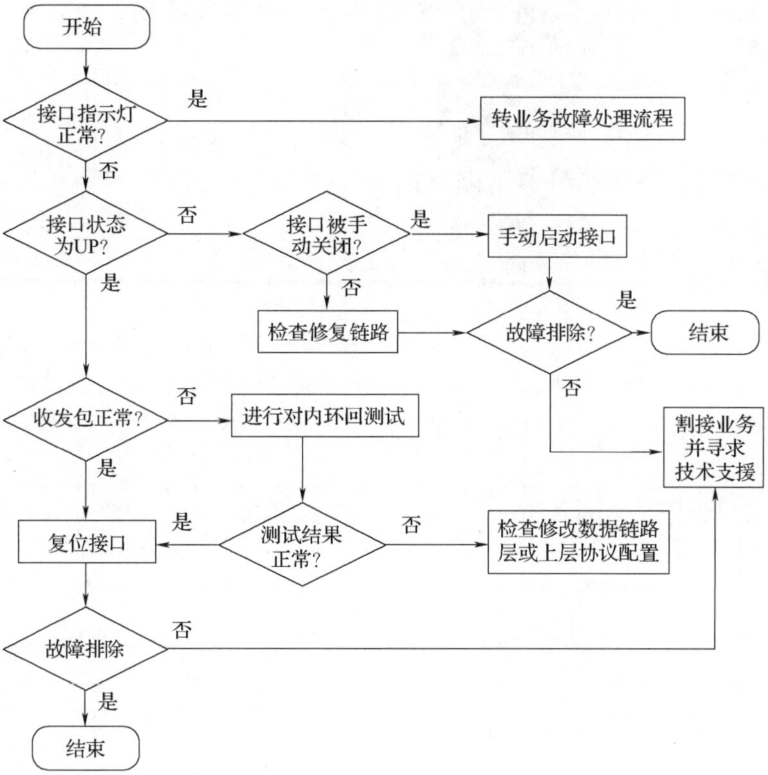

图 5-11　接口状态异常的处理流程

① 手工启动接口

在故障接口视图下执行 display this 命令，查看接口配置文件。如果发现接口被手工使用 shutdown 命令关闭了，可以在接口视图下执行 undo shutdown 命令，手工启动接口。

② 检查修复链路

在检查链路之前，首先观察接口的 LINK 灯是否点亮。

a. 如果点亮，证明物理链路是正常连通的，可以按如下思路进行检查：

(a)在接口视图下执行 display this interface 命令，检查链路两端的接口参数是否一致，例如自协商、双工模式、速率等。

(b)如果是光口，可通过光功率计测试双方的收发光是否正常。如果不方便使用光功率计，可利用光模块自带的光功率检测功能，通过直接读取端口下的 display this interface 回显的光功率信息和光模块的参数对比，判断收发光功率是否在正常范围内。如果发现只发不收或者只收不发的情况，可能是光模块异常或光纤与光模块不匹配，可以尝试更换光模块或更换光纤(在检查收发光时，严禁肉眼沿光束反向直视光纤接头，必须使用光功率计进行)。

(c)如果是电口，请检查链路两端的 RJ-45 线缆接头的线序与接口类型是否对应。

b. 如果接口的 LINK 灯未点亮，可按如下思路进行检查：

(a)在本设备上进行物理环回测试(即将一根测试完好的光纤或电缆连接在故障接口和另一个完好的接口上，注意对接的接口要匹配)。

(b)如果 LINK 灯亮，表明接口是完好的，需要检查光纤或电缆是否断损、中继线路是否正常，此时通常需要通告相邻局点协同检查。

(c)如果物理环回测试时，故障接口的 LINK 灯依然未点亮，可初步判断接口硬件出现故障。如果是,可插拔光模块,可以尝试更换光模块,否则可以暂时将故障接口的业务割接到其他完好的接口上。

③ 进行对内环回测试

如果接口状态是 UP,但是接口在长时间内收发报文数无变化,表示接口收不到报文,也发不出去报文。此时可以在接口上使用 loopback local 命令进行对内环回测试,然后使用 Ping 等命令进行收发包实验,再观察收发报文数的变化。对内环回测试结束后,请及时使用 undo loopback 命令关闭自环。

在以太接口下,利用 Ping 命令做收发包实验的步骤:

a. 在系统视图下,运行 arp static ip-address mac-address 构造一个与故障接口在同一网段的 IP 地址和对应的 MAC 地址,使得本地 ARP 表项中有此记录。此处的 MAC 地址可以任意,但不应当是本端口地址和广播多播地址。广播和多播 MAC 地址的特征:MAC 地址的第 8 比特不能是 1。

b. 在故障接口视图下,运行 Ping 命令,向刚才构造的 IP 地址发送一定数量的 Ping 报文。

c. Ping 命令执行完毕后(此时不关注是否能 Ping 通),在接口视图下执行 display this interface 命令,检查接口的收发报文数是否与 Ping 包数对应。因为 ARP 表项是刚刚配置,第一次 Ping 可能会有少量丢包。再次 Ping 包,接受和发送报文数应该对应。如果对应,则本地环回测试成功,本接口没有故障。

d. 运行 undo arp static 命令,删除刚才配置的 MAC 地址,并在接口上执行 undo loop-back 命令,关闭自环。

以上操作并不能排除光纤光模块的故障。如果要排除光模块的故障,可以把光模块用光纤自环,即执行 undo shutdown 命令后,用一根光纤连接端口光模块的 Rx 和 Tx 端,重复 Ping 包测试。

④ 检查修改数据链路层或上层协议配置

如果对内环回接口测试时,接口依然无法收发报文,请检查数据链路层或上层协议配置。例如 PPP、HDLC 协议的配置是否和对端保持一致,路由协议是否正常等。

⑤ 复位接口

在以上方法均无效后,可尝试复位接口来解决问题。

复位接口可先在接口视图下使用 shutdown 命令关闭接口,再使用 undo shutdown 命令 打开接口。

⑥ 寻求技术支援

3. 重启动设备

路由器设备运行中出现严重异常时会自动重启动,自动重启动之后,设备会进入正常工作状态。因此,一般不需要人工重启动设备。人工重启动路由器设备只应用于紧急或例外情况。如由于路由器设备的原因引起业务中断,而设备又未能自动重启动,且尝试其他方法后仍然不能恢复正常。

a. 请勿轻易进行路由器设备的重启动,如确有必要,请在技术支持工程师的指导下进行。

b. 如果重启动路由器设备,除非采用了双机热备份组网,否则,设备上原有的所有业务都将暂时中断,直至设备重启动成功后业务才能恢复正常。

(1)重启动准备

在重启动路由器设备前，要确认设备的配置文件是否需要备份。一般应备份配置文件，并在设备重启动后自动执行该配置文件，以保证原有业务自动恢复正常（有关配置文件的备份和恢复可参见相关设备维护手册）。

（2）重启动操作

严禁带电插拔 MPU/SRU 主控板。其他类型的单板支持热插拔。可以通过以下 4 种方式人工重启动路由器设备：

a. 执行 reboot 命令。

b. 执行 schedule reboot 命令。

c. 关闭后再开启电源开关。

d. 在网管系统上操作。

① 检查配置文件是否正确

在重新启动路由器设备前，需要执行命令 display startup，检查配置文件是否正确。

② 执行 reboot 命令

如果确实需要人工重启动路由器设备，则应首先尝试在配置终端上执行 reboot 命令来重启动路由器设备。

在用户视图下输入 reboot 命令后回车，然后在提示信息后输入“Y”后回车，设备将重新启动。

③ 执行 schedule reboot 命令

schedule reboot 命令在用户视图下执行，有 schedule reboot delay 和 schedule reboot at 两种形式。

schedule reboot delay 命令用来启动路由器定时重启动功能，并设定等待时延。

可以用两种格式来设置路由器定时重启动的等待时延，即“小时:分钟”和“绝对分钟数”。但总的分钟数不能大于 30×24×60 min。

schedule reboot at 命令用来启动路由器的定时重启动功能，并设置具体的重启动日期和时间。设置的日期与当前日期相比，不能大于 30 天。

如果 schedule reboot at 命令设置了具体的日期（年月日）参数，而且参数表示的是将来的日期，则路由器将在设定的时间点重新启动，误差在 1 min 以内。如果没有指定具体的日期参数，则分为两种情况：

a. 设置的时间点在当前时间之后，路由器在当天的该时间点重新启动；

b. 设置的时间点在当前时间之前，路由器在第二天的该时间点重新启动。

执行 schedule reboot delay 命令或 schedule reboot at 命令后，系统会提示您输入确认信息，只有键入“Y”或者“y”后，设置才能生效。如果以前有相应的设置，则直接覆盖 原有信息。

可以使用 undo schedule reboot 命令取消 schedule reboot delay 或 schedule reboot at 命令的参数设置。

可以使用 display schedule reboot 命令查看 schedule reboot delay 命令或 schedule reboot at 命令参数的设置情况。

（3）重启动后的确认

在设备重启动后检查配置数据恢复的正确性和完整性，以防部分配置数据恢复失败，以致影响业务使用；若有配置数据丢失，请手工增加配置并保存。

a. 检查重启动信息

通过 Console 口接入,执行 reboot 命令,重启动后检查系统自检测试是否均"PASS",无错误及告警信息。

b. 检查配置文件是否正确

再次执行命令 display startup,检查配置文件是否正确。

(4)重启动失败处理

如果系统升级失败,为确保路由器设备能正常运行,应该将版本回退。

思考题

1. U2000 网管采用什么结构? 在什么操作系统上安装?

2. 如何查看系统信息网元面板、各单板及端口状态?

3. 如何查看告警的详细信息,并将一条告警/事件记录定位到当前拓扑视图中产生故障的网元?

4. 如何清除和屏蔽告警?

第二节　交换机系统的维护管理

本节将详细介绍如何利用 U2000 网管对交换机进行常用的数据配置、查询等操作,以及交换机的维护和管理方法,从而更好地在网络中利用和发挥交换机的作用。

一、利用网管查询交换机状态

通过 U2000 网管可以对交换机设备的系统信息、网元面板、网元及端口状态等进行查询。

(一)查看网元面板

网元面板图显示出的交换机的真实前面板信息,通过颜色显示交换机及交换机端口当前的状态。在使用网管时,网元面板是配置、监控、维护设备的直观界面。

查看步骤如下:

(1)在主拓扑的网元图标上单击右键,选择"网元管理器"。界面默认跳转至"网元面板"页签。

(2)可选:若当前正处于"网元管理器"窗口的其他页签中,则可在"业务树"上,选择"设备管理","网元面板",进入"网元面板"页签。不同设备的面板呈现是不同的,如图 5-12 所示,以华为一款设备为例介绍。

说明:

① 单板的颜色表示其运行状态,绿色为正常,无告警状态。

② 端口的颜色表示端口状态,绿色为正常,无告警状态。

(二)网元状态查询

可通过查看网元的系统资源使用率、网元存储空间和浏览告警等功能监控网元状态。以"查看网元时钟"为例进行操作步骤的介绍,其他的操作与此类似,不再重复。

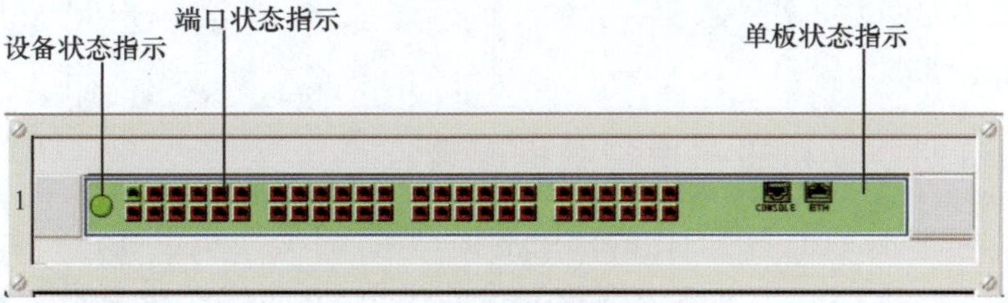

图 5-12　状态指示示例图

(1)在主拓扑的网元图标上单击右键,选择“网元管理器”。界面默认跳转至“网元面板”页签。

(2)若当前正处于“网元管理器”窗口的其他页签中,则可在“业务树”上选择“设备管理”,“网元面板”,进入“网元面板”页签。

(3)在网元面板上,选择机框,单击右键,选择“查看网元时钟”。

(4)在“网元时钟”对话框中,单击“保存”,将查询到的网元时钟信息保存到本地。

(三)单板状态查询

可通过查看单板的CPU/内存使用率和浏览单板告警等功能监控单板状态。以“查看单板信息”为例进行操作步骤的介绍,其他的操作与此类似,不再重复。

(1)在主拓扑的网元图标上单击右键,选择“网元管理器”。界面默认跳转至“网元面板”页签。

(2)若当前正处于“网元管理器”窗口的其他页签中,则可在“业务树”上,选择“设备管理”,“网元面板”,进入“网元面板”页签。

(3)在网元面板上,选择单板,单击右键,选择“查看单板信息”。

(4)在“查看单板信息”对话框中,单击“保存”,将查询到的单板信息保存到本地。

(四)端口状态查询

可通过查看端口信息、查看端口的当前配置和浏览端口告警等功能监控端口状态。以“查看端口信息”为例进行操作步骤的介绍,其他的操作与此类似,不再重复。

(1)在主拓扑的网元图标上单击右键,选择“网元管理器”。界面默认跳转至“网元面板”页签。

(2)若当前正处于“网元管理器”窗口的其他页签中,则可在“业务树”上,选择“设备管理”,“网元面板”,进入“网元面板”页签。

(3)在网元面板上,选择端口,单击右键,选择“查看端口信息”。

(4)在“查看端口信息”对话框中,单击“保存”,将查询到的端口信息保存到本地。

(五)监控接口实时性能

通过此功能可以监控以太接口的实时性能状况。

(1)在主拓扑的网元图标上单击右键,选择“网元管理器”。

(2)网管提供查看以太接口的实时性能状况。具体操作如下:

① 在“业务树”中,选择“接口管理”,“接口信息”,可监控所有支持该功能的接口的实时性能状况。

② 在“业务树”中,选择“接口管理”,“以太接口”,监控以太网接口的实时性能状况。

(3)在查询结果区,选中需要监控的接口,单击右键,选择“监控实时性能”。

(4)在弹出的对话框中,选择需要查看的实时性能指标,单击“确定”。在“实时性能”窗口中,查看实时性能图形。

二、利用网管对交换机设备进行数据配置

利用 U2000 网管可以通过图形化的网管界面,直接对交换机设备进行数据配置,相对于使用命令行进行配置,这种方式更便于网管人员的操作,下面仅简单说明 U2000 网管对交换机能实现哪些配置,具体操作步骤可参考相关操作手册。

(一)配置 Telnet 参数

1. 配置 Telnet 参数模板

通过 Telnet 参数模板可以对多个设备的 Telnet 参数进行统一配置。

2. 使用模板配置 Telnet 参数

通过此功能可以使用模板配置与设备进行通信的 Telnet 参数。

3. 手工修改设备 Telnet 参数

通过此功能可以手工修改 Telnet 参数。

(二)设置网元 IP 地址

若通过命令行修改网元 IP 地址后,网管与网元之间的通信将中断。可通过网管修改网管系统上的网元 IP 地址,使通信恢复正常。

(三)配置光模块的门限值

通过此功能可以配置光模块的门限值。只有 ESFP 类型的光模块才支持配置和查看门限信息,其他类型的光模块执行此操作时网管系统会提示错误。

(四)接口通用配置

接口的通用配置包括配置接口信息、启用和禁用接口。

1. 配置接口信息

介绍如何配置接口的通用信息或 IP 地址。

2. 启用与禁用接口

当接口信息配置完成后,用户将接口的管理状态设置为“启用”状态,以确保所配置的信息加载到接口上。

(五)VLAN 基本配置

1. 配置 VLAN

通过配置 VLAN,将指定端口加入指定 VLAN 中之后,端口就可以转发指定 VLAN 的报文。这样,VLAN 内部的广播和单播流量不会被转发到其他 VLAN 中。

2. 配置 VLAN 成员端口

通过端口来划分 VLAN。将具有相同业务需求的端口划分在一个 VLAN 中,实现不同业务需求的端口互相隔离。

(六)启用/禁用端口

当端口的业务配置完成后,需要启动端口,使配置的业务加载到端口上。请慎重禁用和启用端口。但在某些特殊情况下,例如配置了端口的工作模式后,不能立即生效,需要禁用和启用端口后,才能使配置生效。

三、网管的告警处理

操作同本章第一节路由器系统的维护管理中网管的告警处理部分内容。

四、网管的日常巡检、计表工作标准和方法

操作同本章第一节路由器系统的维护管理中网管的日常巡检、计表工作标准和方法。

五、交换机测试项目及测试方法

为有效提高维护人员对数据网的维护能力，保证网内交换机设备的正常运行，特编写以下测试项目及方法。

数据网主要设备厂商：华为、CISCO、华三、中兴。

（一）测试项目

数据通信网的交换机测试项目主要有以下 9 项，每项的测试内容、技术标准、作业程序及测试方法详见表 5-26。

表 5-26　数据通信网的交换机测试项目

项目名称	测试内容	技术标准	作业程序及测试方法
网络设备	1. 设备告警检查	无告警	参见表 5-27 告警检查
	2. 设备运行状态检查	风扇、电源无告警，CPU 占用率 50%以下，内存占用率 50%以下	参见表 5-28 运行状态检查
	3. 检查设备环境参数	无温度告警，设备内部温度不超过 65 度	参见表 5-29 环境参数检查
	4. 配置数据整理与备份	清理垃圾数据，异地备份配置数据。	参见表 5-30 配置数据整理与备份
	5. 设备口令修改	清除无效用户名，用户口令保证 8 位以上且为字母与数字组合	参见表 5-31 及表 5-32 口令修改
	6. 日志信息的整理	查看设备告警、登录及操作日志信息是否正常，输出结果进行异地备份	参见表 5-33 日志信息的整理与备份
	7. 设备时间核准	查看设备时间与北京时间是否一致，如有问题及时调整	参见表 5-34 时间核准
	8. 设备磁盘空间检查清理	磁盘空间占用率 80%以下	参见表 5-35 磁盘空间清理
	9. 关闭交换机环回检测功能	此操作在开局时就应设置	参见表 5-36 关闭交换机环回检测功能

（二）测试方法

下面将以数据网现使用的部分设备为例，介绍维护测试中常用的命令行。在此，列举出操作中的常见提示信息及含义，并写明每项测试操作时的注意事项，供学习时参考。

1. 告警检查测试方法

告警检查测试方法见表 5-27。

表 5-27 告警检查

<table>
<tr><td>维护对象:交换机</td><td>维护项目:设备告警检查</td></tr>
<tr><td>设备厂家:华为、华三</td><td>适应范围:S3500 系列、S3000 系列、S2000 系列</td></tr>
<tr><td colspan="2">操作方法:
在设备上用命令查看:
< S3500>dis trapbuffer
TrapPing Buffer Configuration and contents:
enabled
allowed max buffer size :1024
actual buffer size :256
channel number :3 , chnnel name :trapbuffer
dropped messages :0
overwritten messages :0
current messages :15
#Aug 29 00:06:18 2007 NE20 LDP/5/SessionUp:Session(61.236.218.34:5. public Instance)'s state change to Up</td></tr>
<tr><td colspan="2">操作说明:
对现网运行的华为设备告警进行查询处理</td></tr>
<tr><td colspan="2">注意事项:
检查确认当天产生的告警信息已经确认和处理,并对未处理的信息做书面记录</td></tr>
</table>

2. 运行状态检查测试方法

运行状态检查测试方法见表 5-28。

表 5-28 运行状态检查

<table>
<tr><td>维护对象:交换机</td><td>维护项目:设备运行状态检查</td></tr>
<tr><td>设备厂家:华为、华三</td><td>设备型号:Quidway S3500 系列、S3000 系列、S2000 系列交换机</td></tr>
<tr><td colspan="2">操作方法:
检查设备 CPU 利用率。执行命令:display cpu
<S3000>display cpu
查看输出结果 CPUbusy status 选项:CPU 利用率应不超过 70%。
检查设备 MEM 利用率。执行命令:display memory [limit]
<S3000>display memory
查看输出结果 Used Rate 选项:MEM 利用率应不超过 80%。
<S3000>display memory limit
查看输出结果 The current state 选项:正常为 normal</td></tr>
<tr><td colspan="2">操作说明:
查看设备 CPU、MEM 利用率</td></tr>
<tr><td colspan="2">注意事项:
CPU 占用率不超过 70%;
MEM 利用率不超过 80%</td></tr>
</table>

3. 环境参数检查测试方法

环境参数检查测试方法见表 5-29。

表 5-29 环境参数检查

<table>
<tr><td>维护对象:交换机</td><td>维护项目:设备环境参数检查</td></tr>
<tr><td>设备厂家:华为、华三</td><td>设备型号:S3500 系列交换机</td></tr>
<tr><td colspan="2">操作方法:
对设备环境参数进行监测。执行命令:display environment
<S3500>display environment
查看输出结果,各 SRP 及 LPU 的 Temperature 不超过 60 ℃(默认上限为 70 ℃,下限为 0 ℃)。
查看设备 FAN 状态。执行命令:display fan
<S3500>display fan
查看输出结果,正常时 State 为 normal</td></tr>
<tr><td colspan="2">操作说明:
对设备环境参数进行监测</td></tr>
<tr><td colspan="2">注意事项:
设备温度不超过 60 ℃</td></tr>
</table>

4. 配置数据整理与备份检查测试方法

配置数据整理与备份检查测试方法见表 5-30。

表 5-30 配置数据整理与备份

<table>
<tr><td>维护对象:交换机</td><td>维护项目:配置数据整理与备份</td></tr>
<tr><td>设备厂家:华为、华三</td><td>设备型号:S3500 系列、S3000 系列、S2000 系列交换机</td></tr>
<tr><td colspan="2">操作方法:
检查配置数据。执行命令:display current-configuration
< S3500>display current-configuration
查看输出结果
保存配置数据。执行命令:< S3500>save
备份配置数据</td></tr>
<tr><td colspan="2">操作说明:
对数据进行整理,同时进行备份</td></tr>
<tr><td colspan="2">注意事项:
根据台账进行数据检查,将垃圾数据进行清理;
将配置数据进行异地备份;
至少保留最近 3 个配置版本</td></tr>
</table>

5. 口令修改方法

按照设备类型不同分两张表介绍,见表 5-31、表 5-32。

表 5-31 口令修改(一)

维护对象:交换机	维护项目:设备口令修改
设备厂家:华为、华三	设备型号:S3500 系列、S3000 系列
操作方法: 修改用户口令: 进入本地用户配置模式 local-user <username> 执行命令 password cipher <password> 修改超级口令: 执行命令 super password ciper <password>	
操作说明: 对设备口令进行修改	
注意事项: 设备不存在无效用户名,用户口令保证 8 位以上并且为大小写字母与数字及符号的组合	

表 5-32 口令修改(二)

维护对象:交换机	维护项目:设备口令修改
设备厂家:华为、华三	设备型号:Quidway S2000 系列二层交换机
操作方法: 修改超级口令:执行命令 super password level 3 ciper <password>	
操作说明: 对设备口令进行修改	
注意事项: 设备不存在无效用户名,用户口令保证 8 位以上并且为大小写字母与数字及符号的组合	

6. 日志信息整理与备份的检查测试方法

日志信息整理与备份的检查测试方法见表 5-33。

表 5-33 日志信息的整理与备份

维护对象:交换机	维护项目:日志信息的整理与备份
设备厂家:华为、华三	设备型号:S3500 系列、S3000 系列、S2000 系列
操作方法: 检查设备日志信息。执行命令:display loggbuffer < S3500>display loggbuffer 查看输出结果。 检查设备告警信息。执行命令:display trapbuffer < S3500>display trapbuffer 查看输出结果	
操作说明: 对日志信息进行整理	
注意事项: 将输出结果进行异地备份	

7. 时间核准测试方法

时间核准测试方法见表 5-34。

表 5-34　时间核准

维护对象:交换机	维护项目:设备时间核准
设备厂家:华为、华三	设备型号:S3500 系列、S3000 系列、S2000 系列
操作方法: 对设备时间进行核准。执行命令:display clock < S3500>display clock 查看输出结果,是否与北京时间一致,执行命令:clock datetime HH:MM:SS YYYY/MM/DD < S3500>clock datetime HH:MM:SS YYYY/MM/DD	
操作说明: 对设备时间进行核准	
注意事项: 保证设备系统时间与北京时间一致	

8. 磁盘空间检查清理测试方法

磁盘空间检查清理测试方法见表 5-35。

表 5-35　磁盘空间检查清理

维护对象:交换机	维护项目:设备磁盘空间检查清理
设备厂家:华为、华三	设备型号:S3500 系列三层交换机
操作方法: 对设备磁盘空间进行清理。执行命令:dir < S3500>dir 查看输出结果	
操作说明: 对设备磁盘空间进行清理	
注意事项: 磁盘空间占用率应在 90%以下; 磁盘空间超标,执行 delete * * * *,删除无效文件或日志文件	

9. 关闭交换机环回检测功能的方法

关闭交换机环回检测功能的方法见表 5-36。

表 5-36　关闭交换机环回检测功能

维护对象:交换机	维护项目:关闭交换机环回检测功能
设备厂家:华为、华三	设备型号:S3500、S3026C、S3026E、S2000EI
操作方法: 开局时交换机环回检测功能开启。 进入交换机的上行端口: interface Ethernet0/24 将交换机环回检测控制功能关闭: undo loopback-detection control enable	
操作说明: 此操作在开局时就应设置	
注意事项: 只需关闭上行端口的环回检测控制	

(三)思科、华为命令对照表

由于厂家不同,测试时具体使用的命令也不同,已将常见思科及华为两个厂家的数据设备命令行对照表在本章第一节路由器系统的维护管理部分表 5-33 列出,供测试时参考。

六、交换机设备常见故障处理及应急抢修流程

(一)Telnet 故障

(1)常见故障原因

① 路由不可达,客户端和服务器无法建立 TCP 连接。

② 登录设备的用户数到达了上限。

③ VTY 用户界面下绑定了 ACL。

④ VTY 用户界面下允许接入的协议不正确,如配置为 protocol inbound ssh 时,使用 Telnet 将无法登录。

(2)处理步骤

① 检查客户端能否 Ping 通服务器。

使用 Ping 命令查看网络连接情况。如果不能 Ping 通,则 Telnet 连接也将失败。

如果 Ping 不通,请参见 Ping 不通故障处理思路继续定位,使 Telnet 客户端能 Ping 通服务器端。

② 检查登录设备的用户数是否到达了上限。

从 Console 口登录到设备,执行命令 display users,查看当前的 VTY 通道是否全部被占用。缺省情况下,VTY 通道允许的最大用户数是 5 个。

```
<Quidway>display user-interface maximum-vty
Maximum of VTY user:5
<Quidway>display users
User-Intf     Delay     Type   Network Address    AuthenStatus    AuthorcmdFlag
  34   VTY 0   03:31:35   TEL     10.138.81.138              pass          no
Username :Unspecified
  35   VTY 1   03:51:58   TEL     10.137.128.126             pass          no
Username :Unspecified
  36   VTY 2   00:10:14   TEL     10.138.81.184              pass          no
Username :Unspecified
  37   VTY 3   02:31:58   TEL     10.138.80.199              pass          no
Username :Unspecified
  38   VTY 4   00:00:00    TEL     10.138.78.80              pass          no
Username :Unspecified
```

如果当前的用户数已经达到上限,可以执行命令 user-interface maximum-vty vty-number,将 VTY 通道允许的最大用户数扩展到 15 个。

```
<Quidway>system-view
[Quidway] user-interface maximum-vty 15
```

③ 查看设备上 user-interface vty 是否绑定了 ACL。

如果绑定了 ACL,但 ACL 规则中未指定 permit 客户端的 IP 地址,则使用 Telnet 登录设备时将失败。即如果需要使用某 IP 地址通过 Telnet 登录到设备,必须在 user-interface vty 下绑定的 ACL 规则中配置允许该 IP 地址。

④ 查看 user-interface vty 下允许接入的协议配置是否正确。

```
[Quidway] user-interface vty 0 4
[Quidway-ui-vty0-4] display this
user-interface vty 0 4
authentication-mode aaa
user privilege level 3
idle-timeout 0 0
protocol inbound ssh
```

命令 protocol inbound { all | ssh | telnet }用来配置允许登录接入用户类型的协议。protocol inbound telnet 为缺省配置。

a. 如果配置为 protocol inbound ssh,使用 Telnet 将无法登录。

b. 如果配置为 protocol inbound all,则使用 Telnet 或 SSH 都可以登录。

⑤ 检查用户界面视图下是否设置登录认证。

a. 如果使用命令 authentication-mode password 配置 VTY 通道下的登录认证方式为 password,则必须使用命令 set authentication password 设置认证密码。

b. 如果使用命令 authentication-mode aaa 设置认证方式为 aaa,则必须使用命令 local-user 创建 AAA 本地用户。

c. 如果使用命令 authentication-mode none 设置认证方式为不认证 none,则认证方式不影响用户登录。

(二)SNMP 故障

(1)常见故障原因

① 报文不可达造成无法连接。

② 配置原因造成无法连接。

(2)处理步骤

① 执行 Ping 命令查看主机和网管之间是否可以 Ping 通。

如果可以 Ping 通,说明主机和网管之间有可达的路由,则继续第②步。

② 执行 display logbuffer 命令查看主机上是否有提示登录失败的日志。

否则,将主机的日志取出,进行进一步分析,见表 5-37。

表 5-37 日志解释及处理建议

日　志	日志解释	处理建议
Failed to login through SNMP, because the version was incorrect. (Ip=[STRING], Times=[ULONG])	主机不支持网管发送登录请求所使用的 SNMP 协议版本	执行 display snmp-agent sys-info version 命令查看主机是否支持网管发送登录请求所使用的 SNMP 协议版本。若不支持,则执行 snmp-agent sys-info version 命令配置主机所支持的 SNMP 协议版本

续上表

日　　志	日志解释	处理建议
Failed to login through SNMP, because the packet was too large. (Ip=[STRING], Times=[ULONG])	设备接收到的报文超过设备所设置的阈值	执行 snmp-agent packet max-size 命令增大报文阈值
Failed to login through SNMP, because messages was failed to be added to the message list. (Ip=[STRING], Times=[ULONG])	消息列表积压	需要联系厂家进行技术支持
Failed to login through SNMP, because of the decoded PDU error. (Ip=[STRING], Times=[ULONG])	报文解码出现未知错误	需要联系厂家进行技术支持
Failed to login through SNMP, because the community was incorrect. (Ip=[STRING], Times=[ULONG])	团体字配置错误	执行 display snmp-agent community 命令查看主机配置的团体字 如果网管发起请求时使用的团体字和主机配置的团体字不相同,则执行 snmp-agent community 命令配置读写团体名,使之与网管端配置一致
Failed to login through SNMP, because of the ACL filter function. (Ip=[STRING], Times=[ULONG])	该 IP 被 ACL 禁止	执行 display acl 命令查看主机 ACL 配置 如果网管端发送请求所使用的 IP 被 ACL 禁止访问,则执行 rule(基本 ACL 视图)命令配置允许网管端 IP 访问主机

(三)以太网接口物理 Down 故障

(1)常见故障原因

① 设备没有上电、线缆没有连接好。

② 接口被人为 shutdown。

③ 双绞线、光纤过长或链路损耗太大。

④ 接口双工、速率协商模式不一致。

⑤ 接口、接口模块或设备故障。

(2)处理步骤

① 检查本端和对端设备是否上电,设备线缆、模块是否插好。

设备上电并且线缆连接好之后,如果接口的状态仍然 Down,请执行步骤②。

② 检查本端和对端设备接口是否被人为 shutdown。

在系统视图下执行 interface,interface-type,interface-number 进入故障接口视图,然后执行 display this 命令查看接口是否执行 shutdown 操作,如果是请在接口下执行 undo shutdown 命令。

③ 检查设备两端接口双工、速率、协商模式是否一致。

分别在设备两端执行 display interface 命令查看接口的双工、速率、协商模式信息。检查项见表 5-38。

表 5-38　端口设置检查项

检查项	显示信息解释说明	后续操作
Negotiation:	接口自协商状态。 (1)显示信息是“ENABLE”,表示接口工作在自协商状态下。 (2)显示信息是“DISABLE”,表示接口工作在非自协商状态下	保持两边的协商模式一致,要么都工作在自协商模式下,要么都工作在非自协商模式下。 在接口视图下可以使用 negotiation auto 命令调整接口的自协商模式。 如果自协商模式下接口仍然频繁 Down,可以尝试将接口改成非自协商模式,强制两边速率、双工一致

续上表

检查项	显示信息解释说明	后续操作
Speed:	接口当前速度	在非自协商模式下若设备两端接口速率不一致，要在接口视图下执行 speed 命令调整接口速率一致
Duplex:	接口双工状态	在非自协商模式下如果设备两端接口双工不一致，请在接口视图下执行 duplex 命令调整接口速率一致
Mdi:	接口的网线适应方式： (1)across：表示接口的网线适应方式为交叉网线。 (2)auto：表示接口的网线适应方式为自动识别网线。即与该接口实际连接的网线类型既可以使用直通网线也可以使用交叉网线。 (3)normal：表示接口的网线适应方式为直通网线	保证两端设备接口的网线适应方式和网线类型一致，缺省情况下网线适应方式为 auto 模式，如果接口网线适应方式为非 auto 模式建议使用 mdi 命令更改为 auto 模式

执行上述步骤后，如果接口的状态仍然 Down，则执行下面的操作。

④ 检查设备两端链路、接口模块是否故障。

设备之间是通过双绞线连接，需要做如表 5-39 列出的检查。

表 5-39　设备间连接线路检查项

检查项	检查标准	后续操作
用测试仪测试双绞线是否故障	测试仪显示双绞线正常	若检查出线缆故障，请更换线缆
设备间双绞线长度是否满足要求。	设备间线缆长度小于 100 m	如果线缆长度大于 100 m 可以采用如下方式： (1)缩短设备间距离，以缩短双绞线长度。 (2)如果不能改变设备间的距离，设备之间可以通过中继器、HUB 或交换机串联
检查双绞线线序类型是否正确	直通网线用来连接以下设备之间的以太网接口： (1)路由器和集线器 (2)路由器和以太网交换机 (3)计算机和以太网交换机 (4)计算机和集线器 交叉网线用来连接以下设备之间的以太网接口： (1)路由器和路由器 (2)路由器和计算机 (3)集线器和集线器 (4)集线器和交换机 (5)交换机和交换机 (6)计算机和计算机	如果双绞线类型选择错误请选择正确类型的双绞线
检查两边的电口模块是否正常	电口模块正常	尝试更换两端电口模块

如果设备之间是通过光纤连接，需要做如表 5-40 中列出的检查。

表 5-40 光纤连接检查项目

检查项	检查标准	后续操作
检查光模块和光纤的对应关系	检查光纤类型是否正确,光模类型和光纤类型对应关系符合要求	如果对应关系不正确,请根据实际情况选择更换光模块或光纤
设备间光纤的长度和光模块支持的传输距离是否匹配	光纤的长度小于光模块支持的传输距离	根据现网实际情况缩短光纤长度或者更换支持更大传输距离的光模块
用测试仪测试信号的衰减在允许的范围内	光信号的衰减范围符合要求	如果衰减过大请更换光纤,如果更换光纤仍不符合衰减要求,或缩短光纤的长度
用测试仪或物理环回方法检查光纤链路两端是否故障	使用测试仪测试时,测试仪显示收发正常。 使用物理环回时,可以看到接口 UP	如果检查出线缆故障,请尝试更换线缆,如果更换线缆故障依然存在请尝试更换两端接口光模块

执行上述步骤后,如果接口的状态仍然 Down,则检查本端和对端设备硬件是否故障。若以上操作后端口仍不好,则需要更换端口测试。

(四)以太网接口频繁 UP/Down 的故障

(1)常见故障原因

① 线缆没有连接好。

② 双绞线过长、光纤超长或链路损耗太大。

③ 接口双工、速率协商模式不一致。

④ 接口、接口模块或设备故障。

(2)处理步骤

① 对端设备线缆、模块是否插好。

线缆、模块都安装好之后如果接口的仍然频繁 UP/Down,继续下面操作。

② 检查设备两端接口双工、速率、协商模式是否一致。

分别在设备两端执行 display interface 命令查看接口的双工、速率、协商模式信息,执行命令后检查表 5-41 所示项目。

表 5-41 端口工作模式检查项

检查项	显示信息解释说明	后续操作
Negotiation:	表示接口自协商状态。 (1)显示信息是“ENABLE”,表示接口工作在自协商状态下。 (2)显示信息是“DISABLE”,表示接口工作在非自协商状态下	保持两边的协商模式一致,要么都工作在自协商模式下,要么都工作在非自协商模式下。在接口视图下可以使用 negotiation auto 命令调整接口的自协商模式。如果自协商模式下接口仍然频繁 UP/Down,可以尝试将接口改成非自协商模式,强制两边速率、双工一致
Speed :	表示接口当前速度	在非自协商模式下如果设备两端接口速率不一致,请在接口视图下执行 speed 命令调整接口速率一致
Duplex:	接口双工状态	在非自协商模式下如果设备两端接口双工不一致,请在接口视图下执行 duplex 命令调整接口速率一致

执行上述步骤后,如果接口的状态仍然频繁 UP/Down,则执行下面操作。

③检查设备两端链路、接口模块是否故障。

设备之间是通过双绞线连接,需要做如表 5-42 列出的检查项目。

表 5-42　设备间链路检查项

检查项	检查标准	后续操作
用测试仪测试双绞线是否故障	测试仪显示双绞线是否正常	如果检查出线缆故障,更换线缆
设备间双绞线长度是否满足要求	设备间线缆长度小于 100 m	如果线缆长度大于 100 m 可以采用如下方式: (1)缩短设备间距离,以缩短双绞线长度。 (2)如果不能改变设备间的距离,设备之间可以通过中继器、HUB 或交换机串联
如果设备两端使用电口模块,请检查电口模块是否故障	电口模块正常	尝试更换两端电口模块

④ 如果设备之间是通过光纤连接,需要做如表 5-43 所示检查。

表 5-43　光纤链路检查项

检查项	检查标准	后续操作
用测试仪或物理环回方法检查链路光纤链路两端是否故障	使用测试仪测试时,测试仪显示收发正常。 使用物理环回时,可以看到接口 UP	如果检查出线缆故障,请尝试更换线缆。如果更换线缆,故障依然存在,请尝试更换两端接口光模块
检查光模块和光纤的对应关系	检查光纤类型是否正确,光模类型和光纤类型对应关系符合要求	如果对应关系不正确,需要根据实际情况选择更换光模块或光纤
设备间光纤的长度和光模块支持的传输距离是否匹配	光纤的长度小于光模块支持的传输距离。光模块支持光纤的传输距离符合要求	根据现网实际情况缩短光纤长度或者更换支持更大传输距离的光模块
用测试仪测试信号的衰减在允许的范围内	光信号的衰减范围符合要求	如果衰减过大则更换光纤。如果更换光纤仍不符合衰减要求,则缩短光纤的长度

执行上述步骤后,如果接口的状态仍然频繁 UP/Down,检查本端和对端设备硬件是否故障。首先可以考虑更换设备端口,将线缆连接到其他接口。

思考题

1. 请使用 U2000 网管进行网元状态查询。
2. 请使用 U2000 网管对端口进行启用与禁用接口。
3. 请画出网管告警的处理流程。
4. 交换机端口状态中 DOWN 和 ADMINISTRATIVELY DOWN 分别表示什么含义?
5. 如何在设备上登录查看 ARP 映射表?

复习题

1. 怎样立即备份 U2000 网管数据?
2. 如何清洁网管设备的风扇过滤网?
3. 判断路由器主控板故障,双配和单配时更换方法分别是什么?
4. 如何在交换机上登录查看 ARP 映射表?
5. 如何清除 S2403H 交换机的 telnet 用户名和密码?
6. 服务器进程异常时如何处理?
7. 如何查看路由设备的路由表?路由表中必须有的路由表项是什么?
8. 实作处理一台路由器串口不能登录的故障。
9. 请写出路由器设备配置数据整理与备份的详细操作步骤。
10. 利用 U2000 网管对交换机能实现哪些配置?

第六章　综合视频监控系统的维护管理

铁路综合视频监控系统是针对铁路行业应用需求，采用先进的视频监控技术和 IP 传输方式，构建的网络化、数字化的视频监控系统。系统提供应用所需的视频图像，满足铁路各业务部门及铁路其他信息系统对视频信息的需求，从而实现视频网络资源和信息资源共享。

综合视频监控系统主要有北京世纪瑞尔、国铁华晨、世纪东方、浙大网新等厂家设备，以下主要以北京世纪瑞尔厂家设备为例进行介绍。

一、网管终端操作系统应用软件的安装、参数配置

（一）安装要求

1. 硬件要求

用　途	配　置
管理服务器	CPU：双核；内存：4 GB；网卡：1 GB×2；硬盘：500 GB。其他根据实际情况配置键盘、鼠标、显示器等

2. 软件要求

用　途	配　置
管理服务器	Windows Server 2003
数据库服务器	Windows Server 2003； 数据库为 SQL Server 2005
视频监控软件	CR-NIVM V1.3 系统

（二）安装步骤

管理服务器系统依赖数据库，所以管理服务器需要安装 SQL2005 帮助数据库软件工作，而其他数据分/发服务器，录像服务器，客户端服务器等均不需要安装数据库软件。

CR-NIVM V1.3 视频管理软件集成了各种类型服务功能软件于一体，在安装时只需要选择安装的类型即可，对于安装时候选择的类型参考本章注释。

1. 服务器基础平台安装

服务器以 Windows 2003 sever 为系统平台，运行数据库程序和视频监控程序，所有服务的运行和系统命令的调用都以操作系统为依赖，在 sever2003 的环境中，用户需要有一个独立的安全密码以管理服务器，并通过这些设置达到安全的远程控制。

服务器安装操作系统：Windows 2003 Server；系统管理员用户 Administrator 的密码设为 creal；

设置系统启动时自动登录，regedit 进入注册表在注册表中输入以下项：

```
[HKEY_LOCAL_MACHINE\\SOFTWARE\\Microsoft\\Windows NT\\CurrentVersion\\Winlogon]
"AutoAdminLogon"="1"
"DefaultPassword"="creal"
```

注册表编辑器界面如图 6-1 所示。

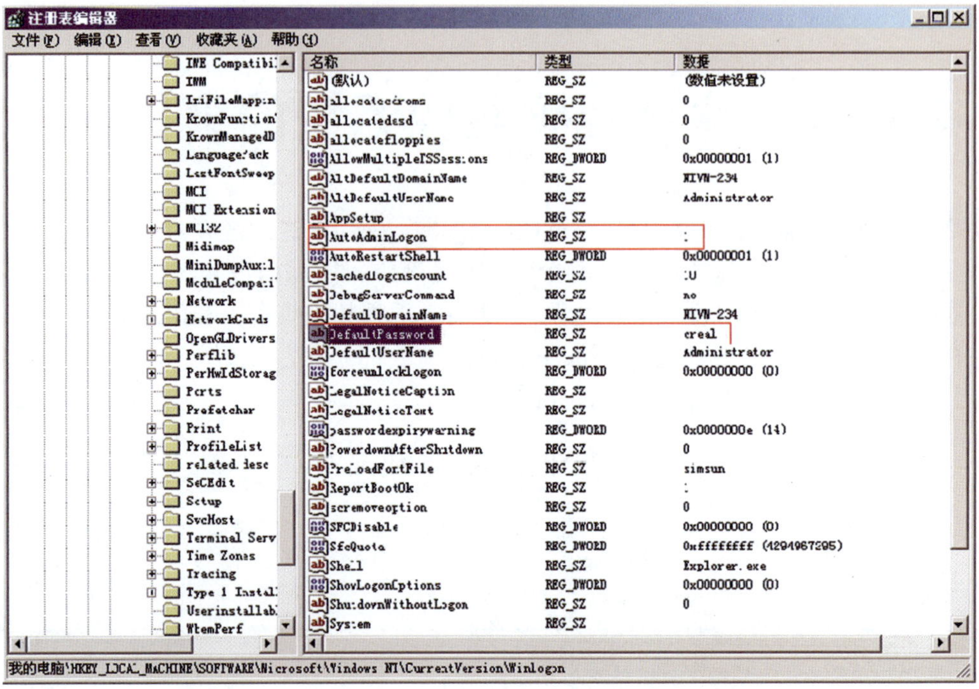

图 6-1 注册表编辑图

新增用户：用户名 recorder；密码 recorder；配置隶属于 Administrators 管理员组下；把磁盘分两个区，一个是系统盘 C:，另一个是数据盘 D:（存放数据库文件）。

安装 VNC（远程控制软件：vnc—4. 1. 8installer—x86_win32. exe），密码设为 creal。安装后要确认是否启动；运行程序→RealVNC→VNC 服务器 4（服务模式）→启动 VNC 服务，即可启动。

安装 SQL Server 2005。选择混合模式认证，账户的密码设为 creal。选择 SQL Server 2005 网络配置/MSSQLSERVER 的协议，启用 TCP/IP。如图 6-2 所示。

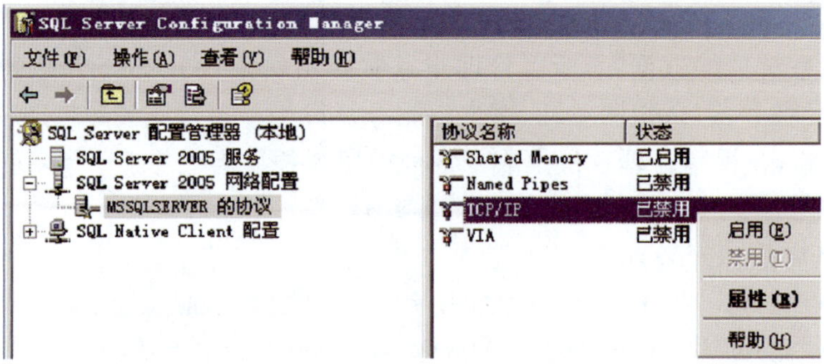

图 6-2 数据库开启 TCP/IP 协议图示

安装程序包所在目录应该尽量简单化，不能有空格、标点和非英文字符。安装操作系统的组件不能有缺失，可以通过安装 SQL2005 的功能界面查看操作系统是否组件完整。如图 6-3 所示。

以上为服务器基础平台软件的安装，在操作完成后，方可继续视频监控系统的软件安装。

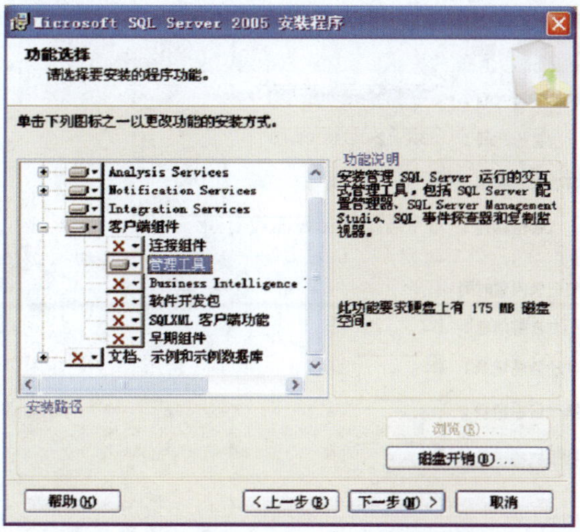

图 6-3　数据库初始安装检验图示

2. 视频系统软件安装

视频系统软件为北京世纪瑞尔技术公司的 CR-NIVM V1.3 系统，按照安装步骤逐步安装，在安装不同设备类型时，具体对应关系如下：(1)管理中心，即管理服务器；(2)流媒体服务即数据分/发体服务器；(3)录像服务即录像服务器；(4)客户端即系统内其他可查看视频图像，调看录像用户；(5)数字矩阵，一般安装在电视墙，大屏幕等特殊场所；(6)网管即最高管理网管中心软件。安装完成后，桌面上生成网络化综合视频监控系统的快捷图标。

(三)参数配置

视频监控系统主要由管理服务器、录像服务器、数据分发服务器、网管终端组成。其中管理服务器提供对系统的配置；告警的采集、分析、处理；上下级管理服务器间的协调。管理服务器程序与终端程序为同一个应用程序，通过配置的运行模式区分当前运行进程是管理服务器或终端。具体配置如下。

1. 系统初始设置

服务器第一次在系统运行需要设置 IP 地址，视频系统内所有网络设备使用 TCP/IP 网络协议，进入网络结构内每个设备都指定唯一的 IP。设置完网络地址后，连接正常，服务器在视频监控网络内运行。

2. 数据库备份配置

通过数据库备份配置可以让系统自动周期性运行备份程序，将系统配置信息、用户信息、告警信息等，全部以数据库备份数据包的形式存储在自定义目录。运行数据库安装程序(CRNIVM_DB.exe)。

对照如图 6-4 所示进行配置，选择自定义备份间隔日期、目录，确定后生效。管理服务器内数据库系统会自动清理，自动备份。

3. 登录信息配置

第一次运行视频监控系统时，对系统登录节点和账号密码进行初始设置：双击桌面快捷图标开始运行系统。

系统第一次运行时会弹出输入节点信息提示(以后运行中不会再提示)。在此输入节点 ID，如果是下级管理服务器则直接输入上级已经分配好的节点 ID，如果是最上级管理服务器

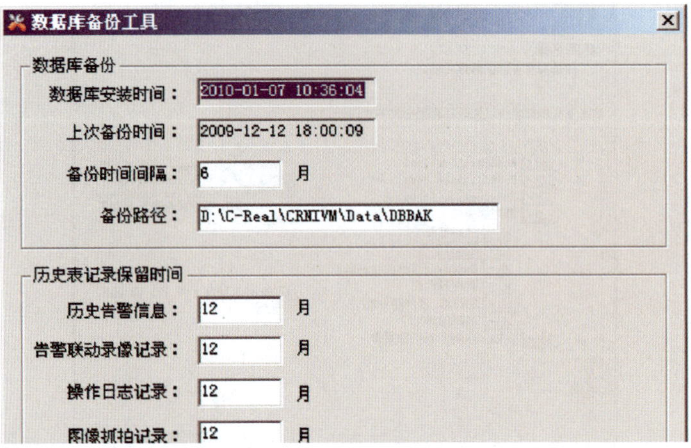

图 6-4　自定义数据库自动备份

则需要输入 259(用来第一初始化整个系统)。

单击确定之后系统弹出输入访问数据库信息,如果数据库在本机运行,则数据库源就是 local,否则输入数据库所在机器的 IP 地址,如:192.168.0.3。用户及密码是安装 Sql Server 2005 数据库时申请的,直接输入即可,单击"确定"。

输入正确则会弹出登录界面。系统默认管理账户 admin,密码 123(登录后可立即修改密码)。如果是普通用户身份,需要通过管理员申请用户账户。选择自动登录系统将记住此次登录的账户、密码,下次运行系统就会自动用这个账户登录。单击"确认"。

(四)软件注册

视频系统软件需要验证注册后才能正常使用,在安装完成后,第一次运行程序会提示,按流程注册即可。

安装完成后,会弹出"是否安装播放器插件?"的提示(该插件提供 Media Player,可回放录像功能),选择"是",系统自动后台安装该插件。

插件安装完后会弹出"是否运行机器号生成工具"提示,选择"是",则保存机器号,将机器号发送给世纪瑞尔公司。通过生成的机器号获取运行许可文件(许可文件将由世纪瑞尔公司提供),将授权文件复制到系统安装目录即可。

二、利用网管进行图像的配置

视频监控系统中的业务配置一般由客户端网管终端配置,网管终端不同于管理服务器,它不具备分析和处理数据的功能,但是网管终端却有和最高级管理服务器一样的权限,可以对整个系统内所有配置进行修改更新,还可以与下级所有服务器数据同步,达到高效率管理功能。

综合视频监控系统图像配置包括系统视频服务器资源配置、编解码器配置、摄像机预制位配置、复式终端配置等。网管终端对各种资源的等级关系进行划分、定义,对视频监控系统内资源进行合理分配,对各种类型设备进行初始的编辑配置,是整个视频监控系统平台搭建的基础。

(一)资源配置

选择配置菜单中的资源配置项,弹出如图 6-5 所示界面。

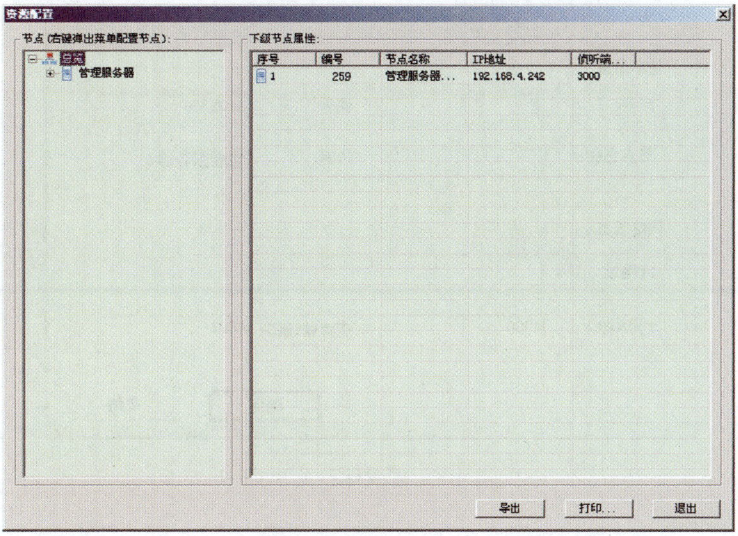

图 6-5　资源配置界面

1. 配置管理服务器

【修改】:右击管理服务器,选择“修改属性”,修改其 IP 地址即可,如图 6-6 所示。

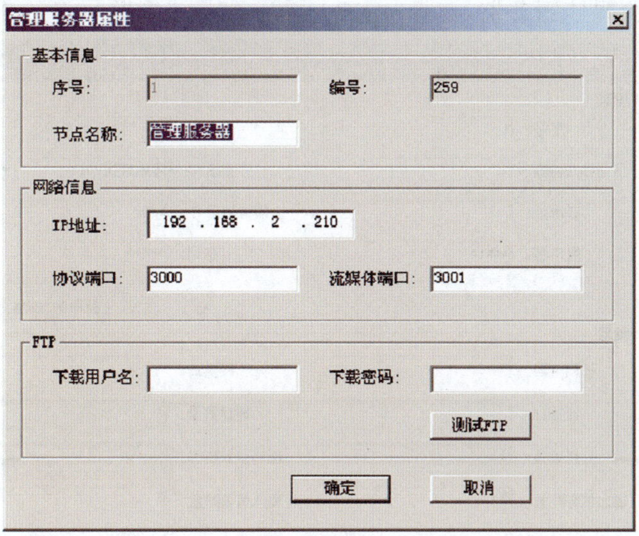

图 6-6　服务器属性修改界面图

在总览下的管理服务器只能有一个,序号范围在 1～1 000。

每次添加时,系统会自动给出一个序号,用户也可以修改成别的序号。根据本系统的编号规则,编号会自动产生。

输入相应的信息,单击“确定”按钮,在右边的列表中会显示当前的节点信息。

【删除】:右击某管理服务器,选择“删除管理服务器”,此管理服务器从总览树下删除。

【增加】:右击管理服务器节点,选择“增加流媒体服务器”,如图 6-7 所示。

流媒体服务器序号范围在 1～1 000,且不可重复。输入相应的信息,单击“确定”按钮,在右边的列表中会显示当前的节点信息。

【修改】:右击某流媒体服务器,选择“修改属性”,修改相应的信息;单击“确定”按钮,此流

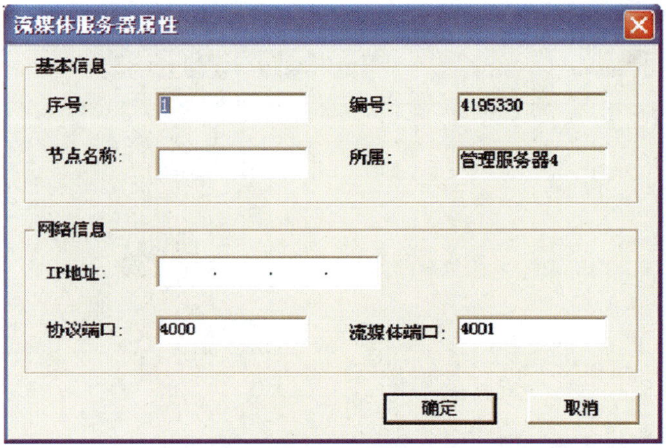

图 6-7　流媒体修改界面

媒体服务器的信息更新。

【删除】:右击某流媒体服务器,选择“删除流媒体服务器”,此流媒体服务器从某管理服务器下删除。

2. 增添视频编码器 DVS/R

【增加】:右击某流媒体服务器,选择“增加 DVS”,如图 6-8 所示。

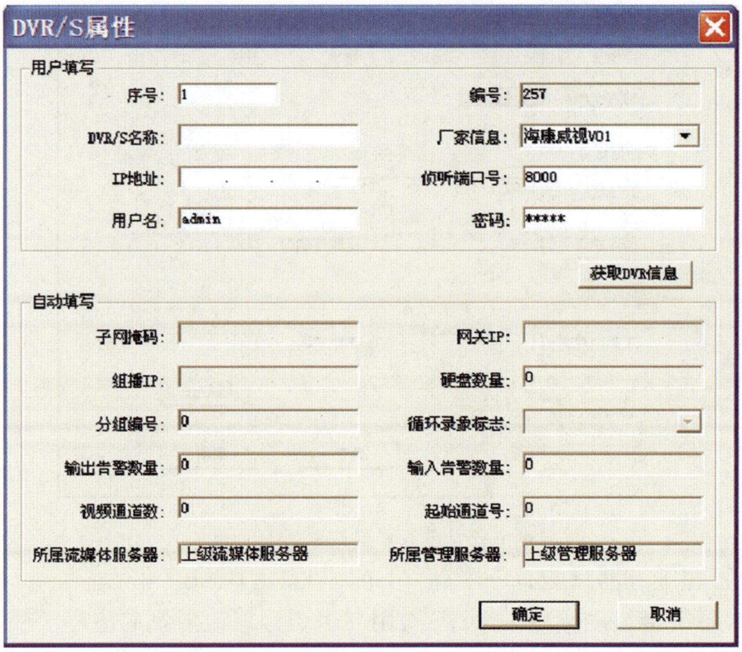

图 6-8　DVS 修改界面

用户在 DVS 属性对话框中首先输入“IP 地址”、“侦听端口号”、“用户名”、“密码”,然后单击“获取 DVS 信息”按钮,系统会自动获取 DVS 的相关信息;并根据 DVS 的视频通道数和起始通道号自动创建 DVS 所属的通道。

DVS 序号范围在 1～1 000,且不可重复。

【修改】:右击某流媒体服务器下的某 DVS,选择“修改属性”,修改相应的信息;单击“确定”按钮,此 DVS 的信息更新。

【删除】:右击某流媒体服务器下的某DVS,选择“删除DVS”,此DVS从某流媒体服务器下删除。

【添加通道】:因为通道是在添加DVS时自动添加,所以在通道属性对话框中,用户只需修改“名称”和“是否在用”两项属性。右击某流媒体服务器下的某DVS下的某通道,选择“修改属性”,修改相应的信息;单击“确定”,此DVS下的此通道的信息更新。

3. 终端配置

【增加】:右击某管理服务器,选择“增加终端”,如图6-9所示。

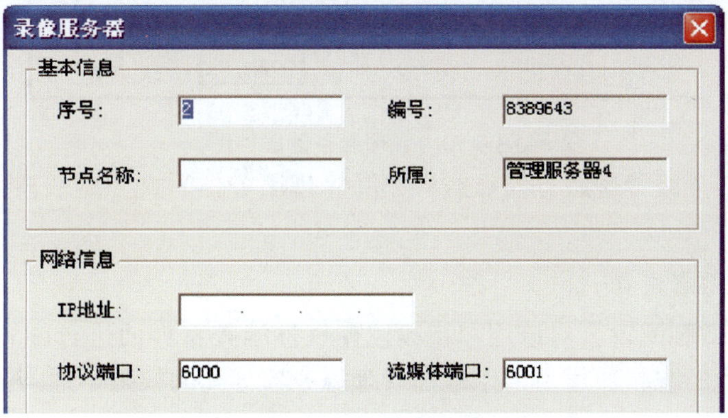

图6-9　增加终端图

终端序号范围在1～1 000,且不可重复。输入相应的信息,单击“确定”按钮,在右边的列表中会显示当前的节点信息。

【修改】:右击某终端,选择“修改属性”,修改相应的信息;单击“确定”按钮,此终端信息更新。

【删除】:右击某终端,选择“删除终端”,此终端从某管理服务器下删除。

4. 录像服务器配置

【增加】:右击某管理服务器,选择“增加录像服务器”,录像服务器的主要功能为存储流媒体数据,将流媒体数据保存至文件并将存储记录保存到相应数据库表中。录像服务器序号范围在1～1 000,且不可重复。

【修改】:右击某管理服务器,选择“修改属性”,修改相应的信息,单击“确定”按钮,在右边的列表中会显示当前的节点信息。

【删除】:右击某录像服务器,选择“删除录像服务器”,此录像服务器从某管理服务器下删除。

5. 下级管理服务器配置

【增加】:右击“总览”,选择“增加本地管理服务器”,或在已添加的管理服务器上右击,选择“增加下级管理服务器”,如图6-10所示。

在管理服务器下可增加多个下级管理服务器,序号范围在1～1 000。

每次添加时,系统会自动给出一个序号,用户也可以修改成别的序号。根据本系统的编号规则,编号会自动产生。输入相应的信息,单击“确定”按钮,在右边的列表中会显示当前的节点信息。

【修改】:右击某下级管理服务器,选择“修改属性”,修改相应的信息;单击“确定”按钮,此下级管理服务器的信息更新。

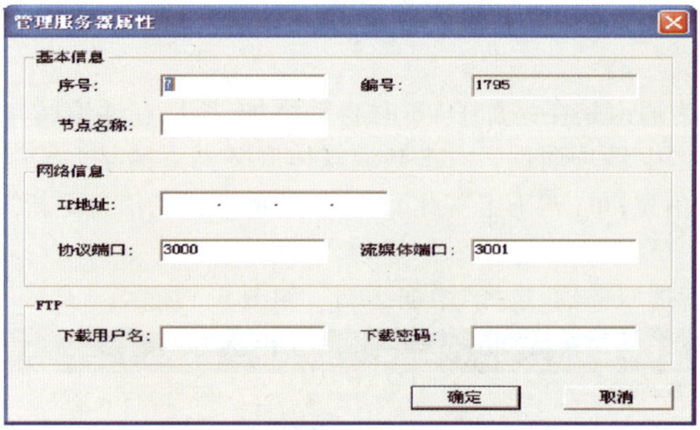

图 6-10　管理服务器属性图

【删除】:右击某下级管理服务器,选择“删除管理服务器”,此下级管理服务器从“总览”树下删除。

(二)视频图像增删配置

对视频图像的增删配置会对该用户视频监控软件的查看界面进行配置,从而增加各种子目录,添加需要查看的视频通道。由于最高管理服务器分配的权限不通,各终端总览配置界面各不相同,以下以最高完整配置为例进行介绍。

右击“总览”,弹出菜单,单击“增加子分组”,弹出“组管理”对话框。添加组名称为“子分组1”,并单击“确定”按钮,则在管理分组树上增加“子分组 1”节点,右击“子分组 1”,则弹出如图 6-11所示右键菜单。

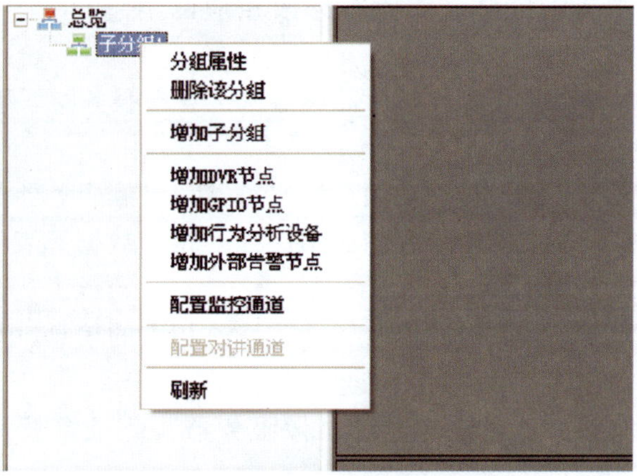

图 6-11　配置子分组管理框图

可以通过菜单选项完成对应功能,这里以配置监控通道为例,选择“配置监控通道”,弹出如图 6-12 所示对话框。

可以从左侧的“可选通道”中选择需要添加的通道,然后使用“>>”键添加到“已选通道”中。同理,可以从“已选通道”中使用“<<” 键删除通道。添加其他设备到子分组的方法类似。

上面在“组管理”对话框直接单击“确定”键进行添加,下面介绍另外一种添加方式,先单击“高级”,发现“组管理”对话框变为如图 6-13 所示对话框。

在原有部分下面,出现了“组模板”配置区,分别可以对“管理服务器”、“节点类型”及“添加节点”进行选择。然后可以自动添加所需设备,比较方便。如添加视频通道,可以先在“管理服务器”中选

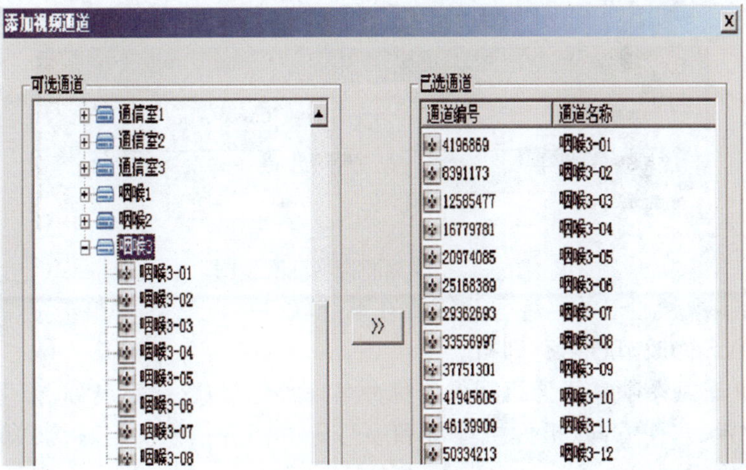

图 6-12　视频通道添加图

择“管理服务器”，然后在“节点类型”中选择“视频通道”，在“添加节点”中选择“按照所有 DVS 进行分组”，单击“确定”按钮即添加成功，管理分组以所有 DVS 为子分组添加所有视频通道。

(三)视频图像预制位配置

视频图像在使用过程中，需要设置 1 个默认的预制位，该位置为摄像机云台默认角度。在图像被任何 1 用户调用查看后，产生各种转向移位，在 120 s 后，该云台根据系统的预制位设置自动转回预制位。

通过单击“预制位”按钮可以进行预制位的设定与调用。下面将介绍预制位的操作。

在视频显示区选中一路正在播放的视频窗口后，单击“预制位”，弹出“预制位”设置对话框。单击“添加”，弹出“预制位配置”如图 6-14 所示对话框。

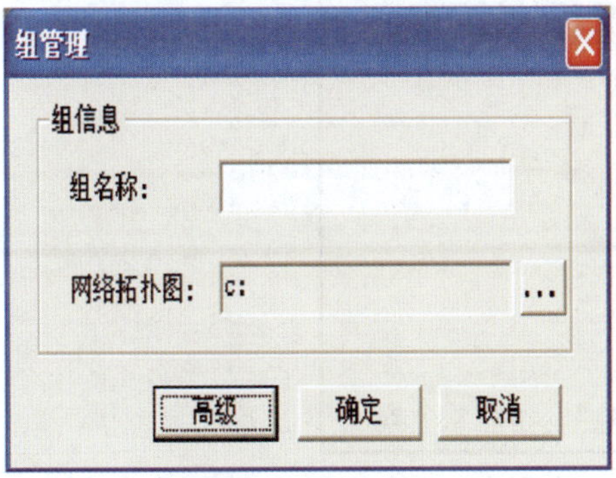

图 6-13　组管理图

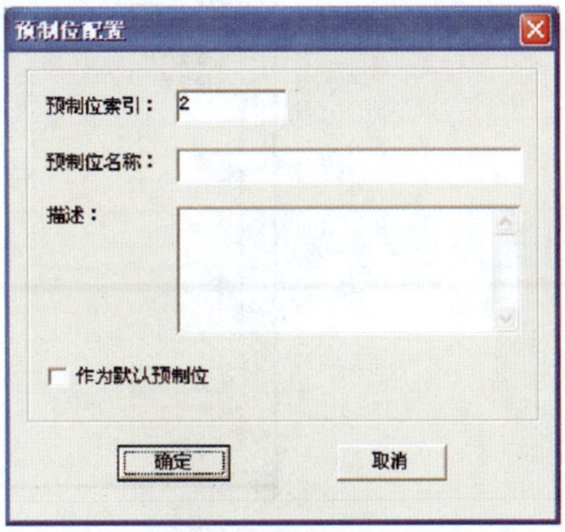

图 6-14　视频图像预制位配置图

填写预制位名称为“预制位 1”，并勾选“作为默认预制位”，单击“确定”。

这样在“预制位”对话框中出现了一条预制位记录。这个预制位是与此通道唯一对应的，选择其他通道不会显示这个预制位信息。如果需要调用这个预制位，则直接单击“调用”。若一个预制位为“默认预制位”，则经过 120 s 后，会自动进行默认预制位调用操作。通过单击“修改”和“删除”可以对现有的预制位信息进行编辑或者删除。

(四)视频图像名称配置

在增添 DVS 的同时，可以从前端设备中获取该 DVS 所带的视频通道的名称，如图 6-15

所示。

图 6-15　视频图像名称配置图

需要修改前端视频通道的名称也只需要在系统软件的配置界面单击资源配置，找到该视频图像的所在 DVS 修改节点名称即可。

举例：华山北车站东咽喉摄像机图像名称命名，命名应包含线路名称、公里标、监视目标或摄像机的安装位置、监视方向、摄像机类型和序号等五部分信息。名称为：郑西高铁线 K954 华山北站东咽喉枪机摄像机。

三、利用网管进行用户数据配置

用户数据的配置包括用户信息的建立、删除、编辑修改、权限设置等操作。在视频监控系统中，分配不同的用户权限可实现不同类型终端功能，如视频复式终端，普通客户网管终端。

(一)用户管理数据配置

在网管终端，对本系统的所有用户进行配置和权限的管理，对用户信息修改后需要重启后才能生效。

在菜单栏中选择“用户”/“用户类别配置”，单击用户类别配置，弹出如图 6-16 所示界面。

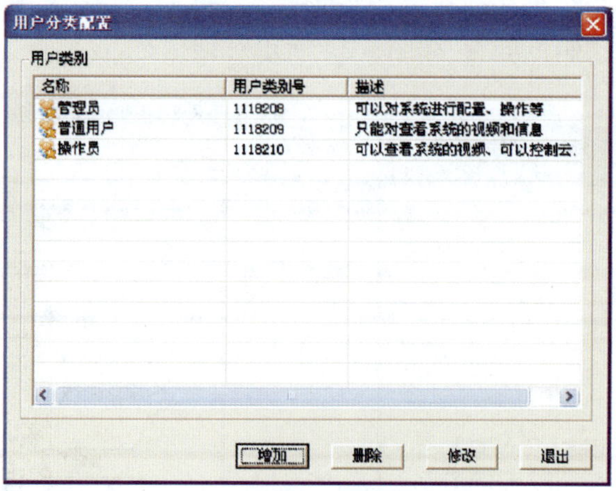

图 6-16　用户分类配置目录图

【增加】：单击“增加”按钮；在弹出的“用户分类属性”对话框中，输入用户分类信息：名称、描述；单击“确定”；此用户分类信息显示在用户分类列表中。

【修改】：在用户分类列表中，单击某用户分类记录；单击“修改”按钮；可输入新的用户分类信息：名称、描述。

【删除】：在用户分类列表中，单击某用户分类记录；单击“删除”按钮；用户分类记录从列表中除掉。

选择用户菜单中的用户类别范围配置项，弹出如图 6-17 所示界面。

在用户分类配置完成后，系统会自动给出每类用户的通道范围，用户可根据实际情况重新

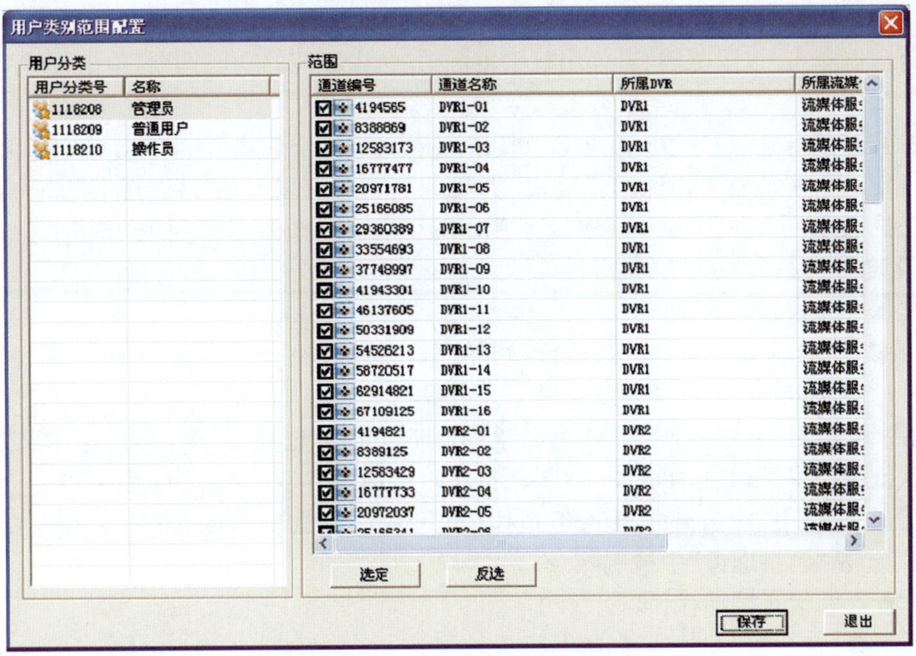

图 6-17　用户分类配置范围图

选择属于该类用户的通道。

在“范围”列表框内，支持多选(按 Shift 键可选择连续的多个通道；按 Ctrl 键可选择不连续的多个通道)，再按“选定”按钮，则在每项的复选框内会有“√”提示，“反选”则去掉复选框内的“√”。

(二)用户权限配置

在菜单栏中选择“用户”/“功能权限范围配置”，单击“功能权限范围配置”。在“权限范围”列表框内，支持多选(按 Shift 键可选择连续的多个通道；按 Ctrl 键可选择不连续的多个通道)，按“选定”按钮，则在每项的复选框内会有“√”提示，“反选”则去掉复选框内的“√”。

实现对用户类别及相关用户的管理，选择用户菜单中的用户管理配置项，弹出如图6-18所示界面。

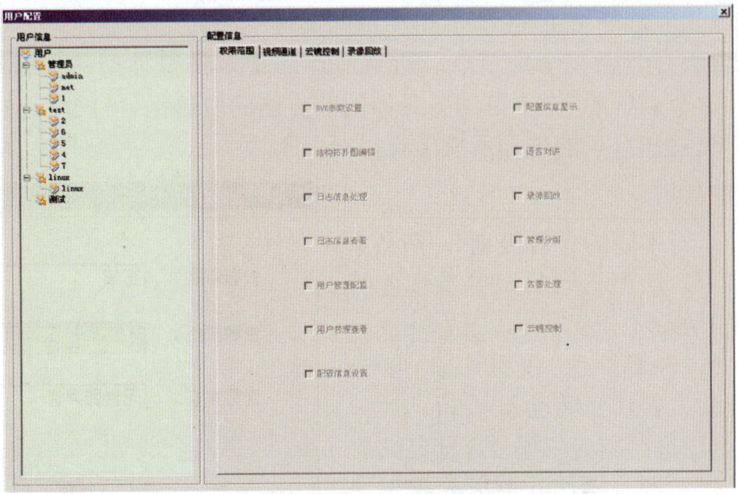

图 6-18　用户权限设置界面图

单击用户下的某用户类别，右栏显示此用户类别的权限配置信息，分 4 页：权限范围、视频通道、云镜控制、录像回放。

权限范围(单击“权限范围”页弹出权限范围框)选中相应的功能选项,单击“保存”;权限更新被保存。

视频通道(单击“视频通道”页弹出视频通道框)在“可选通道”中,单击选中某DVS或用Shift/Ctrl键选中多条通道,单击＞＞(导入按钮);所选通道显示在“已选通道”中。

在“已选通道”中,单击选中某通道或用Shift/Ctrl键选中多条通道,单击＜＜(导出按钮);所选通道从“已选通道”中被删除。

单击“保存”,信息被保存。

注:可对“已选通道”中的通道,进行视频查看;云镜控制、录像回放中可对这些通道进行选择。

云镜控制(单击“云镜控制”页弹出云镜控制框)在“可选通道”中,单击选中某通道或用Shift/Ctrl键选中多条通道,单击＞＞(导入按钮);所选通道显示在“已选通道”中。

在“已选通道”中,单击选中某通道或用Shift/Ctrl键选中多条通道,单击＜＜(导出按钮);所选通道从“已选通道”中被删除。

单击“保存”,信息被保存。

注:可对“已选通道”中的通道,进行云镜控制。

录像回放(单击“录像回放”页弹出录像回放框)在“可选通道”中,单击选中某通道或用Shift/Ctrl键选中多条通道,单击＞＞(导入按钮);所选通道显示在“已选通道”中。

在“已选通道”中,单击选中某通道或用Shift/Ctrl键选中多条通道,单击＜＜(导出按钮);所选通道从“已选通道”中被删除。单击“保存”,信息被保存。

四、网管的告警处理

告警类型由主类型和子类型组成。主类型告警包括:网络通信状态告警、视频通道状态告警、行为分析状态告警、系统状态告警。每个主类型又包含不同的子类型告警。子类型告警包括:具体到某一个站点的某种类型服务器,或某种设备的告警,如临潼东录像服务器网络通信中断。

每次配置时首先应选择主类型,然后根据情况选择不同的子类型。

告警范围包含所有节点和个别节点。所有节点是指本告警类型的告警级别适用于全目标。个别节点是在“节点资源”栏中单击各具体的节点前的复选框(可同时选择多个节点)来选择。当告警类型是告警时,只能选择所有节点。

(一)系统告警级别

在出现告警时,对不同的告警级别(一般告警,重要告警,严重告警),给出不同的声音及颜色的提示。如图6-19所示。

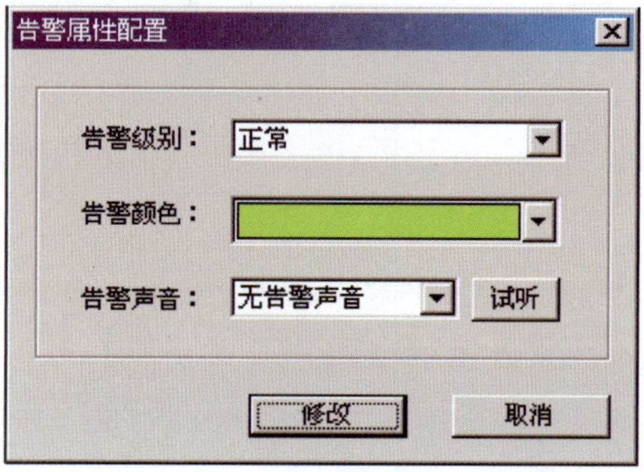

图6-19　系统告警级别显示图

选择告警级别、告警颜色、告警声音,单击“修改”按钮;相应的告警信息将会被更新。针对告警类型的级别可以进行自定义分类、自定义提醒的权限、自定义提示音等操作。可以根据现场维护需要,对已经定义的告警级别进行重新定义。选择某告警记录,再单击“修改”、“删除”、

"导出",单击"确定"按钮,完成此告警规则的信息更新。

(二)系统告警处理流程

视频监控系统的告警处理过程为:在发现告警信息后,需要按照流程来处理告警以排除故障。处理告警的操作包括查看告警详细信息、确认告警、定位告警、清除告警等。如图 6-20 所示。

举例告警说明:临潼东站咽喉摄像机无图像,网管终端告警显示界面提示告警信息,并发出告警音,告警界面会根据设备故障提示临潼东站咽喉摄像机视频图像丢失。

1. 查看告警:网管可在视频监控软件下方看到主动弹出的告警站点和告警类型:临潼东站咽喉摄像机视频图像丢失,严重告警。也可以单击"查询"/"历史告警记录",单击历史告警记录看到系统对所有告警记录的备份记录。

2. 确认告警:右击该告警信息,选择确认该告警信息,即该告警信息不再发出告警音。系统认为该告警信息已经被管理人员确认,保留在告警记录中但不再主动提示。

3. 定位告警:单击"配置"/"资源配置"/"该站点 DVS",可以看到该 DVS 详细信息,打开电脑 IE 浏览器,输入该 DVS 的 IP 地址,如 10.57.89.112。浏览器会直接调用前端 DVS 的视频图像。通过直接调看判断视频通道是否正常,查看该站点其他视频图像是否正常,来定位告警信息。之后将这些信息反馈给现场维护人员,作为维护的故障判断的依据。

4. 清除告警:维护人员在现场通过网管供的故障现象信息,以及现场对设备的检查,对设备进行故障处理。在处理完故障后,与网管确认故障排除,由网管清除告警记录,并记录告警维护经验。告警信息及处理说明详见表 6-1 所示。

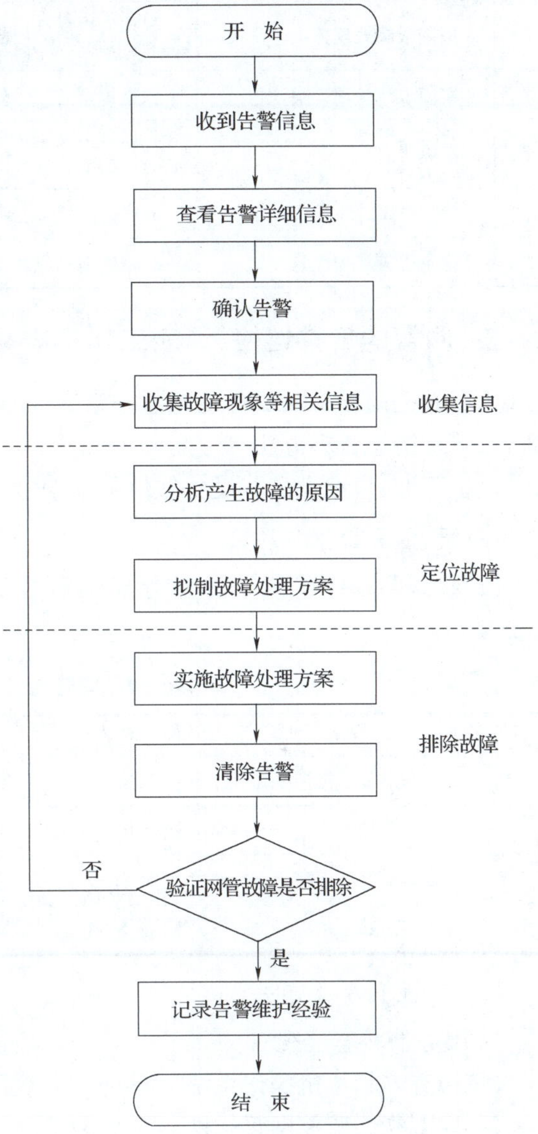

图 6-20　告警处理流程图

表 6-1　告警信息及处理说明明细

序号	操　作	说　明
1	收到告警信息	管理员收到告警信息后,启动告警处理流程。为保证故障发生后能及时通知到相关操作员,需要先在视频监控系统中配置告警通知方式
2	查看告警详细信息	故障处理的第一步,就是查看告警的详细信息
3	确认告警	为避免他人同时对此告警进行处理,需确认该告警,表示已有人跟进处理该告警

续上表

序号	操　　作	说　　明
4	收集故障现象等相关信息	通过定位告警,查询告警信息等操作,分析出产生故障的现象
5	分析产生故障的原因	根据故障现象相关信息,分析产生故障的具体原因
6	拟制故障处理方案	根据告警详细信息,再参考对应的相关手册和网络运行情况,以及以前的维护经验,拟制故障处理方案
7	实施故障处理方案	根据拟制的故障处理方案,排除产生告警的故障
8	清除告警	告警产生的条件消除。如果告警产生的原因已经排除,视频监控系统上将收到对应的清除告警
9	验证系统故障是否排除	故障排除后,需要验证故障处理效果
10	记录告警维护经验	故障处理完成后,需要将故障处理过程中的经验记 录在告警经验库中

五、网管的日常巡检、计表工作标准和方法

为有效提高维护人员对视频监控系统的维护能力,保证视频监控系统设备的正常运行,特编写以下维护项目和方法。

设备厂商:世纪瑞尔。设备软件版本型号:CR-NIVM V1.3 系统。

(一)网管系统维护项目

按照《铁路有线通信维护暂行规则》,维护项目分为日常维护和定期维护。具体内容见表 6-2。

表 6-2　网管的日常计表工作汇总表

序号	维护内容	周期	技术标准
1	服务器状态巡视	每日一次	图像正常播放,画面清晰,显示正常
2	视频监控系统	每周一次	巡视检查视频监控系统录像播放、下载、回放是否正常
3	网管系统运行状态检查	每季一次	对视频网管系统运行进行检查,进行网管日志信息整理
4	系统口令整理	每季一次	对视频网管系统系统口令整理

(二)作业程序及方法

1. 服务器状态巡视

(1)检查网管主机操作系统运行是否正常。

(2)检查视频监控网管软件运行是否正常。

(3)检查视频监控网管与各类型服务器的通信状态。

① 视频监控网管与各类型服务器的通信是否正常检查方法

登录视频监控软件客户端。在客户端的“设备导航树”中查看设备节点图标。

② 异常时的处理方法。

a. 对于视频通道和接入设备

如果设备视频通道图标显示为灰色,表明设备处于离线状态,按以下步骤处理:选择视频通道,左键拖住站点名称至右侧播放窗口。画面会在右侧播放窗口播放。如果视频通道图标显示为红色×号,表明设备上有故障产生,立即对设备进行检查。

b. 对于传送设备

如果视频监控网管与各类型服务器的通信有异常，视频监控网管的全部站点为红色×号，图形无法调看，录像回放功能无法启用。单击“系统”/“网络状态”，可以查看网管终端与各服务器的网络状态。可根据情况尽快找出故障所在，排除故障。

2. 视频监控系统巡视

双击桌面图标，在此输入管理员分配的用户名、密码，单击软件上方查询，录像回放，选择录像类型（定时录像），管理服务器选择所属管段一类节点服务器，DVS/R 选择想看的站点所属 DVS，选择开始和结束时间，单击“查询”。

（1）录像播放：用户选择完查询条件后，按“查找”按钮，在列表框中显示相应的录像记录列表。选中要播放的录像记录，单击“播放”。正常情况下，视频就会在右边的窗口中开始播放。

（2）录像下载：如果对录像记录感兴趣，还可以将记录下载下来（保存到固定目录下），单击需要下载的时间段，查找到该段录像，单击“下载”或“另存为”（由用户指定目录）。操作效果如图 6-21所示。

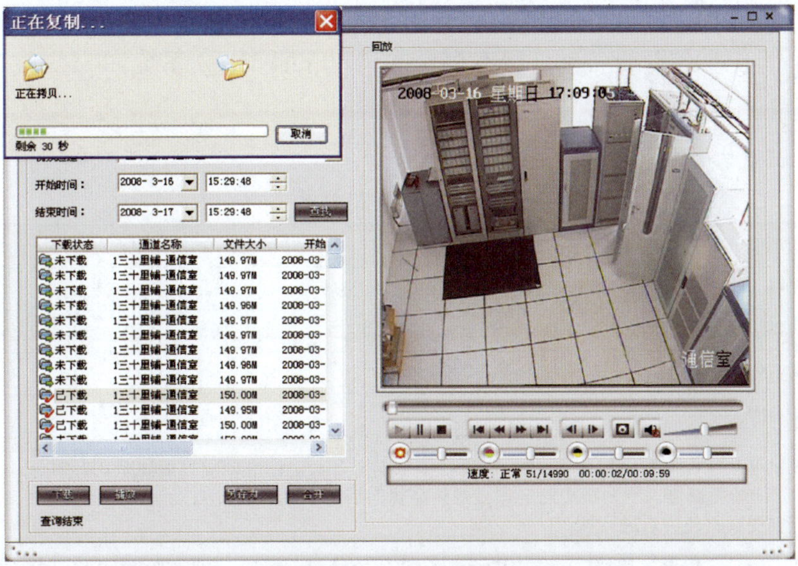

图 6-21 录像下载

（3）录像回放：选择录像类型定时录像，选择管理服务器为查看点一类节点服务器，选择 DVS 为查看站点设备，搜索查看的视频通道，找到需要回放通道，选择时间段为回放时间，限制为 15 日内，点击“查找”可以找到时间段内所有录像，双击左侧通道名称，即可在右侧画面中出现。

3. 网管系统运行状态检查巡视

检查网管链路及附属设备运行状态是否正常，网管的重要进程运行是否正常，检查网管设备的 CPU 占用、内存利用率并记录。在网管服务器的任务栏点击右键，选择启动任务管理器。

在任务管理器的性能里查看服务器的 CPU 占用、内存利用率情况。如图 6-22 所示。

网管日志从系统界面可以导出：单击日志，另存即可。

4. 系统口令整理

系统口令整理包括对视频网管系统口令整理。清理不需要的用户账号，核对账号权限级别，修改监控口令。

(1)增加系统口令:右击某用户类别,选择“增加用户”,弹出“用户配置”对话框。输入用户信息:名称、口令、口令确认、优先级、描述。单击“确定”,此用户信息显示在此用户类别下。

(2)修改系统口令:右击某用户类别下的某用户,选择“修改用户”,弹出“用户配置”对话框。更改用户信息:名称、口令、口令确认、优先级、描述;单击“确定”。此用户信息显示在此用户类别下。

(3)删除系统口令:右击某用户类别下的某用户,选择“删除用户”,弹出提示对话框,单击确认后完成。

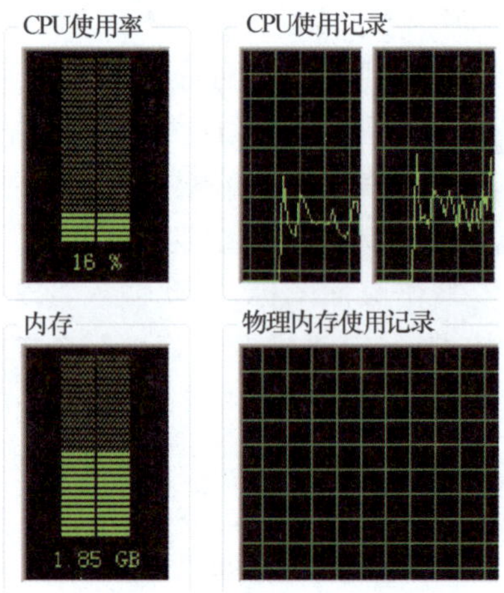

图 6-22　系统运行占用

六、综合视频监控系统测试项目、测试方法

为有效提高维护人员对综合视频监控系统的维护能力,保证综合视频监控系统设备的正常运行,特编写以下测试项目方法。

设备厂商:世纪瑞尔。设备软件版本型号:CR-NIVM V1.3 系统。

(一)摄像机测试

摄像机测试见表 6-3。

表 6-3　摄像机测试

表项目编号:QD-01	设备类型:前端设备
测试对象:摄像机	测试项目:对焦、清晰度、彩黑转换
设备厂家:世纪瑞尔	设备型号:BOSCH LTC 0495
适用范围:所有室外摄像机	
测试周期:每季一次	

测试方法:摄像机可从远程网管界面查看,也可以现场接工程室查看。标准调焦界面如图 6-23 所示。视频摄像机的清晰度可以参照图 6-23 画面调焦。手动镜头的定焦摄像机需要前后焦手动调试。自动镜头的前焦可以远程控制调节,如调节不清楚,就需要现场更改后焦进行调试。

图 6-23　标准调焦画面

测试步骤:

1. 网管测试:利用网管客户终端监控软件的云台控制来调节变焦摄像机清晰度、角度,测试变焦。单击调焦左右按钮,可以拉近拉远镜头,当镜头拉近最大时参照物清晰可见,为最佳。如拉近效果不佳,可继续单击聚焦左右按钮,通过改变聚焦来调节摄像机前焦聚焦,调整图像清晰度。

续上表

<table>
<tr><td>2. 现场测试：
(1)摄像机加电后运行正常。
(2)利用测试工具现场操作测试，工程宝视频输入端接入摄像机视频线，控制 485 线接入摄像机云台控制箱，红+黑-。设置工程宝波特率为云台对应波特率，如 4800，地址码设置云台对应地址码，如 2，协议设置云台对应协议，如 Pelco-D。
(3)设置完成后用模拟键盘上下左右控制云台，用聚焦、调焦按钮调试摄像机清晰度</td></tr>
<tr><td>操作说明：从室外设备箱的三合一防雷端可以获取最直接的摄像机视频信号，使用一根视频线截取视频流，用测试工具现场查看</td></tr>
<tr><td>注意事项：在用设备注意室外设备箱的线路不要随意改动，不要对设备箱内空开随意并接电源</td></tr>
</table>

（二）云台测试

云台测试见表 6-4。

表 6-4　云台测试

<table>
<tr><td>表项目编号：QD-02</td><td>设备类型：前端设备</td></tr>
<tr><td>测试对象：云台</td><td>测试项目：控制灵活，采集点定位准确，安装牢固</td></tr>
<tr><td>设备厂家：世纪瑞尔</td><td>设备型号：YAAN YL3060</td></tr>
<tr><td colspan="2">适用范围：所有室外变焦摄像机</td></tr>
<tr><td colspan="2">测试周期：每季一次</td></tr>
<tr><td colspan="2">测试方法：网管远程操作，现场配合查看，也可以现场接工程宝或者笔记本电脑接在 DVS 后端网口现场操作。云台示意图如图 6-24 所示
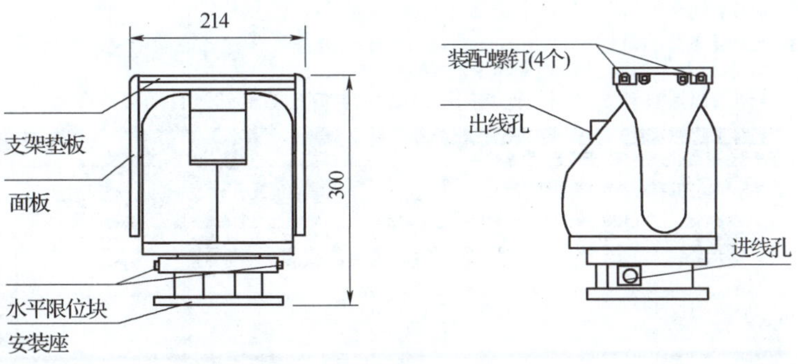

图 6-24　云台示意图(单位：mm)</td></tr>
<tr><td colspan="2">操作步骤：
1. 网管测试：利用网管客户终端监控软件的云台控制来调节灵敏度测试，单击软件上下左右模拟键盘控制云台转动，灵敏度测试应达到 355°旋转控制，上下 45°控制。
2. 现场测试：
(1)云台加电后正常工作。
(2)检查云台与底座连接是否牢固，护罩与云台之间是否有缝隙，连接是否具备完美密封性。防止室外设备出现渗水现象</td></tr>
<tr><td colspan="2">注意事项：室外变焦云台质量在 25 kg 左右，测试人员在现场操作注意检查安装是否符合要求，切勿独立拆卸云台设备。室外设备箱对红外灯供电为交流 220 V，进行前端设备调试、维护时一定要保证设备箱断电</td></tr>
</table>

（三）编解码器测试

编解码器测试见表 6-5。

表 6-5　编解码器测试方法

表项目编号:QD-03	设备类型:前端设备
测试对象:编解码器	测试项目:运行状态
设备厂家:世纪瑞尔	设备型号:海康 8004HF-S
适用范围:所有编解码器	
测试周期:每季一次	
测试方法:DVS 的运行影响视频信号传输速率,是模拟信号转数字信号的节点,现场需查看 DVS 工作环境,风扇散热效果,灰尘清理。可从网管远程 PING　DVS 的 IP 测试网络丢包情况。 操作步骤: 1. 编解码器加电后正常工作。前端面板指示灯显示正常。 2. 每个 DVS 在视频监控系统中有唯一指定的 IP 地址,在网管中心的客户终端上可以通过点击运行,输入命令 PING 10.57.XX.XX 的形式对网络通道进行测试	
注意事项:多路 DVS 对图像处理负载较大,在非调看该 DVS 图像的情况下进行网络测试可以避免设备死机的现象	

(四)存储设备性能测试

存储设备性能测试见表 6-6。

表 6-6　存储设备性能测试

表项目编号:QD-04	设备类型:中心设备
测试对象:磁盘阵列	测试项目:所有 RAID 盘正常工作,存储速率符合读写要求
设备厂家:世纪瑞尔	设备型号:SCF-16-1
适用范围:一类、二类中心节点	
测试周期:每季一次	
测试方法:以采用远程采集,集中存储为例。存储的核心设备是录像服务器和磁盘阵列存储设备。磁盘阵列在系统界面里表现为录像服务器的本地磁盘,依 RAID 个数划分磁盘。 磁盘运行状态可从录像服务器的录像软件界面查看,点击磁盘状态可看到各磁盘状态,不可用状态为磁盘 RAID 故障,需要对磁盘阵列进行维修处理。磁盘状态如图 6-25 所示。 使用中的磁盘会在存储满以后自动切换至其他空闲可用磁盘,在存储日到达时自动覆盖存储。	

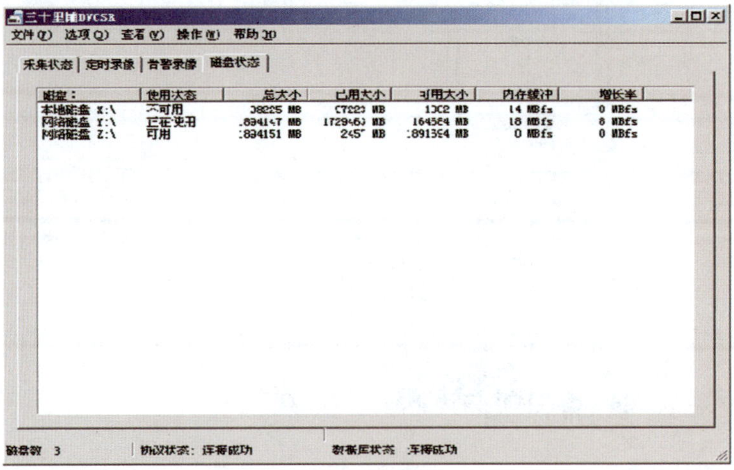

图 6-25　磁盘状态

操作步骤: 1. 在录像服务器打开录像软件操作界面。查看盘符,对应找到磁盘阵列中故障硬盘为不可用。 2. 在磁盘阵列的前端面板查看指示灯。故障的硬盘灯会从正常工作的绿灯闪烁转变为红灯闪烁。取出该硬盘后替换新硬盘,系统会自动读取新的硬盘并将该硬盘自动划入默认 RAID5 序列中	
注意事项:核心存储设备为重要数据源,对硬盘的拔取要经过技术人员确认后才能操作。每一个磁盘阵列中有一个或者多个 RAID 组成。每个 RAID 不能同时失去两块硬盘,否则该 RAID 瘫痪,所有数据将丢失,所以更换硬盘的原则是待第一块故障盘完全读取识别后,再对第二块硬盘进行操作	

七、综合视频监控系统常见故障处理及应急抢修流程

（一）常见故障

视频监控系统常见故障包括：监视器故障、DVS故障、云台与解码板故障等。故障处理过程一般应先判断故障类型、收集故障信息，影响业务的故障还应该首先按照相关业务的处理流程恢复业务。具体故障详细见以下各表。

1. 监视器类常见故障及处理

监视器类常见故障及处理见表6-7。

表6-7　监视器类常见故障及处理方法

故障现象	故障原因	解决方案
监视器的画面上出现一条黑杠或白杠，并且向上或向下慢慢滚动	1. 产生这种现象可能是由于电源本身的问题。 2. RVS接地的问题。 3. 摄像机供电电源故障	1. 在DVS视频通道端，就近只接入一台没有问题的摄像机，如果在监视器上没有出现上述的干扰现象，说明DVS无问题。 2. 接下来可用一台便携式监视器就近接在前端摄像机的视频输出端，并逐个检查每个摄像机。如有，则进行处理，如无，则干扰是由设备接地等其他原因造成的。 3. 用万用表测量摄像机供电电压，如标准室外枪机供电为AC 24 V，测量结果如果出现低于24 V的低压现象，可以更换摄像机电源排除解决
监视器上产生较深、较乱的大面积网纹干扰，以致图像全部破坏，不能形成图像和同步信号	1. 视频电缆线的芯线与屏蔽网短路、断路造成的故障。 2. 该故障多出现在BNC接头或其他类型的视频接头上。这种故障现象出现时，一般不会出现整个系统全部信号出问题，而仅仅是个别线路	1. 认真逐个检查BNC接头，以正确焊接方式重新制作有问题的BNC接头等，重新安装。 2. 用万用表测量线路通断，在视频线缆一端短接屏蔽网和同轴纤芯，另外一端测量通断，如发现线缆短路或者短路的问题，可以更换视频线缆排除解决
用户终端监视器上无视频图像显示	1. 确认监控主机设备连接是否正常。 2. 视频传输通道是否正常。 3. 摄像机是否故障	1. 逐一检查，检查监控主机等设备及其连接是否正确，无误后，检测供电电压与电流是否符合要求。 2. 如果光端机的输出载波没有视频输入信号。把视频信号从光发射端机上断开，用视频同轴电缆直接将视频信号输入便携式监视器，若有图像，说明光端机有问题，更换即可。 3. 用前端监测工具在前端直接连接摄像机。排查摄像机是否故障
用户终端监视器显示视频图像画面卡死，无法控制	1. DVS死机。 2. 传输通道带宽不够。 3. 流媒体服务器采集数据异常	1. 在监控终端远程PING该DVS的IP地址，查看DVS是否有响应。如长时间无响应则现场断电重启DVS排除故障。 2. 远程登录视频监控服务器查看传输端口流量是否符合该站点视频图像带宽。如带宽不能满足站点图像传输需求，调整带宽排除解决。 3. 远程登录流媒体服务器，打开软件采集界面，查看该视频通道采集码流情况，如出现无码流等异常情况，可以重新启动流媒体软件排除解决

2. DVS常见故障及处理

DVS常见故障及处理见表6-8。

表 6-8　DVS 常见故障及处理方法

故障现象	故障原因	解决方案
DVS 无法开机	1. 检查供电线路，检查电源线是否插好。 2. 检查 DVS 后背板上的电源开关键是否已经打开。 3. 其他：主机电源开关失灵、主机电源损坏、主机主板或 CPU 卡坏	DVS 死机故障问题较多，要逐一核对，逐一处理
DVS 开机后，个别通道显示“无视频信号”	1. 可能是摄像机或摄像机与 DVS 的连接线出现故障。 2. DVS 某视频编码口故障	1. 检查摄像机供电是否正常。 2. 检查摄像机到硬盘录像机之间的连接电缆是否接触不良、松脱或断裂。 3. 将正常显示的视频图像接入 DVS 无视频信号的接口，如正常显示可以排除 DVS 故障
DVS 提示管理员密码输入不正确	1. 保存 EPROM 扇区坏了。 2. 忘记管理员密码	管理员应该妥善保管自己的密码，一旦丢失或者 EPROM 扇区故障只能将设备发回厂家处理

3. 云台与解码板常见故障及处理

云台与解码板常见故障及处理见表 6-9。

表 6-9　云台与解码板常见故障及处理方法

故障现象	故障原因	解决方案
通上电源，接好控制线，云台无法控制	可按照电源未正常接入，控制线接反，线路短路，地址码重码，控制信号传输距离过长 4 种情况处理	大部分云台摄像机从解码板取电，确认有无电源输入输出。地址码重新拨码。控制信号传输距离过长或信号过弱：RS485 控制信号的无中继传输距离为 1 200 m，超过1 200 m将会导致控制信号过弱，无法驱动解码器的问题。可考虑增加信号中继放大器。如果是被控制设备数量过多，可采用 HUB 进行传输

4. 服务器常见故障及处理

服务器常见故障及处理见表 6-10。

表 6-10　服务器常见故障及处理方法

故障现象	故障原因	解决方案
用户终端无法调取历史图像	1. 磁盘阵列故障。 2. 录像服务器存储磁盘未打开共享。 3. 管理服务器软件故障	1. 远程打开录像服务器查看录像存储盘是否异常。如存储盘符丢失需现场查看磁盘阵列是否有告警提示，对磁盘阵列进行检修来排除故障。 2. 在客户终端打开运行选项，输入录像服务器 IP 地址，访问共享空间，如提示错误则录像服务器共享未打开，对录像服务器重新设置共享服务。 3. 在传输正常情况下，本地管理服务器可以正常调看历史图像，用户终端无法调取历史图像，可判断为管理服务器软件故障，重启软件
本地告警不能上报	1. 管理服务器软件故障。 2. 管理服务器软件未设置告警上报	1. 单击监控软件系统选项，排除告警屏蔽设置异常 2. 在管理服务器资源配置界面调看该站点告警配置是否正确设置
用户监控终端无法登录	1. 用户名和密码错误。 2. 管理服务器未响应。 3. 该用户名不存在	1. 远程 Ping 管理服务器 IP 地址，看是否响应。 2. 远程登录管理服务器查看软件是否正常运行。 3. 与网管确认用户信息是否正确

(二)应急抢修流程

视频监控系统的应急处理通信事故、故障处理应遵循“先通后固”的原则,全力减小障碍对业务的影响,并及时向上级及主管领导请示汇报。应先采取倒带措施,将障碍延时降到最低。在抢通过程中要综合考虑系统部位的重要程度,确保视频监控系统畅通。

网管接到用户的故障申告后,对该故障点的网络通道进行测试,利用综合网管告警提示和用户反馈的现场信息,对故障进行判断。如系统软件运行发生的故障,网管中心操作人员可根据维护手册进行操作,也可以联系厂家配合处理故障。如判断为系统硬件故障,则通知维护人员至现场维护。

现场维护人员根据网管提供的告警相关信息,带相应的备品备件和施工工具现场排除故障;现场对既有设备运行进行测试、分析、处理;对故障硬件进行更换;现场故障解决后,与网管中心确认故障解决;并收集该故障发送的原因、处理经过、技术方案等。对故障发生的原因分析排除二次发生的可能性。应急处理流程如图 6-26 所示。

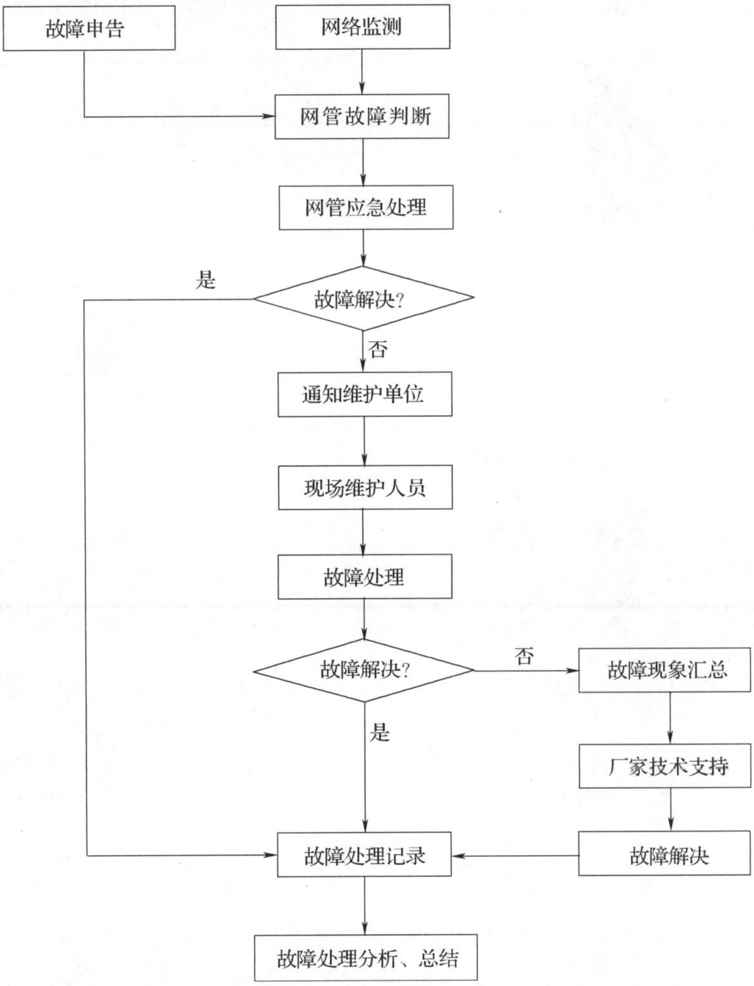

图 6-26　综合视频监控系统应急处理流程图

复 习 题

1. 综合视频监控系统中如何清除告警?
2. 如何利用网管增加视频采集点?
3. 在综合视频监控系统中,如何配置、删除管理服务器?
4. 列出视频监控至少 3 种测试项目。
5. 视频监控网管日常计表工作有哪些?

第七章　会议电视系统的维护管理

通过会议电视系统的的网管可以在同一台 PC 机上同时控制多台 MCU,并可以跨越多台 MCU 进行会议级联的集中控制管理。无论管理人员身处何处,通过密码进行认证,都可以实现对全网 MCU 的管理控制。

第一节　华为会议电视系统的维护管理

华为会议电视系统采用分层结构使得会议电视网络易于运营、方便管理,实现了视讯交换和视讯业务管理的分离。网络控制系统是华为会议电视系统的重要子系统,由 SM 和 SC 组成,本节介绍 SC 和 SM 的安装。

一、网管终端操作系统应用软件的安装参数配置

(一)Switch Centre 的安装步骤

Switch Centre(SC,交换中心)位于网络控制系统层,管理 H. 323 终端、网关和 MCU。SC 软件封装为标准的安装程序,符合一般软件的安装过程,整个安装过程简单、方便、人性化,根据对话框提示信息即可完成安装。具体安装步骤如下:

1. 将网络控制系统安装光盘放入光驱。双击“Install\\SwitchCentre”目录下的 SwitchCentre. exe 文件。安装过程中需要注意如图 7-1 所示窗口,选择相应的组件。

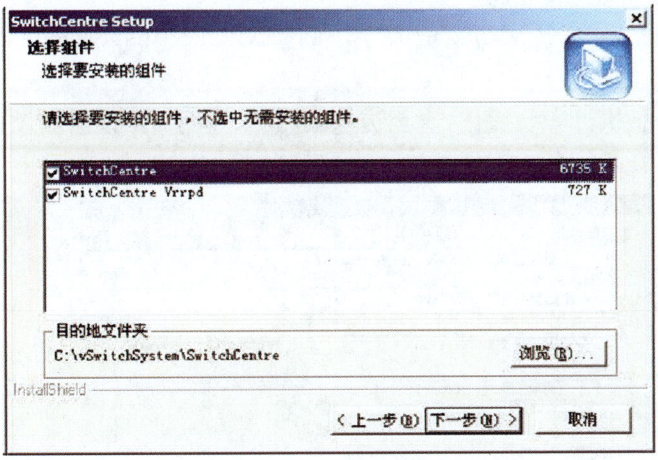

图 7-1　选择组件

表 7-1 列出了组件的具体含义。

2. 稍后,弹出系统自动产生的配置文件,配置相关系统参数。SC 无配置界面,其系统参数在 gkcfg. ini 文件中配置。

表 7-1 组件说明

组 件	说 明
Switch Centre	SC 核心,必选
Switch Centre Vrrpd	当 SC 提供双机热备份功能时,选择该组件

(二)Switch Manager 的安装步骤

Switch Manager(SM) 位于 ViewPoint 8000 视讯系统的运营支撑层,管理 SC,并和 Resource Manager(RM)动态交互。当 SM 采用不同的数据时,只是数据库及数据库应用软件的安装有差异,SM 界面与核心的安装步骤是相同的。当 SW 后台数据库采用 Oracle 时,SM 的安装顺序如下。

1. 安装服务器平台

SM 数据库安装在 Windows 2000 操作系统上,采用 Oracle 数据库。服务器平台需按以下要求和顺序配置:

(1)硬盘至少分为两个区,其中安装程序所在区的可用空间大于 1.5 GB。

(2)采用独立域服务器的 Windows2000 Server。

(3)安装网卡驱动程序并完成网络配置。

(4)安装 Windows2000 补丁包(SP3 或以上补丁程序)。

(5)安装显卡驱动程序。

(6)安装 IE(IE5.0 或以上版本)浏览器。

2. 安装数据库应用软件

数据库应用软件是创建用户、表结构及存储的过程。SM 数据库软件封装为标准的安装程序,符合一般软件的安装过程,整个安装过程简单,根据对话框提示信息即可完成安装。安装过程如下:

(1)将网络控制系统安装光盘放入光驱。

(2)双击"Install\\Switch Manager"目录下的"Switch ManagerDB.exe"文件,进入"欢迎"窗口。

(3)根据提示信息执行安装操作,直至进入如图 7-2 所示的"数据库设置"窗口。

(4)弹出数据库安装信息。记录并确认这些信息。

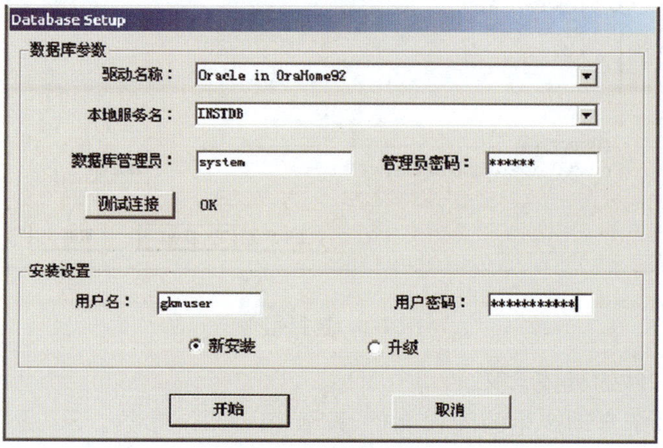

图 7-2 数据库设置

(5)稍后弹出的窗口提示已经成功安装网络控制系统数据库,单击“完成”。

3. 安装 SM 应用软件

SM 封装为标准的安装程序,符合一般软件的安装过程。安装过程中根据弹出对话框提示确认或输入相关信息,整个安装过程简单。具体安装步骤如下:

(1)将网络控制系统安装光盘放入光驱。

(2)双击“Install\\Switch Manager”目录下的“Switch Manager. exe”文件。根据窗口提示信息,安装 SM 软件。安装过程中弹出“选择数据库类型”对话框,如图 7-3 所示。

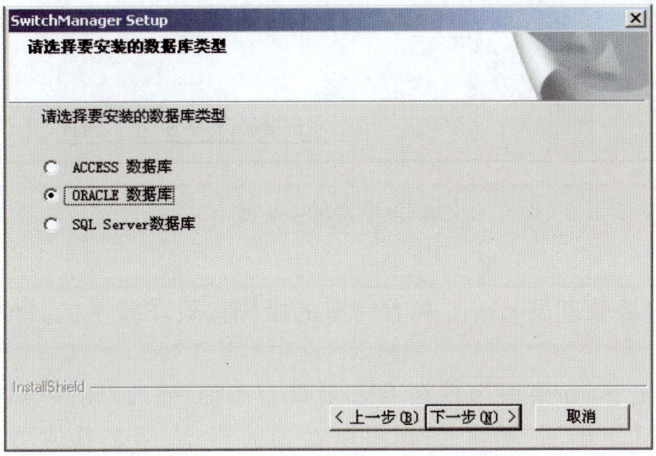

图 7-3　选择数据库类型

(3)选择“Oracle 数据库”,单击“下一步”按钮,进入如图 7-4 所示的窗口。

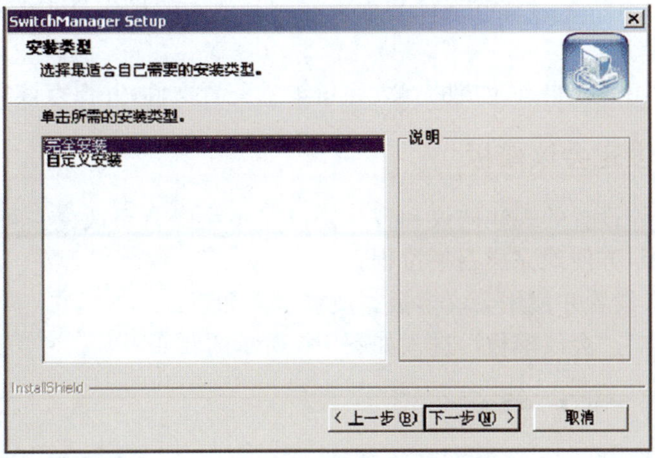

图 7-4　选择安装类型

若 SM 的核心和界面安装在同一台服务器上,则选择安装类型为“完全安装”;否则选择安装类型为“自定义安装”。推荐选择安装类型为“完全安装”。

(4)选中“完全安装”,单击“下一步”按钮,进入如图 7-5 所示窗口。

(5)选择“单用户模式安装”,单击“下一步”按钮,根据窗口提示信息,完成安装。

当 SM 在多用户下运行时,必须连接 RM。SM 在多用户模式下运行时,不同操作员权限

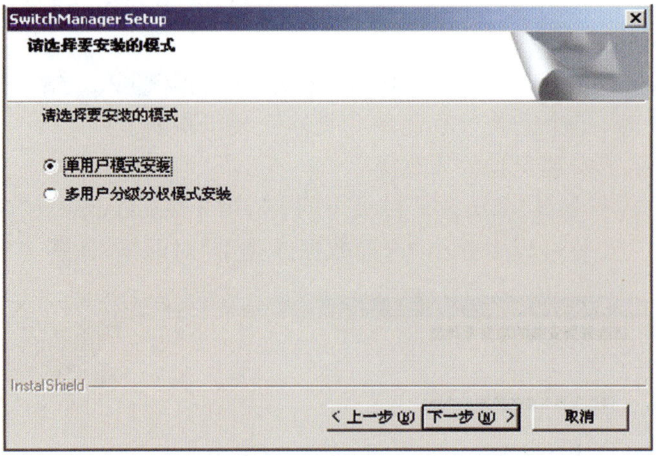

图 7-5　选择安装模式

说明如下：

RM 与 SM 的超级管理员 admin 具有所有的操作权限，SM 上的其他用户只具备业务只读权限。

在 SM 放号模式下，如果该用户在 RM 上具有添加/修改/删除会场的任一操作权限，该用户就可以在 SM 上添加/删除/编辑可以看到的节点，但是其他用户只具备业务只读权限。

只有超级管理员 admin 在 SM 界面上才能挂断呼叫，其他用户只能通过 RM、MediaManager 挂断呼叫。

只有超级管理员 admin 才能在 SM 界面上看到其他人的操作日志信息，其他用户只能看到自己的操作日志信息。

安装过程中，弹出系统自动生成的 SM 系统参数配置文件，并保存该配置文件。

二、利用网管设定会议模板

实际应用中，会议设置的视频协议和音频协议是不会经常更改的。可以选择已经配置好这些协议的会议模板，方便地完成召集过程。

通过 Web 界面，设置并使用会议模板。设置步骤如下：

(1)单击“记录本”/“会议模板”，进入如图 7-6 所示的界面。

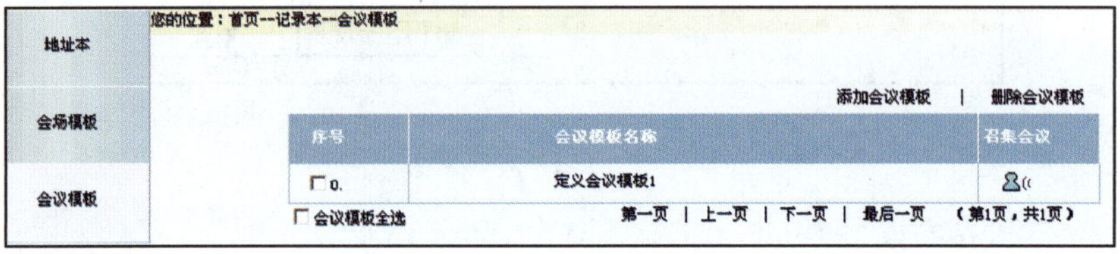

图 7-6　定义会议模板

(2)按照如表 7-2 所示的实际情况选择一种操作。

(3)在“模板参数”界面配置参数。

表 7-2　会议模板操作

说　明	设置方法
列表中没有模板,需要添加	单击"添加会议模板"
已有模板,先查看该模板参数再决定	单击该模板名称
已有模板并确定可用于会议	单击"召集会议"的图标,跳至步骤(6)

① 模板名称:用于在模板列表中显示。该项必须填写。

② 自适应模式:选中该复选框,参数由系统协商决定。取消自适应模式,可设置页面上各参数。

③ 支持辅流会议:选中该复选框,可设置双流会议中的辅流参数。

(4)设置完毕,单击"保存"。

(5)如果利用该模板立即开会,可单击"召集会议"。

(6)在图 7-6 所示页面可以选择会议模板,然后单击"召集会议"。

三、利用网管临时增加或挂断分会场、删除会场

(一)添加会场

会议召开过程中可添加会场,添加成功后,该会场成为本会议的与会会场,视讯系统的 MCU 将呼叫会场。待添加的会场可以在会场列表中选择,也可以通过"添加新会场"新增。

在"添加新会场"画面选中"保存到地址本"选项后,如果地址本中已经有名称或者号码相同的会场,画面会提示重复,并继续呼叫。如果地址本中没有该会场,则在地址本新增记录,并继续呼叫。

(二)挂断会场

挂断本会议中已入会的会场 A,即可取消会场 A,会场 A 退出会议。

(三)删除会场

删除会议 B 中的会场 A,会场 A 不再属于会议 B。如果会场 A 已经入会,将首先从会议 B 中退出,如果是未入会会场,则直接被删除。

(四)会场静音

停止向被静音会场发送会议声音,直至主席会场停止静音。

四、利用网管控制会议(发言、音量、广播图像等)

会议进行中,使用网管菜单可快速调整音量。如表 7-3 所示,可根据实际情况选择音量操作。

五、网管的告警处理

告警信息是指告警系统输出的信息,告警信息分析主要用于查找故障的具体部位或原因,常常用来直接定位故障的原因,或配合其他方法共同定位故障的原因,是故障分析的主要手段之一。会议电视系统的每块单板上都有相应的运行、状态指示灯,有的还有功能或特性指示灯,这些指示灯除了直接反映相应单板的工作状况以外,大部分还可反映诸如电路、链路、光路、节点、主备用等的工作状态,是进行故障分析和定位的重要依据。指示灯状态分析主要用于快速查找大致的故障部位或原因,为下一步的处理提供思路,但由于指示灯所包含的信息量相对不足,因此,它常常与告警信息分析配合使用。根据如表 7-4 所示的实际情况对告警进行操作。

表 7-3 音量控制

菜单	说　明
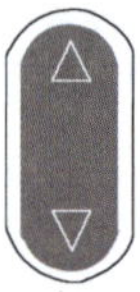	音量调整按上端:增强输出音量;按下端:减弱输出音量。调整时,屏幕上会出现音量指示条
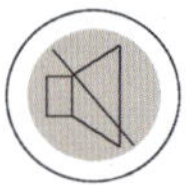	静音 打开喇叭,左下角出现图标,本端允许输出远端声音。 关闭喇叭,左下角出现图标,本端不允许输出远端声音
	闭音 打开麦克风,左下角出现图标,允许本端发送声音。 关闭麦克风,左下角出现图标,不允许本端发送声音

表 7-4 告警处理

维护项目	操作指导	参考标准
查询单板资源状况	在网管上查询对应设备的端口状态及资源利用等信息	正确情况下,在网管上可以查看到单板的资源利用情况
查询风扇和电源的告警	观察风扇及电源指示灯的状态	指示灯告警信息
查询单板状态及软件版本	通过观察单板面板指示灯判断单板工作状态	正常情况下,Telnet 界面会显示系统正在运行的部件状态及软件所有的版本信息

六、网管的日常巡检、计表工作标准和方法

(一)日常巡检

在维护过程中,机房维护人员需要将维护的结果记录下来,作为以后检查设备运行情况、调查故障原因的依据,以保证设备的正常运行,做到“防患于未然”。

为保证视频会议的质量和效果,各会议机械室应指派受过专门培训、具有高度责任心的专职人员负责会议值机工作,遇重要会议,应派技术骨干上岗、双人值机,准备好应急处理预案。值机人员必须严格按照操作规则履行职责。值机人员必须按照电报要求进行接线,不允许随意接入与本次会议无关的终端设备。部、局级视频会议,会前 60 min 开机试线。试线期间,值机人员必须注意监听、监视主会场播放的音视频信号,以便确认通道和本端音视频设备运行状态良好,发现问题要及时处理。会前 30 min 主会场进行第一次点名,开会前 5 min 主会场进行第二次点名。各分会场要在主会场点名前完成管内对下点名工作。会议期间(含会前试机时间)值机人员必须严守工作岗位,认真监听和监视,严禁脱岗和在岗期间办理与会议无关的事项;随时根据主会场和用户要求切换音视频信号。会议结束后,值机人员必须填写日志,对本次会议的试机情况、发言与收听收看效果,以及突发情况进行登记。各级管理部门要定期了

解会议情况，征求意见，进行质量分析，并针对问题提出措施进行整改。

"值班日志"由机房维护人员填写，每天填写一张表格，注明值班期间机房环境、运行情况等。各铁路局可根据本局具体情况对如表 7-5 所示值班日志表格内容进行修改，并将表格制作成值班日志手册。

表 7-5　值班日志

<table>
<tr><th colspan="3">值班时间：　　　　　　　　　　　　　时至　　　　　　　　　　　　　时</th></tr>
<tr><td rowspan="6">交班内容</td><td rowspan="5">设备运行状况</td><td>外部告警状况：（供电系统、火警、烟尘）</td></tr>
<tr><td>温度：湿度：
防尘状况（好、差）：</td></tr>
<tr><td>各单板运行状况：</td></tr>
<tr><td>各种接口状况：</td></tr>
<tr><td>时钟系统运行情况：</td></tr>
<tr><td colspan="2">工具仪表及资料情况：</td></tr>
<tr><td>值班内容</td><td colspan="2">故障情况及其处理：</td></tr>
<tr><td>遗留问题</td><td colspan="2"></td></tr>
<tr><td>班长核查</td><td colspan="2"></td></tr>
</table>

（二）日常突发故障处理记录

电路、设备发生故障影响会议时，应迅速组织处理并及时逐级上报。各级调度部门负责指挥重大故障的排查处理工作。会议期间的故障处理按照分级负责和尽量缩小影响范围的原则，在初步判断故障段落和性质后，立即设法恢复，如不能及时排除故障，应立即启动应急预案进行补救。"日常突发故障处理记录"是对日常维护发生的突发故障的记录，作为以后进行维修或查看故障记录的依据，可根据具体情况对如表 7-6 所示"日常突发故障处理记录"表格的内容进行修改，并制作日常突发故障处理记录手册。

表 7-6　日常突发故障处理记录

<table>
<tr><th>发　生　时　间：</th><th>解　决　时　间：</th></tr>
<tr><td>值班人：</td><td>处理人：</td></tr>
<tr><td colspan="2">故障类别：
系统状态显示框
风扇框
单板框
软件运行
其他</td></tr>
<tr><td colspan="2">故障来源：用户投诉
告警
日常例行维护中发现
其他来源</td></tr>
<tr><td colspan="2">故障描述：</td></tr>
<tr><td colspan="2">处理方法及结果：</td></tr>
</table>

(三)计表工作标准和方法

会议电视系统设备完好的标准如下:

1. 各类设备的技术指标、电气和传输性能应符合技术指标的相应要求。
2. 设备配置参数准确。
3. 结构完整,部件齐全,设备清洁。
4. 运行正常,使用良好。
5. 技术资料齐全、完整,图纸与设备相符。

会议电视 MCU 设备维护测试项目与周期应符合表 7-7 的要求。

表 7-7 视频会议 MCU 设备维护测试项目与周期

类别	项目与内容	周期
日常维护	1. 清洁(外部)	月
	2. 外围连线检查	
	3. 会议方式检查:(主席控制)	
	4. 声音、通话是否正常	
	5. 软件设置是否正确	
	6. 220 V 零线与保护地的电位差测量	
集中检修	1. 软件设置检查	年
	2. 自动浏览、手动浏览	
	3. 远端摄像机控制功能	
	4. 唇音同步	
	5. 增减会议点	
	6. 远端闭音	
	7. El 端口自环	
	8. 回声训练	
	9. 麦克风开闭	
	10. 告警检查	
	11. 图文发送(含计算机屏幕、白板功能)	
	12. 地名显示	
	13. 视频源切换	
	14. 地线连接检查	

视频会议终端设备维护测试项目与周期应符合表 7-8 的要求。

表 7-8 视频会议终端设备维护测试项目与周期

类别	项目与内容	周期
日常维护	1. 外部清洁	月
	2. 连线检查	
	3. 遥控器功能检查	
	4. 图像、通话试验:音频输出、音频输入、视频输出、视频输入	
	5. 附属设备检查	

续上表

类　别	项目与内容	周　期
集中检修	1. 软件设置检查：会议名称、入会方式 2. 视频源切换 3. 图文发送（含计算机屏幕、白板功能）	季

七、会议电视系统测试项目及测试方法

（一）图像连续性

在人物图像占满屏幕大约一半的样子的时候，用力挥动双手，观察挥动是否自然流畅。或者人在摄像机前面走动，观察图像的连续性。

（二）色彩逼真

采用摄像机观看绿色植物，观看红色衣物或者物体，看颜色是否失真。

（三）唇音同步

2 个终端相互观看，嘴巴数数，从 1 数到 5，同时伸手指 1 到 5。

（四）声音时延

2 个终端相互观看，双方交替数数，从 1 到 10（A 数 1，B 听到后立即数 2，A 听到后立即数 3，……从 1 数到 10），共 3 次，记录每次所用的时间。

（五）双　　流

采用电脑输出音视频信号或用笔记本电脑播放统一的 FLASH、WORD、EXCEL、PPT 或 DVD 播放机能否播放。

（六）单屏多显

终端分屏显示功能（1 屏、2 屏、3 屏）能否实现。

（七）终端会控功能

终端控制会议的功能能否实现。

（八）视频帧率

通过终端系统诊断功能来查看。

（九）图像时延

将本地图像通过 MCU 广播环回来，通过在摄像头前面挥手来体验图像的时延大小。

八、会议电视系统常见故障处理及应急抢修流程

（一）常见故障处理

1. MCU8650 不能注册到 Switch Centre

现象描述：MCU8650 不能注册到 Switch Centre。

原因分析：

（1）网络故障。

（2）注册参数不一致。

(3)MCU8650 的 IP 地址位于 Switch Centre 的限制网段内。

解决方法:

(1)网络故障:使用 Ping 命令验证 Switch Centre 和 MCU8650 的网络连通情况。

(2)注册参数不一致:通过 Telnet 登录 MCU8650,使用"display gk"命令查看向 Switch Centre 注册的参数:GK enable 是否为"enable"、Switch Centre 的 IP 地址是否正确、MCU8650 注册密码是否正确。如果不一致,使用"system-view gk"修改向 Switch Centre 注册的参数,修改成功后,确保在 Switch Centre 侧设置一致的参数。

(3)MCU8650 的 IP 地址在 Switch Centre 的限制网段内:需要修改 Switch Centre 的限制网段。

2. MCU8650 不能连接到 RM

现象描述:MCU8650 不能连接到 RM。

原因分析:

(1)网络故障。

(2)注册参数不一致。

解决方法:

(1)网络故障:请网络管理员检查并排除故障。

(2)注册参数不一致:使用 Telnet 登录 MCU8650,然后使用"display bnrm"命令查看 MCU8650 向 RM 注册的参数:local listening port 和 user password 与 RM 上定义的这些参数是否一致。

如果不一致,请使用"system-view bnrm"命令修改 MCU8650 向 RM 注册的参数。

3. SC 功能异常

现象描述:SC 功能异常,节点无法注册。

原因分析:SC 和 Microsoft NetMeeting 同时运行在一台计算机上,导致 SC 功能异常。

解决方法:关闭 Microsoft NetMeeting 应用程序。

(二)应急抢修流程

1. 会议中若任一单位掉线,无法上会。立即通知维护人员对会议机房方向做 2M 环回,若环回是好的,通知相关机房处理以最快的速度倒通线路;若环回不通,会议机房检查设备线路接口。

2. 若发现会议可视服务器死机,立即重启设备;若重启后还无法恢复,及时启用另一台服务器。

3. 若路局 MCU 的 MPU 板上的指示灯为红色,则立即倒换第二块 MPU 板。

4. 部会议作为一种 8 M 的数字传输,它包含了音频和视频全部的会议信息,那么在组网时必须考虑对 4 个 2 M 进行分系统传输,避免出现 4 个 2 M 同时中断的可能性。在系统参数设置上必须按照终端设置成从备份,MCU 设置成主备份,以保证在任意一个 2 M 中断的情况下,会议能够继续进行。

会议电视系统应急抢修流程如图 7-7 所示。

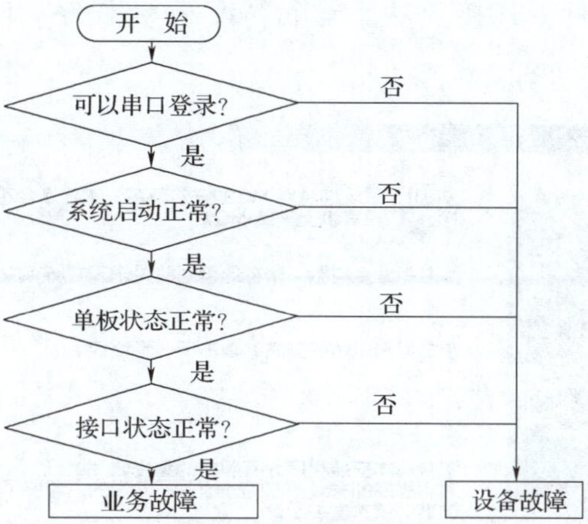

图 7-7　会议电视系统应急抢修流程

思考题

1. 叙述会议电视系统网管的日常巡检的工作标准和方法。
2. MCU8650/8660 的主要功能是什么?
3. 叙述会议电视系统应急抢修流程。
4. 如何解决 8650 不能注册到 Switch Centre 的故障?
5. 叙述会议电视系统日常突发故障处理记录的工作标准和方法。

第二节　中兴会议电视系统的维护管理

一、网管终端操作系统应用软件的安装参数配置

(一) MC 软件安装

ZXMVC8900 MC 软件运行在 Windows2000 Professional 上;最低硬件配置为主频 400 MHz以上 CPU,128 MB 内存,3.2 GB 硬盘。

MC(多点控制单元)软件安装步骤如下:

(1)在 MC 工控机安装 Windows2000 Professional(或以上)版系统。

(2)安装网卡。在 TCP/IP 协议中设置 IP 地址,MC 工控机装有两块网卡,IP 地址配置见表 7-9。

表 7-9　MC 工控机网卡配置

编号	IP 地址	子网掩码	网　关
[1]	用户提供	用户提供	用户提供
[2]	172.96.187.177	255.255.0.0	无

注:两个 IP 地址不能在同一网段。

(3)用网线将 MC 工控机的两个网口分别与其他计算机连接,从对方计算机分别 Ping MC 的 IP 地址检查是否连接成功。运行 MC 安装程序,出现如图 7-8 所示的安装界面。

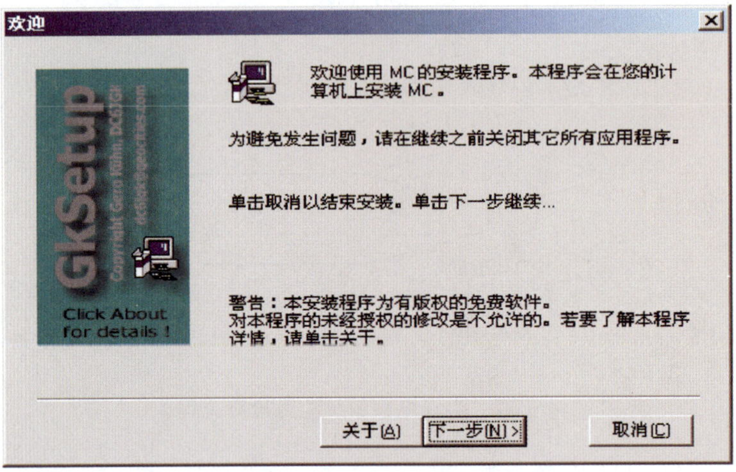

图 7-8　MC 软件安装界面

单击"下一步",出现如图 7-9 所示的界面。单击"是",出现如图 7-10 所示界面。单击"下一步",出现如图 7-11 所示的界面。单击"结束"后,弹出 MCService 窗口,如图 7-12 所示。用 Control→Start 菜单命令启动 MC 服务。MC 服务成功启动界面如图 7-13 所示。

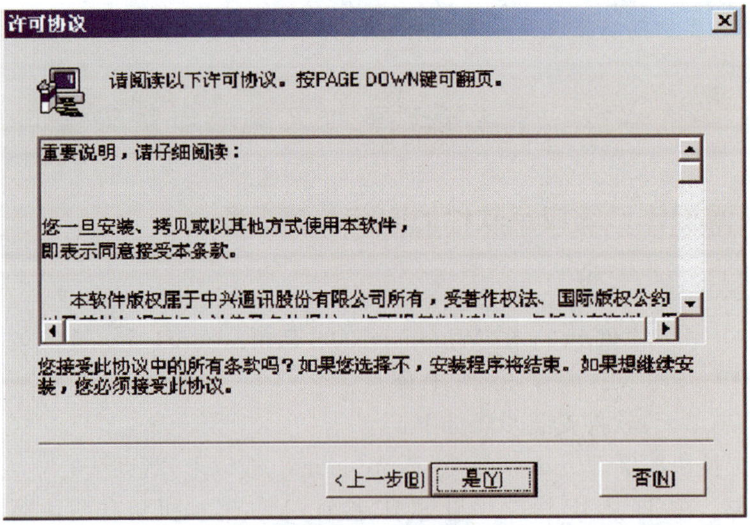

图 7-9　许可协议界面

成功后在"任务管理器"中的"进程"页里应能看到"Mcapp. exe",则 MC 软件已经在运行了。以后每次启动 MC 时,MC 服务都会自动运行。

(二)NMC 软件安装

安装网管中心系统软件需要满足以下最低配置:

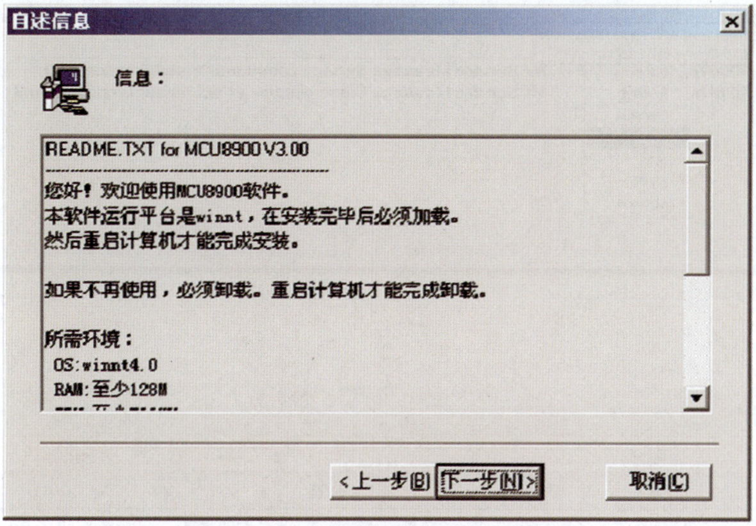

图 7-10　安装过程界面

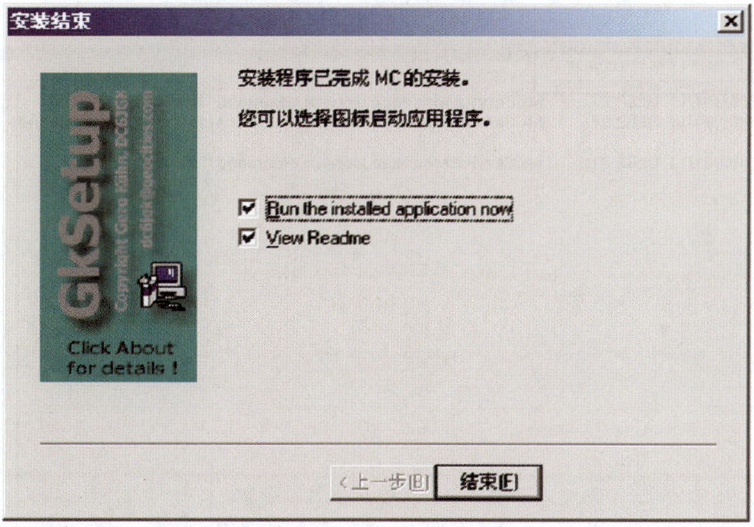

图 7-11　安装完成界面

(1)Intel x86 处理器,CPU 为 Pentium 233 MHz 以上。

(2)内存为 128 MB。

(3)最小安装需要磁盘空间 3.2 GB。

NMC 软件安装步骤如下：

(1)安装操作系统 Microsoft Windows 2000 Server 版,并配置 NMC 的 IP 地址。

若用作 NMC 的计算机有两块网卡,应将第二块网卡配置成禁用,第一块网卡的 IP 地址及掩码、网关按用户提供的资源配置。

(2)安装 SQL Server 2000。

(3)安装 Microsoft Windows 2000 Service Package 2.0(SP 2.0)。

(4)安装安全补丁。

(5)进行 NMC 运行的必要配置。

(6)启动运行 NMC。

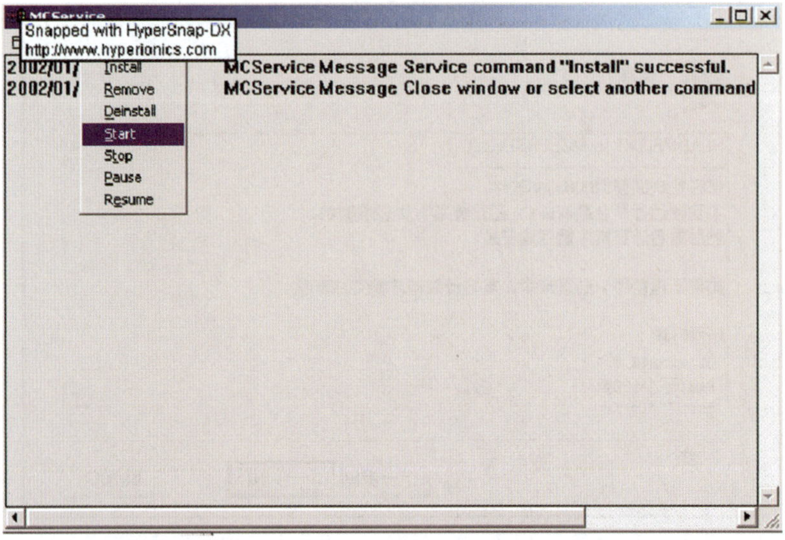

图 7-12　启动 MC 服务界面

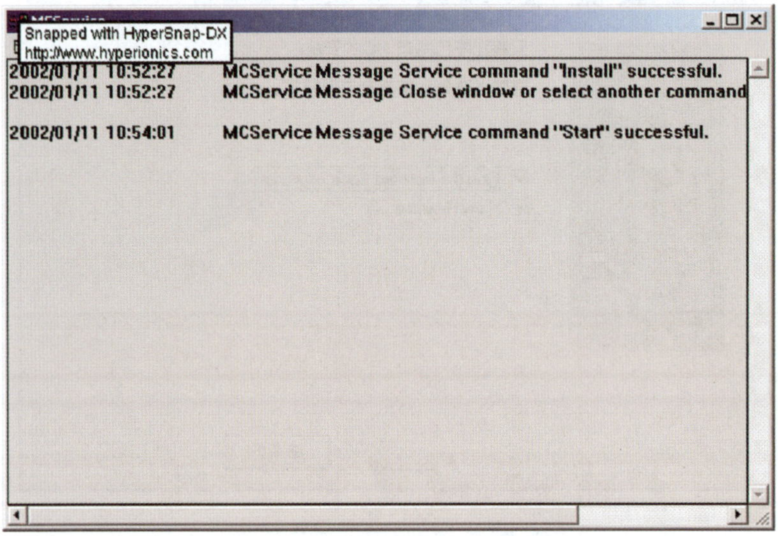

图 7-13　成功启动 MC 服务界面图

二、利用网管设定会议模板

实际应用中,会议设置的视频协议和音频协议是不会经常更改的。可以选择已经配置好这些协议的会议模板,方便地完成召集过程。

三、利用网管临时增加或挂断分会场、删除会场

(一)增加会场

单击某 MCU,出现增加会议界面,如图 7-14 所示。

从图中可以看到,新建会议需要给会议配置以下内容:基本信息、会议能力、高级选项和多画面选项。

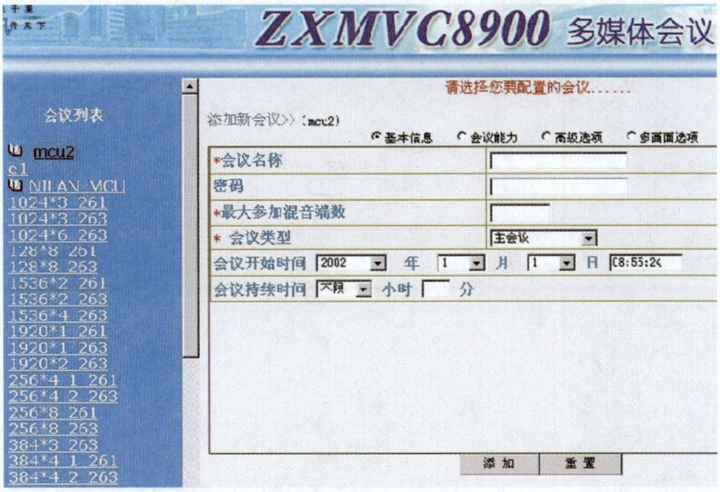

图 7-14　新建会议界面

1. 基本信息

先确定所建立会议的会议名称，如果必要，可以设定会议密码。如果设密码，当终端加入会议的时候，需要输入该密码，实现鉴权功能。最大参加混音端数可选择 1～5 之间的任一整数，表示会议进行中，最多可以参加混音的终端的个数。会议类型与组网方式相对应，有主会议、从会议和第三级会议 3 个选择。会议开始时间和持续时间为会议可选项，如果选择，表示会议将在指定的时间自动召开，并在指定的时间段之后结束。

确认以上基本信息无误，可继续进行会议能力的配置，不要急于单击“添加”。如果发现上面的添加的内容需要修正，可单击“重置”按钮，重新配置。

2. 会议能力

会议能力界面如图 7-15 所示，会议速率有 30 个选项：64k，128k……1 920k(均为 64k 的整数倍)。视频能力包括 H. 261_CIF、H. 261_QCIF、H. 263_CIF 和 H. 263_QCIF 4 个选项。音频能力包括 G. 722_56k、G. 722_64k、G. 728 和 G. 711A 4 个选项。对于会议速率和视音频能力，通常要求终端与此一致。如果无法一致，需要在配置终端时使用 ZXMVC8900 的速率匹配功能。

混音方式可以选择混音方式或交换方式，混音方式表示终端以混音方式加入会议，被打开混音的终端可以被别的终端听到。交换方式表示在音频处理方面终端以交换方式加入会议，主席终端可以听到广播源和自己的声音，非主席终端只能听到广播源声音。

视频帧格式用于选择帧频，有 4 个选项：1/29. 97、2/29. 97、3/29. 97 和 4/29. 97，代表的含义分别为帧频 30 帧/s，15 帧/s，10 帧/s 和 7. 27 帧/s。

T. 120 能力和 LSD 能力这里提供的是 H. 320 系统相关选择。T. 120 能力有 HSD_64k、MLP_6. 4k、MLP_14. 4k、MLP_32k、HMLP_64k 和 HMLP_128k 等选择，表示 H. 320 系统中 T. 120 数据所用的通道。LSD 能力有无、4. 8k 和 6. 4k 共 3 个选项，无表示无远遥功能，后两项表示有远遥功能，远遥通道为 4. 8k 或 6. 4k。

3. 高级选项

选择“高级选项”，出现高级选项配置界面，如图 7-16 所示。

“自动呼叫”表示当会议打开后，MCU 自动呼叫终端，不需要人为干预，所以选中这一选项为系统默认设置；“从 MCU 上自由导演”用于级联组网情况；“组播 IP 地址”为组播方式时

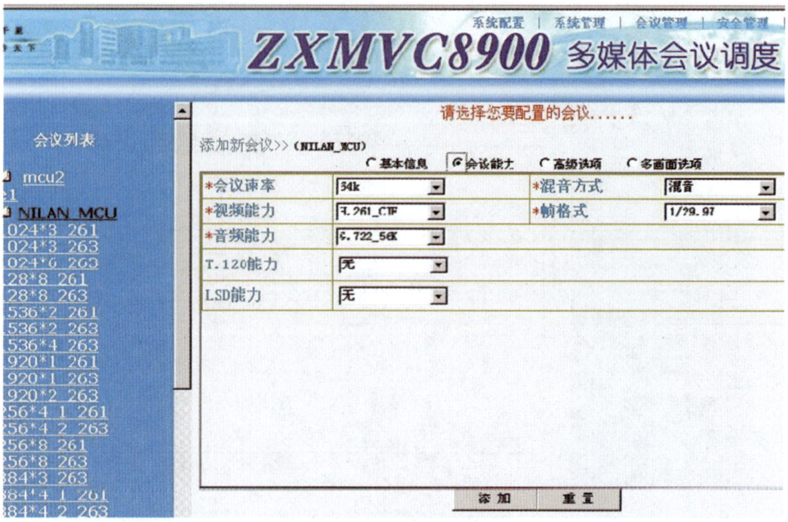

图 7-15 会议能力界面

图 7-16 高级选项界面

使用;“高清时隙掩码”和“高清速率匹配”选项用于 MCU 接高清终端,其中时隙掩码填“1.255.127.255”,高清速率匹配根据网络实际情况填入“是”或“否”;“流服务器视频接收端口号”用于接流服务器的情况。

4. 多画面选项

选择“多画面选项”,出现多画面选项界面,如图 7-17 所示。

多画面选项包括 1 个画面、2 个画面、3 个画面和 4 个画面 4 项选择。根据会议要求可自行选择,这里选择了几画面,则所有会议终端的图像显示就呈现几画面的形式。

以上 4 页内容配置完毕,可通过单击“添加”按钮,把该会议加入到所属 MCU 下方。会议列表有显示,用户可对该会议进行控制操作。

(二)删除会场

删除会场页面用于在会议中删除终端,如图 7-18 所示。

该页面显示了该 MCU 下配置的所有终端,会议可以通过在终端前面打钩的方式选

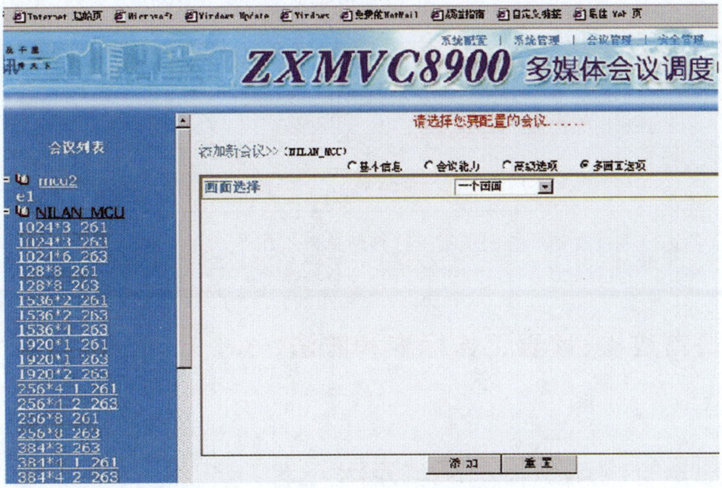

图 7-17　多画面选项界面

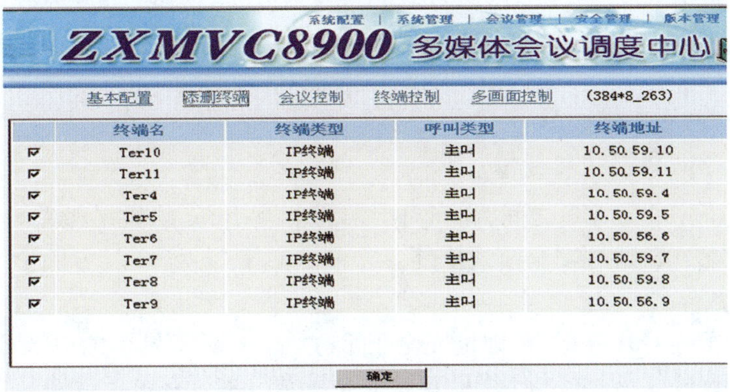

图 7-18　删除终端界面

择终端加入会议。如果某终端没有被添加到会议中，则前面没有打钩，点击之后单击“确定”按钮，添加完成。再次点击，将对钩选掉，单击“确定”按钮之后，终端已经从会议中删除。

如果需要添加的终端没有在列表中显示，即需要先配置终端。

四、利用网管控制会议（发言、音量、广播图像等）

会议进行中，使用菜单可快速调整音量等。

五、网管的告警处理

告警信息是指告警系统输出的信息，告警信息分析主要用于查找故障的具体部位或原因，常常可以用来直接定位故障的原因，或配合其他方法共同定位故障的原因，是故障分析的主要手段之一。会议电视系统的每块单板上都有相应的运行、状态指示灯，有的还有功能或特性指示灯，这些指示灯除了直接反映相应单板的工作状况以外，大部分还可反映诸如电路、链路、光路、节点、主备用等的工作状态，是进行故障分析和定位的重要依据。指示灯状态分析主要用于快速查找大致的故障部位或原因，为下一步的处理提供思路，但由于指示灯所包含的信息量相对不足，因此，它常常与告警信息分析配合使用。告警处理见表 7-10。

表 7-10 告警处理

维护项目	操作指导	参考标准
查询单板资 源状况	在网管上查询对应设备的端口状态及资源利用等信息	正确情况下,在网管上可以查看到单板的资源利用情况
查询风扇和电源的告警	观察风扇及电源指示灯的状态	指示灯告警信息
查询单板状态及软件版本	通过观察单板面板指示灯判断单板工作状态	正常情况下,Telnet 界面会显示系统正在运行的部件状态及软件所有的版本信息

六、网管的日常巡检、计表工作标准和方法

内容同本章第一节。

七、会议电视系统测试项目及测试方法

内容同本章第一节。

八、会议电视系统常见故障处理及应急抢修流程

应急抢修流程同本章第一节。

(一)NMC 与 MC 之间连接故障

1. 现象描述:NMC 与 MC 之间为直连网线,但相互 Ping 的效果极差,有严重丢包现象,造成软件下载多次失败,通过安全模式恢复。

解决方法:

(1)在 MC 上 Ping MPU 的 IP 地址完全正常。将 MC 的双网卡的 IP 地址对调(网线一起对调)后 NMC 与 MC 以及 MC 与 MPU 连接完全正常。将所有单板软件升级完毕。

(2)再进行 NMC 与 MC 之间的互 Ping,MC 与 MPU 的互 Ping,丢包现象解决;可能是网卡与网卡之间的连接兼容出现问题。

2. 现象描述:在调试 ZXMVC8900 时,有时发现,虽然 NMC 与 MC 的连接是断开的,但却无法通过 Web 页面与 MC 建立连接,此时无法通过 Web 页面对 MC 进行复位,当同一 MC 存在多种配置时,无法进行切换;但是却可以照常对会议进行控制,如召开、停止会议等,Ping MC 的网口地址也是通的。上述现象说明 NMC 与 MC 的连接实际上是连通的,通过 Web 查看到的连接断开只是一种假象。

解决方法:当通过 Web 页面下达与 MC 断开的命令时,由于某种原因,双方并未真正执行断开指令,但断开指令此时已写入 NMC 数据库中的 mcinfo 表中。

方法 1:重启 MC。

方法 2:与 NMC 的数据库建立连接,使用 SQL 命令修改 mcinfo 表上相应 MCU 的 status 字段,将其从 0 该为 1,然后再通过 Web 页面访问,此时可以发现 NMC 与 MC 是连接的,再按照断开、建立连接的方法可以切换到另一 MC 配置。

通过 NMC 进行断开 MC 或连接操作时,应等待几秒钟,以便 MC 完成操作。

(二)会议电视调试前遇到图像和声音问题

1. 图像问题

ZXMVC8900 组网环境下的会议电视调试过程中图像如果出现了问题,请按以下 3 步进

行诊断：

(1)在 ZXMVC8900 网管界面的硬件诊断上对 BPU 板做“VHW 环回”，会议中所有挂在此块 BPU 单板上的终端图像都应该被正常环回(远端电视机上显示的图像就是本地图像)，否则 N16E1 或 BPU 板有问题或者终端有问题。

① 在 ZXMVC8900 网管界面的硬件诊断上对 N16E1 板做“远端环回”，会议中所有挂在此块 N16E1 单板上的终端图像若被正常环回(远端电视机上显示的图像就是本地图像)，说明终端完全正常，ZXMVC8900 的 N16E1 板和 BPU 板存在故障，需要对单板进行复位；否则终端有问题，需要在终端上作环回定位。

② 6000 终端“本地环回”正常，请检查通信线路；否则请仔细检查 6000 终端的工控机和外设(视频矩阵)是否正常。

③ 4050 终端“E1 环回”正常，请检查通信线路；否则重启 4050 终端。

(2)准备好两根自环线(或者一个双通头在网关编解码器的输入输出处做环回试验)：一根两头都为“CC4”头的自环线环回 HPU 的输入输出(最上最下的两个插孔)，一根两头都为“莲花”头自环线的环回 HVPU 的输入输出(最上最下的两个插孔)；再分别广播一下 6000 高清终端 A 和 4050 终端 B 后看结果。

(3)如果 6000 高清终端 A 图像被正常环回，说明 ZXMVC8900 的 HPU 单板的软硬件完全正常，如果 4050 终端 B 被正常环回，说明 ZXMVC8900 的 HVPU 的软硬件完全正常。

如果以上三步全通过，则 ZXMVC8900 完全正常。不要忘了恢复连线。

如果上述步骤通过，下面接着定位网关编解码器的问题，请按以下两步进行诊断：

(1)将解码器输出直接接到电视机 AV 输入端子，如果图像正常，则解码器正常。否则请检查解码器的设置。

(2)将编码器的输出接到解码器的输入，再将解码器输出直接接到电视机 AV 输入端子，如果图像活动，则编解码器都正常。如果上一步通过，本步没有通过，则说明编码器有问题，请检查编码器的设置。

如果整个系统所有连线接触良好，通过以上步骤，故障将很快被定位。

会议电视声音问题诊断步骤

2. 回声问题

(1)原因分析：当用 GPT 公司和中兴的设备同时开会，出现不正确的应用方式的时候，回声无法抵消，会出现说一句回一句的严重回声。

处理方法：两边的输入输出采用同一种设备。

(2) 原因分析：调音台没有设置好。各地市把 6000 终端的输出作为调音台的一路输入，与本地的麦克风一起在调音台混音从调音台的主输出端口输出到功放。

处理方法：将调音台对应 6000 终端输出的一路输入的 EFF 旋钮调到 0，否则 6000 终端的输出会混到调音台的效果输出重新作为 6000 终端的输入，从而产生回声。

(3)原因分析：输入输出的音量调节不当。输入音量设置过大，导致声音溢出，产生非线性失真，引起回声抵消效果不好；输出音量太大，导致返回的空间回声增大，同时过大输出增益将回声抵消后的残余直接放大了，也会影响主观感受。

处理方法：调节调音台和 6000 终端的输入增益，离麦克风 10 cm 距离正常音量说话，在 6000 终端的进度条上显示输入音量在一半到三分之二。例如：调音台的 GAIN 旋钮调到 40，衰减－10，EEF 旋钮调到中间位置为 5，6000 终端的输入增益为 3；若直接接麦克风，3000 终端的输入增益建议不要超过3。输入音量调节好后,就可以调节输出的音量,标准以满足正常开会的声音大小为准,注意6000终端的输出音量不要调得太大,建议值52,输出尽量用功放来放大,可以减少噪声。调试回声抵消效果的时候建议用交换方式点对点进行调试。

3. 音质不好问题

(1) 原因分析:音频的莲花头接触不好,或由于音频线本身不好引入的电流声和噪声。

解决方法:换线或重新插紧接口。

(2) 原因分析:输入音量调节太大,导致说话音失真。

解决办法:采用上面的方法调试。如果进一步改进,增加自动增益控制参数。

4. 声音单通问题

(1) 原因分析:外设的连线或调音台、音频交换矩阵的设置有问题。

处理方法:在4050终端作近端音频环回(在6000终端作E1本地环回),若正常终端无问题,需要在8900的网管上做APUMIX板"音频环回"。若正常请看下一步继续定位。

(2) 原因分析:MCU对应的端口没有加入混音所导致。混音:是,表示对应的端口的麦克风打开;否,表示麦克风关闭。静音:否,表示对应的端口的喇叭打开;是,表示喇叭关闭。

5. 声音大小的输入输出控制原则

(1)调节6000终端声音输入

① 6000终端控制软件"选项"界面可调的"输入增益";

② 麦克风接入调音台那一路的增益或衰减(建议主要调最下面的衰减推钮,增益GAINS调到中间40 dB即可);

③ 如果输入从MIX OUT输出,那么这里的衰减可以控制音频输入大小;

④ 如果输入从SEND(效果通道)输出,那么每个麦克风接在调音台通道的EEF旋钮也是控制送到各会场声音大小的主要旋钮之一;最终达到的调节原则:在麦克风说话,看6000终端主界面上音频输入进度条,一般说话时在50%,最大在三分之二比较合适。

(2)调节6000终端声音输出:

① 功放或电视机本身音量;

② 调音台输出到功放那一路的衰减;

③ 6000终端软件可调的音频输出;

④ 6000终端输出到调音台那一路输入的衰减。

调节原则:将6000终端声音输出调到52,不要太高。其他几个地方适当调节,注意电视机声音不要调得太大,不超过总音量的60%,以会场感觉效果为准。

(三)终端与MVC8900连接失败

1. 现象描述:IP组网时,MVC8900召集会议成功,但是4050终端上拨MC地址不成功。显示"呼叫不可达"。

原因分析:MVC8900的MC上安装了两块网卡:一个是私网地址172.96.187.177,一个是公网的地址。在网络和拨号连接中,有两个连接:连接和连接2。假如连接所配地址为私网,则MCU召开会议可成功,而终端上拨MCU则不成功。此时在运行栏输入"cmd ""netstat/an"显示172.96.187.177绑定1720端口。只有连接所配的地址是公网地址,此时用netstat/an观察1720端口绑定于公网地址,才正常。

处理方法:将两块网卡删除,此时两个连接也自动消失,然后安装网卡,一定要先安装配公网地址的网卡,此时连接自动使用该网卡。然后安装配私网地址的网卡,此时连接2自动使用

该网卡。（注意两个地址不能配反，否则会导致 MCU 链路不成功告警）

2. 现象描述：终端作为被叫无法呼上来。

解决方法：检查 MCU 和终端是否带 GK，如果其中一个带 GK，那么去掉 GK 设置即可。如果两个均带 GK，则终端呼叫时必须呼叫会议名。

3. 现象描述：烧结 ApuMix40. xxx 时，总是无法烧入。

解决方法：芯片在擦写过程中，将空白填写为 00，由于 00 为 68302 判断 2189 软件的标志，导致 68302 出错。

4. 现象描述：启动 IIS 服务后，启动 IE 后无法进入登录页面。

解决方法：①机器中安装了金山毒霸，同时带有金山网镖，在启动机器后，金山网镖也随之启动，由于金山网镖的安全作用，限制了 IIS 服务。关闭金山网镖，并在选项中将启动项去掉。

②IIS 服务出了问题，在“运行”中 键入“iisreset /stop”停掉 IIS 服务，然后键入“iisreset / start”启动 IIS 服务。

5. 现象描述：在 IE 中突然出现界面显示与实际不符。例如：在连接 MC 时，本来连接的是 MC-A，刷新后连接的是 MC-B。

解决方法：IE 浏览器有可能保留原来的一些状态，在“工具”的“internet 选项”中“常规”页面夹中，单击“删除文件”和“清除历史记录”，重新登录页面，问题即消失。

6. 现象描述：在开会后，总是出现“Nilan 板 IP 地址正在配置”。

解决方法：MPU 要将高层配置的 IP 地址告诉 Nilan 板。将 MC 断开后，再重新连接。

思考题

1. 如何添加会场？
2. 在开会期间可否进行终端的添加和删除，如何操作？
3. MCU 如何实现所有终端只能听见主会场的发言？
4. 叙述会议电视系统图像连续性测试方法。
5. 叙述会议电视系统色彩逼真测试方法。

复习题

1. 如何解决 MCU8650 不能连接到 RM 的故障？
2. 如何解决 SC 功能异常节点无法注册的故障？
3. 叙述会议电视系统网管的告警处理的工作标准和方法。
4. 叙述会议电视系统声音时延测试方法。
5. 叙述会议电视系统唇音同步测试方法。
6. 如何利用网管设定会议模板？
7. 如何利用网管临时增加分会场？
8. 叙述视频会议 MCU 设备计表工作标准和方法。
9. 叙述视频会议终端设备计表工作标准和方法。
10. 挂断会场同删除会场有何区别？

附录　高速铁路通信网管岗位(数据通信/图像通信)技能实训设备配置标准建议表

序号	实训项目	设备及材料名称	基本配置标准		备　注
			单位(规格)	数量	
1	计算机操作	计算机	台	10	含常用软件
2	仪表使用	光源/光功率计	套	2	
		OTDR	套	2	
		2 M 误码测试仪	套	2	
		误码测试仪	套	2	数据网专用
		网络综合分析仪	套	2	含流量发生功能、路由协议测试功能、性能测试功能、协议分析功能
		电池容量测试仪	套	2	
		万用表	套	2	
		钳形电流表	套	2	
		兆欧表	套	2	
		接地电阻测试仪	套	2	
		防雷元件测试仪	套	2	
3	通信光电缆	8 芯光缆	km	2	
		光缆接头盒	台	20	
		光缆熔接机	台	2	
		光缆接续工具	套	2	
		50 对电缆	km	2	
		市话电缆接续材料	套	3	
4	传输系统	622 M 传输设备	套	3	
		传输网管	套	1	
		时间与时钟同步系统	套	1	

续上表

序号	实训项目	设备及材料名称	基本配置标准		备　注
			单位(规格)	数量	
4	传输系统	时间与时钟同步网管	套	1	
		尾纤	条	20	
		2M 线	km	1	
		网线	km	1	
5	数据通信系统	路由器	套	4	
		交换机	套	4	
		数据通信系统网管	套	1	
6	电源及机房环境监控系统	监控中心设备	套	1	
		监控站设备(现场监控采集单元、监控模块、传感器、探测器)	套	3	
7	通信电源系统	高频开关电源	套	1	
		UPS	套	1	
		逆变器	套	1	
		蓄电池组	套	1	
		发电机组	套	1	
		电源防雷箱	套	1	
		交直流配电箱	套	1	
8	综合视频监控系统	摄像机	套	3	不同类型的各配置 1 个
		视频光端机	套	2	
		编解码器	套	1	
		分析服务器	套	1	
		管理服务器	套	1	
		数据服务器	套	1	
		存储设备	套	1	
		路由器	套	2	
		网络交换机	套	2	
		视频监控终端	套	2	

续上表

序号	实训项目	设备及材料名称	基本配置标准		备　　注
			单位(规格)	数量	
9	视频会议系统	MCU	套	1	
		视频会议终端设备	套	3	
		摄像机	台	6	
		图像显示设备	台	6	
		视频矩阵	套	1	
		调音台	套	2	
		话筒	只	6	
		会场扩音及外围设备	套	1	

参 考 文 献

[1]雷玉堂.安防视频监控实用技术.北京:电子工业出版社,2011.
[2]邢延超,皇浦伟.数字视频处理原理及DSP实现.北京:电子工业出版社,2011.
[3]汪光华.智能安防一视频监控全面解析与实例分析.北京:机械工业出版社,2012.
[4]铁道部.铁运〔2010〕193号.铁路有线通信维护暂行规则.北京:中国铁道出版社,2010.
[5]铁道部.铁运〔2010〕194号.铁路无线通信维护暂行规则.北京:中国铁道出版社,2010.
[6]铁道部.运基通信〔2011〕431号文件 关于发布《铁路数据通信网编号规则及路由规范》的通知.
[7]铁道部.运基通信函〔2011〕482号.关于发布《铁路综合视频监控系统视频资源命名和分类办法》的通知.
[8]铁道部.运基通信〔2008〕630号.关于发布《铁路综合视频监控系统技术规范(试行)》的通知.
[9]铁道部.运基通信〔2010〕527号.关于印发《铁路综合视频监控系统视频内容分析性能测试要求(暂行)》的通知.
[10]铁道部.TB10755高速铁路通信工程施工质量验收标准,北京:中国铁道出版社,2011.
[11]工业和信息化部.YD/T 1156—2009路由器设备测试方法——核心路由器.
[12]工业和信息化部.YD/T 1098—2009路由器设备测试方法——边缘路由器.
[13]北京世纪瑞尔技术股份有限公司.CR-NIVM V1.3网络化智能视频监控系统维护用户手册.
[14]华为技术有限公司.数据通信培训手册.
[15]VeEX公司.MX300操作说明书.
[16]福禄克公司.DTX Series用户手册.
[17]思博伦公司.TestCenter用户手册.
[18]华为技术有限公司.ViewPoint vSwitch System网络控制系统用户手册.
[19]华为技术有限公司.ViewPoint ResourceManager多点资源管理中心用户手册.
[20]华为技术有限公司.ViewPoint 8660&8650 MCU用户指南.
[21]华为技术有限公司.HUAWEI 9000高清视讯终端管理员指南.
[22]中兴通讯股份有限公司.ZXMS80(V2.03)多媒体业务管理系统安装手册.
[23]中兴通讯股份有限公司.ZXV10 T500(V1.0)一体化会议电视终端用户手册.
[24]中兴通讯股份有限公司.ZXMVC4050B分体式会议电视终端快速入门.